JN253387

一揆の作法と竹槍席旗

内田　満

目次

第Ⅱ部　近代の民衆運動

はじめに

民衆運動とは、名もない生活者である民衆が集まり、数の力で自分たちの願望・要望を政治に反映させるための活動です。民衆が時の政治権力・国家に対して「実力に訴えること」で要求を形にし、実現することによって、自らの生活を安定させることを目的にした様々な運動であると考えています。

私は二〇〇〇年に、『民衆運動史1 一揆と周縁』（保坂智編、青木書店）という仕事にかかわる機会に恵まれ、「得物から竹槍へ」を分担・執筆しました（内田満二〇〇〇年）。本書は、その時「今後の課題」として自分に課してきた「竹槍蓆旗のルーツ探し」の現段階での報告です。ルーツに到達し、その後発見した「竹槍席旗」図像も含めて報告することが目的の一つです。フリガナは「ちくそうせきき」（小室信介編『東洋民権百家伝第二帙』一八八四年）・「ちくさうせきき」（『團團珍聞』第四六六号、一八八四年十一月十五日）で、「チクソーセッキ」と発音します（『日本国語大辞典〈縮刷版〉第七巻』一九八一年）。

「竹槍席旗」とは、鹿児島県士族・集思社社員・記者の滿木清繁が、一八七五（明治八）年十一月発行の『評論新聞』第四〇号の「國政轉変論并評」で「実力に訴えること」という意味で、積極的・肯定的意味、プラスイメージを込めて「製造」した文言です。その普及・拡大の過程で、実際の歴史事象に使用されるようになると、百姓一揆などと同義として使われはじめ、またマイナスイメージを付与され、一九八〇年代まで百姓一揆をあらわす文言として定着し、私たちの感性にまで深く浸透していました。しかしそれは、近世の百姓一揆の実像理解を誤らせる原因ともなっている文言でもありました。本書では、箕作麟祥（みつくりりんしょう）の二つの訳文から文言「製造」を読み解きました。

本書は、日本の近世と近代の民衆運動を対象にしています。埼玉県の事例では、一七六四（明和元）年の伝馬騒動から一八九二（明治二十五）年の埼玉県議会における埼玉県知事・警部長不信任（排斥）決議までの約一三〇年間を守備範囲としています。

近世の民衆運動には村方騒動・百姓一揆・国訴（こくそ・くにそ）などがありますが、本書では百姓一揆を対象にしました。近代成立期の民衆運動には、明治〇（ぜろ）年代の民衆運動、新政反対一揆、自由民権運動、行政訴訟事件（町村合併反対運動など）などがあります。本書では埼玉県の事例として、一八七九（明治十二）年のコレラ予防反対一揆、一八八四（明治十七）年の秩父事件、一八八八（明治二十一）年の町村合併反対運動、そして少し遅れますが、一八九二（明治二十五）年の埼玉県知事・警部長不信任（排斥）運動を対象として、それぞれの特質を明らかにしようと努めました。民衆運動の歴史を書くことが、目的の二つ目です。

現在、私たちは「百姓一揆」という文言（用語）を使用しています。一八七五（明治八）年十一月に「竹槍席旗」という文言が「製造」されてから、一九八〇年代に「現代近世史研究」が始まるまで、多くの分野・人々（新聞・歴史学を含む学問・小説・官庁・教育漫画、勝海舟・渋沢栄一・福澤諭吉・田中正造・大隈重信・幸徳秋水・菊池寛・羽仁五郎・島崎藤村などの著名人も）のあいだで使われてきました。

現代に生きる私たちは、四十年くらい前には「竹槍席旗」と聞けば（言えば）、竹槍を持ち、ムシロ旗を翻（ひるがえ）した暴力的な「百姓一揆」を思い浮かべたのです。それほどに「竹槍席旗」という文言は定着し、私たちの感性にまで深く浸透していました。でもそれは誤った百姓一揆イメージでした。百姓一揆の言い換えとして「製造」されたのではないので、百姓一揆の近世的伝統・実態・作法を見失い、見誤っているというわけではないと思います。百姓一揆の実態は本書第Ⅰ部でみています。それを明らかにしたのが「現代近世史研究」での「百姓一揆」研究の作法論・行動様式論でした。「竹槍席旗」全盛期には、多くの人が百姓一揆を起こした百姓たちがどんな服装で、何を持って行ったかなどについて、考えもしなかったし、そこに追求すべき価値があるとも思っていなかったと思います。

白土三平氏の劇画『カムイ伝』を読まれた方は、印象深い百姓一揆の情景を鮮明に覚えていらっしゃるのではないでしょうか。鎌・鋤・鍬などの農具・棒切れもありますが、竹槍それにムシロ旗、放火もあれば人の殺害もあり、武士との武力正面衝突も圧倒的な迫力で、生き生きと力強く描かれています。『カムイ伝』はその百姓一揆＝戦闘的な「竹槍席旗」をイメージ化・図像化したものでした。なので『カムイ伝』を読むことによって、視覚的に百姓一揆とは暴力的なものなのだと、また「竹槍席旗」と表現される理由がわかったと納得された方もいらっしゃるかと思います。『カムイ伝』については、田中優子氏の「一揆の歴史と伝統」（『カムイ伝講義』小学館、二〇〇八年）が参考になります。

「竹槍席旗」文言の普及・拡大の過程は、自由民権運動の時期に重なっていました。「実力に訴えること」＝「竹槍席旗」文言は、自由民権＝代議制、言論・文章＝「文明の戎器（武器）」、文明の立場から、実力行使＝野蛮とされ、次第に暴力主義というマイナスイメージを付与されていきました。言論・代議制（「文明の利器」）を理念・目標とした自由民権家によって、「竹槍席旗」は実力行使・暴力＝野蛮のマイナスイメージを付与されていったのです（内田満二〇一四年）。私たちの感性にまで浸透していた百姓一揆観はこの「竹槍席旗」の負のイメージだったのです。

さらに、秩父事件の新聞報道では性格の異なる三つの運動（百姓一揆・新政反対一揆・秩父事件）をさす用語として多用されました。近代国家は仁政イデオロギーを捨て去ったので、むき出しの暴力が前面に出ました。それが「竹槍席旗」文言に暴力のイメージを色濃くつけることになりました。負のイメージです。その結果、新政反対一揆・秩父事件から抽出された実力行使・暴力という側面を沁み込ませ、滲ませた文言として普及・定着していったのです。

最終的に、「竹槍席旗」は、百姓一揆として定着していきました。しかし、その結果、暴力という外套を纏ってしまった「竹槍席旗」文言によって、百姓一揆も竹槍に象徴される武力（暴力）が前面に出てくることになりました。第Ⅰ部でみるように農具を持って、人を殺害しない、放火もしない、「成立」を求めてひたすら訴願するという幕藩制国家の枠組みからは到底ありえないことが、「竹槍席旗」の文言・図像からイメージされる結果となり、それが定着したのです。

ですから、「竹槍席旗」のイメージを再検討し、修正・克服する必要があります。百姓一揆そのものの実態を明確にする必要があります。本書を書く大きな理由です。些細なことと思われるものでも、それを突き詰めてゆけば、「真実」は姿を現してくれるのではとひそかに期待しています。

あらかじめ、本書の概要を簡単に説明します。

まず第Ⅰ部です。マルクス主義歴史理論を拠り所とする戦後歴史学と一九七〇年代なかば社会史の台頭以降の新しい動向である現代歴史学とのあいだには決定的転換がありました（安丸良夫二〇〇二年）。本書は、闘争主体の階級・階層規定と要求項目・性格を中心に追求してきた戦後歴史学での百姓一揆研究＝闘争史ではなく、一九八〇年代以降の「現代近世史研究」＝社会史的研究（深谷克己二〇〇七年）のテーマの一つである百姓一揆の作法論（行動様式論）の研究成果に依拠して、全国を視野に入れながら埼玉県域の事例を中心に近世の民衆運動（百姓一揆）の実態を検討し、描いてみました。

第一章では、近世幕藩制国家の枠組みとはどのようなものであったかを、第一節で御百姓意識・仁政イデオロギー・恩頼関係、第二節で百姓一揆、第三節で百姓一揆の場における明白な二元的対抗関係、つまり敵＝悪役の措定によって、「民衆の生きるこの世界の全体性が、特定の悪役と蜂起する集団とを二つの極として、明白な善悪の二元的対抗へと構造化」し、懲悪・除去などを行うのが百姓一揆である（安丸良夫一九七四年）ことをみてゆきます。百姓一揆は百姓自身が自らの生活の「成立（なりたち）」、経営の維持・安定を領主に対し要求する運動です。百姓一揆は非合法な民衆運動でしたが、何でもありの野放図な運動ではありませんでした。

第二章では、百姓一揆の作法をみてゆきます。「作法?百姓一揆に作法があるとは知らなかった。作法があるのは華道・茶道などの習い事でしょう」というのが一般的な反応ではないでしょうか。一揆の作法とはどのようなことでしょうか。百姓一揆のユニホームとはどのような物でしょうか。一揆に参加した百姓たちはいったい何を持って参加したのでしょうか、などなどです。まず初めに誰が、何を要求したかという発想が戦後歴史学のものだとすれば、それとの距離・違いがわかるのではないでしょうか。勿論それは重要なことですが、その前に前述したようなもろもろのことが気になるのです。

第一節では、一揆に参加するときに蓑笠（みのかさ）姿で、武器ではなく日常使い慣れた鎌等の道具を持って参加し、百姓であることをアピールしました。そして人を殺傷しない、放火をしないなどの作法=行動様式・ルールがあり、それは江戸時代の最後、一八六七（慶応三）年まで守られていたことを見てゆきます。

百姓一揆の作法論研究では、斎藤洋一氏（一九八三年三月）、藪田貫氏（一九八三年七月）、保坂智氏（一九八七年十二月）の三氏が先達です。これに続いたのが、内田満（一九八九年二月）、高橋正一郎氏（一九八九年三月）、高橋実氏（一九九一年三月）でした。

ところで、野生の猪・鹿・猿・熊などの存在は、最近では特に人間に害を与える「害獣」とされています。「害鳥」も入ります。原稿を書いている時に祖田修氏の『鳥獣害』という本が出版されました。ニュースで取り上げられる日光の猿たちや神戸の猪たちです。森林被害（枝葉の食害や剥皮被害）をもたらす鹿、里山の畑の収穫物を食い荒らす猪。しかし、これは人間が動物の領域へ開発という形で侵入した結果、狭い領域に押し込まれた動物たちが食料を確保できずに、今度は逆に人間の生活領域に侵入してきた証ではないでしょうか。だから、人と動物の共存の場所を見出そうとする本が求められるようになったのだと思います。

　秀吉の「刀狩」は百姓一揆防止策として百姓から武器を取り上げるために実施されたと言われてきましたが、実は近世初期、十七世紀の新田開発によって、動物の生活領域に百姓（人間）たちが猛烈な勢いで侵入し、農業生産を行った結果、収穫物を「害獣」から守るために鉄砲という当時最新鋭の武器が生産現場の村に残され、「農具としての鉄砲」（塚本学一九八三年）として使用されていたのです。たとえば、一七八九（寛政元）年三月、甲山・小八ツ林両村（現在の熊谷市）は「山寄之村方ニ而近年猪鹿多田畑作毛喰荒難儀至極」として、四月より七月晦日までの四季打鉄砲の拝借を願い出ています。また、一七九七（寛政九）年の返上証文では、獲物として鹿二匹と猪一匹が書き上げられています（大里村史編纂委員会編一九九〇年：三七一頁）。それだけからでも鉄砲使用はフリーハンド（自由裁量）ではないことがわかりますが、「開発」がスローガンとなった一七世紀の江戸時代から、生産者にとって野生動物は害をもたらす厄介な存在になってしまいました。

　また、少し前まで日本の治安が良いのは秀吉の「刀狩」のお蔭と考える人が多かったわけです。日本史の授業でもそう説明してきました。しかし、これは否定されました。民間社会から武器が無くなったのは、戦後のアメリカ軍による「刀狩」（民間の武装解除）の結果だということです（藤木久志二〇〇五年）。

　では江戸時代の百姓たちは、非合法である百姓一揆を戦うときなぜ武器として有効な鉄砲を持っているのに使わなかったのでしょう。「農具としての鉄砲」も、寺院の鐘や鉦・太鼓・鬨の声同様に合図の音として使い、武器としては使用しませんでした。武器の使用を抑制して戦い、百姓成立を要求するのが百姓一揆の特徴でした。結集した数の力、江戸時代的にいえば徒党して強訴・逃散する、「実力に訴える」訴訟行為が百姓一揆でした。

　武器の不使用は幕藩制の仕組みと密接な関連があります。公儀は実力行使を否定し、訴訟を容認しました。社会が、民百姓＝「百姓もふくむ広い意味でのすべての人民」（深谷克己二〇〇〇年Ａ：二三頁）がそれを受け入れて、近世が訴訟社会になりました。訴権（そけん）を確保するために武器の使用（実力行使）を抑制し続けたのです（藤木久志一九八七年。藪田貫一九九二年：二四頁）。幕府の法に従うこと、支配に服することを選んだと言えますが、「乍恐（おそれながら）・・・」と訴え出ることは保証されました。合法的訴願は日常的に可能な社会になったのです。

第三節では、領主側の武器使用について見てゆきます。百姓一揆は非合法なので領主や関東では改革組合村によって鎮圧・処罰されます。後期になると「悪党」が出現し、村社会に入り込み治安は悪化しました。関東の改革組合村はこの「悪党」を押さえ込むために創設されました。江戸時代の領主・百姓関係の歴史過程の中で育んできた武器使用の抑制を止めて、武器を鎮圧に使用する一歩を踏み出したのは領主側でした。

第二節・第四節では、一揆側・鎮圧側双方でリスク回避の仕組みを作り出していったことを見てゆきます。一揆では、双方が激しい力のぶつかり合いになり、双方ともに処罰や鎮圧時の死傷など様々なリスクを背負います。百姓たちは一揆側・鎮圧側双方で、そのリスクを回避するための仕組みを作り出してゆきました。「信頼や協力の制度」・「信頼と協力の領域」（金子勝一九九九年：五七・六七頁）にあたるセーフティーネットを考案したのです。

第三章では、一八六八（慶応四）年一月三日の鳥羽・伏見の戦における幕府軍の敗北を契機として、百姓たちは従来のようにひたすら訴えることを止めて、百姓一揆の作法＝得物原則を大転換させて、一揆側も竹槍を含む鉄砲・刀剣などの武器を持ち、抵抗を始め、人を攻撃の対象とするようになったことを見てゆきます。

第一節、幕府軍敗北の情報を入手するとともに、今まで抑圧されていたものが解き放たれ、憎しみの対象の「肉を喰らわん」表現とともに、実際に殺傷や放火が行われるようになりました。武器の使用も一八六七（慶応三）年までの、ある地域ある百姓一揆で使用されるという「点としての使用」ではなく、各地で作法の転換が起こり、上州・武州両国地域において百姓一揆での武器使用という「面としての使用」が確認できるようになり、その頂点として旗本殺害一揆が起きました（内田満二〇〇五年）。

第二節、旗本神谷勝十郎（かつじゅうろう・しょうじゅうろう）殺害一揆とは殿様である神谷氏を竹槍で刺殺（殺害）するという形で、幕藩体制下の領主の存在そのものを否定してしまうという、意識の決定的転換をみせた画期的な百姓一揆でした（内田満二〇〇〇年）。実態からすれば、百姓たちは幕藩制の最終段階で近世の百姓一揆とは異質の運動を戦ったのです。また、①人を殺害し、②殿様を殺すという形で近世の百姓一揆の二つの原則を大きく逸脱した（保坂智二〇〇六年：一九三頁）旗本殺害一揆は、近世百姓一揆の世界と近代新政反対一揆の世界の分水嶺に位置する一揆でした。さらに憎しみの余りカニバリズム（「肉喰」）に及んだ一揆でもありました。第三節では、現在までに発掘した六例の旗本殺害一揆情報の伝播・拡大・記録を見てゆきます（内田満二〇〇六年・二〇一六年A）。

第Ⅱ部では、近代の民衆運動の実態（第一章・第三章）と表象（第二章・第四章。心に描く像）について見てゆきます。第五章の一八九二（明治二十五）年選挙大干渉後の埼玉県における知事と警部長の不信任（排斥）運動の中で「竹槍席旗」文言と図像が政論誌紙上でセットにして提示されました。百姓一揆的な「竹槍席旗」行動が呼びかけられ、県民が結集する形で「竹槍席旗」（「実力に訴えること」）が実行され、県議会で不信任決議が行われるという成果を上げました。代表民主制を補完するものとして、二〇〇六年にフランスの歴史学者ピエール・ロザンヴァロン氏が示した概念（朝日新聞二〇一五年四月一日）である選挙以外の様々な方法によって、政府を監視・牽制し、民意を反映させようとするカウンター・デモクラシーの一つとして、「実力に訴えること」が、――実態としての「竹槍席旗」、表象としての「竹槍席旗」が合体して一つになって――実現して大きな働きをし、不信任決議という成果をもたらしたことを見てゆきます（内田満二〇一三年B・二〇一四年）。

第一章、明治〇年代の民衆運動については、保坂智氏の「明治初年一揆の行動様式」（保坂智二〇〇六年：第六章）に依拠して、明治〇年代の民衆運動の作法・行動様式がどのようなものであったかを学んでゆきたいと思います。

それを受けて、第二章第一節で、一八七五（明治八）年十一月に都市民権派ジャーナリスト満木清繁が「竹槍席旗」

文言を「製造」した経緯とその文言に与えた意味を考えます。本書では、四〇〇を超える事例を集めた「竹槍席旗」文言の継承（変容）を、明治九年九月までの最初の八事例で追跡してみました。滿木清繁は四度言論弾圧を受けています。第二節では、滿木清繁が不平士族反乱の一つである思案橋事件に参加していく理由を「竹槍席旗」文言に込めた意味とともに考えました。滿木清繁にとっては自分の思想の実践でした。この事件でも処罰されています。

第三章では、埼玉の民衆運動を取り上げます。第一節は、一八七九（明治十二）年のコレラ予防反対一揆を、森田武氏の「埼玉県のコレラ予防反対一揆について」（森田武一九八二年一月）と同氏「コレラ予防反対の一揆」（浦和市総務部市史編さん室一九九〇年）に依拠して紹介します。次に、第二章第二節、一八八四（明治十七）年の秩父事件では、原始的蓄積期に直面した秩父困民党の行動様式を抽出し、小林清親の狂画も取り上げ、最後に判決について考察しました（内田満一九九七年・一九九八年・二〇〇七年・二〇一三年A）。さらに第三節、一八八八（明治二十一）年の町村合併反対運動では、1で著名な大里郡石原村の熊谷との合併反対運動（内田満一九九三年）、2で横見郡北下砂村の合併反対運動（内田満一九九六年）を取り上げました。三つの事例は、埼玉県における地租改正事業の完了直後から日清戦争直前までに起こったもので、依然として存在した共同体結合を基盤にした民衆運動となっています。

第四章では、まず最後の浮世絵師とか時局風刺画家といわれる小林清親の落款を検討し、次に山梨絵美子氏の枠組みで清親の画業を検討して、明治二十五年の「竹槍席旗」図像を小林の画業の中に位置づけました。小林がその作品で描いたものは「百姓一揆」でも個別具体的な「埼玉県知事と警部長不信任運動」でもありません。それは「実力に訴えること」ということを表現した作品でした。第二章滿木清繁の「竹槍席旗」文言も「実力に訴えること」が原義で、そのような抽象的なことを表現した文言（抽象語）でした。「平和」を鳩で象徴するように、「実力に訴えること」を、滿木清繁は明治八年十一月の「竹槍席旗」文言で、小林清親は明治二十五年十一月の「竹槍席旗」図像でそれを果たしたのです。この組み合わせは誤った「百姓一揆」イメージを発信したものでしたが、ぴったりとしていて、図像は作品としてもすばらしく、知事・警部長不信任（排斥）運動の成功・勝利と相まって、「竹槍席旗」文言・図像の定着に寄与したと考えます。この完成度の高い図像を見ると一九八〇年代まで「竹槍席旗」が使用され続けたのも頷（うなず）ける気がします。

第五章では、第一節1で、一八九二（明治二十五）年の第二回総選挙での大干渉の実態を追跡しました（内田満二〇一三年B）。次に、第一節2で、埼玉県における選挙干渉の実態を見ました。さらに、第一節3では、カウンター・デモクラシーとして、地元政論誌（せいろんし）の出版元埼玉平民社―県会議員（民党）―埼玉県民の三者が「同心一体」して行った埼玉県知事と警部長不信任（排斥）運動の展開と県議会での不信任決議、その後の県会議員選挙における民党勝利までを、第二節1では、埼玉平民社の政論誌の系譜と三回に及ぶ言論弾圧を受けても、変わらず堅持したその主張がどのようなものか見ました。また第二節2では、その運動の最終段階の明治二十五年十～十二月に埼玉平民社が『埼玉新報』創刊号では、実力行使である「竹槍席旗」を「不法」と断じ、言論・文章＝「文明の戎器（武器）」で戦うとしていました。しかし一カ月後の『埼玉新報』第四号ではこの運動方針を一八〇度転換し、「大ひに浦和に集会すべし」と百姓一揆的結集を呼びかけ、それに続く『埼玉民報』第一号でも「諸君は誰と共に其の竹槍を揮（ふ）り其席旗を翻（ひるがえ）さんと欲するか」と投げかけました。ともに表紙絵に小林清親の「竹槍席旗」図像を採用し、「竹槍席旗」文言と図像をセットで使いながら、運動を理論的・現実的に主導した実態を追求してみました。この二つの「竹槍席旗」図像は定着しているマイナスイメージではなく、「竹槍席旗」文言が「製造」された時のように、集団による実力行使が要求を実現させる力になるという積極的なプラスの意味を込めて使われたのです。第二節3では、近代になって明治二十五年までに描かれた九例の「竹槍席旗」図像の歴史の中に、この政論誌の表紙絵の「竹槍席旗」図像を位置付けました（内田満二〇一四年）。「竹槍席旗」図像のルーツは、現在のところ明治十四年の楫取素彦県政批判（県庁移転問題・中野秣場騒動）をテーマに描かれた「莚帆船（むしろほふね）の動揺」でした。

第 I 部

近世の民衆運動

第一章 近世幕藩制国家の枠組み

第一節 「御百姓」意識・仁政イデオロギー・恩頼関係

◉幕藩制国家の枠組み

江戸時代とも、近世社会とも、幕藩制国家ともいわれる徳川家が将軍として君臨する国家・社会の枠組み（骨格）は、兵農分離制・石高制・鎖国制という三つの制度からなっていました。これを支える政治理念が仁政イデオロギーと武威であり、さらに身分制・村請制などがありました。

もっとも根本的なところで、この体制は「民の安住（安民、百姓成立）と無事の世（偃武、泰平）の実現の約束によって確立し持続し」ました（深谷克己二〇一〇年：四〇四頁）。地域の基礎単位である近世村（現在の大字）、地域住民である「百姓」、地域支配者である幕藩領主はこれらの枠組みに規定された存在でした。

◉兵農分離制

兵農分離はすでに戦国時代から進行していました。武士とそれ以外の身分の分離政策の結果、制度化されました。「兵」と「農」だけで説明すると、江戸時代の社会では支配者である武士は城下町に集住し、主君と主従関係を結んでいました。人口の八割を占める被支配者である百姓は農村で生活・生産を行っていました。武士は年貢を取る人で、百姓は年貢を取られる人で、外見上も武士は苗字帯刀でしたが、百姓は身分特権の場合を除き農具しか持てず、苗字も公称できませんでした。年貢の納入単位は百姓個人ではなく、近世村が村として年貢納入を請け負っていました。そのような村を村請制村といいます。身分的にも、社会的にも、空間的にも百姓と武士は明確に分離している兵農分離制が原則でした。このシステムは下剋上を封じ込めるためにも有効でした。

◉石高制

太閤検地や江戸時代の初期検地によって土地生産力を米の量に換算したものが石高で、将軍―大名・旗本・御家人の主従関係、領主―百姓の年貢収奪関係、村請制村落に住む百姓の階層基準にもなりました。村請制とともに、明治期の地租改正事業終了まで機能していました（奥田晴樹一九九三年：第一編第一章・第二編第五章）。

日本史の授業でも学習したように、一万石以上の米を生産できる土地を御恩として与えられている者を大名、一万石以下を旗本といいます。将軍に御目見できる者が旗本で、できない者は御家人といいました。

第三章の旗本神谷勝十郎家は将軍から二二五石の御恩を受けている三河以来の小旗本で、六代目直泰は一七四五（延享二）年に小普請となり、それ以降八代目直温（大番）以外は、非役・非職であったので小普請に属し、これに見合う奉公（小普請金）を果たしていました。

百姓も持高一〇石とか五石とか無高といわれ、村の中での地位を示す基準となり、納入すべき年貢量の基準となりました。これによって近世の基本的人間関係は、武士・百姓ともに数値化される側面を持つようになりました。

◉鎖国制（海禁）

鎖国制は江戸時代日本の外交関係を表す文言・言説として使われてきましたが、封鎖のイメージが強い「鎖国」に代わって、最近では中国を中心とする東アジア共通の国際関係だった管理交流の「海禁」という用語が使われるようになりました。近世日本は、四つの窓口（長崎・対馬・薩摩・松前）を通じて異国・異域とつながっていました。十九世紀には海防が唱えられ「排除撃退の鎖国策」に変化しました（深谷克己二〇〇〇年Ａ：一七九頁）。「鎖国」文言は、志筑忠雄が一六九〇（元禄三）年～九二年に長崎蘭館医として来日していたドイツ人ケンペルの『日本誌』巻末附の最終章を、一八〇一（享和元）年「鎖国論」として訳出したのが最初でした。

寛永期までの近世初頭に制度化された兵農分離制・石高制・鎖国制（海禁）が、まずは幕藩制国家の大枠・骨格を形成しました。幕藩制国家は開国・大政奉還・戊辰戦争（「実力に訴えること」）・廃藩置県・秩禄処分・地租改正などによって、解体され近代国家・近代社会へ移行しました。

鎖国制によって区切られ、作られた空間（幕藩制国家）では、徳川家が作り出した元和偃武後の平和（偃武）を対外的・国内的に維持するのは幕藩領主でした。人民を外敵から守り治安を維持することは幕藩領主の責務になったのです。勿論安民（「百姓成立」）もです。幕藩領主は百姓に年貢を課しますが、百姓の生活と生産（百姓の暮らし）は公法的に保証される、保障するということになりました。この幕藩領主の理念を仁政イデオロギー（仁政理念）といいます。幕藩領主は武力を独占しますが、実際にこれを行使することなく支配を貫徹（年貢を完納）させますが、これを武威といいます。

◉仁政イデオロギー・仁政は領主の責務

岡山藩主池田光政（一六〇九（慶長十四）年～八二（天和二）年）は、名君らしく名言を残しました。近世政治の理念に関して「上様は日本国中の人民を天より預りなされ候。国主は一国の人民を上様より預り奉る。家老と士とはその君を助けてその民を安くせんことをはかる者なり」と天と将軍、将軍と国主（大名）、大名と家臣（家老と士）、人民（民百姓）の関係を巧みに説明し、家老と士（家臣）は主君を助け「民を安くせんことをはかる者」と規定して、アジアの普遍的な政治理念の「仁政」＝「百姓成立」（経営維持）を目標として高く掲げました（深谷克己二〇〇〇年Ａ：六六頁）。江戸時代の幕藩領主は、天から「人民」を預かり、統治を「委任」され、「御救」に代表される「仁政」を施して「百姓成立」を保障するという理念を、自らの支配の正当性としました。これを受けて、人民（民百姓）は、「仁政」を領主の責務とする意識を歴史過程の中で自分たちのものにしてゆきました。

●「御百姓」意識

百姓も、年貢諸役などの職分（役目）を果たすことで幕藩体制を支えていると自覚していて、領主は百姓の永続を保障すべきだという「御百姓」意識（自己認識）を持っていました。人民（民百姓）は無事の世と人民の安住の約束を手に入れました。天下の田地を耕す者（百姓）は、個別領主に対して、幕藩体制の公的な存在としての「御百姓」・「公儀百姓」・「天下の民」（「天下の民」は三閉伊一揆、弘化一揆の弥五兵衛が使った表現（深谷克己一九八三年：一二一頁））という自負をもち、農耕に励み、年貢・諸役を負担することで、「御百姓」の務めを果たそうとしました。人民は統一権力に制約されましたが、反面では個別領主の勝手な扱い＝恣意的支配・苛政（ほしいままに政事を私し、万民を苦しめること）を拒める公法的存在の立場を強めたので、生存のための保護の度合いは高まったといえます（深谷克己二〇〇〇年A：五〇頁）。

ちょっと硬い表現をすれば、百姓は生活・経営の「成立」（経営維持・御救）を要求する権利のために、年貢皆済（完納）が義務化し、一方太平の世を実現させた名君・仁君としての領主は、年貢皆済を要求する権利のために、百姓の「成立」を保障する仁政（「御救」＝日常的・非日常的救恤）が義務化した、といってよいでしょう。江戸時代の歴史過程の中で、百姓―領主間にはこのような双務的関係＝恩頼関係＝「合意・相互依存の構造」（須田努二〇〇二年：二四二頁）が成立していたのです。

百姓一揆は、このような領主・百姓の関係意識に基づいた「御救」・「仁政」要求であり、異議申し立てでした。すなわち、幕藩領主は百姓の生活・生産の安定を保障する政治を行う。これが実行できない場合、あるいは実行しようとしない場合は、「御百姓」として公儀に訴えて、君側の奸である苛政担当者＝悪役人を排斥する。すると本来の仁君による仁政の世界が復活すると百姓は考えていたのでした。

◉村請制と村役人のリテラシー

兵農分離制が原則で、領主は城下町、百姓は農村と居住地域を異にしていたので、年貢は村が請負う仕組みである村請制が採用され、村役人が責任をもって年貢を納入しました。その際、領主は「文書による支配」を行いました。領主は十月または十一月になると、年貢割付状（納税通知書）を村役人宛てに送り、それを読んだ名主・庄屋は年貢額を公示し、惣百姓の連印請書を作成しました。村役人は持高による比例配分で小割します。その際トラブルを防ぐためにも、惣百姓が立ち会うのが原則でした。各自の負担額を決定すると、期限内に名主・庄屋は手元に集め、領主に送りました。年貢は夏成・秋成・皆済と分納され、完納されると領主は年貢皆済目録（年貢受取証）を村役人に発行しました。この一連の作業は村役人が中心になって執り行うので、全国に六万三五六二カ村（『天保郷帳』・木村礎一九八〇年）あった一つ一つの村には必ず読み・書き・算盤が出来る村役人がいました。これは世界史的に見ると驚くべきことです。村役人は村政を任されていたので、宗門人別帳・村明細帳・御用留などの支配に必要な様々な文書や経営帳簿・日記・冠婚葬祭の覚えなどの私文書も大量に作成し、保存・継承しました。文書館の文書目録などを見るとその種類の多さに圧倒されます。今でも村役人を経験されたお宅に文書調査に伺うと、蔵に大事に保管された文書群に対面することができます。楽しい時間です。

近世村役人のリテラシー（Literacy・読み書き能力）は高く、宿役人・知識人・文人・医師・僧侶などとともに、和歌、俳諧、漢詩文、国学、狂歌、生花（挿花）、農村武術などの在村文化の担い手となり、また寺子屋の師匠となりました。思い返せば、リテラシーという言葉を知ったのは高橋敏氏の『近世村落生活文化史序説』（一九九〇年・一六三頁〜）の第五章「近世村落と手習い塾」を読んだときでした。

一八四五（弘化二）年の「詩歌書画俳諧挿花会参加者一覧表」によれば、伊勢崎で催されたこの会には寺門静軒・

橘守部・森村新蔵を含む四八名が参加していますが、周辺の地方文人が「補助」として約一二〇名参加しており、実際の参加はもっと多かったといいます。十九世紀の上州の農村においても、地域政治を担う村役人や豪農たちを中心とした文人たちの情報を共有しあうネットワークが存在していたことがわかります（落合延孝二〇〇六年）。

◉蔵書の家

武州幡羅郡中奈良村（現在の熊谷市）の名主で助郷惣代を務めた野中家の「万書籍出入留」（書物の貸借メモ）によれば、一八三七（天保八）年～四一年の四年間で貸出一八九件、借入九七件を数えます。貸出では文学・歴史（二六・五％）が圧倒的に多く、用水・水論（二〇・一％）がそれに続きますが、『宗五郎明神』・『下総国惣五郎霊神記』など義民佐倉惣五郎関係、『凶年ちよぼくれ』『寛保水災記』『浅間砂降記』など飢饉関係などがあり、大塩平八郎関係は貸出だけでなく、下奈良村の豪農吉田市右衛門などから借出して、筆写し蔵書の充実を図っています。また周辺地域での用水や助郷・改革組合関係文書・記録類は、数多く貸出（二六・五％）・借入（五四・六％）されています。

このような書物の貸借のネットワークは同時に情報収集のネットワークでもありますが、その中心となった野中家の役割は、当時の農村における「村役場資料室的機能」、「『蔵書』の家」と評価されています（埼玉県編一九八九年：一〇八四頁～。小林文雄一九九一年。高橋貞喜一九九六年。田代脩・塩野博・重田正夫・森田武一九九九年：二三六～九頁）。

◉身分制

身分制については「古代中国以来の天下の民の区分法である『士農工商』という言葉」は、「尊卑の差別でなく、家職家業の横列の区別とみなされ、武士の武具、百姓の鍬、町人の算盤、職人の道具がそれぞれ士の道、農の道、商の道、工の道の象徴とされました。士農工商には、被治者の平等願望が潜んでいた」（深谷克己二〇〇〇年A：七二～三頁）ことを指摘しておきます。

第二節　百姓一揆

◉百姓一揆は成立を求める運動だが非合法

百姓一揆は、百姓が年貢を上納するかわりに領主は百姓の「成立」を保障するという仁政思想＝「仁政」を媒介とした百姓─領主の双務（恩頼）関係を前提として、幕藩領主に対し百姓自らが「御百姓意識」に立って、百姓「成立」・「相続」を求め、領主に「御救」・「仁政」を要求する行為（運動）です。また幕藩制の枠組みを前提にした近世の主要な民衆運動であり、国家（社会体制・社会秩序）に対する抵抗の意味をもった非合法運動です。近世の民衆運動には村方騒動・百姓一揆・国訴などがありますが、本書では百姓一揆を対象にしました。

江戸時代の百姓は、一口に三〇〇〇余件の百姓一揆を起こし、幕藩領主に対抗したといわれてきましたが、『編年百姓一揆史料集成』全一九巻を、精査・吟味すると、徒党・強訴・逃散＝百姓一揆は一四三〇件であるということです（須田努二〇一〇年：四六頁）。ほぼ二カ月に一件の百姓一揆が起きているわけで、近世百姓がいかに頻繁に「実力に訴える」徒党・強訴・逃散を行っていたかがわかります。合法的な訴願はさらに日常的に行われていました。すでに見たように、その根底には仁政イデオロギー・百姓─領主間には双務的関係＝恩頼関係がありました。

領主が百姓「成立」の義務を果たさず、百姓との約束を破り、百姓の合法的な訴願も聞き入れないとき、百姓は違法な行為である強訴に訴え、領主の居る城下へ押し掛けました。しかしながら、その一揆の只中でも百姓の領主への恩頼感は続いており、新法の責任者の身柄引渡しを要求しながら、「仁政」的な解決を領主に迫ったのです。

第二章でみるように、一八六六（慶応二）年の武州世直し一揆などの幕末期の世直し一揆でも、一揆勢は近世的百姓一揆の作法を守ろうとする意識を持っていました。

◉膨大な百姓一揆の記録

年貢収納に関して、領主は年貢割付状（納税通知書）を村役人へ（宛名は「名主惣百姓」）、不正のない年貢割付のために村役人が小前百姓に割付状を明示し、その確認を取るため惣百姓連印請書（裏書）が村役人へ（時には領主へも）、完納すれば領主は年貢皆済目録（年貢受取証）を村役人へ渡します。納税書類は重要なので、すでに触れたように以下の文書などとともに村役人が保管し引き継いでいきます。名主が御用留に写した領主からの触書や廻状、そのほか村方からの合法的な各種訴状の控えや案文（下書きの文章）など村方文書の種類はきわめて多様・多量です。こうして日常的に「文書による支配」を行いましたが、それは本節で扱う非日常・非合法の百姓一揆においても訴状が必要とされ、「文書による支配」がここでも貫徹しました。

非合法の抵抗運動なので記録は残っていないと思われがちですが、さにあらず、全世界の前近代の民衆運動を記録したもののなかで、日本の百姓一揆に関する記録は異例なほど多いのです。青木虹二氏を引き継いだ保坂智氏の精力的な仕事によって『編年百姓一揆史料集成』（青木虹二編・保坂智補編一九七九〜一九九七年）は、B五判二段組五五〇頁平均で、全一九巻刊行されていますが、まだ一八六〇（万延元）年までです。『新編埼玉県史 資料編一一 近世二騒擾』（一九八一年・全九八三頁）のように日本各地の自治体史の中にも一揆史料集が編まれていて、手近にあって読むことができ、私もその恩恵を大いに受けている一人です。それでも一揆史料のすべてを収録するには至っていません。それほど近世には百姓をはじめ多くの人々が、一揆についての記録を書き残したのが事実なのです（保坂智二〇〇二年：一四二〜三頁）。

◉百姓一揆は近世社会の所産

維新政府は百姓「成立」を保障する「仁政」思想を放棄しました。民衆は近世では封印・抑制していた武器を持ち、殺傷・放火を行い、政府に激しく抵抗し、全面的に敵対しました。百姓一揆はそのような明治初期の新政反対一揆とは異なり、領主との全面対決ではありません。全面対決して、領主を破って取って代わろうとする運動（下剋上）ではなく、百姓が年貢を上納するかわりに領主は百姓の成立を保障するという「仁政」の回復＝平和な日常生活への復帰を目指す運動です。だから武器を持たず、百姓身分を前面に出すために出立（蓑笠）や得物（得意な道具。農具）を持ち一揆に参加していったのです。害獣駆除用の「農具としての鉄砲」が手元にあっても、それを武器として使用することなく、一揆の時も鳴物（運動会の時のピストル同様に合図の道具）として使用するに留めました。領主と百姓の双務的・恩頼関係が成り立っていたので、「物」を対象とする打ちこわしは行っても「人」を対象とする殺傷や放火などの暴力は抑制・封印したのです。公儀（幕府・大名）への提訴権を確保するためでした（藤木久志一九八七年。藪田貫一九九二年：二四頁）。このように百姓は中世以来の武器を用いた実力行使を規制し続けたのですが、それは「乍恐以書付奉願上候」などと公儀に訴え出る訴権を確保するためでした。百姓一揆は、仁政構造（近世的枠組み）中でのみ生まれた民衆運動だったのです。

コラム

農具としての鉄砲

百姓が多様な作物を播き、雑草と格闘し、肥料を施し、ようやく収穫の秋。一年の苦労が報われるときである。ところが村・百姓は「山方ニ而猪鹿狼多出田畑を荒シ百姓難義」・「猪鹿多御座候而耕作荒し候」という状況に直面する。そこで獣害を防ぐための鉄砲＝「農具としての鉄砲」（塚本学一九八三年：

七～八一頁）を領主から借り受けることになる。四季打鉄砲・御定免鉄砲・猟師鉄砲など様々な名目で村に鉄砲が存在していた。

新堀村では、一七二一（享保六）年五月に「鉄炮一挺、玉目二匁六分、預り主義左衛門」名で、七月まで玉込一挺の拝借が許可された。借り受ける際に「鉄砲ニ而悪事仕」、「荒候畜類打候より外之殺生抔仕」たなら、本人・名主・五人組まで曲事（処罰すること）、他人・親子兄弟に貸しても罰すると申し渡された。七月二十八日に御屋敷へ持参する旨の覚を新堀村名主・組頭・預主・五人組、久須美村・本郷村名主・組頭が連署して石川伝兵衛役所に提出している。

また、一七三五（享保二十）年にも鉄砲三挺の鉄砲証文を提出し、その際「田畑荒シ候畜類打候より外之殺生者堅ク御停止」、「鳥類之儀何鳥ニよらす堅ク打申間敷」、「居村之外者如何様之子細御座候共他村江罷越堅ク打申間敷」、「他村より罷越鉄砲打候者有之候者捕置早速御注進（急いで報告すること）可申上候、見遁シ仕間敷候」などの規定に違反したら本人は勿論名主組頭五人組まで罰する、「御定之通リ来ル極月ニ至打止」ことなどを誓約している（町田純一家文書）。

このように厳しい制限・制約の中で猪・鹿・狼などによる作物被害を食い止めるため使用が許可されたのであり、フリーハンド（自由裁量）ではないことがわかる。実際問題としては、江戸時代の百姓一揆では、合図のための鳴物として使用され、本来の用途（殺傷用の武器）として使用されたことはなかったといってよいのだが、武器として使用される可能性があるから、その管理が厳しかったのである。新堀村では、前年の享保十九年十二月には、一月から極月（十二月）迄に「打候鹿」が二疋であったことを、名主と組頭三名が田中休蔵役所に報告している。この報告は必ず必要なもので、一七九六（寛政八）年十二月に、台村でも四月に猪一疋、八月に鹿一疋を「四季打御鉄砲ニ而狩取」った旨、野田文蔵役所に報告している（新井定重家文書）。

豊かな自然と動物のテリトリー・生活領域に、開発という形で入り込んでいった人間（百姓）が労働の成果を確保しようと思えば、どうしても「農具としての鉄砲」が不可欠であったことを示している。また領主としても、年貢確保のためには、その使用には種々の限定・制約をつけながらも認めざるを得なかったのである（日高市史編纂委員会・日高市教育委員会編二〇〇〇年：五〇四～七頁）。

◉百姓一揆の罰則規定

百姓一揆は非合法運動・違法行為なので罰則規定が設けられました。幕府は、一七四二（寛保二）年に完成した、教科書でもお馴染の『公事方御定書』の下巻『御定書百箇条』で、初めて百姓一揆の罰則を成文化しました。この史料は、国立国会図書館デジタルコレクションで「御定書百箇条」から印刷することもできます。便利な時代になりました。

本題に戻りましょう。一六〇三年開幕ですから、一四〇年が経過してやっと罰則規定が設けられたのです。その第二八条の「地頭へ対し強訴其上致徒党逃散之百姓御仕置之事」（石井良助一九六一年：七一頁）に頭取は死罪、名主は重追放、組頭は田畑取上・所払、惣百姓は村高に応じ過料（罰金にも石高制が貫徹している！）と規定された反面、名主・組頭が取り鎮めた場合は、「御褒美銀被下之、其身一生致帯刀、名字は永可為名乗候」と褒美銀と苗字帯刀の身分特権が賦与されたのです。処罰と褒美はセットでした。

しかし、一七六四（明和元）年閏十二月の伝馬騒動に始まり、六七（明和四）年八月の明和事件（山県大弐事件）、十一月の佐渡一円にわたる相川奉行所への強訴、明和五年一月の大坂奥印差配所設置反対の打ちこわし、九月の伊勢亀山一揆と越後新潟湊（長岡藩領）騒動といった大きな一揆・事件が、明和期の前半に集中して発生しました。

この中で伝馬騒動は、百姓一揆が「質的に転換し始め、封建権力が幕藩制社会の解体のきざしを危機的に受けとめ、一揆に対する一連の公儀禁令を出し、一揆鎮圧体制の強化をはかる契機となった広域闘争の幕を切って落とした画期的な一揆である」（埼玉県編一九八一年：五頁）という性格の百姓一揆でした。

先ず一七六九（明和六）年、幕府は一揆鎮圧のため最寄りの領主の出兵を命じました。次に、翌年四月には高札（こうさつ）を掲げ、一揆禁令を告知し、徒党・強訴・逃散の区別を明確に定義して、銀百枚の「褒美」で訴人を奨励しました。

◉徒党・強訴・逃散とは

一七七〇（明和七）年四月十六日に幕府が出した徒党・強訴・逃散の訴人奨励と褒賞の高札によって、幕府が徒党・強訴・逃散をどう規定したか、日頃慣れていない江戸時代の文章ですが、見てみましょう。

「定　何事によらす、よろしからさる事に百姓大勢申合せ候をととうととなへ、ととうして、しゐてねかひ事くハたつるをこうそといひ、あるひハ申あハせ、村方たちのき候をてうさんと申、前々より御法度（ごはっと）に候条、右類の儀これあらは、居むら他村にかきらす、早々其筋の役所え申出へし、御ほうひとして、（後略）」

以下、徒党・強訴・逃散を訴人した者に対する褒美が規定されています。

徒党とは良くないことを百姓が大勢で申し合わせる行為である、強訴は徒党して強いて願いを行うことである、逃散は申合せて、村を立ち退く行為である、と。幕府が規定・命名した「徒党・強訴・逃散」は、大勢申し合わせる行為を前提とした違法な訴訟活動のことでした。だからこそ幕府は違法な訴訟活動を行う罪人の密告を募り、一揆が実行される以前に一揆を壊滅させることを意図して、訴人を奨励し、それに褒賞を与える懸賞の高札と位置付けてこの高札を出したのです（山田忠雄一九八四年：七六頁）。

それは、キリシタン訴人の高札に匹敵する異例な高額（訴人に銀百枚）を明記した高札でした。一七一一（正徳元）

年のキリシタン高札には、バテレン（司祭職の宣教師）銀五百枚・イルマン（司祭以外の宣教師・修道士）と立かへり者（棄教後、再度信者となった者）銀三百枚・同宿幷宗門銀百枚のような褒美銀規定がありました。

◉百姓一揆の形態

百姓たちは、通常年貢減免願などの合法的訴願によって、村と百姓の「成立」を求める努力を日常的に続けていました。しかし、それでは解決できない状況に追い込まれたとき、要求を実現するために非合法な手段を選択しました。それが百姓一揆です。合法的訴願から非合法の百姓一揆に発展・飛躍するにはその間に大きな溝がありました。具体的に近世の百姓一揆にはどのような形態があるかといえば、恩頼関係を前提にした訴願を伴う「逃散」・「門訴」・「強訴」と、恩頼関係を前提としない「打ちこわし」の、実質四種類があります（保坂智二〇〇二年：二二～三一頁）。

「門訴」は、一七七一（明和八）年五月門訴禁止令が三奉行へ発布され、「領主、地頭屋敷門前え大勢相詰、強訴致し候者御仕置」というもので、その第四項に「門訴之内ニも、或鎌なとを指候ハヽ、狼藉ニ候間、強訴徒党之御仕置之通可申付候」（高柳眞三・石井良助一九三六年：三〇五〇）と領主門前への門訴であっても、得物の鎌などを携行した場合は強訴の仕置（刑罰を科すこと）を行うことが規定されています。第三節の蓑負騒動を参照してください（本書三四頁）。また「打ちこわし」は、豪農・村役人などの家屋・家財を破損する行為により米価引き下げなどの要求を実現しようとするものです。

◉旗本殺害一揆

第三章でみる旗本殺害一揆は、恩頼関係を前提としないで、つまり訴願をしないで、農具ではなく、竹槍という武器で領主を殺傷することによって、領主を完全に否定するという意識の決定的転換を見せた全国的にも類例のない百姓一揆でした（内田満一九八九・一九九二・二〇〇〇・二〇〇一・二〇〇三・二〇〇六・二〇〇九・二〇一二・二〇一六年A）。実態からすれば、百姓たちは幕藩制の最終段階で近世の百姓一揆とは異質の運動を戦ったのです。つまり、近世百姓一揆では①人を殺傷しないこと、②藩政批判は、苛政を展開する悪役人たちに向けられ、藩主には向けられないことを原則としていました。

藩主に対する明確な批判を行ったものは、一八五三（嘉永六）年の盛岡藩（南部藩）三閉伊一揆しかありません。「人間は三千年に一度さくうどん花なり」（『獄中記』）との人間観を記したこの一揆の指導者である命助は藩主を「国主ノメグミナキユエニ誠ニナンギナリ」と言い切り、一揆勢は前藩主利義の復位、つまり藩主交代を求めたのです（深谷克己一九八三年：二四八頁〜）。これは、二五七頁注1の『遠野唐丹寝物語』にあらわれた「天下の百姓」という百姓意識につながるものです（第一章第一節の「御百姓」意識二二頁、同第三節「悪役の措定と除去」三二頁）。ところが、保坂氏も指摘する通り、旗本殺害一揆は領主である神谷を殺害したのであり、百姓一揆の二つの原則①②からともに逸脱しているのです（保坂智二〇〇六年：一九三頁）。

第三節　敵＝悪役の措定と懲悪・除去

◉悪役の措定と除去

百姓一揆は、幕藩制の枠組みを前提にした近世の主要な民衆運動であり、国家（社会体制・社会秩序）に対する抵抗の意味をもった非合法運動です。百姓が自らの「成立」を守るための異議申し立てでした。つまり百姓の「成立」・「相続」を否定するような収奪をし、困窮に陥らせた役人たちを、仁政を実行しない「許すべからざる悪役として措定」（安丸良夫一九七四年：一六一頁）するものでした。そして「特定の悪役と蜂起する集団とを二つの極として、明白な善悪の二元的対抗へと構造化」（同：一九三頁）し、悪役＝〈敵〉を明示して懲悪（悪をこらすこと）し、また除去しようとするものだった」（同：二五四頁）。そして、その「絶対悪を除去したあとには、幕藩制的『仁政』の世界が回復されるはず」（同：二六四頁）と考えたのです。

先の岡山藩主池田光政の名言「上様は日本国中の人民を天より預りなされ候。国主は一国の人民を上様より預り奉る。家老と士とはその君を助けてその民を安くせんことをはかる者なり」を使って説明すれば、なにはともあれ天・天帝は絶対者で、将軍・国主（大名）は無謬（理論・判断などに誤りがないこと）の存在（仁君）です。主君を助けて「民を安くせんことをはかる者」であるはずの「家老と士」が不正を行い、百姓を困窮に陥らせた場合、一揆集団（衆としての百姓）によって敵＝悪役として措定され、排除の対象になります。百姓は彼らが排除されれば、仁政の実行者である無謬の大名（仁君）の下で仁政は回復されると考え、疑わなかったのです。

例えば、一七四九（寛延二）年、岩代国安達郡二本松領の百姓たちが凶作につき減免・用金延納・小物成免除を要求した強訴では、上使が「御慈悲之御教書」・「百姓為御救御教書被下」を高声に読み渡すと、「百姓共謹て首を地ニ付ケ平伏し、さてさて難有御事也、殿様之御慈悲はしゆミ山（須弥山。シュミセン。仏教の宇宙観で、世界の中心にそびえ立つという巨大な山）よりも尚高しと悦ひ勇み、夫よりも壱度にどっと鬨を上げ」引き上げたといいます（青木虹二編一九七九年：第四巻、四三頁）。一揆の只中でも大名（殿様）への信頼・恩頼感は絶対であることが良く分かります。すでに第二節で触れましたが、藩主に対する明確な批判を行ったものは、一八五三（嘉永六）年の盛岡（南部）藩三閉伊一揆しかありません。近世の百姓たちは、大名・旗本などの領主・殿様が「仁政」の実行者（仁君）であることには疑いを差し挟まなかったのです。

百姓一揆は、いわゆる「君側の奸」である悪徳役人の除去が目的でした。「この悪役を端的に措定するかぎりで、蜂起した集団は、その社会の正義を体現するものとなり、「仁政」的世界を代表する権威と権力とを引き受けてしまうことになるのです。こうなってくると、彼我の力関係が逆転して」しまうのです（安丸良夫一九七四年：一六三頁）。

先述した三閉伊一揆の一揆記録である仙竜軒南石の『遠野唐丹寝物語』のなかに、野田通まで出張して一八五三（嘉永六）年夏の一揆をなだめようとする代官以下の役人と百姓らの応答の場面があります。

「役人大いに腹を立て百姓分として上を恐れざる過言、不届者と叱りければ、百姓共「カラカラ」と打ち笑ひ、汝等百姓抔と軽しめるは心得違ひなり。百姓の事を能く承れ。士・農・工・商天下の遊（諸カ）民皆源平藤橘の四姓を離れず。天下諸民皆百姓なり。其命を養故に農民ばかりを百姓と云ふなり。汝等も百姓に養るなり。此道理を知らずして百姓抔と罵るは、不届者なり。其処をのけて通せと、（後略）」（小野武夫編一九二七年：三九七頁）。

とありますが、一揆の際、一揆集団のなかに日常での支配（代官以下の役人）・被支配（百姓）関係に対して意識の逆転が起こっていることがわかります。そして幕藩制解体期の尖鋭化した百姓の意識を良く表すとともに、命助の国主（藩主）否定と一揆勢が藩主交代を求めたことに通底するものがあることがわかります。

このような二元構造の中で、悪徳役人＝苛政担当者に対する一揆勢の憎しみは激しく、その身柄を百姓に引き渡すことを要求し、中には殺害してその肉を喰いたいなどと発言すること（第三章第一節、「肉を喰はん」表現一覧、一〇九頁）もあったが、もとよりそれは実行されませんでした。

◉蓑負騒動（川越藩への門訴）

悪役の措定のプロセスや領主と百姓の恩頼関係が試された百姓一揆を見てみましょう。一八三九（天保十）年二月十二日の武蔵国大里郡の荒川右岸で起こった「蓑負騒動」は、水害の緊急性から荒川通御普請組合二三カ村の決定に異議をとなえる普請惣代を、御普請組合村々のうち川越藩領を除く一〇カ村の小前百姓およそ二七〇〜二八〇人が蓑笠姿で川越藩に「愁訴」（言葉で窮状を嘆き訴える。川越藩は「強訴」とし、幕府に報告。幕府は「強訴」として処罰）したものです。川越への「門訴」（門訴禁止令で合法的訴願ではない。第一章第二節、三一頁）の直接契機は、万が一にも自普請が再三再四の異議のために実施できない事態にでもなれば、従来から実施してきた治水のための努力も無益になり、老親妻子はもちろん、惣百姓が餓死する外ない状況となってしまうという危機意識でした。「村岡村堤押切候ハ、水ヲ呑と呑ぬの境ニ御座候」（埼玉県編一九八一年：四二九頁）と死活問題であるがゆえに、二人の身柄取り扱いを組合村々に任せてほしいという要求になったのです（大里村史編纂委員会編一九九〇年：四六三〜四頁）。そこで再三再四の異議申し立ては、組合村々によって、自分たちの生活を脅かすものとして受け止められ、二人がやり玉にあがり、「普請巧者」（土木技術の熟達者）である彦三郎は「邪智悪人」・「壱人弐人之人殺シ候悪党より余程増り申候大悪人」として、また清右衛門は彦三郎の「手先ニて是迄私欲仕候もの」とされました。このため「村々一統彦三郎清右衛門之肉ヲ食候ハ、及死候共遺恨無御座候」という憎悪の念を生み、他村の村役人を含めた惣百姓を一触即発の状況に置いたのです。「右彦三郎大悪人之儀は小泉村小前之もの并外御領分内ニて密々御礼被遊候得は篤と相分り申し候」と異議申し立てをする小泉村が川越藩領なので、嘆願すれば川越藩が両名の身柄を組合に預け、すぐ普請が実施できるだろうという川越藩との恩頼関係に期待したものでした。

向谷村名主賢次郎が「愁訴」を発意し、「廻文」（一揆廻状）を書き、組合村々に回し、百姓たちは甲山村地蔵堂に集合し、鐘（鳴物）を鳴らし、蓑笠の出立で、車連判形式で書かれた願書（訴状）を持って川越に向かいました。この時一揆勢は皆、蓑負い姿であったので「蓑負騒動」と呼ばれるようになりました。一揆勢は、村役人が「早速手取仕差止」たが突破し、川越藩役人の制止も聞き入れず、川越藩領の頭取名主の願書預かりで、帰村しています。川越藩はこれによって、ようやく一揆勢の川越入りを阻止できたのです（大里村史編纂委員会編一九九〇年：四六五〜八頁。内田満一九八八年：五七〜八頁）。

コラム 「車連判」形式の願書

この願書（訴状）の末尾にある車連判は二種類ある（大里村史編纂委員会編一九九〇年：四六六頁）。ともに一八三九（天保一〇）年二月付のもので、宛名は「松　大和守」とあり、村名は吉所敷村を含む一〇カ村が車連判形式で記され、一方は村名のみ（根岸家文書、埼玉県編一九八一年：四三六頁）、他方は村名と「惣百姓」（大河原家文書、埼玉県編一九八一年：四八〇頁）の記載がある。「門訴」勢が評定所で「普請組合村一躰申入候御儀ニて川越御領中共弐拾三ケ村一列ニ御座候」（埼玉県編一九八一年：四九二頁）と主張したように、一揆した集団を「一列」と表現することがあるが、「一列」とは一揆の共同責任体制、平等な集団としての性格を示す言葉である。その性格を象徴する特有の署名形式を車連判と呼ぶ。従来「傘状連判」とか「からかさ連判」とよび慣わされているが、保坂智氏によれば、傘連判は一例しかないという。近世期の基本的名称は車連判である。本書もこれに従った。地域によって「わらだ廻状」・「輪連判」と呼ばれることもあったという。車連判の本質は頭取隠しにあるのではない。「一列」とは署名者の間に上下関係が存在しないこと、すなわち署名者の平等を表現する言葉である。本来は一揆契状の署名形式である車連判は、一揆のなかでさまざまな目的に使用されるようになる。訴状を車連判で提出すること、一揆への参加呼びかけの廻状が車連判形式となることである。高校の教科書でよく使われた一八六六（慶応二）年の陸奥国信達一揆の「わらだ廻状」はその典型である（保坂智二〇〇二年：一五七～一六二頁）。

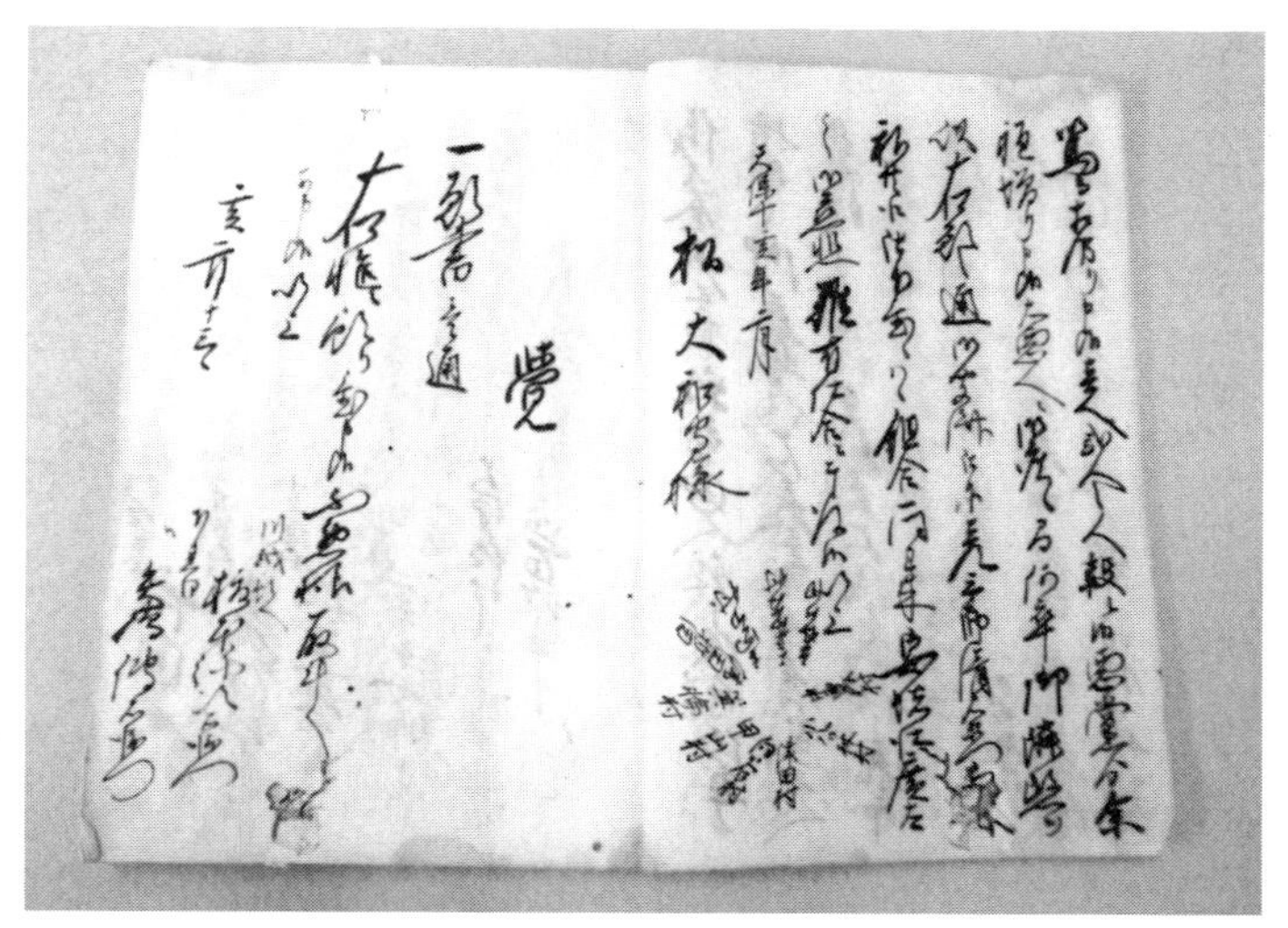

車連判形式で書かれた願書（自普請一件願書写）
（根岸家文書1267：埼玉県立文書館蔵）

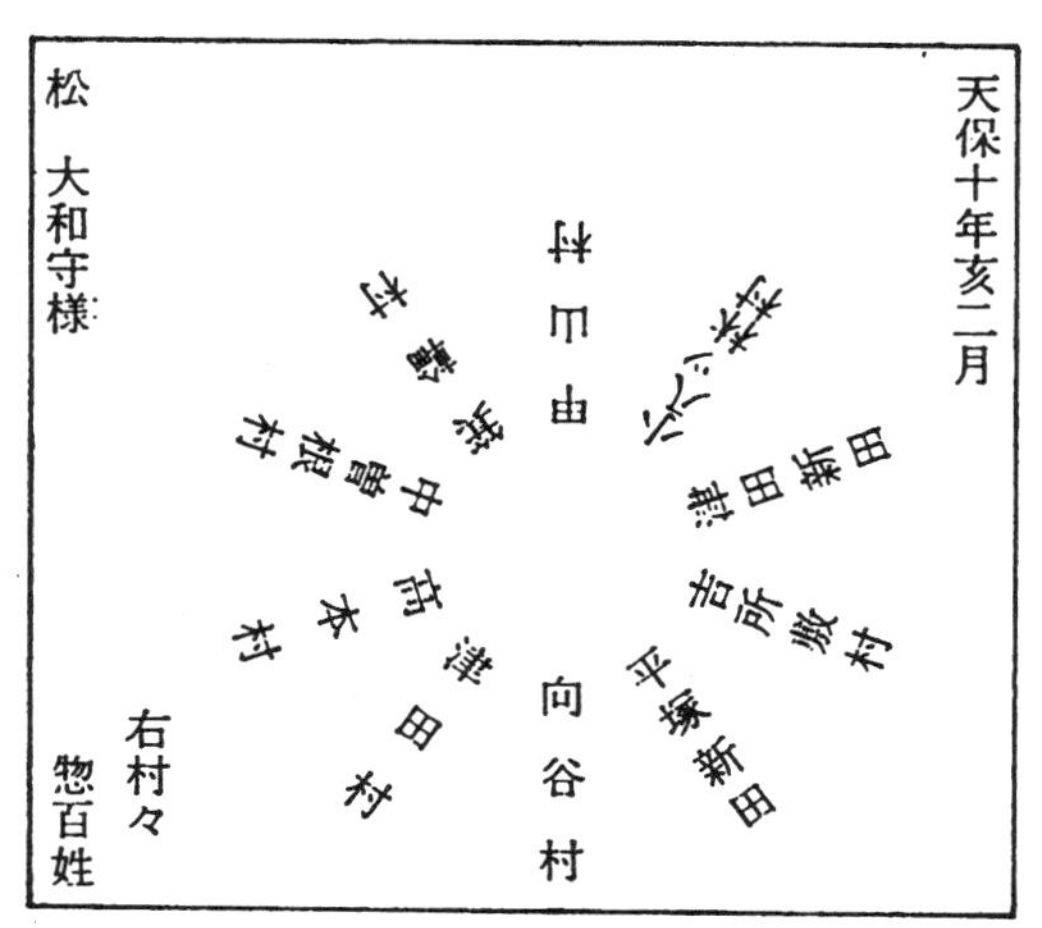

車連判形式で書かれた願書
（大里村史編纂委員会編1990年：大河原家文書）

一揆勢は「愁訴」を発意しますが、川越城を目指して訴えるのですから「門訴」です。彼らは鎌を持参していない可能性が極めて高い。一揆勢は自分たちが行うのは強訴ではなく「愁訴」・「門訴」であるという意識があったから、鎌を持たなかったのです。しかし川越藩は「川越城門訴致候迚、多人数蓑笠鎌等を携押来」と「門訴」というものの、他領の者で「徒党ケ間敷多人数筋違の直訴」勢二六〇人余が「鎌」を携帯し、すでに城下町入口まで一六人程が押し寄せたと「強訴」であることを前面に強く押し出して幕府に報告しました（埼玉県編一九八一年：「自普請一件につき松平大和守家日記」五〇七頁〜）。「強訴」となれば、一七七一（明和八）年五月の門訴禁止令「領主、地頭屋敷門前え大勢相詰、強訴致し候者御仕置」の第四項にあるように、幕府は、門訴であっても、鎌などを携えているものは強訴とみなして、門訴よりも一等重い強訴の仕置に処すことができるとしました（高柳眞三・石井良助編一九三六年：三〇五〇）。幕府はいままでは見逃してきた門訴の罰則を明文化し、頭取を遠島（これは一般の強訴よりも一段と軽い処罰規定）とし、頭取不明の場合は宗門人別帳筆頭人を頭取とみなし、さらに鎌携行によって強訴の仕置きができるというように極めて高圧的な一揆鎮圧法で、一連の明和期百姓一揆禁令を完成させました（山田忠雄一九八四年：八二〜三頁）。

しかし、愁訴側に立った「巨細書」（坂戸市赤尾林茂美家文書一八四）によれば、「大和守様ゟ右拾ケ村領主地頭江御達之御公章（公の文書）ニ者蓑笠鎌等を携徒党ケ間敷趣之御達ニ御座候処蓑笠者携候得とも鎌之類携候もの一切無御座」と一揆側は鎌を持参していないとあります。藩側の記録以外は、鎌は持たなかったと記しているので、川越藩はこの規定を悪用して、「愁訴・門訴」を「強訴」と捩じ曲げて幕府に報告したと考えられます。なぜ川越藩はそのような処理・工作をしたのでしょうか。

コラム 御家門

大名家格の一つ。日本史授業の大名の家格のところで、将軍家に対する親密の度合いによって親藩・譜代・外様大名に分類したと出てきました。その親藩とは、徳川家の子弟で大名になった者のことです。家康の子どもから御三家(尾張・紀伊・水戸の三家)、八代将軍吉宗・九代家重から御三卿(田安・一橋・清水の三家)が創設されましたが、それ以外の分家を御家門といいます。家康の次子秀康(越前福井藩主)を祖とし、越前福井・出雲松江、そして上野前橋から川越へ移城した松平大和守朝矩家などに分かれた越前家、秀忠の三子正之の会津保科家、御三家の支流の連枝などが属しています。将軍の一族として家格が高く、いずれも松平をとなえました。このあと**川越藩の動向**でみるように、川越藩主斉典は越前松平の分家で家門であることを根拠にして、将軍家斉の第二四男紀五郎の養嗣子運動を推進しました。

◉川越藩の動向

川越藩は、御家門〈コラム〉松平大和守朝矩が一七四九(寛延二)年に播磨姫路から前橋へ転封し、さらに前橋城水難のため一七六七(明和四)年川越へ移城しました。同藩は農村荒廃の進行の中で、平均収納は姫路時代の半分で、さらに一八二〇(文政三)年以来小田原藩と共に相模湾沿岸の海防警備の軍役負担をかけられました。教科書にも出てきますが、一八三七(天保八)年六月に漂流民送還のため来航したアメリカの商船(非武装船)モリソン号を、両藩は「無二念打払令」に基づき砲撃し、退去させました。つづいて一八四二（天保十三）年には、忍藩（安房・上総）とともに相模の沿岸警備を命じられました。また一八五三（嘉永六）年十一月には、ペリー再来航に備え、急遽築造された品川台場の一番台場の警備を命じられました。つづく二番台場は会津藩、第三台場は忍藩の担当でした。一八六二（文久二）年から文久改革を行った政事総裁職松平慶永が罷免され、その後任に川越藩主松平直克が任命されると、川越藩の一番台場警備は免じられました。しかし横浜鎖港を主張した藩主直克が政争に破れ一八六四（元治元）年六月に罷免されると、八月には改めて二番台場・五番台場の警備を命じられ、一八六七（慶応三）年三月まで続きました。このような軍役は藩と領民にとって大きな経済的負担となりました（埼玉県編一九八九年：「江戸湾防備の強化と川越藩・忍藩」第四章第一節）。

藩財政を維持するために川越藩は、以前から実施していた領知替え要求と拝借金嘆願を強化しました。そのための伏線が、一一代将軍家斉の第二四男紀五郎の養嗣子運動であり、結城松平の本家越前松平の分家で家門であることを根拠にして一八二一（文政四）年頃から行われ、文政十年七月に成就しました。一八三三（天保四）年以降一八五三（嘉永六）年までに、藩は公儀拝借金を願い出て、「紀五郎養育費用」で二回合計一万両、「勝手向窮迫」で一万両、「大概警衛・江戸湾防備」で都合四回合計二一・八万両を下賜されています。しかし、一八三七（天保八）年には幕府からの拝借金「紀五郎養育費用」一万両を含む、商人からの借金合計が四〇万両にのぼる財政難に喘いでいました。その打開策として、文政期より実施してきた転封策をさらに具体化し、翌天保九年には所領再配分と前橋築城・二万石増の嘆願を水野忠邦と大奥へ提出しましたが、却下されてしまいました。引き続き天保十・十一年にも同様の嘆願が行われました（森田武一九八二年九月。埼玉県編一九八九年：一二五九頁～）。そのような状況の中で、一八三九（天保十）年二月十一日に蓑負騒動が起こったのです。

◉川越藩の対応

川越藩は、蓑負騒動に対して次のような対応をしました。「直訴」は法に触れるものである。藩としてはこれを阻止しようとしたが、鎌を持ち、城下町入口まで押し寄せた「強訴」勢に押されて、結局阻止できなかったこと、江戸に近いので、穏便に済ませるため、止むを得ず名主を仲介として訴状を受け取ったが、他領の者の「徒党ケ間敷多人数筋違の直訴」であること、御普請・鷹入用の不正有無の判定は幕府に関すること、の三点で川越藩では吟味ができないとして、幕府へ任せました。こうして川越藩は、百姓の恩頼関係に対する期待を裏切ったのです。

川越藩がこのような対応に出た背景には、従来から実施してきた転封策がありました。転封を成功させるために、幕府に対して藩政に不行届きがないことを示す必要があったからであると考えられます。川越藩としては、厄介な問題が降って湧いたわけで、最初の段階から、態度は決まっていたと考えられます。だからこそ、藩は『松平家記録』の記載からわかるように、非常に慎重に、かつ落ち度なく「強訴」に対応しました。江戸に近いことを理由に穏便に処理することを原則として、百姓が強情なこと、川越藩にとって不当な「筋違之直訴」であることを強調して、藩は幕府に処理を任せたのです。こうして川越藩は、自らの幕藩関係重視＝保身＝転封実現の立場から、異議申し立てする小泉村が川越領分なので川越藩へ「嘆願」すれば「早速普請出来」るのだという藩に対する恩頼関係を前提に起こした行動を否定したのです。

◉幕府が徒党強訴と認定

川越藩では、組合決定の自普請に異議をとなえる彦三郎・清右衛門の身柄引き渡し要求を、御普請の不正にすり替え、さらに二六〇人余の「門訴」勢が「鎌」を携帯し、城下町入口まで押寄せたと「強訴」であることを前面に強く押し出して幕府に報告しました。ただし、藩側の記録以外は、鎌は持たなかったと記しています。幕府勘定奉行の吟味は、一八三九（天保十）年三月十九日から翌四〇年六月八日まで続きました。

吟味の特徴は、組合決定の自普請に異議を申し立て、そこから惹起するかもしれない洪水という死活問題の原因となった彦三郎・清右衛門引き渡しよりも、川越藩への「強訴」の事実にウエートが置かれていること、それゆえ「普請組合村一躰中入候御儀ニて川越御領中共弐拾三ケ村一列ニ御座候」（埼玉県編一九八一年：四九二頁）などの主張は却下され、その取扱いに差が付けられていること、川越藩の要請によって訴状（願書）を受理した名主ら五名が「不埒」（けしからんこと。不法なこと）とされたこと、苛酷な取り調べを暗示させる入牢一七名中五名の牢死、一三名に及ぶ出奔者、苛酷な取り調べの中で向谷村半蔵は「最早何ニてもこわき事ハ無御座候間委敷申上候」（埼玉県編一九八一年：四二八頁）と証言していることなどを上げることができます。

一八四一（天保十二）年七月一三日小泉村一件の裁許が行われ、幕府は蓑負騒動を「向谷村外八カ村徒党強訴」と認定しました。つまり、事の理非にかかわらず、厳罰に処せられなければならないもの、九カ村が参加したものとして認定したということです。平塚新田は、訴状には名を連ねているが、強訴には無関係であるとの主張が認められました。この吟味と裁許の間に、川越藩にとっては念願の転封が叶って、一八四〇（天保十一）年十一月一日に三方領知替（コラム）が発令されました。

コラム　三方領知替

三方領知替は近世を通じて七回も行われた譜代藩の転封方式である（藤田覚一九八五年「三方所替」『国史大辞典』第六巻）。四番目の三方領知替は、天保改革で良く知られた水野忠邦が関係している。一七六二（宝暦十二）年三河岡崎より水野忠任が六万石で唐津に入封した。一八一二（文化九）年八月、一九歳で家督を継いだ四代目の水野忠邦は幕閣入りを熱望していたが、唐津藩は長崎見廻役担当であったため、幕閣に入ることはできなかった。そのため、転封を画策し、各方面に賄賂を贈り運動し、文化十二年に奏者番、文化十四年に寺社奉行に就任し、その直後の文化十四年九月十四日に遠江浜松への転封が実現した。肥前唐津藩六万石水野忠邦を遠江浜松六万石へ、遠江浜松藩六万石の井上正甫を陸奥棚倉六万石へ、陸奥棚倉藩小笠原長昌六万石を肥前唐津六万石へ、というものであった。転封に際し唐津六万石のうち一万石を幕府に上知した。その後も大坂城代・京都所司代・西丸老中を歴任して、一八三四（天保五）年念願の老中に就任し、天保十年十二月老中首座になり、一八四〇（天保十一）年十一月一日に川越藩が絡む三方領知替を発令する立場となった。

幕府は、百姓の生活要求からの「愁訴」を「徒党強訴」と認定し、治安対策的観点から判決を下しました。甲山（明治以降は冑山村と表記変更）名主根岸伴七は、等閑・手延・取り繕い証言で、「荷担之意味難遁」とされ、「江戸拾里四方追放」と同時に「居村構」とされてしまいました（大里村史編纂委員会編一九九〇年：四七五～七頁。内田満一九八八年：六六～九頁）。

川越藩との恩頼関係を前提として、自普請を実施することで、自らの生活を守ろうとする生活要求から行われた「愁訴」「門訴」は、幕藩権力（川越藩・幕府）によって「徒党強訴」と認定・処罰され、百姓の要求はそれ自体何等解決をみることなく、彦三郎・清右衛門は病死し、参加村は過料銭など多大な犠牲を強いられました。このため、百姓たちに川越藩及び幕府が信頼（恩頼）するにたる権力でないことを身に染みてわからせることになったのです。

◉川越藩の三方領知替

川越藩が絡む三方領知替は、その六番目に当たるもので、一八二七（文政十）年七月第一一代将軍家斉の第二四男紀五郎（斉省）を養子とした「続柄」大名で、家門の川越藩松平斉典家の働きかけで、一八四〇（天保十一）年十一月一日に発令されました。武蔵川越藩一五万石の松平斉典を出羽庄内一四万石へ、出羽庄内藩一四万石の酒井忠器を越後長岡七万石へ、長岡藩七万石の牧野忠雅を武蔵川越一五万石へ転封させる命令でした。所替許可の内沙汰を得た川越藩では早速三人の「忍の者」を庄内へ派遣し二六項目に及ぶ情報を収集しています。その報告によれば「庄内藩は当時数万両の借財はあるが、本高一四万石・内高一九万石にのぼり、年間三万六〇〇〇両の黒字となり、庄内米の産地として藩領は潤沢であると予想し」（埼玉県編一九八九年：二七一頁）、川越藩家中は転封に期待していました（前橋市史編さん委員会編一九七三年：一〇一九頁）。

転封の準備のため、川越藩領では、十二月から翌年四月まで村々から川越藩役所へ、高札書上・皆済目録写・明細帳・印鑑帳など様々な報告が行われました（大里村史編纂委員会編一九九〇年：四〇〇頁）。こうして所替の準備が着々と進められていた天保十二年三月七日川越藩の庄内入りを阻止する大事件が起こりました。三方領知替反対一揆です。諸大名の強い反発と庄内領民の反対運動を受けて、幕府は天保十二年七月十二日三方領知替を中止し、川越藩二万石加増を申渡しました。この二万石は川越藩の要求により所領近接の入間・高麗・比企・埼玉郡に四五カ村が与えられ都合一七万石となりました。

すでに同年一月晦日に大御所家斉が死去、五月十七日に川越藩の松平斉省も死去し、一二代将軍家慶は事態の解決を三方領知替の中止に求めたのです。転封という幕命が覆されたことは幕府権力が弱体化したことを天下に明示し、続く天保の改革における上知令の失敗を暗示する出来事でした。二年後の一八四三（天保十四）年六月一日に幕府が出した上知令が、閏九月七日に、やはり大名や領民の反対を受けて撤回せざるを得なくなるという形で現実のものとなりました。

◉友山の幕府離れと長州への接近

川越藩の蓑負騒動に対する姑息な解決方法は、その後根岸友山の幕府離れ、長州への接近を生み出しました。長州藩では桜田門外の変直後の一八六〇（万延元）年三月晦日、藩主毛利敬親は、根岸伴七（友山）と弟仁助を江戸藩邸に招き酒肴を下賜しました。外国艦隊との交戦など危急の事態が発生した場合、甲山村の根岸家を江戸藩邸にいる婦女子の避難中継地とすること（甲山から中山道・山陰道を経て長州に入る計画があった）を依頼しています。同時に

長州藩から根岸家への御用鑑札
（根岸友憲監修、根岸友山・武香顕彰会編2006年）

三月二十九日、根岸家は長州藩の「御国塩其外産物之御用取扱」を命じられ、長州藩の産物交易の一端を担い、経済活動の面でも深いつながりを持つことになりました。一八六二（文久二）年まで、長州藩の三田尻塩・岩国紙・蝋燭などを、江戸問屋を無視して、売りさばきました。根岸家からは、米・酒・炭が長州藩に売られていました。根岸家は停滞する豪農経営を打開するために、旧来の流通機構を否定して産物交易を展開していきました。長州藩の江戸藩邸婦女子避難ルートとして友山を紹介した尊攘運動家多賀谷勇や久坂玄瑞も根岸家を訪れています。（写真：万延元年五月、長州藩から根岸家への鑑札。根岸友憲監修・根岸友山・武香顕彰会編『根岸友山・武香の軌跡』さきたま出版会二〇〇六年：七七頁）。

一八六三（文久三）年二月十三日に将軍家茂が上洛のため江

戸を出発しました。将軍上洛にあたって江戸の浪士取締りのため同年四月浪士組が結成されました。清川八郎の誘いを受けた友山は浪士組に参加し、一番小頭として上洛しました。友山の浪士組参加の意図は、「王臣」を自負し、違勅調印撤回・攘夷決行を求めるものでした。

また、慶応段階における草莽の勤王討幕論への転回の例は、「王臣」を自負した草莽友山の尊攘家としての心情が吐露され、友山の尊攘思想の到達点を示す『吐血論』にもあらわれています（根岸友山『吐血論』一八六八（慶応四）年五月稿）。

慶応四年八月十九日、「官軍」により友山宅が探索されました。関東取締出役として最後まで「官軍」に抗した渋谷鷲郎を匿い、また武器を預かったという嫌疑でした。友山は逮捕され、上京中の当主伴七（武香）も帰宅後、松山陣屋へ陣弁（理由を述べて弁解）に駆け付けましたが、召捕りとなりました。間もなく釈放されましたが、草莽出身の相楽総三が「偽官軍」として処刑されたことなど考えると、新政府は必ずしも草莽に信頼を置いていなかったことを示しています（森田武一九九二年。大里村史編纂委員会編一九九〇年：六一二頁～。埼玉県編一九八九年：七九八頁～）。

武州世直し一揆に対して根岸家がどのような対応を取ったかについては、第二章第一節の**甲山根岸家の対応**（六三頁）を参照してください。

第二章 百姓一揆の作法

◉百姓一揆の作法

百姓一揆には「一揆作法」(「地域性や時代を越えた共通の行動様式」(保坂智二〇〇二年：一三八頁)。ルール・約束事。あるいは「暗黙の合意」(藤木久志二〇〇五年：一七六頁)がありました。近世人も、一八二五(文政八)年十二月、信州松本藩内安曇(あづみ)郡四ケ条方面から凶作のために起った世直し型の百姓一揆「赤蓑(あかみの)騒動」での凄まじいばかりの打ちこわし勢をさして「昨夜の躰(てい)たらく百姓騒動の作法に外れ」、「実に此騒動百姓一揆の類にあらす」と評し、この「百姓騒動の作法」の存在を認識していました(信濃史料刊行会編一九七七年：「赤蓑談」)。科(しな)の皮で作った赤蓑を身に着けていたので赤蓑騒動と呼ばれています。

また、一八一一(文化八)年の越前勝山藩一揆でも「此度の一揆ハケ様の事と違ひ願ひの趣意なし」、「ミの虫といふは昼内に出るものなり」、「ミの虫にてはらて一揆反逆人ともなり」、「第一ミの虫のしよさにあらず」と評し、やはり「ミの虫しよさ」＝百姓一揆の作法の存在を認識していました(青木虹二編一九八二年：第九巻、一二一～三一頁)。

こうした一揆の作法は、江戸時代中期の一七三〇年代の元文期に百姓一揆の作法が成立し、一八世紀末から一九世紀初頭の天明から文化期に作法が変質し始め、一八三〇年代の天保期に作法の解体を示す動向が出現します(保坂智二〇〇六年：一〇二頁）が、最終的解体は、一八六八（慶応四）年一月三日の鳥羽・伏見の戦における幕府軍の敗北を契機（画期）とします。これらの歴史的事実の指摘は、戦後歴史学と明確に区切られる「現代歴史学研究」の成果です。

解説　「現代歴史学研究」

「現代近世史研究とは、おおよそ八〇年代以降に活発な論文発表や学界発言を行うようになる世代によって代表される研究の問題関心や史料論、分析手法、形成される歴史像のこと」で、「現代の問題に対して各自の感性でこたえようと」して、「グランドセオリーを経由させないで直接に歴史の史資料と向き合うという研究姿勢をとる」歴史学研究の動向のことです（深谷克己二〇〇七年七月）。

ここでいう百姓一揆の作法＝「共通の行動様式」とは、組織、行動様式、意識構造。心性の表出である出立（服装：蓑笠）、得物（百姓が「日頃習熟した生産用具」で、農具・野具・山具・生活用具）、鳴物（音の世界。鐘・法螺貝・鉄砲・鬨の声）、旗物（指物。視覚の世界。旗・幟）、打物（打ちこわしの道具。かけや・かぐらさん）などにおける共通性です。

具体的にいえば、百姓たちは、どのような方法（一味神水）で団結して、その徒党を保証するために何（連判状・頼み証文）が作成され、どのような服装（出立＝蓑笠）で、何を持って（得物＝農具）、何を合図（鳴物＝鉄砲・鐘・太鼓）に、村を単位に旗物（旗・纏・梵天）の下に行動したのか。どういう行為（殺傷・放火。打こわし）を行ったのか、行わなかったか。そういう様々なところに共通性がありました。そうした百姓一揆の実像を追うことにより、近世の百姓一揆が「御百姓」・「天下の御百姓」たる身分を強調する一定の作法に従い、領主に「仁政」を要求する民衆運動であったことをみてゆきます。

コラム　一味神水

一七四九（寛延二）年陸奥国信夫・伊達郡に起こった一揆を記録した『伊信騒動記』は、熊野権現の牛王宝印に起請文を書く時の様子を「巻首に彦内姓名を記し、指を喰切血判をなし差出しければ、つゞいて源七、半左衛門血判し順次に廻しけるに、一人も洩れるものなく、暫時に惣連判調ひければ、彦内これを掌握し、則神前に於て炭となし、一椀の水を洒ぐ、彦内をはじめ次第に呑廻し、各肺腑におさめければ、彦内一通の願書を出し、半左衛門に読ましむ」と記している。署名・血判を積み重ね、起請文が完成すると、燃やして灰にして椀の水に入れて、神前で廻し飲みする。この行為を神水という。この神水した集団が一揆（軌を一にする徒党集団）である。徒党の成立である。そこで頭取集団が準備した領主に向けた願書（要求書）が読み上げられ、全員に周知される（保坂智二〇〇二年：一四四～五頁）。

第一節　慶応三年までの百姓一揆の得物原則

本節では、百姓一揆に関する代表的な文書史料で、百姓一揆における作法のうち得物原則を中心にみてゆきます（内田満二〇〇八年ほか）。ちょっと大変ですが、頑張ってください。次の**百姓一揆の記録（文書史料）**の読み解きから読んで頂いても大丈夫です。

◉百姓一揆の記録（文書史料）

（a）「右（十条）河原に三千餘集り相談、極閏十二月十七日本庄宿江出、市を潰し何事なく帰り、又廿二日本庄を潰し夫より江戸江可罷出由にて、少々は江戸江亦参候（中略）何れも菰に糧を包、みの笠かまを持候て出申候。其村々にて思ひ思ひの指物を拵持出候。本庄市を十七日廿二日二夕市潰し申候（中略。熊谷宿へ）右寄せ手人数一所相加、時の聲を揚げ、指物ふり立、（中略）夫より誰云ともなく破りに懸り、門の戸板を打、両方表長屋の戸を鎌にて破り内へ入、内に有之候道具等を外へなげ出し切れ破り、門の内よりは戸板を押当て騒寄て、石を打て破れ破れと聲をかけ、町一面にて成て時の聲を揚る。（中略）右打ちらし候節、町北側の前通に捨置候みの、笠、こも包、かま、まとひ夥敷事、是を二日ニ不残片付申候、みの五千計、かま五百丁余、まとひ弐百本計、其外銭、やきめし、干飯色々のものあり。」（一七六四（明和元）年伝馬騒動「東武百姓一件集書」青木虹二編一九六八年：二〇七～八頁）。

（a2）「深谷霞の強訴人共、銘々村限に纏を押立、蓑、笠、めんつう（面桶。食料を入れる曲物）を背負、遠所は廿四日夜半より支度して、廿五日夜明には一村も残なく人見山江寄合ける社希代也。扨ここにて時の声を上、深谷宿へ推出す。（中略）熊谷宿へ推来る。其出立破簑、古笠、道具らしき物は一品もなし。喰物は二三日分程つつ貯へたり こわ飯、やき餅、焼飯、饋いり米等也 持物、鐵鞭、鳶口、鎌、擔斧、鐇、乳切木思々の得道具にて、南北両勢一同に押よする其勢ひ喩ゆるものなし。」〔一七六四（明和元）年伝馬騒動「尚風禄」青木虹二編一九六八年：二四四頁〕。

（b）「百姓の得道具は鎌・鍬より外になし、田畑に出よふが、御城下に出よふが片時もはなせじ」〔一七三九（元文四）年鳥取藩元文一揆「因伯民乱太平記」青木虹二編一九六八年：一〇九頁。青木虹二編一九七九年：第三巻、三二三〜七頁〕。

（c）「百姓之事ニ候得は帯刀ハ無用と申、然上は棒、かま、斧なとを持参いたし候て壱ケ村きりニ紙はたヲはり立、はたの紋ニは甲之字ヲかきしるしける、扨大勢之事ニ候得は村切ニ相印、合言葉に違ひ無之様にいたし可申と相触」〔一七五〇（寛延三）年甲斐国米倉騒動「米倉騒動実録」青木虹二編一九七九年：第四巻、一二一頁〕。

（c2）「百姓の事なれば、飛道具や太刀、脇差、鎗などの類ひは決して持参るべからす、又は御公儀様より御出役ありとも手出し致さぬよふ、只平七宅計り騒動なすべしと声々に申聞し合図を以て立出る、其目印には一と村一と村に工夫をめぐらし、三、四間有る竹の上に房縄を結付、小口を切りばれんとなし、又は小莚を以て旗の形に拵へ結付、或は藁にても毛槍の如く、銘々の手道具には鋤、鍬、鎌、万能、まさかり、斧、大槌、鶴はし、鋸、山刀、竹具吹立勇み立、笛吹川を押渡り」〔一七五〇（寛延三）年甲斐国米倉騒動「米倉騒動実録」青木虹二編一九七九年：第四巻、一二五頁〕。

（d）「一志郡小倭郷いづくともなく皆蓑笠を着し、竹鑓を持、鎌、斧を腰にさし、（中略）相図の狼烟をあげ、鉄砲を打て寄集る百姓幾千人といふ限りなく、鯨波山谷に響き、近郷の村々をさそひ合せ、出ざる村ハ焼打つべし」〔一七九六（寛政八）年伊勢国津領強訴、青木虹二編一九八一年：第七巻、一五五〜一八〇頁〕。

（e）「此度の一揆ハケ様の事と違ひ願ひの趣意なし、非ぎ非徳之ふるまひ、それにミの虫といふは昼内に出るものなり、昼ハ引夜出て城下をあらすハ、狼藉悪党盗そくの類ひなり、甚以ぼうしやく無人のふるまいなりとかたりける」。「ミの虫にあらて一揆反逆人ともなり」。「第一ミの虫のしよさにあらず、誠のミの虫ならハ願ひ通りにてもあるへきに、さハなくして城下を乱ほうす、これ悪党ろうせきものなり」（一八一一（文化八）年「鰹山百姓騒動記」青木虹二編一九八二年：第九巻、一二四～五頁）。

（f）「寝所に金を蔵し置けることをよ、と案内知りて入けるにや、実に此騒動百性一揆の類にあらす、皆是盗賊の所為にして人を殺害せざるのみにして賊乱と云に当れり、故に余此編に百性乱と云ハす皆賊と云、誰かこれを非義とせん」（一八二五（文政八）年信濃松本藩一揆「赤蓑談」信濃史料刊行会編一九七七年：一二一五頁）。

（f2）「然るに昨夜の躰たらく、百性騒動の作法に外れ、罪なき人を悪み咎なき家を打毀ち」（同上、一二三六頁）。

（g）「百姓は百姓だけの趣意にて、世の見せしめに不仁の者をこらすのみ、敢て人命をそこなふ得物は持たず」（一八六六（慶応二）年「秩父飢渇一揆」庄司吉之助・林基・安丸良夫校注一九七〇年：二八八～三〇六頁）。

（h）「得物ハ鎌鋸斧等ノ農具ヲ持チ槍刀一切無用タルヘシ」（一八六六（慶応二）年「賊民略記」近世村落史研究会一九七一年：（二）一七三頁）。

◉百姓一揆の記録（文書史料）の読み解き

（d）は、一七九六（寛政八）年伊勢国津領強訴初発の場面で、蓑笠という出立で、竹鑓・鎌・斧などの得物を持ち、鳴物としての鉄砲・狼煙を合図としながら、焼き打ちなどを参加強制の手段として幾千人という一揆勢が結集していく様子が描かれ、百姓一揆の作法が明示されています。

また（c）「百姓之事ニ候得は帯刀ハ無用と申、然上ハ棒、かま、斧などを持参」、や（c2）「飛道具や太刀、脇差、鎗などの類ひは決して持参るべからす、（中略）手道具には鋤、鍬、鎌、万能、まさかり、斧、大槌、鶴はし、鋸、山刀」は、一七五〇（寛延三）年甲斐国米倉騒動への、（h）「得物ハ鎌鋸斧等ノ農具ヲ持チ槍刀一切無用タルヘシ」は、一八六六（慶応二）年武州世直し一揆への参加を呼びかけた触書の一節であり、持参すべき得物と持参すべきでない武器とが対照的に記されていました。打ちこわしが秩父郡へ拡大した六月十七日に「打ちこわし連中」が大宮郷を含む一三カ村に対し、「惣百姓十五歳以上之もの不残」に参加強制が掛けられた際も「尤銘々得物之義刀脇差等決而持参致間敷候、但四ツ子鎌鋸様之もの持参可致候、道筋之者往還端江食物施し差出可申候事」と持参すべきものとすべきでないものが明示されています。また食糧の施行を要求したことがわかります（近世村落史研究会一九七一年：（二）一八一頁）。

得物とは百姓が「日頃習熟した生産用具」で、農具・野具・山具・生活用具であり、一揆勢は実に多種多様な得物を携行していました。（a2）「持物、鐵鞭、鳶口、鎌、擔斧、鐇（手斧）、乳切木（日常的には重い物の運搬時に肩にかける棒や物の重さを計測するために使用される民具）思々の得道具」は、一七六四（明和元）年伝馬騒動での得物の一部（全体像については東松山市史編さん課編一九八五年：二五二頁）で、鎌は百姓の象徴であり、すでにみたように一七七一（明和八）年の門訴仕置規定でも、鎌を所持すれば強訴の仕置きがなされました。熊谷宿では、忍（おし）藩阿部家が一揆勢を「打ちらし候」た時に、捨置かれた一揆勢の所持品が散乱していました。それは、簑五〇〇計（ばかり）、鎌五〇〇丁余、纏（まとい）二〇〇本計と夥（おびただ）しい数でした。その外に強訴中の買い物に必要な金銭、焼飯、干飯などの食糧がありました。伝馬騒動の前半、初発段階では、一揆勢は竹槍などの武器を所持していないことがわかります。また出立は簑・笠で身を固め、強飯や干飯など喰物は二三日分程を面桶（めんつう）に入れて、鎌・竹棒・古俵を携帯し、各自に強訴中の買い物に必用な金銭も用意したうえで、各村々毎に桟俵（さんだわら）・鋤・鍬などさまざまな目印を付けた纏のもとに行動していたことがわかります（a・a2）。

百姓一揆は、通常食料を携帯したり、独自の輸送グループを準備しませんでした。軍隊でいえば兵站（へいたん）（部隊の後方にあって、兵器・食糧の補給に当たる機関）がないのと同じです。三閉伊一揆は、各自が背中になにがしかの食料を付けて出発した点で手配りがむしろ行き届いていました。伝馬騒動の場合も二、三日分の喰物と金銭を持ちましたが、長引けば、炊き出しを強制するか、上記のように「打ちこわし連中」が食糧の施しを要求することになります。

得物は、ありとあらゆる財物をことごとく「跡の用弁」にならぬよう打ちこわすために携行されたのであり、目的は人ではなく物（財物）だったのです。伝馬騒動（a）で、鎌も「表長屋の戸を鎌にて破」る道具として使われています。打ちこわしといえば、一八六六（慶応二）年の武州世直し一揆と並ぶ福島県の信達騒動で、頭取が次のような指示を出しています。

（史料）「『やあやあ者共、火の用心を第一にせよ。米穀は打ちらすな。質物には決して手を懸けまじ。質は諸人の物成るぞ。又金銭品物は身につけるな。此働きは私欲にあらず。是は万人のため成るぞ。此家の道具は皆悉く打こわせ。猫のわんでも残すな』と下知を聞くより、此奴原打こわす、打くだく、その物音のすさまじさ、百雷のおちるかの類が如くなり。又此奴原の顔付、働く悪魔・悪鬼の如くにて、おそろしかりける次第也」（庄司吉之助・林基・安丸良夫校注一九七〇年：「奥州信夫郡伊達郡之御百姓衆一揆之次第」二七五～六頁）。

打ちこわしの倫理性や打ちこわしの徹底ぶりと凄まじさが伝わってきます。この得物原則を支える論理は、一八六六（慶応二）年武州世直し一揆の（g）「敢て人命をそこなふ得物は持たず」という言葉に端的に示されています。得物で「闘うところに一揆の価値が込められていた」のです。武器を持たないところに日本近世の百姓一揆の特質があります。また、百姓一揆は幕藩領主との恩頼関係に基づいて百姓「成立」を求める行為ですから、得物（鎌などの農具）と出立（蓑笠）によって百姓身分であることを強調したのです。

一七三九（元文四）年の鳥取藩元文一揆で、一揆勢が（b）「百姓の得道具は鎌・鍬より外になし、田畑に出よふが、御城下に出よふが片時もはなせじ」と答えたのは、これらのことを端的に示しています。鳥取藩御徒目付は、一揆勢の集積された得物を「兵具の如き棒・鎌」と認識しています。これは百姓＝得物＝生産用具、武士＝兵具・武具＝殺傷用武器の図式（第一章第一節身分制、二四頁）のなかで、一揆の場面では、「日常の農具類が十分に殺人用具となりうる」（塚本学一九九六年）こと、またそのように認識されていたことを示しています。だが武器として使うことはありませんでした。（a）で、鎌を所持して江戸へ強訴（幕府に訴訟）する時も農具としての鎌で、百姓身分を強調することには変わりありません。積極的に武器を所持しないことが一揆の主張です。

ただし、一九世紀の文化・文政期（一八〇四〜三〇）になると、越前（e）、信州（f）・（f2）などの地域で百姓一揆の作法が崩れてきた（(e)「ミの虫（百姓一揆）のしよさにあらず」）、（f）「百性一揆の類にあらす」）・（f2）「百性騒動の作法に外れ」）ことが認識され、記録されるようにはなっています。

コラム　絵画史料『夢の浮橋』

すでに第一章第三節の**川越藩の三方領知替**で見ましたが、庄内藩の三方領知替反対一揆では、百姓たちは得物をもたず、訴願に徹したので、様々な旗・幟（のぼり）を掲げましたが、その中には「熊出組」のように得物（鋤・鍬・鎌・熊手の四つの農具）を描いた旗を作り、それを持って行動しました。それで百姓であることを前面に出して、「仁政」＝長岡への転封中止を要求したのです。二〇〇〇年に千葉県佐倉市の国立歴史民俗博物館で開催された企画展示『地鳴り山鳴り―民衆のたたかい三〇〇年―』の第三展示室「村からみえる『近代』」の「たたかう人々」のコーナーには、鋤・鍬・鎌・熊手の四つの農具を描いた熊出組の旗をもつ蓑笠姿の百姓のパネルが展示してありました。このパネルは一揆の時の百姓の姿を彷彿とさせます。現在でも第三展示室に展示してありますから、訪れて雰囲気を味わってください（二〇〇〇年に見学した時に内田が撮影した熊手組パネル写真です）。

「熊出組」の旗は、三方領知替反対一揆の絵画史料『夢の浮橋』の挿絵の一部です。この『夢の浮橋』という絵画史料は、一揆に深く関与した一人、加茂屋文治（真柄小文吾とも）が場面と経過を文章で説明し、大柳金右衛門が、一揆の重要な場面を描いた絵巻物です。百姓一揆の起承転結が詳細に書かれ、非常に稀で貴重な百姓一揆の作法のビジュアル史料です。十九世紀に入った文化・文政期から、幕藩領主と百姓の恩頼関係が変質し、伝統的な百姓一揆の作法から外れた一揆が現れてきたことが認識され、記録されるような状況になってきました（第二章第一節**百姓一揆の記録（文書史料）**（e）・（f）・（f2）、本書五二頁）。このような中で描かれた『夢の浮橋』は、そのような状況だからこそ、江戸時代における領主と百姓との「あるべき姿」（理想像）が強調されて描かれたのです（国立歴史民俗博物館編二〇〇〇年。須田努二〇一〇年：一〇三～五頁）。

熊出組の旗を持つ蓑笠姿の百姓パネル（国立歴史民俗博物館第三展示室）

一九世紀になると、伝統的な作法から外れた一揆が現れるといわれながらも、一八六七（慶応三）年までは得物原則を堅持した中で、竹槍の使用は何を意味するか、竹槍は農具・野具・山具・生活用具と並んで得物を構成していたか、どのような状況で使用されたかなどを、伝馬騒動を例にして見てみましょう。

◉甚左衛門の防戦態勢への対応

竹槍が豪農・豪商に向けられたものとして、最初の広域闘争として画期的な一揆であった一七六四（明和元）年閏十二月の伝馬騒動があります。近世的な得物原則に従って参加した百姓たちは、説得に応じて江戸強訴を取りやめ、一転して増助郷の発願人などへの打ちこわしへと激化しました。助郷役増徴を策した中心人物で、「邪智深く欲心盛ん」（庄司吉之助・林基・安丸良夫校注一九七〇年：「狐塚千本鎗」二〇七頁～）とされた川田谷村甚左衛門家の打ちこわしに向かったところ、「敵ハ多勢ノ事ナレハ（中略）荒川ノ渡シ場ニテフセキ留ムヘシ」と襲撃される事態を予想していた甚左衛門の命令で、逆茂木をかけ、割木（細く割った木）を準備し、居宅の三方に竹矢来を作り、屋根には割木、桶に入れた小石、灰・トウガラシの粉を「敵ノ眼ヲツブサント」する目的で上げて置くなど、防戦態勢を固めていました。その他にも街道の「アフレ者ドモ」を金銭で集め、準備万端の備えをしていました。荒川の渡しでは、川田谷村「百姓共手々ニ竹槍ナドタズサヘテヒカヘタレハ、中々渡ルヘクモアラズ」。この状況に徒党の中から「敵ノ用意アリケレハ（中略）此方モ用意スヘシ」と下知する者が出ました（青木虹二編一九七九年：第四巻、「川越蠢動記」五〇二～三頁）。この場面では、打ちこわし側・防備側が相互に「敵」と認識しており、甚左衛門側の竹槍使用を見て一揆側も近くの竹藪に入り、各自が竹槍を作成しました（写真：「暴民竹鎗を用意す」明治四年三月の三河の僧侶一揆のものですが、雰囲気はわかります。田中長嶺一九一一年。明治四年三河僧侶一揆。小野武夫編一九六五年：六五～六頁。本書五八頁）。しかし打ちこわしの場面では「斧・飛口・小鎌持罷有」（埼玉県編一九八一年：「強勢人一件諸書物控」弐、一三八頁）と得物が主役だったことを確認できます。得物の鎌も熊谷で（a）「表長屋の戸

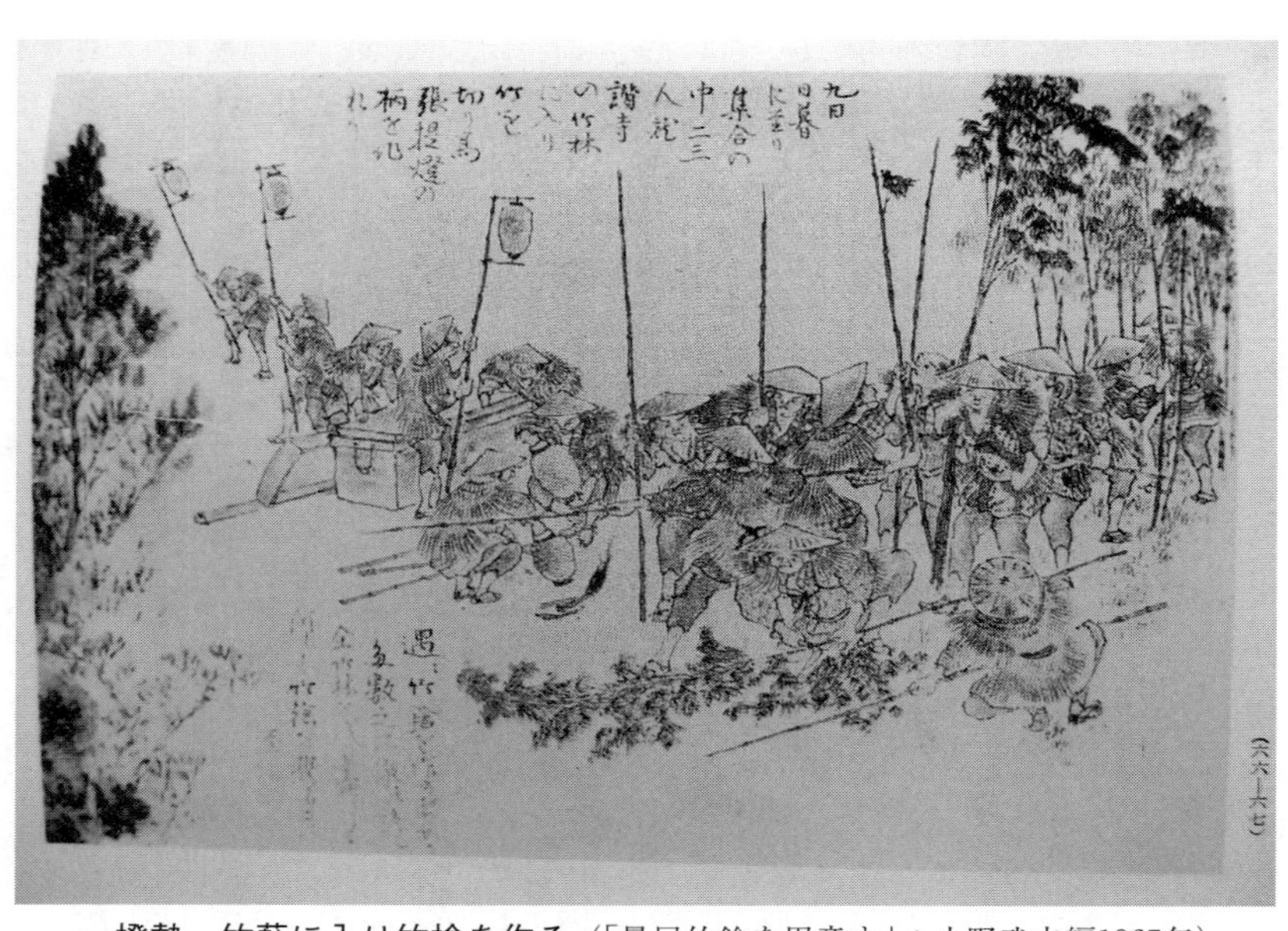

一揆勢、竹藪に入り竹槍を作る（「暴民竹鎗を用意す」：小野武夫編1965年）

を鎌にて破」る道具としてしか使われていないことが確認できます。

これに対し、甚左衛門が雇った「海（街）道筋ノアフレ者ドモ」は抜刀して襲いかかったのです。『東武百姓一件集書』には、「即死三拾人余り」（青木虹二編一九七九年：第四巻、五一一頁）と記され、『川越蠢動記』には「ヨセ手ノ方ニハ四百余人死タリ」（青木虹二編一九七九年：第四巻、五〇六頁）とあり、「社会派文化人」の杉田玄白は随筆『後見草』で「互に打合、疵を蒙り即坐に命を失ひし者百人に餘れりと也」と書いています（杉田玄白一七六四年：六四頁。須田努二〇一〇年：一五～六頁）。にもかかわらず一揆（打ちこわし）側が甚左衛門側の竹槍に対抗して作成した竹槍が武器として使用されたとする記述は見つかりません。

次に、埼玉県域における天保期の打ちこわしでの得物をみてみましょう。天保期の凶作・飢饉によって米価を始め諸物価が高騰し、生活に窮した宿村の無高・店借人・貧農の人々が、商品流通の中核である宿場町・在郷町等の穀商・富商・豪農を打ちこわしました。この時期の打ちこわしは、凶作の著しかった一八三三（天保四）年と三六年、三七年に集中しています。

◉幸手宿打ちこわし

まず、一八三三（天保四）年九月の幸手宿打ちこわしでは、早鐘を合図に集まった五〇〇名余が宿内一九軒と隣村上高野村四軒を打ちこわしました。「銘々面躰不相知様手拭を冠り身軽ニ出立、勘右衛門は有合之棒、平七は短き鳶口以携」「銘々面を包棒鳶口を携」（鷲宮町史編纂室編一九八一年：五四六・五四七頁）と得物原則はここでも活きています。また、面体を隠すのは、宿場町なので当然ですが、百姓であることを前面に出さずに、出す必要もなく、また弾圧・捕縛から身を守ることを優先させた結果です。幕府はこの打ちこわしが各地に波及するのを怖れ、関東取締出役を廻村させて鎮撫しました。また組合村々に幸手宿打ちこわしを例に挙げて触書を出し、豪農・穀商が米買い占めに走ることを禁止しました。一方小前や店借・日雇・雑業層・無宿無頼の者が、貼札・打ちこわしの挙に出る風潮を厳しく威圧し、連印のうえ請書を提出させました。関東地方における窮民の蜂起が新たな段階に至ったことを幕藩領主が認識し、改革組合村体制をもって動揺した宿村支配の強化を試みたのです。

◉岩槻宿打ちこわし

一八三六（天保七）年には岩槻町、久喜町、琴寄村等で打ちこわしが起こりました。これらの打ちこわしの中で、八月の岩槻宿打ちこわしでは、打ちこわし後の乱妨取鎮めのための評議が行われ、積極的な施米出穀に異議をはさんだ岩槻新町医師良哲に憤った平吉ら一〇人は、良哲と良哲家抱源七宅を打ちこわしました。岩槻藩役人の検分を受けた後で、大勢が良哲を「打ち殺す」として押しかけたといいます。管見の範囲で、埼玉県域で一揆・打ちこわし勢が打ち殺しを標榜した最初のものです（岩槻市史編さん室編一九八五年：七〇五〜七〇七頁）。良哲は町役人にこの事件の吟味取り扱いを願いましたが、打ちこわし勢を怖れた町役人はこれに応ぜず、良哲は町役人の奥印も得られぬまま奉行所に訴え出たのでした。城下町岩槻が一時的にせよ打ちこわし勢の世界となったことを示すものです（埼玉県編一九八一年：三一～二頁）。

◉全国の状況と関東・埼玉の特質

このような天保期の埼玉県域の打ちこわしは、一八三三（天保四）年の上州太田宿の打ちこわし、下野烏山領一揆、三六年の相模国大磯宿打ちこわし、そして甲斐国郡内騒動、三河国加茂一揆など全国各地の天保期一揆の一環をなすものでした。ただ加茂一揆で登場した「世直し神」観念はみられず、ほとんど米穀の安売りを要求し、施米・施金を要求する蜂起、打ちこわしという性格に終始しました。従って要求の実現により、未然に終息した例も多いのです。

これら一揆・打ちこわしの中で、その蜂起への対処が、幕府の関東取締出役を頂点とする改革組合村―村役人の体制を通じて行うことが、本格的に前面に出てきた点に関東の大きな特質があったのです（埼玉県編一九八一年：一一頁）。改革組合村については第三節で取り上げます。

◉武州世直し一揆

すでに（g）・（h）で取り上げましたが、開港後の社会的矛盾が武蔵国で激発したのが一八六六（慶応二）年六月十三日の武州世直し一揆でした。米の安売りと質地・質物の返還などを要求して、武州秩父郡名栗・吾野両谷の百姓が蜂起し、飯能宿の穀屋などを打ちこわし、これを契機に一気に拡大し、武蔵国一五郡、上野国二郡を含む西北武蔵一帯を席巻し、六月十九日までわずかに七日間でしたが、武・上一帯は無政府状態となり、各地で世直し的世界を作り出しました。打ちこわし勢は「平均世直将軍」・「天下泰平世直三」・「日本窮民為救」といった文言を記した幟・旗などを押し立て、「高張提灯等えは諸国泰平と印有之候」（近世村落史研究会一九七四年：（二）一九五頁）とのことです。そこには将軍家を頂点とする幕藩権力の世俗的・精神的権威を越えた意識が存在しました。「世直し」一揆では富の偏在をならして世を直すために一貫して富家・豪農の打ちこわしが行われました。（写真：埼玉県立歴史と民俗の博物館蔵の「新板打こわしくどき」。二〇〇九年八月一九日調査・撮影）。

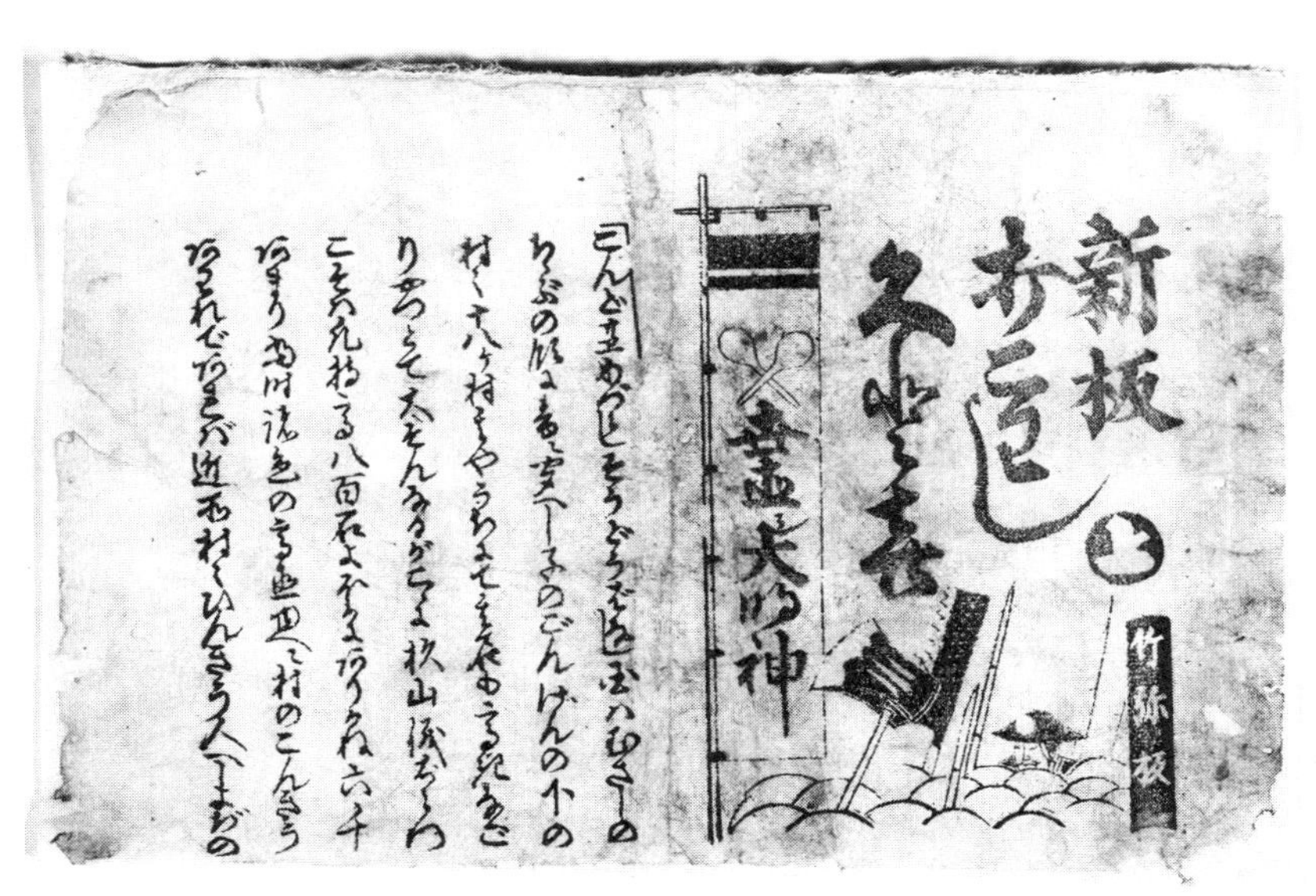

武州世直し一揆を伝える「新板打こわしくどき」（埼玉県立歴史と民俗の博物館蔵）

◉川越藩は武力鎮圧

一揆勢は川越町に押し寄せ、これに対し大筒・小筒を備えて厳重に警固していた川越藩は発砲し、態勢を立て直して攻める一揆勢に対し、

「鉄炮を打立霰の如くにして、寄付事能はず。然る処、一揆の内より壱人出て近く進み、『各暫鉄炮をやめ給へ、申べき事あり。そも大和守（松平大和守直克：幕府政事総裁）殿方には鉄炮御手練感心致候。依て我が党手負のもの（怪我人）数多有之。併、百姓共を相手として、余り仰山なる御仕方、然れ共只人命をそこなふのみにて、穏便に徒党をしづめる誉れとも成るまじく、鉄炮にて殺し尽すは遠かるべし。況可然作法御存無之と覚えたり。百姓は百姓だけの趣意にて、世の見せしめに不仁の者をこらすのみ、敢て人命をそこなふ得物は持たず、当然の理解に候はば（納得できるような説明が得られれば）、一言の内にも縄をも請て、裁許を待の心得はあれ共、未其人に逢はず、只無法に武器を用ひておどし候共、斯まとまりたる人気（人の心）、中々以て落入不申、若止事

を得ざる時は、我が党も武器を用ひべき歟。其時に至らば此城壱つ位踏落す儀は心得有之候得共、元より求めざる所なれば、差置べき間、速に町うちへ通すべし。さもなき時は此城を取巻、即時に踏落すべき也。各返答いかにいかに』と罵つたり。川越方は此言葉に少し恥たるにや、暫し無言に居たりしが、やや有て、『一同夫遁すな、打つべし』といふままに、又はらはらと鉄炮を打也。（中略：外の持口でも）鉄炮を打こと頻り也。『此上は外に術なし、忍を以て城へ火を付け、其紛れに城下へ入らばたやすかるべし』と、大将分へ進むといへども、『其儀然らず、我所存元より夫迄の心得なし。城下へ入ること能はざる時は其儘捨置、不意の時節を待のみ。我々手をおろさず共、無慈悲非道は自然自滅の期も有べし。先其隙に城外の無慈悲を打ちこらすべし』と、六月十三日。十四日の内、城外四方不残打毀す事数多にして記しがたし」（庄司吉之助・林基・安丸良夫校注一九七〇年：「慶応二丙寅年 秩父領飢渇一揆」二九二〜三頁）。

大筒・小筒・鉄炮を放つ川越藩鎮圧勢に「可然作法御存（知）無之」と、一揆側には得物原則があり人命を損なう得物、つまり武器は携行しない。納得できる説明があれば、捕縛され、裁許を待つ心得はある。ただ武威だけでは結集した人心はなかなか収まらない。一揆側も武器を用いるべきかと問い、その時は城一つ踏み落とすことは簡単だと言っている。一揆勢の主張（語り口）に説得力がある。川越藩（鎮圧側）は「此言葉に少し恥たるにや、暫し無言に居たりし」が、結局は武力弾圧を再開する。これに対抗して城に放火しようとする提案は、大将分によって否決される。長文の史料でしたが、大凡そのようなことが書かれていました。慶応二年段階でも、一揆側の武器の使用・放火による実力行使などは抑制されていたことがわかります。

一揆ともなれば鎮圧側の武器は大砲から鉄砲・刀・竹槍から棒に至るまで実に多様ですが、武器の殺傷性に加えて「大切成百姓たりとも乱妨致スニおいては打殺とも切殺スとも苦しからず」との上意、武州世直し一揆の際川越藩からの伺に対する幕府の回答〔近世村落史研究会一九七一年：（一）四五頁〕を受けているため、その鎮圧は激しいものがあったと思われます。「腰ニ竹鑓疵壱寸弐分」などの竹槍疵や討取の多さがそれを証しています。

川越藩は武州世直し一揆鎮圧直後、慶応二年六月二十一日の触れで、自らも「向後悪徒共発起押来何様猛威を振ひ候共差加リ候者勿論、聊動揺不致村方丈ケ之力を以相防若手余リ候ハヽ、打殺候共不苦」と「打殺」を川越藩の上意として、村役人の責任で「村方丈ケ之力を以」て村の防衛体制を作るように命じています（大河原家文書。大里村史編纂委員会編一九九〇年：六〇六～七頁）。

◉甲山根岸家の対応

甲山村には六月十五日夜に第一波の世直し勢が現れました。根岸家では当主不在であったので、当時滞在していた国学者・歌人の安藤野雁が応接に当たりました。世直し勢は頭取と思しきものの統制が行届き、礼儀正しく酒食を受けて散っていきました。大谷村・下恩田村・村岡村の豪農を打ちこわし、熊谷宿に向かいましたが、荒川を渡り熊谷河原へ上がった時、忍藩兵の砲撃に会って逃げ散りました。丸一日おいた十七日夜、世直し勢は再度甲山村へ押寄せました。根岸友山は、大谷村での世直し勢の様相を「さきの一むれとかはり、ほんものならす」と見ました。第一波の世直し勢が、刀・槍を携帯せず、秩序だった行動を示し、盗み・火付けを厳しく禁ずる倫理観に支えられていたのに対し、次第に無秩序になってきたことを記しています。

根岸家では、事前に同家を打ち破るとの風聞を入手していたので、振武所の壮士をはじめ、剣術の熟練者らで迎え撃つ準備をしつつ掛け合を行いました。そして地蔵堂の鐘を合図に三度銃で威嚇し、竹槍を持った一五〇人が鬨の声をあげ、抜刀した地域の有力者と「根岸党」（私兵）が切りかかりました。こうして世直し勢は、地元勢によって撃退されました。また秩父郡大宮郷では「追手ノ者ハチ巻ニ一ノ字ヲ引大勢竹鎗本槍持大勢来リ（中略）切伏突例（倒カ）追払ソク死四五人手負数不知打毀人是ヨリチリチリニナル、此死人ノ首大宮ニテサラス」と世直し勢を撃退しました〔近世村落史研究会一九七四年：（二）『木公堂日記』一六～七頁。『木公堂日記』は秩父市立図書館蔵〕。写真：

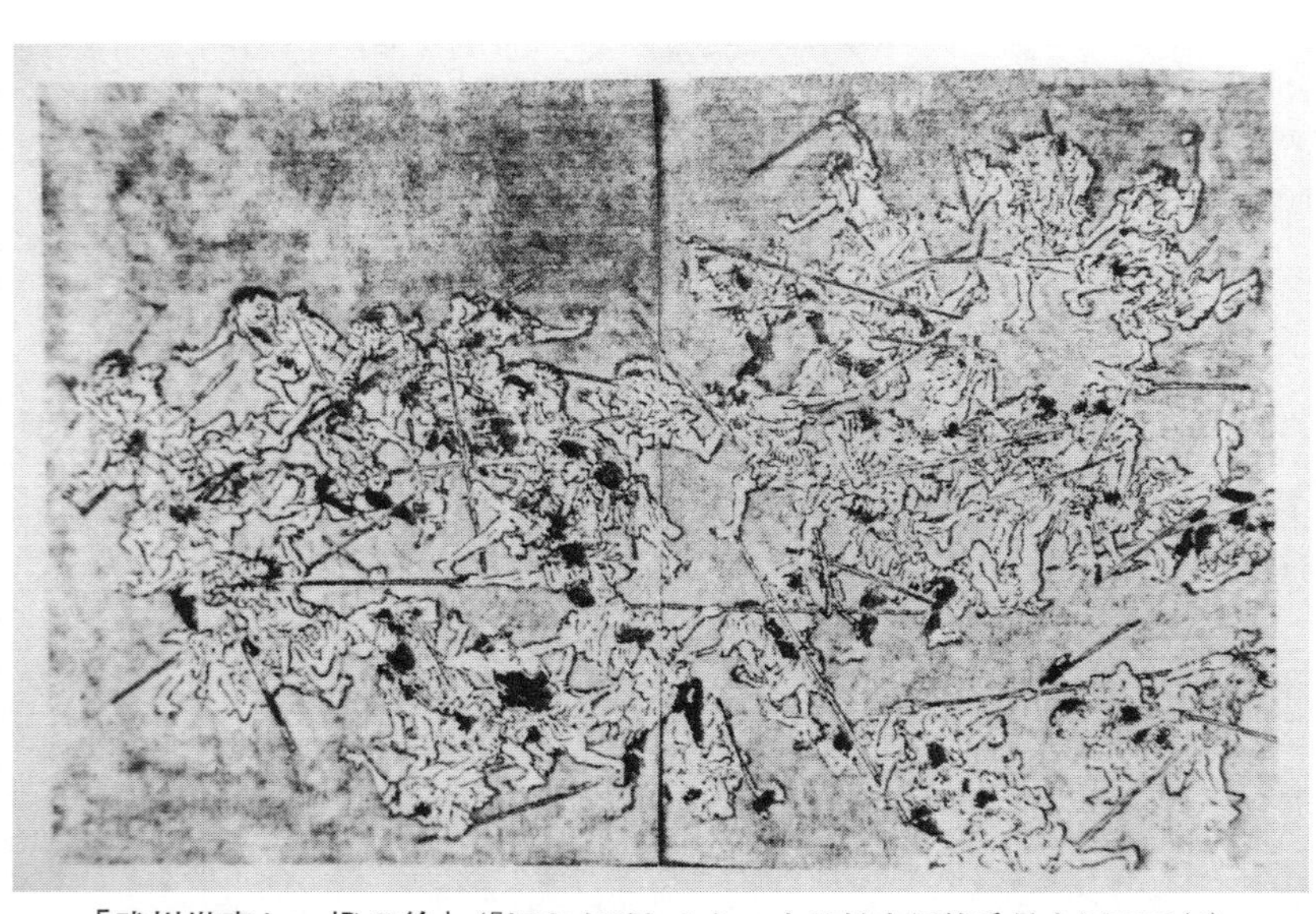

「武州世直し一揆の絵」(『桐窓夜話』より：大里村史編纂委員会編1990年)

「武州世直し一揆の絵(図)」(『桐窓夜話』の一揆勢の図像『大里村史(通史編)』六〇三頁)。

◉得物を打ちこわしの道具として使用

武州世直し一揆勢は得物原則を堅持していました。得物は農具・野具・山具・生産用具であり、一揆・騒動勢が携行したものでしたが、打ちこわしの場面ではその道具としても使用されました。多摩郡日野宿古谷家文書〔近世村落史研究会編一九七四年：(二)八六頁〕では『斧』は柱を切り、『万力』は家を倒し、『鳶』『鮪』『掛矢』は壁・土蔵を打ちこわし、『鉈(なた)』は六尺桶のたがを切り、また縮緬(ちりめん)・絹・木綿・蒲団などを切り、『木太刀』『棒』は戸・障子を打ち破るのに使われたこと」(斎藤洋一一九八三年：三五頁)がわかります。

関西では、一七四九(寛延二)年の姫路藩一揆では得物を打ちこわし道具として使っています。具体的には、熊手＝牛部屋の壁を崩す、唐鍬＝練塀を崩す、斧＝打ち潰し、竹杖＝台所入口を崩す、鳶口＝宅外周りの塀を崩す、棒＝宅塀を打ち崩す、苧綱＝柱に掛けて家を引き倒すなどです(藪田貫一九九二年：二〇三頁〜)。

一七六四（明和元）年伝馬騒動では、鎌も（a）「表長屋の戸を鎌にて破」る道具として使われていました。近代に入った一八七一（明治四）年九月の備後旧知事引留騒動では「ただ一カ所『鎌を以て店の格子を切り砕き』と鎌が記述されるのみで、あとはすべて竹槍である。竹槍は毀（打ちこわし）の道具としても使用されたのである」（保坂智二〇〇六年：一七四頁。小野武夫編一九六五年：「備後の旧知事引留騒動」一二八頁）。竹槍は近世でも、一八六六（慶応二）年の津山藩改政一揆の打ちこわしの現場で「竹やりにて門の瓦を突落し、表口より投込けり」（青木虹二編一九七〇年：「作州非人騒動記」三二〇頁）と物を対象とする打ちこわしの道具として使われています。

◉打物（打ちこわしの道具）の成立

一七六四（明和元）年閏十二月十六日に始まった伝馬騒動は、前半は江戸への強訴として中山道を南下しますが、同月晦日より翌六五年一月五日までの後半では中山道近在の増助郷出願人に対する打ちこわしとして展開します。後半では打ちこわし自体が目的となり、その様相も「長屋、土蔵ヲウチツブシ、本家ヲモウチツブサントカケヤヲモツテウチケレドモ、モトヨリ丈夫ニ造リタル家ナレバ容易コボチエズ、先ツカベヲトセトテ、四方ヨリスキ、クワニテウチタタキ、大鋸ヲ以テ柱々ノ根をキリテ、大綱数十ヲウチカケ、数万ノ人数コノツナニトリツキテ引ケルホトニ、ナンナク大厦（大きな建物）ヲ引タヲシヌ」（青木虹二編一九七九年：第四巻、『川越蠢動記』五〇四頁）と凄まじい。その場合、家屋を毀損させ、また家具・家財類を破壊、損傷させるというケースとともに、家屋その物の倒壊に至るケースがあります。破壊行為に段階があるのです。棒・鳶口・鎌・掛矢（大形の木槌。杭などを打ち込むときや、物を打ち壊したりするのに用いる）などでも戸障子や壁、さらに家財に傷つけることは十分できますが、大黒柱や床柱の損傷には鉈・斧・鉞・鈍・鋸といった利器が必要となり、家の倒壊には大綱や車地（重い物を引っ張ったり持ち上げたりするために、綱をかけて巻き上げる大きな轆轤。絞車）。車盤（重いものを綱や鎖をかけて、引き上げたり動かしたりする大きな轆轤。絞車）・かぐらさん（二～四人で軸にロープを巻きながら、石や大木などの重量物の運搬を行う装置）のような工具が使用されています。打物（打ちこわしの道具）が成立しているといえます（藪田貫一九九二年：二〇五頁）。「かぐらさん」は「おかぐらさん」として、奥村正二『火縄銃から黒船まで—江戸時代技術史—』（岩波新書一九七〇年：一九四頁）に掲載されています。他の打物の図像については、書籍で見つけることができませんでしたが、インターネット検索をかけると多くを見ることができます。

◉体力で得物を分ける

打ちこわしの際、それを使用する人間の体力で得物を分けている記録もあります。一七八七年（天明七）十二月末から正月にかけて、相州津久井・愛甲両郡で「私欲に迷ひ、非義非道を行ひ、万民之くるしみもかへりみさる大悪人」とされた酒造屋などを打ちこわした土平治騒動の記録です。『渡辺土平治騒動記』は、土平治の言葉として「久保沢弥平を手初めとして打潰さん、いセいさかん成者ハ、よき（斧）、まさかり、かけやなと所持致へし、尤よハきものハ、竹鑓、しつてい（十手）、鎌、大刀なと持へし」と記し、二十二日朝七ツに「げんのふ、かけや、よき（斧）、まさかり持」ち駆けつけた、と記しています。打ちこわしの際、構造部分を損傷させるためには打物が必要で、打物を自由自在に使いこなすには体力を必要とする。だから斧・鉞・掛矢は「いセいさかん成者」が持ち、弱き者（体力のない者）は竹鑓・十手・鎌・大刀を持てと指示したのです。弱き者が持つとされていた竹槍はごく少数であった可能性が高い。だから当日の得物のリストに出てきません。ですが江戸日本橋に住む杉田玄白は『鷧齋日録』（「いい」は玄白の号。杉田玄白一七八八年：「鷧齋日録」四八頁、天明八年二月五日）で「竹鑓、大まさかり類を貯へへ」と記しています。玄白がなぜ竹槍を記したのか疑問が残りますが、その玄白でさえ竹槍と打物の大まさかり類を併記しています。

◉武州世直し一揆の得物と打物

一八六六（慶応二）年武州世直し一揆の得物・打物に注目してみると、鎌・鍬・鋤・鳶口・六尺棒・竹鑓などと並んで、斧・大斧・広刃斧・樵斧・かくらさん・車地・大槌・綱・大鉈・大鋸などの打物が存在していました（斎藤洋一一九八三年：二四頁）。物を対象とする打物はどんなに鋭い利器であっても、武士の持つ刀・槍・鉄砲といった武器・武具のように人を殺傷の対象とする物とは厳しく一線を画し、峻別されるものです（藪田貫一九九二年：二〇六頁）。そういう意味で、打物も含めて依然として一揆における得物原則が貫いていたといえます。

◉武士の武器を破壊

武州世直し一揆で大宮郷の忍陣屋を乗っ取り、会所・牢屋まで「微塵に打潰し車地縄ニて巻潰し、広刃の斧大鋸大槌抔にて（中略）暫時に微塵になしける」一揆勢は、大切な書類・武具など残らず運び出されていることを知り、大いに怒り、米蔵を打ち破り、社倉米を升屋の店先に山と積み、稗穀を井戸へ投げ入れました。さらに、秩父札所一三番慈眼寺に隠し置かれた忍藩陣屋の書類・武具等を発見すると、すべて牢屋前に運び出し、焼き払っています（近世村落史研究会一九七四年：（二）「一揆騒動荒増見聞之写」一六三～四頁）。

また、個人の家の鉄砲・刀・脇差破壊の例として、比企郡大塚村組頭は四季打鉄砲三挺を紛失し、そのうちの一挺が「二ツニ打破」られ、比企郡上野本村名主も「刀壱腰」、「脇差四腰」を「打折」られ、入間郡小谷田村では名主が「脇差五腰」を、同村組頭が「古脇差八腰」を「散乱之上被打毀」されています（斎藤洋一一九八三年：二八頁～）。

これらも先の図式を前提とした行為で、一八六六（慶応二）年段階でも得物原則を堅持していたことを示しています。武士層の武器類はもちろん、それと連携する豪農層の持つ武器類の破却はそれを傍証します。

また一八五三（嘉永六）年ペリー来航の直前、「小◯」の大幟を掲げた陸奥国三閉伊一揆でも、宮古での「御給人刈屋勝兵衛家蔵を数千人が取囲み、鯨の聲を揚げ貝を吹き立、銘々得物〱を振り立て、斧鉞鉈等を以て、家蔵は勿論家財器物武器に至迠悉く打毀、就中具足刀剣の類重器の品共有しを、具足は悉く切裂、打砕、刀剣類は打折、石に打付微塵になし」と徹底した武器破壊を行っています（青木虹二編一九六八年：「嘉永六年三閉伊通百姓一揆録」

五八〇頁)。

さらに、一八四二(天保十三)年十月に近江野州・甲賀・栗太郡の百姓四万人が幕府検地に反対して検地役人旅宿へ強訴し、十万日日延の約束をさせた近江検地反対一揆があります。検地は最高六〇%の増徴が予想される過酷なもの(松好貞夫一九六二年:八八頁)で、これに見分役の恣意的・独善的な見分が加わったのです。一揆勢は「銘々ニ竹鑓ヲ持」(青木虹二編・保坂智補編一九九一年:第一六巻、「湖東太平記」一四四頁)と得物の記載がありませんが、大庄屋を打ちこわす様子をみれば得物との並存であることがわかります。そして三上村陣屋を「数万人寄集十重廿重ニ取巻(中略)塀を押破乱入、御駕、長持、挟箱迄散々ニ打壊、是迄御改之諸帳面持出々々引さき川へ流し捨」てる中で、領主側の「鑓はへしおり」(青木虹二編・保坂智補編一九九一年:第一六巻「近江国太乱書記」一五七頁)と打ちこわしの一環として、武器を破却しています。

最後に、一八三八(天保九)年、佐渡三郡二六〇カ村のうち二一三カ村が参加した佐渡一国騒動があります。佐渡一国惣代に善兵衛が選ばれ、佐渡奉行の不法な収奪を閏四月に来島した巡見使に訴えました。善兵衛の逮捕と再来した巡見使の離島をきっかけに、内通者を含む一三軒が打ちこわされました。八月には米価の高騰を原因とする二五軒の打ちこわしによって、佐渡はほぼ一カ月間無政府状態になりました。翌三九年三月一揆の頭取として一二名が江戸に送られ、翌四〇年八月に判決が下されました。この時、善兵衛など江戸送りになった一八名は全て獄死していました(歴史教育者協議会編一九九九年:「佐渡天保一国騒動」一四九頁)。この一揆は、小室信介(民撰議院設立建白で有名な小室信夫(しのぶ)は養父)が、明治十七年一月十一〜二十日まで「佐渡　善兵衛氏の伝記　一名佐渡騒動記」と題して八回連載しました(信夫清三郎監修一九七二年:四四九〜四五七号。小室信介編一九五七年:三五五〜七三頁)。その第五回に、再来した巡見使を引き留めようと相川へ押し寄せる一揆勢と番所役人の激闘の中で「同心等のもちたる十手を引つかみて奪ひ取り、或ハ帯せし大小刀をも引たくりてうちくだき、凱歌(がいか)あげて進み行き、港の口におしよせて、木下等が乗りたる舟に打向ひ、大音あげて口々に、佐渡一国の百姓を助け玉へ〳〵と呼はりし」（信夫清三郎監修一九七二年：明治十七年一月十七日）。一揆勢は十手を奪い、大小刀を引ったくって打ち砕いています。

また後述する旗本殺害一揆においても、一揆勢は賄役平十郎を縄巻にし、土蔵に閉じ込め、大小刀・懐中物を奪い取り、庭先にて焼き捨てています（武器の奪取と焼捨＝得物原則の堅持）。

◉川越藩の農兵取立て

世直し勢を大砲及び西洋式銃隊によって阻止した川越藩は、鎮圧直後の一八六六（慶応二）年六月二十二日に触達を出しました（川越藩農兵取立て関係は、森田武一九八一年。大里村史編纂委員会編一九九〇年：六〇六～一二頁による）。それは、世直し勢が押し寄せた際は一切の妥協を禁じ、「村方丈ケ之力を以相防若手余り候ハヽ、打殺切殺候共不苦候間」と村役人・豪農を中心とした各村の防禦体制を作るよう命じ、「打殺切殺」を容認したものです。これを受けて各村は六月から七月に議定を取極めています。

川越藩はさらに、農兵取立てを決定し、七月二十六日に代官所から領内各村へ達しました。農兵取立ての理由は、六月の川越城下及び近郷大工職人の安米価要求の徒党の企てと世直し勢への対応の中で、川越藩兵のみによる鎮圧の限界性、自藩の武力の弱体性を思い知らされると同時に、江川農兵の一揆鎮圧に果たした役割に着目したからです。

この命令に対して、同じ川越藩領でも村役人・豪農が自己防衛をはかるため自主的・積極的に応じていった大里地域と小前層主導で反対一揆を起こした入間郡大井町組というように地域によって異なった対応をしました。

◉農兵取立てを積極的に受け入れた大里地域

川越藩の命令を受けて大里地域の川越藩領であった万吉村・村岡村・手島村・小泉村・屈戸村・和田村・玉作村・沼黒村の八カ村村役人は、村ごとに村名を記した幟と高張提灯を作り、万が一の場合は、村役人・小前一同で、竹槍で防ぐことを取り決め、費用は組合高割としました。七月になると八カ村村役人は、世直し一揆にみられたような事態に対処するため、農兵を編成し砲術の訓練を行うべく領主に願い出ることにしました。対処の方法は「追払いではなくして、鉄砲持ちの農兵で対決しようとするもの」でした。続いて同月中に、藩に対して「農兵願書」を提出しました。村役人・豪農の農兵設置・鉄砲借り受けの要請をうけた川越藩は、農兵取立てを命じるとともに、農兵には和流御筒の貸し出しを許可しました。

大里地域の村役人による農兵取立ての嘆願は、当地における豪農層が「世直し勢」と村内における豪農の質地地主としての確立、中層農の激減、小作・貧農層の増大にみられるような村の在り方から生まれてくるものでした。武州世直し一揆の際、二度目の来襲を受けた根岸家が私兵で「世直し勢」を撃退しましたが、農兵取立ては「私兵」に代わるものとして「世直し勢」への武力的対処の志向性を実現する方策として積極的に要請されたのです。

八カ村は鉄砲を借り受けることになりましたが、藩の軍制は高島流砲術に統一し、西洋式銃隊を採用しているにもかかわらず、和銃に止め一線を画された存在でした（森田武一九八一年：三六頁）。これは一八六三（文久三）年以降の改革組合村に許された武器が竹槍であり、それを越える装備は武士が独占し、百姓の武装を竹槍に止め一線が画されていることに通底します。武器としての和銃・竹槍の身分的性格です（内田満一九八九年：一七頁）。

すでに、第一章第三節の**川越藩の動向**でみたように、川越藩は幕末期に家臣を江戸・川越・前橋に分散配置しているほか、一八五三（嘉永六）年十一月十四日に、品川の一番台場（二番は会津藩、三番は忍藩）の警備を命じられ、藩主松平大和守直克（なおかつ）が政事総裁職に任命され一時免じられましたが、退任により一八六四（元治元）年八月以降改めて二番台場・五番台場の警備担当に任命され、一八六七（慶応三）年三月まで警備を行いました（埼玉県編一九八九年：七三四・七四〇頁）。

そのため川越城下の家臣団の「人少」の中で、世直し勢の城下突入を大砲・銃隊によって阻止しました。しかし、世直し勢に対処するには全く兵が足りないという深刻な事態を抱えていたのです。農兵取立ては、大里地域の川越藩領村々の豪農、村役人が、自己防衛を図ろうとする意図と、川越藩が弱体な家臣団を補強して治安を維持し、世直し的な行動に対処しようとする意図が表裏をなして実現したものでした。

◉入間郡大井町組の農兵取立て反対一揆

川越藩が出した農兵取立て命令に対して、入間郡三四カ村は廻達を受け取ると、ほとんど農民層分解が進行しない「小農の村」としての性格をいまだ色濃くもっていた砂久保村を含む一八カ村が余内金（よないきん）（農兵給金）負担拒否を決めました。村役人層による嘆願運動は不調に終わりました。

そこで小前百姓は村役人ルートの嘆願に見切りをつけ、小前惣代を決めて農兵余内金の拒否と最寄り村々による防禦体制（「対決ではなくして防ぎ方専一の姿勢」）によって対応することで農兵取立てを免除してくれるよう、藩に嘆願書を提出しました。その間に四名の百姓が拘束されてしまいました。そのため小前層は農兵取立ての取り止めと、拘束された百姓の釈放を求め、嘆願が「行届キ不申内ハ一切引払不申ト強張申張」る不退転の態度をとったため、藩はこの嘆願書を受け取らざるを得なくなりました。それは藩主・藩自体が公儀によって治政の不始末とみなされる事態を考慮した結果です。蓑負騒動の際の、川越藩の対応・工作を思い出してください。

一揆側が大井町頭取名主に対する不信感から「此場ニて打殺せ抔と悪口申張」（埼玉県編一九八一年：七六一頁）と打ち殺しを標榜することもありましたが、合法的訴願運動に徹し、嘆願書を提出しました。

九月六日、藩は嘆願書を無視し、再度農兵取立てを命じました。一二カ村の小前百姓は最終段階で赤坂溜池の川越藩上屋敷への直訴（門訴）を決意し、十月三日蓑笠の出立（大井町史編さん委員会編一九八八年A：六九〇頁）で大野原に結集し、最終的には九カ村が出発しました。しかし白子宿で止められ、一〇日には願書が差し戻され、役人側に説得されて帰村し終息しました。

農兵反対一揆（運動）は、一八六六（慶応二）年段階でも依然として一揆側が「百姓」身分を前面に出し、仁政を要求し、領主との恩頼関係を前提にして展開した百姓一揆でした。小前の江戸直訴が終息した翌十一日、川越藩は惣代全員に借牢を命じるとともに、小前の寄合を禁止し、三たび農兵取立てを命じました。これに応じて、一揆参加村は惣代の赦免を条件に初めて農兵取立てを受け入れました。

しかし農兵取立て反対村は、十一月二十三日の時点でも農兵面附（農兵の名簿。農兵請書。大井町史編さん委員会編一九八八年B：史料番号二九四・二九六）の提出をせず、引き延ばしていました。その背景には松平大和守直克の積年にわたる旧地帰城運動が認められて、上野国前橋城に移ることが進行中という事情があったからです。慶応二年十月二十七日に幕府から松井松平家の周防守康英が陸奥棚倉から川越転封の沙汰が下され、翌慶応三年一月二十七日に城引き取り、二十八日に周防守への引き渡しが行われ完了しました。農兵面附の提出引き延ばしは、この国替えの進行を念頭に置いた対応でした。そして遂に面附は提出したが、農兵取立てを具体化することを阻止したのでした（森田武一九八一年。大里村史編纂委員会編一九九〇年：六一〇～一頁）。

◉慶応三年に「討取」「突殺」を標榜

一八六七（慶応三）年九月には、榛沢郡人見村（深谷市）で年貢残納分取立てのために来村した旗本岡田氏の用人（地頭用役）に、村内の「大勢組」が対抗して「乱妨之廉其外村方昌福寺において多人数頓集」した人見騒動が起こりました（藤沢村誌編さん委員会（塚越艶松）編一九六一年：二五五～二六三頁。内田満一九八六年。清水兼七家文書）。さらに、慶応三年八～十一月武蔵国幕府軍事施設拡張反対一揆（山田忠雄一九八五年）では、代官手付・手代に対して棒・竹槍などを携えた農民五〇〇人程が「吏人見分ニ来候ハハ討取ヘシ」と集まり、十一月徳丸原練兵場拡張に対しても百姓は「及死活候とて死を極め」て反対し、役人が来たら突き殺そうと竹槍などを用意していました（蕨市史編纂委員会編一九六七年：一三四三頁）。

第一節　慶応三年までの百姓一揆の得物原則の小括

以上のように古文書や絵画史料を読み解くと、恩頼関係を前提とする百姓一揆には一定のルール、つまり作法があることがわかりました。作法とは、村旗のもとで一揆に参加するときに蓑笠姿で、武器ではなく日常使い慣れた道具である得物、農具・山具・生活用具を持って参加し、百姓であることをアピールし、人を殺傷せず、放火もせずに、「乍恐(おそれながら)・・・」と訴え出て百姓「成立」を求めた行動様式のことです。

一九世紀の文化文政期になって、一揆の変質が近世人にも認識されるようになりましたが、それでも一揆勢は武士や豪農商の持つ武器を破壊して、得物原則を堅持しました。伝馬騒動や武州世直し一揆での武力鎮圧の実態があっても、物に対する攻撃である打ちこわしに終始しました。初めは得物で打ちこわしていましたが、次第に打ちこわすための道具である打物が姿を現すようになります。打物の成立です。

関東では、一揆・打ちこわし続発の中で、その蜂起への対処が、幕府の関東取締出役を頂点とする改革組合村―村役人の体制を通じて行うことが、本格的に前面に出てきますが、武州世直し一揆では川越藩をはじめ、農兵や豪農層の私兵が一揆勢を撃退するようになります。

こうした動きに影響を受けてか、慶応三年段階になると、竹槍などを持ち、「討取」「突殺」を標榜(ひょうぼう)するようになりますが、それを乗り越えてはいません。「敢て人命をそこなふ得物は持たず」の姿勢を貫きました。こうした事例からも慶応四年一月三日までは一揆勢は得物原則を保持していたことがわかります。

ところが、一八六八（慶応四）年一月三日の鳥羽・伏見の戦における幕府軍の敗北、幕藩制・徳川という社会秩序の崩壊、その情報入手とともに、百姓一揆の意識と行動は変質・転換します。得物としての竹槍も武器としての竹槍に転換しました。意味づけを新たにした竹槍を含む鉄砲・刀剣などの武器を持ち、人間を攻撃の対象とするようになりました。ある地域のある一揆での武器使用という「点としての使用」ではなく、地域全体あるいは一般的に武器が使用されるようになる「面としての使用」へと変化しました。近世百姓一揆の作法の決定的転換です。

第二節　「頼み証文」による補償規定＝セーフティーネットの形成

◉一揆衆のリスク回避

近世の百姓一揆は、領主に対し百姓自らが百姓「成立」・「相続」を求め、「御救」・「仁政」を要求する行為ですが、国家（社会体制・社会秩序）に対する抵抗の意味をもった非合法運動でもありました。だから犠牲はつきものです。頭取ともなれば磔（はりつけ）や獄門（ごくもん）も覚悟します。覚悟しなければ頭取にはなれません。「死を覚悟できたのは、村落という農民の世界のための人柱になるのであり、たとえ自分が死んでも永く供養され、家も滅びることがないという希望を持ちえたからだった。刑死したあとの家族の養育について約束を取りかわした一揆もある。村が滅び、家が滅ぶと思いつつ一命を投げだすことはできない。共同体の存続、そしてそこで祀（まつ）りつづけられるという確信がかれらの覚悟の強靭さとむすびついていたことはまちがいない」（深谷克己一九八六年：四五〇頁）。

一般の参加者でも弾圧・処罰され、毎年の年貢・諸役負担に、さらに訴訟費用負担・過料等の経済的負担、その後の生活費等々が増えます。まして頭取ともなれば生命・身体の危険が伴うこととなり、大きなリスクを負うことになります。実際に磔（立てた柱に体を縛りつけ、槍で突き殺す。茂左衛門一揆の磔茂左衛門・加助騒動の加助）、死罪（斬首刑。武州世直し一揆の紋次郎）、獄門（梟首（きょうしゅ）。斬首した後で首を獄門台に乗せ、三日晒（さら）す。伝馬騒動の関兵内・加助騒動で加助の弟とその子ども）あるいは牢死にでもなれば、一揆後の農業生産に対する残された家族の負担は倍加します。

このリスクを百姓一揆集団・地域でシェアする仕組み、「信頼や協力の制度」・「信頼と協力の領域」（金子勝一九九九年）にあたるセーフティーネット（リスク回避の仕組み）を考案し、作り出しました。百姓一揆集団は、頭取と一般参加者の間で頼み頼まれる関係の文書形式として百姓一揆の長い歴史の中で「頼み証文」という文書形式を採用しました（藪田貫一九八五年：二〇頁。その後の「頼み証文」研究は、白川部達夫一九九四年：七〇頁ほか）。「頼み証文」の中で約束された条件が、すなわち一揆指導者の死後に残された家族の生活を保障する条件が、一揆集団や地域によって実行されていきました（セーフティーネット）。一揆集団は「頼み証文」や起請文の中で犠牲者に対して有効な対策を立て、精神的・物質的な補償を行ったのです。

●リスク回避の事例

たとえば、①一七一三（正徳三）年下野国都賀郡下初田村の契状（青木虹二編一九七九年：第二巻、三二九頁）は、二九人の百姓が、江戸や古河へ出訴する役を担った二人に宛てた起請文付きの契状であり、「頼み証文」です。その内容は手錠（手鎖：両手に手鎖をかけ、これに封印した）の場合は一揆衆が諸役を勤め、耕地を荒らさない。籠舎・牢舎（牢獄）の場合は手錠同様にするほか、訴訟費用を負担させず、家を維持するための諸経費も村中で賄う。追放（居住地など特定の地域への立入りを禁じ、強制的に他の地域へ追い放つ）になり田畑・屋敷・家財などが売り払われた場合には惣百姓（村中）で買い取り、追放中は追放先に賄いを送り不自由させない。死罪（斬罪。斬首刑）の場合は一〇〇両の弔い金を二カ年にわたって送る。訴訟費用は高割とする。江戸・古河に出向いた者の役等は残ったもので務める、というものでした（保坂智二〇〇二年：一五三頁）。

次に、②一七六四年（明和元）武蔵国入間郡北野村ほか一五カ村は、惣代二人と諸入用の高割負担を決め、さらに「萬一、願之内牢死等も御座候ハヽ、十五ケ村之鎮守ニ可祭候」と定めました（所沢市史編さん委員会編一九七九年：二六三頁）。十五カ村は、牢死した場合「十五ケ村之鎮守」に祀ると約束して、惣代の気持ちを安らげたのです。

関村観音堂境内にある兵内供養の宝篋印塔

また、③一七六四（明和元）年の伝馬騒動で、一揆の首謀者として獄門の刑に処せられた武蔵国児玉郡関村名主兵内（ひょうない）に関して、処刑二年後の一七六八（明和五）年、武蔵国北部九郡と上野国緑野（みどの）郡の一一一村が寄進し、「村々萬人講供養」として追慕し供養する宝篋印塔（ほうきょういんとう）（写真内田撮影）を関村観音堂境内に建立し（埼玉県児玉郡美里町教育委員会編一九九一年）、三日三晩の大供養を行ないました。さらに④一八六三（文久三）年の百回忌の際には、「関兵霊神（せきひょうれいしん）」の神号を受け供養祠「正一位兵内大神」（写真内田撮影）を勧進し、中沢喜太夫が「関兵霊神くどき」を作りました。この口説は、現在でも関の児玉神社で行われる「兵内おどり」の伴奏として歌い継がれています（北沢文武一九七三年）。その後も、一九一四（大正三）年には一五〇回忌、一九六五（昭和四〇）年には二〇〇年祭を行い、一九九〇（平成二）年には供養塔の改修工事が行われ（歴史教育者協議会編一九九九年：九〇頁）、塔身部から古文書類が発見され、建立の経緯が解明されました（埼玉県児玉郡美里町教育委員会編一九九一年）。継続される供養・顕彰（けんしょう）活動は、のちの世代による地域住民のために

関村児玉神社境内にある供養祠内部の「正一位兵内大神」銘文

命を犠牲にした義民（頭取・人柱）に対する精神的セーフティーネットです。

さらに、⑤一八一七（文化一四）年二月武蔵国都築郡中鉄・寺家村で作成された「相極メ申両村一統儀定蓮（連）印一札之事」（起請文。末尾に二三名が血判の車連判・傘状連判を作成して抵抗）は、全七カ条の一揆契状です（青木虹二編・保坂智補編一九八二年：第一〇巻、六〇頁）。中鉄・寺家両村は、財政不如意におちいった旗本（地頭所）が賦課する多額の御用金を一致して拒否することを決めました。第四条に吟味のために江戸へ行かねばならない時、構成員全員が高割で拠出することを決めました。第六条では「此一件ニ付、不時ニ病気又は御咎メ等請候者有之候節は、両村ニて見継可申候事」と一揆時に病気になったり、咎めを受けた場合は、両村が金銭などを供給することを約束しています。両村は犠牲者に対して物質的な補償を行うことを約束したのです（保坂智二〇〇二年：一四六頁～）。

また、⑥一八五三（嘉永六）年六月「契約証　浜南部三閉伊通り村々の為め、身命相捨候事も難計、若右様の節は、一ケ年金十両ヅヽ、向十ケ年の間、其子孫の養育料として村方より取立、其当人に可相渡候事。嘉永六年六月　三閉伊通　惣百姓中　盟（命）助殿・太助殿・喜蔵殿・外四十二人衆」。一八五三（嘉永六）年六月、三閉伊一揆で、惣代四十五人を唐丹村に残留させて一揆百姓らが引き上げる際に作成されたとされる文書（実物の所在は確認できないようです）。三閉伊通の惣百姓を代表する者としてわずかな人数が仙台領に残ることになりました。そのとき四十五人の者に、命を失うことになるかもしれぬという覚悟が深まり、去る百姓らにもそれを予感する雰囲気が広まります。

その場面で、四五人の者の家族の先行きについて、懸念を打ち消すやりとりが生じ、それが集約されていって、万一の場合は一年に一〇両を一〇年間で一〇〇両の養育金を保障するという約束がおこなわれる、さらにはその一札が作られる、ということはありうることだったと深谷克己氏は想定されています（深谷克己一九八三年：一四〇～一頁）。十分に考えられることだと思います。

最後にもう一つ例をあげると、⑦一八六七年（慶応三）但馬国奈佐組一一カ村は、宿預け、手鎖、首鎖、遠流、入牢、死罪の処罰を想定し、それぞれに対する金銭による補償額を決めましたが、さらに「右等ニ付功分有之、願成就之上は、四郡より石代大明神と悦込、御供米弐石ツ、年々遣シ可申事」と定めました（保坂智二〇〇二年：一五四頁）。

一揆集団は、一揆に参加したときのリスクを村・一揆集団（地域社会全体）でシェアする規定を生み出し、構成員の被害を補償し、本人・家族の精神的・物質的生活を保障したといえるでしょう。

◉リスク回避の継承

このような必要から一揆集団が作り出した、リスク回避の仕組みであるセーフティーネット規定が明治期に入って、断絶したのか、変質しつつも、どのような形で継承されたかは大変重要な問題です。目についたものを見てゆきます。

一八八〇（明治十三）年三月十七日愛国社第四回大会で、社名を国会期成同盟と改称し、目標の重点を国会開設において全国的な運動を進めることになりました。同年十一月第二回大会で、各地で憲法草案を起草することを決め、運動で「不時の変故」にあった場合の本人と家族を扶助する「遭変者扶助法」（板垣退助監修一九五八年：二一頁～）を定めたことは日本の民衆史の上に画期的な意味をもちますが、地方結社においても様々な共済の努力がなされていました。運動の犠牲者にたいする救援はもちろんです（色川大吉一九八一年：四一頁）。次の課題は「遭変者扶助法」が適応された事例を探すことです。

◉故田母野秀顕に対する義捐金

運動の犠牲者に対する救援として、福島事件にかかわって『自由新聞』明治一七年一月一〇日（信夫清三郎監修一九七二年）「広告」欄に、星亨・杉田定一・小室信介の三名が、明治一六年十二月付で、墳墓と遺族救恤のために故田母野秀顕に対する義捐金の呼びかけを行っています。田母野秀顕は明治一六年十一月二十七日石川島監獄で死亡、享年三五歳。十二月一日寧静館で党葬を行い、谷中の墓地に葬られました（板垣退助監修一九五八年：「田母野秀顕の獄死」、一七二～三頁。本書三〇四頁に肖像画）。呼びかけに応じて、一月十一日には墓碑建設・遺族救助のため義捐金が七件・一〇名から一三円三〇銭。一月二十四日には三九件、四一名から一四円六〇銭。一月三十日には十日と同じ呼びかけ文と常陸書肆柳旦堂本支店主柳澤平右衛門が便宜を図って本支店で送金方取り扱うとの「広告」を出しています。また十二日には在獄中の河野広中らへの「差入物等の代」として二四名から五〇円が寄贈されています。

第二節　「頼み証文」による補償規定＝セーフティーネットの形成の小括

以上、七つの事例から、一揆集団は、一揆に参加したときのリスクを村・一揆集団（地域社会全体）でシェアする規定・仕組み（「信頼や協力の制度」・「信頼と協力の領域」。頼り・支えあうやり方。「頼み証文」や起請文形式）を生み出し、構成員の被害を補償し、本人・家族の精神的・物質的生活を保障したことを見てきました。この発想は、明治になってから「遺変者扶助法」や民権結社に継承されていったと考えますが、その具体的な事例の収集が今後の課題です。

第三節　領主・改革組合村の武器使用の実態

◉一揆禁令の整備

第一節で検討したように、慶応三年までの一揆側が殺傷はせず、放火もせず、物の打ちこわしのみという得物原則を堅持していたのに対応して、従来から領主・鎮圧側も百姓一揆には武器不使用の立場で臨んできました。

しかし、一七六四（明和元）年閏十二月の伝馬騒動に始まり、六七年八月の明和事件（山県大弐事件）、十一月の佐渡一円にわたる相川奉行所への強訴、六八年一月の大坂奥印差配所設置反対の打ちこわし、九月の伊勢亀山一揆と越後新潟湊（長岡藩領）騒動といった大きな一揆・事件が、明和期の前半に集中して発生しました。これらは、領主層（支配者）に重大な支配の危機として認識されました。

これらを受けて、明和年間（一七六四〜七一年）後半に、一揆禁令が整備され、弾圧体制が強化されました。

幕府は、一七六九（明和六）年一〜二月にかけて、百姓一揆弾圧法令を立て続けに発令しました。①西国百姓の徒党・強訴は最寄りの領主が出兵鎮圧するよう命じる。①と関連して②「難取鎮様子ニ茂候ハヽ、飛道具等用候而茂不苦候」と一揆鎮圧に鉄砲使用を認める（局地令）。③徒党なら理非にかかわらず、取上げず、厳しく処罰する。④百姓の徒党・強訴に対し武力鎮圧・厳罰処分を各領主に命じる。⑤上方筋三卿領知百姓の強訴が取鎮め難い場合の最寄り代官への依頼について、という五つもの一揆禁令が発せられました。そして先述した⑥翌明和七年四月十六日に徒党・強訴・逃散の訴人奨励の高札が出され、さらに⑦明和八年五月二十一日、門訴禁止令が出されました。

②にかかわって、これ以前から鉄砲使用は極めて制限的でしたが、天明期の一揆状況にあって、鎮圧に鉄砲使用が

各地で頻発するようになりました。

さらに江戸打ちこわしに際し、一七八七（天明七）年五月二十三日「御府内町々騒々敷事に付、先手十人（江戸城下の治安維持を任務とする番方）江被仰付」文言の中に「あばれ候者ども召捕町奉行所江可相渡。尤手に余り候者切捨等に致し候ても不苦候間其趣可相心得旨」と宣言しました。これについては、「手に余り候者は切捨に可致」とあるのは、「定て手向ひ候者は切捨に可致」との「御書損かと被存候」（日本随筆大成編輯部編一九七九年：四二八頁。大田南畝一九〇八年：「一話一言補遺」巻四、五六六～七頁）と江戸北町奉行旗本石河政武が老中に苦言を呈しています。公儀（幕府）は包容力ある保護者ではなくなったのです（深谷克己二〇〇〇年A：二〇二頁）。

◉関東取締出役と改革組合村の結成

その後、関東の入組支配・非領国支配の動揺に対する対応策として、一八〇五（文化二）年六月勘定奉行に直属し、大きな権限を持つ関東取締出役（通称八州廻り）が新設されました。目的は、関八州村々の無宿者・悪党を召捕ることでした。

関東取締出役四手代官から評定所に出された一一項目にわたる「関東在々取締方被仰附候に付取計方伺書」（滝本誠一一九六九年：五〇五～一〇頁。浦和市総務部市史編さん室編一九八八年：五六二頁～）に対して、評定所は若干の指示を含めて「書面の通たるべく候」とそのすべてを承認しています。その第六項は、上州辺は格別「悪党共」が多いが多数で党を結んで手向かった時、出役だけでは手に余るので最寄りの大名の家来に頼み、足軽などの応援を頼んで召捕り、手に負えない場合は打ち殺してもよろしいか、というものでしたが、承認されています。

しかし、八～一〇人で広大な地域を廻村するのでは十分な成果を望めないので、幕府は、一八二七（文政十）年から、関東の宿・在町・村々の支配強化を目指して「文政改革」を実施しました。

関東取締出役の下部組織として改革組合村（大小組合村）が結成されました。勘定奉行が示達したのは四カ条の教諭書と四〇カ条の細則でした（埼玉県編一九八五年：三二四頁～。東松山市史編さん課編一九八三年：三五九頁）。村々にこれを守るよう命じ、組合村設置に着手しました。四〇カ条の「関東御取締改革教諭書」は、治安関係・風俗匡正、無宿・悪党の取締り、博奕・風俗・冠婚葬祭・娯楽などの奢侈取締り、強訴・徒党の禁止、農間商人・職人の増加の抑制などに関するもので、それぞれの条項について思い当たることを「密々申し上げる」（密告する）よう強調していました。その細則第四項に悪党差し押え規定がありますが、「大勢ニ而手余り候節ハ、小組合江触知せ手勢相集差押、不取逃様手当」せよとあって、「切殺」・「打殺」してもよいとは規定されていませんでした。第三一項では、村々の中に公事師と自称し、借金している者の下人の形をとって訴訟を助けたり、村方を騒ぎ立たせて「出入りの腰押等」をする者がいたら、隠し置かず密告を勧めています。

◉鎮圧方針は「打殺切殺候共不苦」

本書では関東取締出役（八州廻り）・改革組合村・領主（鎮圧側）の鎮圧方針を示す「手余候節者譬打殺候而茂不苦」（江南町史編さん委員会編二〇〇一年：一八四九（嘉永二）年九月「御改革組合村々議定連印帳」六九五頁）や「若手ニ余リ候ハ、打殺切殺候共不苦」（志木市史編さん室編一九八八年：一八六六（慶応二）年六月川越藩郡代所「御触之写」七二三頁）などの規定を「打殺」文言と呼ぶことにします。次の**鉄砲使用許可事例**と**「武器としての竹槍」**の出現の所で事例を見てゆきます。

◉鉄砲使用許可事例

埼玉県域で「打殺」文言が最初に確認でき、鉄砲使用を認めているものは、①天保飢饉時の一八三六（天保七）年三月に関東取締出役へ下吉田組合が提出した請書です。「困民共」が党を結んで企てに及んだ場合「切り捨て又ハ玉込鉄炮を以て打払い候ても不苦候」というものです（吉田町教育委員会編一九八二年：三〇三頁）。玉込鉄炮の使用を認めた点は注目に値します。②一八六一（文久元）年には浪人・無宿者逮捕に勧め、手に負えない場合は切捨てまた鉄砲使用も良いとしました（蕨市史編纂委員会編一九六七年：一三三〇頁）。さらに、③一八六三（文久三）年四季打拝借鉄砲（「鳴物」ではなく、害獣駆除用の「農具としての鉄砲」）の使用許可を出し「打殺」しても良いと、むき出しの暴力的対処を百姓に許容し、不穏状況の鎮静化を図ろうとしました（高橋実一九九五年：四二四頁）。鉄砲に関してはこの三件を確認できました。

◉「武器としての竹槍」の出現

次に、竹槍を含む「打殺」文言が初めて確認できる事例は、①一八四九（嘉永二）年九月、武蔵国大里郡六カ村の「取締り方申渡しにつき請書」（江南町史編さん委員会編二〇〇一年：六九五頁）です。これは熊谷宿近辺で「悪党」が大勢徘徊する現状を踏まえて出されたもので、「大小勢ニ不抱手余候節者譬打殺候而茂不苦」とした上で、村ごとに竹槍を用意し、釣鐘・半鐘・洞貝とともに「手強之人足相集、用意之竹鑓ニ不抱得物々を携駈付相囲ミ搦捕」と決めています。地域の「困民」・「悪党」対策です。武器としての竹槍の保管場所は不明です。

次の②〜⑤は、ペリー再来航という**外交・外圧・外患**に起因するものです。

◉ペリー再来航関連

幕府は、すでに一八五四（嘉永七）年正月の時点で、異国船が近海へ渡来した時に、「悪党共」が立ち回った場合は召捕らえるか、捕押さえるのが困難な場合は「切捨又は打殺候而も不苦」と御料・私領・寺社領に漏れなく触れるよう大目付へ命じています（江南町史編さん委員会編二〇〇一年：七五六頁）。改革組合村の取締対象である無宿・長脇差・火附・盗賊・人殺などを当初から、「惣而悪党共」と呼んでいました。

そのために②一八五四（嘉永七）年一月十六日ペリー再来航二日後に、異国船が来たので「別して在中取締」り、「悪党」防止策を取ることを所沢四八カ村組合ほかに命じ、これを受けて多摩郡蔵敷村（東大和市）では「心得之事」を定めました。小前百姓らは竹鎗と竹螺を用意し、役宅において盤木の音が聞こえたら槍を持参し駆けつけ、「悪党」

らを召捕らえることを定めたのです（所沢市史編さん委員会編一九九一年：八〇五頁）。まだ「打殺」文言はなく、「打殺」には至っていませんが、ペリー再来航という外交問題が発端となり、小前百姓が所持する「武器としての竹槍」が出現しました。

また③一八五四（嘉永七）年一月二十二日、武州多摩郡三ツ木村では議定連印帳が作成されています。その中の「組合村々定」の第二項に「竹鑓壱本・草鞋（わらじ）壱足宛ツ家々ニ而（て）男之分人数程宛ツ拵置（こしらえおき）可申事」とあります。同様に、提灯壱張（第三項）・拍子木壱組（第四項）も各家が準備して置くものとされました。拍子木は異変、火急時は頻りに打ち立てるように、また一軒に壮健の者一人竹鑓を所持して駆けつけ（第四項）、連絡があり次第、五人組のうち壮健の者一人が名主方へ竹槍を持ち、すぐに駆け付けて差図を受ける事（第六項）とあります（武蔵村山市史編さん委員会編二〇〇〇年：六〇五～六頁）。やはり外交問題によって、竹槍は、家ごとに男子の人数分を拵（こしら）え置くことが義務づけられました。これは注目すべき事実です。

④一八五四（嘉永七）年一月、伊豆にも知行地を持ち、幸手市内で権現堂村・上吉羽村など（武州五カ村）を支配していた旗本小堀氏は、警衛のための夫役を武州五カ村から徴発しつつ、幕命を受けて領内取締りを厳重にし、万一「悪党共」が立ち回った場合は召捕らえるか、捕押さえるのが困難な場合は「切捨又は打殺候而も不苦」と触れています（幸手市生涯学習課市史編さん室編一九九八年：七五二頁。同編二〇〇二年：八一二頁～）。

次も幕命を受けたものです。⑤一八五四（嘉永七）年一月、寺社奉行も来航に際し、アメリカ側の交渉は穏やかなので、動揺せず火の元を厳重にせよと命じ、万一「悪徒共」が立入ったときは召捕り、それが不可能な場合は「切捨又ハ打殺候とも不苦」として治安維持に努めるよう、御料所・私領・寺社領などに触れています（八潮市史編さん委員会編一九八四年：七三二頁。同編一九八九年A：一一〇六頁）。

以上の事例から、ペリーの再来航（外圧・外患（がいかん））を国内の治安問題（内憂（ないゆう）・悪党による治安の悪化）に直結させた幕命を受けて、関東取締出役・旗本小堀氏・寺社奉行が対応している様子がわかります。竹槍は、家ごとに男子の人数分を拵え置くことが義務づけられたり、「切捨又は打殺候而も不苦」と「打殺」が再確認・許容されたのです。

先の③に戻りますが、同じ三ツ木村でも、十一年後の一八六五（慶応元）年十二月の「議定之事」になると様変わりします。悪党対策で、重要な場所には見張場を作るべきだが、費用が嵩むので、道路端で家業を営む者は、二～七人ずつ見張を決めておいて「見張同様精々為心附、小前末々至迄一同真実に昼夜共心を用ひ」る。怪敷者がいたらすぐさま村役人へ連絡し、板木・半鐘などで合図し、打ち合わせ通りに一五歳から六〇歳の者は全員、鉄砲・竹鎗・得物などを携えて出動し、搦めとり、「若手余り候ハ、打殺候而も不苦候」と「打殺」も認めています（武蔵村山市史編さん委員会編二〇〇〇年：六三〇～二頁）。

慶応元年段階で竹槍は勿論ですが、鉄砲にも注目です。武蔵村山市域が江川農兵設置地域だからです。農兵とは、一八六三（文久三）年十月江川太郎左衛門支配所の村々に設置されたもので、百姓が貸与された銃器で軍事訓練を受け、治安維持機能、また非常時に動員され鎮圧にあたるものです。身分制の原則を犯すものとしてなかなか採用されませんでした。武州世直し一揆の鎮圧で活躍し名を広めました。⑨を参照してください。

その後も、⑥一八六一（文久元）年三月、粕壁宿寄場組合では「用意録」と称する詳細な計画（「浪人無宿人取締議定伺」）を作成し、関東取締出役に伺い出ています。その内容は、鉄砲は拝借できるか、小前百姓は軒別に竹槍一本を用意するが藻刈刀は使用してよいか、伝来の鎗・刀・長刀は使用してよいか（伝来の武器があった事実）、などです（春日部市教育委員会市史編さん室編一九八七年：四三四～四三六頁）。結果は不明です。武器の関心がまず鉄砲にあることがわかります。小前百姓が所持する「武器としての竹槍」が家ごとに用意されました。

◉生麦事件関係

⑦～⑩は生麦事件にかかわる外圧・外患です。⑦一八六二（文久二）年二月、イギリスは前年の生麦事件の解決を

幕府に迫り、一二隻の艦隊を横浜に入航させ、軍事力を背景に幕府に圧力をかけました。また三月には家茂が将軍として二三〇年ぶりに上洛しました。そのため翌年一月二十五日に将軍上洛の留守中の取締りにつき諸国関所・脇道・閑道を「相越又は押而相通候ハヽ、召捕、手向ひ致し候ハヽ、致切捨不苦候」との触れが出されています（加須市総務部総務課編一九八六年：二九二頁）。

　生麦事件の賠償問題は、攘夷期限の前日、一八六三（文久三）年五月九日に幕府が一一万ポンド（東禅寺事件償金一万ポンド・生麦事件償金一〇万ポンド）をイギリスに支払い一応の解決をみました。その直前だと思われますが、⑧同年五月、大和田組合の野火止宿ほか五町村で「英国軍艦渡来につき関東取締出役口達請書」（新座市教育委員会市史編さん室編一九八五年：五六〇頁〜）が作成されました。その内容は英国との開戦も想定して、治安対策を立てていること、個人持ちの脇指・竹鎗、鳶口・樫棒で対応すること、「切殺打殺」した場合の領主・寄場役人・大小物代への報告義務などが規定されていました。

　⑨一八六三（文久三）年三月二十一日、拝島村寄場二十五ケ村組合（指田萬吉家文書）では、⑧と同じ生麦事件問題で、異国船渡来につき、無宿・無来の者どもが乱妨に及んだ場合、差し押え、「若手廻リ（向カ）候ハヽ、聊無斟酌斬倒シ打殺候共不苦候」と口達がありました。これを受けて、拝島村寄場二十五カ村組合は次のような四カ条を申合せています。（1）大村は五、六カ所、小村は一、二カ所の見張番所と非常時用相図の拍子木を設置すること、違変の際は壱人が詰合い、昼夜油断なく相廻り、火の元・盗賊等を取り締ること。（2）「村内軒別男子之数ニ合竹鑓拵置、見張所江相詰候節銘々持参之事」。（3）「壱軒別拍子木拵置、夜盗押込等之節ハ見付次第其家又ハ隣ニ而早拍子木打立可申事」。（4）悪党どもが大勢集まった時は、準備してある「村名印候旗提灯等を其村役人人数引連可被致事　但シ百石三人之割合」とあります。末尾に驚くべきことが記載されています。「且又此時節柄ニ付当組合ニおゐて高島流鉄砲百挺拝借之事」と（昭島市史編さん委員会編一九七八年：四八〇〜一頁）。

②と同じように、家ごとに、男子の人数分だけ竹槍を拵置いて見張所に詰めるときは銘々が持参することも、竹槍規定としては画期的ですが、鉄砲拝借の但書を慶応二年段階の川越藩の対応と比較するとその違いに驚かされます。すでに第二章第一節で、川越藩の農兵取立てについて、川越藩では藩の軍制は高島流砲術に統一し、西洋式銃隊を採用しているにもかかわらず、川越藩の組合には鉄砲貸与はできぬ、農兵ならば鉄砲を貸し与えるとしましたが、農兵の鉄砲も和銃（わじゅう）に止めました。また改革組合村に許された竹槍を越える装備は武士が独占し、百姓の武装を竹槍にとどめ一線を画されていました。このように川越藩では武器としての和銃・竹槍の身分的性格があることを指摘しましたが、ここ拝島村寄場二十五ケ村組合では高島流鉄砲百挺を拝借しているのです。江川農兵恐るべしです。

⑩文久三年六月七日には、関東取締出役が蕨宿に来て寄場役人・大小組合惣代に文政改革の趣意を確認しています。このとき万一、江戸で外国と戦争となっても、心配せず農業に専念すること、戦争に乗じ悪党が徘徊することも考えられるが、常に防ぎ方を手配しておき、もし手に余る時は打ち殺しても罪に問わない旨を言い渡しています（川口市史編さん室編一九八八年：八四六頁。蕨市史編纂委員会編一九六七年：一三三一頁）。

では実際にこの規定通り殺害した場合はどうなるのでしょうか。『川口市史　通史編　上巻』によれば、七月十五日に、前川村では夜半抜刀を携えた盗賊一人が名主喜三郎宅に押し入り、村内のものが駆けつけたが、「手に余」ったので「打殺」すという事件が起こりました。この届出に対して、取締出役増山権助が出張・調査しましたが、誰も処罰されることなく事件は処理されました。治安警察的「武力」発動は、「打殺」文言からもわかるように公認されていたのです。

⑪文久三年十二月武州荏原（えばら）郡太子堂村では出役の指示により、寄場組合単位の非常防備態勢強化策の議定を作成しました（森安彦一九八一年：五六六～七頁）。それによれば組合村町村毎に「小前銘々竹鎗等用意」・「壮健之者相撰、非常人数相定、目印并手鎗・もぢり銘々江相渡置」と小前個人の武装が決められてはいますが、五人組を基礎に最寄

十人を一単位として「村役人重立候者差図請」・「村役人并寄場役人大小惣代之差図請」と豪農主導型です。その目的は、悪党共の「搦押方」・「捕方」です。各村では一本金一分二朱もする「もぢり」を数本ずつ購入して、この態勢を整備したといいます。

◉戦乱・内乱

まず、天狗党の乱です。⑫一八六四（元治元）年五月には、三月の武田耕雲斎（こううんさい）・藤田小四郎らの筑波挙兵（天狗党の乱。須田努二〇一〇年：「天狗党という恐怖」一二三～一二四頁）にかかわって、取締出役から「浪人体ニ而怪敷見請候分ハ仮令（たとえ）水戸殿御名目相唱候共召捕、手向致候類ハ切殺候とも打殺候共可致旨厳重相触候（中略）搦取候様ニもいたし、尤手余り候ハヽ是又打殺候而も不苦」と通達が出されました。（「川越藩騎西組浮浪者取締りに付き廻状」騎西町社会教育課郷土資料係編二〇〇〇年：四八一頁。皆野町誌編集員会編一九八八年：五〇九頁。加須市総務部総務課編一九八六年：三一一～二頁）。

⑬六月に関東取締出役は、天狗党の残党を見かけたら搦取るか、打ち殺してよい（「浪人一件御取締向御請書」所沢市史編さん委員会編一九九一年：八二四頁）、さらに八月「竹鑓其外得物ヲ以無二念打殺可申候」と命じています（加須市総務部総務課編一九八六年：三〇二～三頁）。

⑬の筑波「賊徒」打殺しの触書を受けて、⑭時期不明ですが、玉川郷組合では、大小惣代が、狼藉人等に対処の仕方を取り決めました。その内容は竹鑓・鉄砲・得物（刀・手鑓・長刀・六尺棒・木刀など）、貝・松明（たいまつ）・目印灯燈・人足目印・弁当の用意ですが、竹鑓は村々一人につき一本、目印灯燈は村々一張ずつ、弁当は一人二飯用意と明示されていました（玉川村教育委員会編一九九一年：五七六頁）。

次は禁門の変です。⑮一八六四（元治元）年七月禁門の変が起き、八月には禁門の変残党取締請書が作成されました。関東取締出役は、禁門の変の残党が「東海道中山道筋江横行又ハ姿を替五人七人ツヽ偽名ヲ唱旅行いたし御府内江立入暴発可致も難斗」として、「胡乱の（あやしく疑わしい）もの徘徊いたし候ハ、差押若手余候ハ、討取候而も不苦旨被仰渡候」（大宮市史編さん委員会編一九八二年：三五頁）とか、「若手余候ハヽ、討ち取り候ても不苦」（加須市総務部総務課編一九八六年：二九九頁）と厳しい通達を出しています。遠く京都の事件も、関東取締出役からの「差押」・「討取」などという物騒な言葉で、関東の百姓にも急に身近なものになる時代になりました。

天狗党の乱・禁門の変などの戦乱の際は、それに乗じた悪党・残党などの治安を乱す行為を、組合村に持つことを許した武力で封じ込めようとしたのです。

また⑯一八六五（慶応元）年十二月十四日、熊谷宿寄場南北組合村々では「何村と認候籏并高張提灯其外有合之半棒六尺棒又ハ竹鑓等兼而村役人宅江取集メ置入用之節無差支様取斗」（大里村史編纂委員会編一九九〇年：三九六頁）と決めたが、これでは「村役人宅江取集メ置」かれた竹鑓などを百姓が独自に使用することは不可能です。

⑰武州世直し一揆鎮圧直後の一八六六（慶応二）年六月二十二日、川越藩郡代所は「向後悪徒共発起押来何様猛威を振ひ候共、差加り候は勿論聊動揺不致村方丈之力を以相防、若手余候ハ、打殺切殺候とも不苦候」（大河原家文書。大里村史編纂委員会編一九九〇年：六〇六～七頁）と指令しました。すでにみたように、川越藩は武州世直し一揆の際には幕府からの「大切成百姓たりとも乱妨致スニおいては打殺とも切殺スとも苦しからず」との上意を得て、大筒・小筒などで打ちこわし勢を撃退しました。

今度は川越藩の「上意」で「手余リ候ハ、打殺候共不苦」と「打殺」までお墨付きを与えて、村の力だけで防禦態勢を作り、世直し一揆勢と対決させようとしました。もし農兵取立てが成功すれば、鉄砲をもった農兵で対処させようとしたのです。

この指令を受けてと思われますが、⑱扇町屋組合（入間市史編さん室編一九九四年：六二〇頁）・⑲熊谷佐谷田村三組（近世村落史研究会一九七一年：（二）一三五～九頁）などで組合村議定が作られています。また⑳比企郡古凍村では関東御取締御出役から「二念無く取計らひ候様」と指示が出て、小前一同が連印を差し出しています（東松山市史編さん課編一九八五年：六五七〜八頁）。

さらに、㉑慶応四年閏四月石井・森戸村外四八カ村では「事変出来候ハハ（中略）村内不申及隣村まで面々得物を携用意馳集可申事　但し竹鎗得物等家毎ニ拵置可申事」（坂戸市教育委員会編一九八七年：二四四〜五頁）とされました。これらなら百姓の意識の転換があれば竹槍使用は可能です。

第三節　領主・改革組合村の武器使用の実態の小括

以上から、組合村の竹槍＝武器所持は一般的であったといえると思います。「村役人宅江取集メ置」かれた竹鑓で百姓が独自に使用することが不可能な状態から、ペリー再来航という外交・外圧・外患（がいかん）や天狗党の乱・禁門の変などの内乱・戦乱にかかわらせて、一八五四（嘉永七）年一月「小前銘々竹鎗等用意」、一八六八（慶応四）年閏四月「竹鎗得物等家毎ニ拵置（こしらおき）」、一八五四（嘉永七）年一月「家々ニ而男之分人数程宛ツ拵置」、一八六三（文久三）年三月「軒別男子之数ニ合竹鑓拵置」と地域により違いはありますが、小前百姓の家ごとに、または男子の数だけ置かれるようになりました（②③⑥⑧⑨⑪⑭㉑）。こうなれば百姓の意識の転換があれば竹槍使用は可能です。

組合村は当初から「無宿長脇指其外火附盗賊人殺等都而悪党共」が村へ入り込んだときの差し押え機能を持たされていました。だからペリー再来航・生麦事件問題での英艦横浜来航などの外交・外圧・外患、天狗党の乱・禁門の変などの内憂（ないゆう）・戦乱・内乱の際は、それに乗じた悪党・残党などの治安を乱す行為・集団を、改革組合村に持つことを許した武力で封じ込めようとしたのです。一揆ともなれば鎮圧側の武器は大砲から鉄砲・刀・竹槍から棒に至るまで実に多様ですが、武器の殺傷性に加えて「大切成百姓たりとも乱妨致スニおいては打殺とも切殺スとも苦しからず」との上意を受けているため、その鎮圧は激しいものがあったろう。竹槍疵や討取の多さがそれを証しています。

しかし組合村に許された武器は竹槍であり、それを越える装備は武士が独占し、農民の武装を竹槍にとどめ一線が画されていました。武器としての竹槍のもつ身分的性格が明確に示されています。同様のことは川越藩農兵でもいえます。第二章第一節でみた川越藩農兵は実現しませんでしたが、その農兵は豪農の私兵的性格をもち、苗字帯刀を許され、鉄砲を武器とするという身分的に百姓身分から一応切り離された存在でありつつ、村役人の指揮に委ねられた武力でした。しかし藩の軍制が高島流砲術に統一され、西洋式銃隊を採用しているにもかかわらず、農兵の鉄砲は和銃にとどめ一線を画された存在でした。

ところが昭島など江川農兵が設置されている地域⑨では「当組合ニおゐて高島流鉄砲百挺拝借之事」がありました。開明性というか、身分制の枠組みを越えることは、御台場警備を担当し、外圧を肌で感じ、武州世直し一揆勢の川越への突入を大筒・小筒・西洋式銃隊によってかろうじて阻止し、自藩の武力の弱体性を思い知らされた経験を持つ川越藩でも、そして江川農兵の武州世直し一揆鎮圧に果たした役割に着目しながらも、幕末の現実を踏まえて改革をすること、江川農兵に学ぶことは、川越藩にとってかくも難しいことだったことがわかります。

第四節　組合村の死亡・治療補償費・褒美規定の誕生＝セーフティーネットの形成

◉組合村による悪党封じ込めの問題点

関東の寄場改革組合村結成時には、「悪党共」や「党を結ひ大勢ニ而手余り候節」も、「差押」であって、「切殺」・「打殺」しても良いとは規定されていませんでした（滝本誠一一九六九年：「関東御取締改革教諭書」第四項、三三六頁）。組合村に治安警察機能を実質的に負わせ、嘉永期以降「手ニ余リ候ハヽ、打殺候共不苦」や「若手ニ余リ候ハヽ、打殺切殺候共不苦」として「悪党共」と実際に竹槍・鉄砲などで戦わせる場合、大惣代をはじめとする寄場(よせば)役人層・村役人層は領主と共生し、同じ利害関係を持ち得るとしても、実質的な防衛の任にあたることになる小農・小前層はなかなか共有できません。

豪農・豪商層は、自らへの攻撃、地域への攻撃、治安の悪化を目前にして、組合村（地域社会）の安全を確保していくためにも、地域（郷土）の防衛という側面を前面に出して（すり替えて）、竹槍（武器）＝武装化、打殺・切殺などを認めるなら、当然万が一の場合を考えてリスクを回避するために、犠牲者に対して有効な支援対策を立てる必要が出てきます。

◉改革組合村のリスク回避

こうしてセーフティーネットが改革組合村でも考慮され、「悪党」勢に対抗した際の死亡・怪我の治療費・褒美・ペナルティ規定を含む組合村議定・「申合」を生み出しました（**表1**）。現在の都県で分布の概要をみると、埼玉県九件、千葉県五件、東京都三件の合計一七事例を見出すことができました。埼玉県以外は目についたものだけですが、埼玉県の一八六一（万延二）年が最も古く、天狗党の乱の一八六四（元治元）年が五件それも全部千葉県、一八六八（慶応四）年の鳥羽・伏見の戦以降が九件、うち埼玉県六件・東京都三件です。戦乱に伴う治安の悪化、その危惧への対応が顕著にみられます。

表1　死亡・治療補償費・褒美・ペナルテイ規定一覧

番号	年代	組合名	補償		褒賞	ペナルテイ規定	備考	都県	出典
			死亡	怪我					
①	1861（万延2）	春日部宿組合		組合惣高割で療用手当				埼玉	「春日部市史近世資料編4」P434
②	1864（元治元）8·5	成田組合	一命に拘り候は手当金厚く致すべき筈	怪我人等、療治村々一同にて差出す		相図の鳴物が打立てた時1出遅れ、または出ない時は厳しく過怠		千葉	『成田市史近世編史料集上村政Ⅰ』。『成田市史中世・近世編』P884—5

No.	年月	村	死亡	負傷	討取り等	その他	備考	県	出典
③	1864（元治元）8	名古屋村など12カ村	人足手負い死人等万一でたら、その村々にて引き取る。入用はその領分限り差出す。					千葉	『下総町史近世編史料集Ⅰ』P440―442
④	1864（元治元）8	駒木新田ほか4カ村	即死一人、金50両手当	手疵負い生涯農業が出来ない場合は金50両。手負い軽重は見計らい手当致す。	浪士打殺・突殺一番手は賞金5両、二番手は金3両。鉄砲出打留た者金3両 悪者、その場を退き、途中・山林で伏居りあるいは死んだ場合でも、議定村々の地内なら、同断。			千葉	『流山市史近世資料編Ⅱ』P475―6
⑤	1864（元治元）9	田中藩下総分領南相馬21カ村	金30両（村々高割）	療養手当（村々高割）	討取りには「骨折酒代」として、先手金10両、二番手金7両、三番手金4両。（村々高割）	第3項に、病気・片輪の外は、15歳以上60歳以下の者は、村限り非常の際はそれぞれ竹槍、槍得物を携え繰出す。勝手に不参加の場合はその筋へ申立いかようの処分でも異議をいわないこと		千葉	『柏市史近世編』P979 『柏市史資料編八諸家文書下』P444―5
⑥	1864（元治元）9	佐津間村				若し駆けつず、等閑にしたら、村八分にする	領主・組合より非常備方取極議定の書面觸達。村方限り取極。	千葉	『柏市史資料編八諸家文書下』P445
⑦	1866（慶応2）12	飯田村	怪我は相談の上相応の助成致す		搦取・打殺・突殺は骨折料として、打取人金3両、手伝人は何人でも金2両。悪党も右に准じ取計らう。		組合村の者と相談の上取極。訴願その外諸雑費は組合村々高割。村方・当人へは難渋かけず。	埼玉	『小川町の歴史　資料編5』近世Ⅱ p728―30
⑧	1867（慶応3）5・25	横見郡		組合で厚く世話。手負人が難渋しないように手当て。	出精高名者は組合で厚く賞す。小前高名者は一際厚く手当て。			埼玉	『吉見町史下巻』P473―6
⑨	1868（慶応4）1・13	八条領組合	死亡者1人につき20両（村方・領中各10両助合）	扶持方は村方で、医師薬礼は領中高割で療治				埼玉	『八潮市史通史編Ⅱ』P14

番号	年月	組合・地域						都県	出典
⑩	1868（慶応4）4・6	横見郡		手負人は療治代手当、働きにより賞す（郡中重立ちが出金）。	悪徒討取れば褒美（入用同上）。			埼玉	『吉見町史下巻』P484―6
⑪	1868（慶応4）4	入間郡大岱村		怪我した者が出たら、当人難渋しないように取計らう。	現場で高名致者は褒美金、一番鑓金5両、二番鑓金2両、三番鑓1両。鉄砲でいかにも頭取風の者を相留めた者に金1両。		非常の節農兵繰出方議定連印帳（『非常』議定連名）	東京	『東村山市史8資料編近世2』P856―7
⑫	1868（慶応4）閏4	大門宿組合	強敵引請て疵請て死亡は100両（組合村々惣高割で出金）	疵請全快、全片輪で農業ができない者50両。同、農業差し支えない者25両。薄手を負い、打捨等で悩む者12両2分（全て組合村々惣高割で出金）。	強盗取押えた者10両。中盗は5両。下盗は2両2分（組合村々惣高割で出金）。	異変の際、鳴物（鐘・太鼓）を聞きながら不参。様子を見合せ遅参したものは20貫文の過怠金		埼玉	『大宮市史4近代編』P78
⑬	1868（慶応4）閏4	江川代官管轄の田無組合	絶命は組合村々より相談、手当					東京	『田無市史』第1巻中世・近世史料編P868
⑭	1868（慶応4）5	日野宿組合	討死は跡相続方見継金（＊）	疵請候共には療養手当金（＊）	悪徒共討取、虜候もの（＊）		＊村惣高割	東京	『昭島市史』附編P480―1
⑮	1868（慶応4）9	蕨宿組合		物高割で療養手当て。	人夫一日手当て何程。働き次第で、褒美として別段厚く恩賞員数取極。			埼玉	『新修蕨市史資料編二近世』P313―4
⑯	1868（慶応4）	上尾宿組合	（未見。『大宮市史4巻』によれば、補償・褒賞規定あり）					埼玉	『大宮市史4』
⑰	1868（慶応4）	大宮宿組合	（未見。『大宮市史4巻』によれば、補償・褒賞規定あり）					埼玉	『大宮市史4』

まず、①一八六一（万延二）年の粕壁宿組合では、「議定一札之事」（春日部市教育委員会市史編さん室編一九八七年：四三四頁）で「悪党類族押来り若乱妨」に及んだ場合は、「竹貝吹鳴し太鼓半鐘打立、相図次第諸道具持参宿村毎役人附添引連早速出向、且寄場宿江も早速沙汰可致」とその対応策を取り決めました。そして「押捕候節場所入用并怪我等いたし候もの有之候ハヽ、療用手当組合惣代立会之上篤と取調べ組合惣高割ヲ以差出候筈、是又取極申候上ハ自今用意之諸道具ヲ以理不尽ニ心取違等之働不仕様、宿村小前末々江不洩様申聞候筈申合候」と怪我の治療費を組合村負担とする規定が組合議定の中で規定され始めました。しかし、療養手当の支給を決めたものの、小前百姓の行動に不安があったのか、「用意之諸道具ヲ以理不尽ニ心取違等之働不仕様」に、すべての小前百姓に言い聞かせる申し合わせをしています。

次に、②〜⑥は一八六四（元治元）年三月の筑波山挙兵に始まる天狗党の乱にかかわって作成された議定です。⑤は同年九月、「浮浪之徒御追討ニ付、残党之類」が「夜盗押込」するかもしれないので、怪敷者を見つけたら速やかに「搦捕、若手向致し候はゝ切殺候」との御触に対し南相馬村々が申し合わせたものです。病気以外のすべての健常者十五〜六十歳のものは竹鎗得物を携え繰り出し、勝手に不参加の場合はどんな処分でも異議をいわないというペナルティ規定があり、続けて死亡した場合三〇両、怪我は療養費支給が規定されています。最後に、浮浪人の討取りには「骨折酒代」として、先手金一〇両、二番手金七両、三番手金四両としっかり褒美規定を入れてあります。その入用金は村々高割でした（柏市史編さん委員会編一九九五年：九七九頁。同編一九七九年：四四四〜五頁）。

⑨〜⑰の九件は、一八六八（慶応四）年一月三日鳥羽・伏見の戦以降の混乱した状況の中で、取り決められた議定です。⑨は死亡補償費・治療費の額と負担方法が記載されている慶応四年一月十三日の八條領組合取締議定です。「右手配ニ付村方之者怪我いたし候ハヽ、療治申扶持方ハ村方、医師薬礼ハ領中高割、若相果候者有之節ハ、壱人ニ付金弐拾両助合、内拾両ハ村方、拾両領中助合候筈」と寄場八条領外三四カ村で連印しました（八潮市史編さん委員

会編一九八九年B：一四頁）。

最後に、⑫慶応四年閏四月、武州足立郡大門宿組合非常取締議定（大宮市史編さん委員会編一九八二年：七八頁）を見てみましょう。ここでは補償を死亡と怪我・後遺症の程度で四段階に、褒美を強中下盗の三段階に分けて支給額とその負担方法を決めています。長文ですが、文書で見てゆきましょう。

「組合議定書　慶応四辰年閏四月日　武州足立郡大門宿組合（表紙）

取極申議定之事

一、今般組合村々非常取締之儀被仰渡候ニ付取締方左之通右者前々取締有之候村々え乱妨強談金子等押借狼藉ニおよび候もの有之候節ハ、鳴物を以相図次第組合村々即刻竹鎗鳶其外用意之品持参欠附可申候

但異変有之御村方江迷惑不相成様弁当持参可致事

一、組合村々小組合限り時々見廻り可申事

一、他組合之外当組合村々之内強敵を引請疵請相果候者

金百両　組合村々惣高割を以出金差遣し可申事

一、同断疵請全快之上全片輪ニ相成農業相勤り兼候もの江者為手当

金五拾両也　前同断

但前同断

一、同断疵請全快之上農業差支無之もの江者

金弐拾五両也　前同断

但前同断

一、同断薄手ヲ負候又者打捨等ニ而相悩候もの江者

金拾弐両弐分也　前同断　　但前同断
一、強盗取押候者江為褒賞
金拾両
但両人ニ而取押候共其仲間ニ高割合可申事
一、中盗　前同断
金五両也
但前同断
一、下盗　前同断
金弐両弐分也
但前同断
一、村々ニ而相図之鳴物者異変有之御村々者鐘(かね)其外之村々ニ而者太鼓(たいこ)打候節乍聞出合不申候族(やから)又者様子見合居遅参いたし候もの者銭弐拾メ文(かんもん)返参怠るして為差出其村役人より小組合惣代江差出し積り置可申事
右者組合村々一統相談之上取極申候、依之一同連印致置候処如件
武州足立郡戸塚村
慶応四辰年
閏四月
年　寄　恵太郎
同　　　政次郎
百姓代　亀右衛門　」

組合村々では「乱妨強談金子等押借狼藉ニおよび候」事態が発生したら、合図次第に「竹鎗鳶其外用意之品」を持って駆けつけることが義務付けられました。注目されるのは、出動に対する補償・褒賞の規定です。「賊」とわたり

あって死亡した時は金一〇〇両の補償金が与えられ、以下傷の程度によって補償金が定められています（表を参照）。また褒賞も同様、相手の度合によって決められています。これらの金は村高割で負担されました。一方合図を聞きながら参加しなかった者には、鐚二〇貫文の過怠金（かたいきん）が課されています。

第四節　組合村の死亡・治療補償費・褒美規定の誕生＝セーフティーネットの形成の小括

以上からわかることは、治安維持機能を担わされた改革組合村は、治安の悪化とともに「悪党共」と竹槍・鉄砲などの武器を使っての暴力的対処を迫られたことです。天狗党の乱・禁門の変などの戦乱の際は、それに乗じた悪党・残党などの治安を乱す行為・集団を、組合村に持つことを許された武力で封じ込めようとしました。頼るべき権力が存在しない鳥羽・伏見の戦以降は地域での自力救済で治安の維持を図ろうとしたのです。だからリスクも増大し、それに対応する議定が作り出されたのです。禁門の変にかかわるセーフティーネット規定の事例はまだ見つけていませんが、天狗党では五件ものリスク回避の規定を見出すことができました。二つの戦乱の現実味の相違に起因すると思います。戊辰戦争の慶応四年と同様に天狗党の乱の元治元年は議定の数とともにその内容が詳細で⑤・⑫、なおかつ額も高額で、当人が難渋しないようにとの配慮がなされていました。それは本人自身・家族などの将来を心配せずに「悪党共」の封じ込めに当たらせるためにも必要なことでした。と同時にペナルティ規定も抱き合わせで規定されています。補償・褒美・ペナルティがセットで規定されるのが議定の形でした。

その費用負担は、詳細な規定を決めている⑤や⑫などは、村役人・身元宜しき者・重立が自分で負担する形よりも、村・組合村＝地域が高割で負担する傾向があるようです。内容のわかる①〜⑮例の内訳は、高割七件、重立出金一件、記載なしが三件、残る四件は村々一同・領分（各一件）・組合（二件）での負担となっています。

死亡の場合、八条領組合の二〇両から大門宿組合の一〇〇両（組合村々惣高割）まで、その間に三〇・五〇両とかなりの幅があります。怪我治療代は八条領組合で医師薬礼は領中高割で、扶持方は村で負担しています。

一八六八（慶応四）年閏四月、武州足立郡大門宿組合が文書史料・**表1**にあるような詳細な規定を盛り込んだのは、民政廃絶状況で頼るべき権力が存在しない段階で、組合村（地域社会）の安全を確保していくためにも、万が一の場合、村・地域防衛の任に当たる人々とその家族の生活保障と「やる気」を起こさせるために不可欠だったからです。同時に、異変の際、鳴物（鐘・太鼓）を聞きながら不参加、あるいは様子を見合わせ遅参した者には、二〇貫文の過怠金規定（ペナルティ）も盛り込む必要があるのが現状・実状でした。⑥では村八分が明記されていました。

第三章 慶応四年一月三日鳥羽・伏見の敗戦と三月二十七日旗本殺害一揆

第一節 幕末政治情報の受容と一揆動向

◉鳥羽・伏見の戦、幕府軍の敗戦の意味

一八六八（慶応四）年一月三日鳥羽・伏見の戦での幕府軍の敗戦、将軍慶喜の大坂脱出・江戸帰府・東征軍接近などの情報は各地に伝播・拡大しました。各地の百姓はそのような情報を得ることにより、その事実をどう受けとめ、自分の心性（しんせい）（人々の思考様式や感覚といった日常的なもの）をどう変化させ、百姓一揆の行動様式はどのように変化したか、等々を本章でみてゆきます。

結論的に言えば、近世百姓一揆の作法（行動様式）からの逸脱（いつだつ）、すなわち一九世紀から徐々に変質してきた近世的な得物原則で物を対象とした打ちこわしから、竹槍を含む鉄砲・刀剣などの武器で人を攻撃の対象とする打殺しに劇的に、決定的に転換したのです。

◉『三右衛門日記』の情報

上州の例幣使（れいへいし）街道玉村（たまむら）改革組合の大惣代でもあった福嶋村名主渡辺三右衛門（一八〇七（文化四）年～一八九二（明治二十五）年）は、一八四二（天保十三）年から一八六九（明治二）年までの足掛け二十八年間に二十九冊・四

七〇九丁（裏表二頁で一丁と数えます。落丁という言葉を思い出すとわかりやすい）に及ぶ詳細な日記を書き続けました。その日記によると、岩鼻代官所・組合村などからの公式ルートで薩摩藩邸焼き討ち事件、鳥羽・伏見の戦での幕府軍の敗北、将軍慶喜の帰府・高山陣屋の焼払いなどの情報を早々と獲得していたことがわかります。また旅人や風聞から「大敗北」・「朝敵」・「逃帰」などの事実を知ったのです（玉村町誌刊行委員会編二〇〇〇年。内田満二〇〇五年）。

◉一揆の作法の劇的転換

この鳥羽・伏見の戦での幕府軍敗北の情報により幕府の崩壊を認識した衆としての百姓は、竹槍を含む鉄砲・刀剣などの武器を携行・使用し始めました。世直しの状況下の上州では武器を携行し、支配者である岩鼻代官所役人と寄場役人である豪農・豪商への、また米穀をめぐる南牧村と下仁田町の対立から被支配者間でも「恨みを晴らす」ためとして「打殺」を標榜し、また憎しみの余り「汝が肉を生ながら喰ハん」ことを標榜した一揆が立て続けに二件起きています（第一章第三節参照）。ここではカニバリズム（肉喰）は行われませんでしたが、実際に殺人も行われ、さらに打ちこわして、恨みを晴らしています。

◉上野国緑野郡百姓一揆

まず一件目。一八六八（慶応四）年二月上野国緑野郡百姓一揆は、岩鼻役人・寄場役人大惣代が公儀の命令ではない農兵取立てを実施し、私欲横領したことに立腹して起こしたものです。寄場役人・大小惣代の「挨拶之次第ニ寄当人共を打殺し」、「其家々も微塵に打毀し其勢ひに乗し、渋谷之旅宿へ押詰奴目を打殺し、夫より岩鼻陣屋へ押詰、非道之役人共一々打殺し、此恨をはらさんと村々打寄談判」しました。そして、大惣代織茂健吾之屋敷を取り巻き大勢声々に「己等が私欲に掠取し大罪人、今汝が肉を生ながら喰ハん」と罵り、「門戸を破り押入見れハ、皆迯ケ去て壱人も不居故、残念ながら家蔵共微塵に打毀し、財器衣類に至る迄さがし出して焼捨、是をはらいせに皆々大塚村ヲ立出ける」。「汝が肉を生ながら喰ハん」という凄まじいばかりの憎しみの表出があります（落合延孝二〇〇一年：九三～一一六頁）。

◉上野国下仁田町打ちこわし・放火一件

二件目。二月二十四日上野国下仁田町打ちこわし・放火一件は、上州南牧名主小沢市兵衛が、信州で米穀を「高直に〆売致条不届至極」な下仁田町を「世直しと称して、諸穀〆売之族を打毀し懲しめて、諸色価を下ると」一揆を起こし、下仁田町を打ちこわし、放火・焼き尽くした一件です（落合延孝二〇〇一年：九三～一一六頁）。

これに対する報復が、四月一日上野国南牧村名主殺害一件でした。この日下仁田町打ちこわし、放火一件の張本人である南牧村名主小沢市兵衛を打殺し、小沢一類を焼き払ったものです。

町を焼かれた下仁田町住民の市兵衛に対する「遺恨」が「恨ミ骨髄に徹し」、「市兵衛が肉を生きながら喰ハんと、下仁田中の者女童迄も恨らミ居し処」に、ふと現れた市兵衛は「打殺」され「首を取」（「敵将之首」と書かれ、下仁田町住民は市兵衛を「敵」と認識している）られ、竹鑓にさされ、「其首只今持来り候也、夫請取れと玄関より座敷へ投入」れられた揚句、自宅は勿論一類まで「不残焼尽」されるという凄まじさです。そしてその行為が「天罰」・「仇討」と表現されています。さらに注目すべきところは、市兵衛が大惣代・代々定名主・「八州御取締之御手先を勤め、子分子方も大勢有之」人物なので「敵討」＝報復に来たら「飛道具ヲ以打殺」すと厳重に警固した点です。

この「打殺」や「肉喰」を標榜する傾向は、領主とそれに馴染みあう寄場役人・大小惣代に対してだけではなく、米穀をめぐる南牧村と下仁田町の対立から町打ちこわし・放火、その報復として竹槍による名主殺害・一族焼払いという被支配者間での暴力としても発現しました。このように鳥羽・伏見の戦以降は、一揆・騒動の実態も激しいばかりではなく、様変わりしている様子がわかります。

◉山中領百姓の信州押出

前記二件の百姓一揆・打ちこわしの間の三月十六日に、米価安値買付けを目的にした山中領上山郷七カ村の百姓約一〇〇〇名が信州佐久郡大日向村へ押し出しました。岩戸村無宿常吉が頭取となって、「安価ニ買請度旨可及強談」(「上野村の古文書」執筆者編著・上野村教育委員会編二〇〇五年:二四五文書)、「党を結び(中略)鉄炮幷に刀其の外得物を携え」(二四四文書)十石峠字白井に黄昏頃到達しました。

十七年後の秩父事件で本陣崩壊後、菊池貫平を総理とし、坂本宗作・稲野文治郎(会津ノ先生)が大隊長格となって信州進出に向かった山中谷ルートを楢原村枝郷白井・楢原村・乙父村・乙母村・川和村・勝山村・新羽村・新羽村野栗組・野栗沢村・魚尾村の押出し勢も辿ったのです。

その押出し先で、尾張取締所出役に差し押さえられた山中領百姓二一名(一二名が年寄・百姓代で九名が百姓)以外は帰村しました。山中領側が詫書を提出し、一八六八(慶応四)年三月、大日向など一一カ村佐久郡村々穀商人・村役人と上山郷七カ村名主の間で穀取引議定書を取り交わし、従来同様の取引を約束してこの一件は終息しています。

◉武州での一揆のひろがり(北部・秩父)—八幡山組合

次に、武州では、新町寄場組合での農兵取立て反対一揆の影響で、まず一八六八(慶応四)年二月十六日八幡山組合に所属する一四カ村の「人数凡千二百人余、鉄砲其外長脇差を差し半鐘並竹ほら吹立村々目印の纏をたて」大小惣代の不正追及が行われました。二十二日には「両町及び役人(宅)を焼払う」との張札が三カ所の高札に張られ、さらに三月十七日には「両町一円焼失」の張札に人々は怯えました。この間岩鼻代官所からの出役の呼出しにも応ぜず、「所々多人数参集致し、鉄炮等相発し既ニ押寄る風聞」という状態でした。一四カ村の百姓側は、退役させた寄場役人を認めず、命令を拒否したので、大小惣代の「名目一切相立ち申さず」の状態が続いたのです(吉田稔一九八三年)。

◉寄居寄場騒動

同年二月二十二日の「家康公御入国以来前代未聞之大騒動」といわれた武州寄居寄場騒動では、大小寄場役人の不正追及の際に、騒動鎮静を目的にして来た岩鼻代官所関東在方役の川崎三郎を追いかけ小者二名を取り押え、簀巻きにしました。さらに逃げる川崎を「三拾七ケ村一同鉄砲竹鑓木太刀其外得物ヲ携追懸」け、大物代の弟を「鑓之鐺（刀のさやの末端）ニテ突手疵負せ」ています（埼玉県編一九八一年：「武州寄居大騒動日記」八四六頁）。

◉秩父郡下吉田組合

八幡山組合の騒動は、秩父郡の下吉田組合にも波及しました。同年二月二十八日名主・組頭等は、出流山一件の入用に対し太田村大惣代徳兵衛の不正を追及し、詫書を書かせようと追っています。しかし、徳兵衛は同意せず、逆に岩鼻代官所へ訴えました。このため二月三十日下吉田組合の大惣代徳兵衛打ちこわし廻文で「当月三十日夜明のか祢をあいづニ徳兵衛たくへ、うち込趣にさだまり、それに付御村方鉄砲持主、玉薬之義じさん致し、下吉田村源八郎門ニ而出合たく、右之通り御ふれ被下度願上候」ことが触れられたのです（吉田稔一九八三年）。

◉賀美郡勅使河原村

賀美郡勅使河原村では一八六六（慶応二）年の銃隊取立てに関して小惣代へ提出した詫書を取り戻すために、慶応四年三月十六日「小前徒党いたし、鉄砲其外得物等用意、役宅へ強談申入、其上堀込長右衛門宅へ押参り、大勢理不尽ニ役宅家財其外相毀し」ました（上里町史編集専門委員会編一九九二年：八七〇頁）。

◉秩父郡三峯山と新・古大滝村

一八六五（慶応元）年八月、古大滝村大達原組の組頭勘七が行った三峰山境内に接した飛地の立木伐採に端を発した一件が起きました。九月には観音院が寺社奉行へ勘七の不法伐採を訴えました。「一山守護不入の御差置地と唱え（中略）境内は凡五十二丁」とする境界争論でした。観音院は評定所へ再度訴え、慶応二年には内済しました。

しかし三月に入って、今度は古来より「宮回り四町四方御巣鷹山」に指定された地域で観音院の不法伐採を発見した新・古大滝村が、岩鼻代官所へ訴え出ました。翌慶応三年訴状を再提出し、岩鼻代官所での審議は慶応三年四月から始まり、五回目が慶応四年二月で、この時すでに代官所は公的機能を失っていたので、結局審議が再開されませんでした。

新・古大滝村には訴訟費用は解決するまでは毎戸均等割り負担という慣行があったので、村民は訴訟の延期に耐えきれず惣代に対する不満を募らせました。ついに慶応四年三月十四日未明、秩父郡三峯山へ、新古大瀧村役人・小前共が大勢徒党を結ひ、鉄砲「数挺相携山内江乱入及発砲」して重役者・家来共まで追払、及違儀候ハハ打殺可申旨」、「打殺放火可致候口々相罵（ののし）リ」「多人数致徒党鉄砲竹鑓等相携乱入山主を人質同様ニ仕成役僧役人を追出し及強談一山を奪取金穀押領者勿論数通之證札押而為取替いたし神領百姓共まで塗炭之苦を為致候件」が起こりました。山を追われた役僧たちは本山聖護院宮へ訴え、同院は太政官へ訴え、太政官は東山道総督府へ鎮撫方（ちんぶかた）を命じ、総督府は忍藩に徒党一揆の鎮圧を命じました。九月に示談が成立。一八六九（明治二）年十二月に新・古大滝村と三峰山（村）の境界が確定しました（大滝村誌資料調査委員会編一九八〇年：六二六～三二頁。秩父市大滝村誌編さん委員会編二〇一一年：五八～六五頁）。

◉武州での一揆のひろがり（東部）―羽生陣屋添一八カ村

東部地域に目を転じてみると、羽生（はにゅう）陣屋構築のために人足や献金の負担に苦しんだ羽生上知陣屋添一八カ村は、東征軍へ「自然百姓行立難旨申立」て聞き届けられました。東征軍は三月十日「夕方陣屋ハ勿論、本川俣（ほんかわまた）堀越・上手（かみて）子林（こばやし）川辺、大砲ニ而焼、夫より官軍方引退、其後続而百姓共相集り」、羽生領・騎西領・忍領・両川辺領の名主・高持・質屋などおよそ一〇八軒余に放火しました。その過程で、発頭人「章一郎之妨逆（ぼうぎゃく）とは隣村共ニ申合、打毀為始其紛乗し村役人を打殺手筈を極候」とか「羽生町呉服店に乱入し、布を奪い、鉢巻・襷として村へ戻り、竹槍などを銘々持って数隊に分かれ、金持ちや寺を襲いました。当時文殊院の住職は、寺を焼かれた上に『坊主を殺せ』と怒鳴られ」ています（騎西町史編さん室編一九八九年：加須市梅沢嘉一郎家文書、二九七頁）。

◉埼玉郡樋遣川・北篠崎両村

三月十五日には、埼玉郡樋遣川（ひやりかわ）・北篠崎両村が月割金猶予願を提出しました。その理由は、中仙道筋「官軍」大通行で伝馬役負担が重なっているとき、羽生領上郷村々から言次（ことつぎ）で「拾五才より以上之者ハ不残竹鎗ヲ以羽生町辺江出向可有之」との触が廻りました。村々を打ちこわし、焼捨てましたが、「殊ニ御公儀様ノ御制禁之高札、御改革之立杭」を焼捨て、「村々家打毀され、被焼捨、又ハ打殺され、互ニ仇敵（きゅうてき）と相成居折柄ニ付金銭融通一切無之候間、乱世之折柄」なのでと、現状を「乱世之折柄」と認識し、「金銀融通相成候迄御猶予」を願ったのです（平井辰雄編一九八七年：加須市北篠崎柿崎家文書、三六八頁～）。

◉埼玉郡大枝村

八月四日、埼玉郡大枝村で小作人共拾四五人が徒党し、小作年貢等を未進するために徒党したが、その際「名主打殺坏と高声申候」ていました（春日部市教育委員会市史編さん室編一九八七年：三八四頁）。

◉武州での一揆のひろがり（深谷）

もう一度北部地域に戻ってみると、寄居寄場騒動後の三月はじめに、深谷宿組合では出流（いずる）一件の征討入用にかかわる小惣代の不正を追及し、過取立金の割返しは勿論、退役、剃髪（ていはつ）に追い込んだ騒動が起こりました。

◉深谷宿寄場組合瀬山組騒動

すでにみたように、一八六八（慶応四）年二月関東取締出役渋谷鷲郎の農兵取立て反対一揆は上州新町宿寄場組合で起こり、児玉・八幡山村組合、寄居組合へ波及し、二月晦日には深谷宿寄場組合瀬山組へ波及していきました。

瀬山組は九カ村で編成され、そのうち大谷村では、瀬山組小惣代次郎左衛門の野州出流出兵費用割当ての不正と、同人が各村に相談なく今回農兵を割り振ったことを糾弾（きゅうだん）する決議をしました。組内八カ村へは二月晦日に廻状を廻し、三月一日大谷村は竹槍・鉄砲・長脇差しを携え、各村々を脅迫して一揆に同意させ、五日まで騒動を続けました。五日、親族四人は帰宅途中で一揆勢に召捕られ、縄付きで一揆本陣長在家（ながざいけ）村善法寺に連行されました。一揆勢は瀬山村へ通ずる道を遮断し、終日篝火（かがりび）を焚き、時々鬨（とき）の聲を上げ、小物代宅の方向へ鉄砲を撃ちかける音も聞こえたといいます。「言うことに従わなければ、刀で切るぞ」、「竹槍で突くぞ」と武器を突きつけ脅迫しました。八日に小物代側は二〇〇両を差出し、詫び状を書かされ、三月八日に示談となりました。

訴状・詫状・済口証文（すみくちしょうもん）を詳しく検討された田尻高樹氏は、済口証文に剃髪と取立金三拾両割返しが書かれ、詫状に書かれた役儀退役が記載されていないので、「詫び状と同様に、その済口証文の作成も大谷村の専権で進められ、仲裁人の発言や意見はことごとく封じられた様子が想像できる」とされています（田尻高樹二〇一〇年：六二頁）。少なくとも、剃髪と三〇両の割り戻しは行われたと思われます。

一八六八（明治元）年十一月に、小物代の弟が知県事山田一太夫付属の西山又次郎に出流出兵入用過取立ての有無について吟味を願う訴状を提出しました。どのように処理されたかは不明です（田尻高樹二〇一〇年：四五～六四頁）。

◉猿喰土村

三月二十三日～四月二十五日、猿喰土（さるがいと）村では百姓三人が頭取となって、不参者を打ちこわすとした上で、百姓佐五郎に二年前の武州一揆の際約束した施金（せきん）五〇両・施米（せまい）五〇俵の履行を要求しました。村役人は「増長いたし追々大金受取不申候而者承知不致趣申之候迚（とても）、際限も無之候ニ付」一揆勢を切り崩しましたが、残る二〇人余は「木刀・柄物を携（中略）徒党之者共竹槍鉄砲抔ヲ押来リ猶又名主宅江乱入押込候様子」でした（花園村史編纂委員会編一九七〇年：四〇一～二頁）。

◉人見騒動

三月末には年貢残納分を取り立てに来村した地頭岡田勇之丞の用人石川長兵衛が持つ大小・荷物などを取り上げ、暴行を加えた榛沢郡人見騒動が起こりました（藤沢村誌編さん委員会編一九六一年。川本町編一九八九年：四七九頁。内田満一九八六年）。

◉本田村騒動

三月晦日、男衾（おぶすま）郡本田村で窮民助成金割渡し、惣代名主選出をめぐる「捨書」騒動が起こりました（川本町編一九八九年：四八九～九四頁）。慶応二年の違作と慶応三年の米価高騰によって、本田村村役人は困窮百姓が暴発するのを危惧して、村役人・身元宜敷者（みもとよろしき）・奇特者（きとく）からの二四〇両出金と廓（くるわ）惣代中の一〇〇両貸与金、合計三四〇両で困窮者助成の実施を決めました。慶応三年二月十五日、困窮者（二四五人・二九〇両）へは半年の貸渡し、極困窮者（人数不明・二〇両）や借家人（一〇軒・一〇両）には「施し（ほどこし）」としました。八月十五日が返済日でしたが、返済できない者もかなり出ました。翌慶応四年三月中旬、由太郎ら一七名が、不正助成を受けた一〇軒を戸別訪問し、返金を促しました。そんな中、十六日の談判中に口論となり、他家でも喧嘩（けんか）となり村の動揺は高まったのです。

三月六日東征軍先鋒部隊は、深谷・熊谷を支配下に置き、幕府倒壊目前に世情騒然としていました。この時期、本田村は各給名主中から惣代名主を選出する入札を前に、和七側と大惣代為右衛門側と村を二分して激しく争っていました。この二つの事件が絡み合い、百姓たちには異常な興奮状態が醸し出されていきました。三月晦日夜、為右衛門側を糾弾する捨書が出現しました。「渋谷ト謀叛往生農平（兵）取立既ニ盗賊計略」と農兵取立てと「和宮様より御下向折柄弐千両の取込」、「下り（下里は小字）ト馴染故組合村中一同迷惑」などを上げ、黒野谷・上本田・八幡・平方などを「焼払」・「急度焼払」というもので、「組合村々　廓々　隣家用心」で終わる捨書でした。翌四月十二日、本当に百姓の家が放火され居宅・添屋ともに全焼しました。大惣代為右衛門は忍藩地方鎮撫（ちんぶ）の出兵を要請し、その出動によって本田村は鎮静化したのです。
このような状況・雰囲気の中で、三月二十七日に旗本神谷勝十郎殺害一揆が勃発しました。

以上のように、一八六八（慶応四）年の鳥羽・伏見の戦での幕府軍の敗戦以後は、武州でも各地で、上州同様に鉄砲・長脇差・竹槍などが持ち出され、「打殺」が標榜され、放火とともに、実際に人・身体に対する暴力行為が行われました。他に注目すべき点は羽生周辺の騒動で、羽生陣屋構築の負担ともかかわって、公儀の高札・「改革之立杭」を焼捨て、反権力の意志を明確に示したことです。

いわば「点としての武器使用」ではなく、上州・武州地域での「面としての武器使用」、そして「打殺」標榜・殺傷・放火などを確認することができます。

◉一揆側の武器使用を鎮圧側も認識

四月十一日比企郡村々が松山陣屋に提出した一揆勢鎮撫歎願書の「近頃悪徒共党ヲ結不法乱妨放火強談ニおよひ候義も間々有之趣ニて人気不穏」「当今之形勢悪者多勢刀鎗鉄砲等携悪業ニおよひ候ては、迚も鎮静難相成悲歎心痛実以歎ケ敷奉存候」（埼玉県編一九八一年：九三三頁）は、一揆側による武器使用が、鎮圧側によっても認識されている点で、一揆の得物から刀鎗鉄砲等（武器）への転換を裏付けるものです。こうした状況下で旗本殺害一揆は起こったのです。

◉「肉を喰はん」表現

ここですでに第一章三節で触れたことですが、安丸良夫氏が一揆の高揚の中で、「その『肉を喰はん』というような表現が散見すること」を、「一揆は、これまで鬱屈し抑圧されそらされてきたこうした感情に、誰はばかることのない表出・実現をあたえる具体的形態なのであり、こうした感情の表現行為なのである」（安丸良夫一九七四年：一六二頁）と説明している点について具体例を見てみましょう。

表2「肉を喰はん」表現一覧

年代	記事
1749（寛延2年）	桑折幕領「たたき殺し寸斗寸斗に切り、惣百姓其**肉を喰**て恨を可晴」（安丸良夫『日本の近代化と民衆思想』P162）。「**肉を喰ひて相共に死を極メン**」（山田忠雄『一揆打毀しの運動構造』P139）。
	会津の「西郷仁右衛門并河多作弐人を可被下候、此二人を打殺、百姓共**吸物ニ致**給候へハ本望ニ候由、異口同音ニ申募リ」（今西一『近代日本の　差別と性文化』P193。山田忠雄同上・P140）。
1762（宝暦12年）	飯田藩千人講騒動「（郡奉行黒須を）百姓打寄り、鍬・鎌を以散々ニ切、一切つゝ酒之肴ニ致度と申上ル」（山田忠雄同上・P143）。
1825（文政8年）	赤蓑騒動で、略奪された「大町の男女賊の暴行剽剥なるを悪み皆其の屍を屠り其肉を喰ふ事を欲す、況や蓄積を奪ハれ得がたきの家財を失ふのみならず持仏を傷ひ位牌を疵つけたり、此辜尤不軽と云へし」（『赤蓑談』・『新編信濃史料叢書　第19巻』P238）。
1834（天保5年）	・八戸藩野村軍記改革仕法反対一揆「血涙にて苦しみ恨む者数知れず、領内数人（野村－引用者内田）父子の**肉生なから喰はんと願**」（『八戸年代雑話』・『百姓一揆史料集成 第13巻』P10）。 ・「壱日三合扶持にて相働候は宜敷、若又働兼候はは、其時御領内御百姓共銘々軍記父子を引裂き、**壱口つゝ食**申候と願出申候由」（『八戸年代雑話』・『集成13』P9）（役人の肉を食いたいという激しい憎悪の表現、保坂智『百姓一揆とその作法』P195）。
1839（天保10年）	蓑負騒動「彦三郎清右衛門之**肉ヲ食候ハハ**及死候共遺恨無御座候」（『大里村史通史編』P464。『新編埼玉県史　資料編11』P439）。
1868（慶応4年）	2月24日、上野国緑野郡百姓一揆で「銃隊取立（中略）己等が私欲に掠取し大罪人、今汝（大惣代織茂健吾）が**肉を生ながら喰ハんと**」（落合延孝『上州世直しの史料紹介』P100・森村新蔵『享和以来新聞記』巻15）。
	3月27日、「遺恨晴らしに、皆人々**一口ツツ此肉を喰ふべし**」（森村新蔵『享和以来新聞記』P115）。「生なから炙り殺し其の**肉を喰**候」（『旗本佐久間氏疎開につき立退始末記』）〈旗本殺害一揆〉。
	3月、信達世直し騒動の頭取とされた菅野八郎が「官軍」に訴願し、不正を働く名主など「彼等四人を怨み憤り、其**肉を喰んと**」（「乍恐以始末書赤心奉嘆願候」『民衆運動の思想』P140）。
	4月1日、上野国南牧村名主殺害一件で「此恨ミ骨髄に徹し、市兵衛が**肉を生きながら喰ハん**」（森村新蔵『享和以来新聞記』P111）。

現在のところ発見・確認できた「肉を喰はん」(実際の食人行為を含む)とする表現は一七件です。このうち飢饉時の一例・戊辰戦争期(会津・越後戦争期の食人行為)の五例・近代の一例の計七例を除く、近世の一揆・騒動の一〇例をみてゆきます(表2)。一七四九(寛延二)年の二例に続いて、宝暦期一例、文化期一例、天保期二例の計六例は、寛延二年から一八六七(慶応三)年までの一一八年間に表出したものでした。

ところが慶応四年の鳥羽・伏見の戦での幕府軍の敗北直後に実に四例を数えます(二カ月間に四例)。幕藩制社会のなかで「鬱屈し抑圧されそらされてきたこうした感情」(憎しみ・恨み)が、幕府軍敗北情報を得て「公然と表現され、強力な社会的な力としてひきだされ」(安丸良夫一九七四年:一六二頁)た結果です。また地域でみると、東北四例・関東四例・中部二例で、近畿以西では見出せません。鳥羽・伏見の戦以後の上州・武州に三例が集中することは、幕藩制社会の中で抑圧・抑制されてきた憎しみ・恨みなどの感情が、幕府軍の敗戦とそれに続く東征軍の関東制圧戦の中で、解放され公然と表現されるようになったことを示しています。

具体的にいえば、すでにみたように上州では東征軍の関東制圧、権力の空白状態のなかで「今汝が肉を生ながら喰ハん」(落合延孝二〇〇一年:九九頁〜)とか「此恨ミ骨髄に徹し、市兵衛が肉を生きながら喰ハん」(落合延孝二〇〇一年:一一一頁)という恨み(怨念(おんねん))を晴らそうとする凄まじいばかりの憎しみの表出が二件も立て続けに行われました。旗本殺害一揆では竹槍による刺殺のあと、憎しみの余り「肉喰」を行いました。

この「打殺」や「肉喰」を標榜する傾向は、領主とそれに馴染みあう寄場役人・大小惣代(支配層)に対してだけではなく、米穀をめぐる南牧村と下仁田町の対立から町打ちこわし・放火、その報復として竹槍による名主殺害・一族焼払いという被支配者間での暴力としても発現しました。

コラム カニバリズムとは

カニバリズム（「肉喰」・人喰い）には、身内の食人（族内食人）と、よそ者を食べる食人（族外食人）の二つがある。百姓一揆の高揚のなかで標榜される「肉を喰はん」は族外食人、「憎悪の食人」である。「敵を倒すだけでは気がすまず、ぶっ殺してザマアミロとののしりながら食べてしまう、というたぐいの憎悪の食人」である（佐原眞一九九二年：二二一～三頁）。「敵に対する強烈な威嚇となるとともに、相手への征服欲を表現しているともいえる」（今西一一九九八年：一九四頁）ものであり、飢饉時における人肉食（菊池勇夫二〇〇〇年：八四頁）と同様に、習俗として行われるものではない。身内の食人（族内食人）とは「愛する人の遺体を、英雄の遺体を、愛情・尊敬をもって食べ、あるいは、遺骨を粉にして酒に入れて飲むなど、死者の精神・才能・勇気などが自分の中でいき続けることを信じての食人行為」であり、「骨噛み」・「骨噛り」はその一種である。（佐原眞一九九二年：二二一～三頁。R・リーキー、R・レーウイン一九八〇年：二一七頁～）。

◉官軍側・幕府側の一揆認識

上州・武州地域での面としての武器使用、「打殺」の標榜、殺傷、放火などを確認できるような一揆勢の動向が、東征軍大監察北島秀朝に一揆勢の武器使用を記録させ、また容易ならぬ事態として東征軍を挟んで前に幕府、背後に一揆という構図を認識させました。と同時に幕府代官高畠弾正にも情報混乱の中で羽生陣屋を焼き払った東征軍とそれに誘発された打ちこわし勢＝「悪党」を同一のものと誤認させたといえます。すこし丁寧にみてゆきましょう。

◉大監察北島秀朝（官軍側）の一揆認識

すでに前節でみたように、二月末から鴻巣・桶川周辺では放火・打ちこわしが多発しました。『復古記』一一（三五一～二頁。東京大学史料編纂所・内外書籍・複製一九七五年）によれば、東山道総督府は、三月十二日、大監察北島秀朝を派遣し、忍藩に応援させ一揆を鎮圧しました。十六日の復命までの四日間一揆と激闘を続けた北島の書簡には、江戸打入と比べると鴻巣付近の一揆鎮撫は小事かもしれない。しかし、一揆は「総督府ノ内令ト称ヒ、不容易暴行及ヒ百余ケ所ニ放火」する状況である。東征軍の前には「大敵」＝幕府、背後には一揆で、退路が絶たれ、金穀運送の道が失われたら、官軍はたちどころに窮することは必定である。この状勢を察知し、まず一揆鎮撫をした、とあります。なぜ鎮圧に手間取ったかと言えば、一揆の「巨魁ト認ムル者ヲ捕獲セントス、突然発砲シテ拒ムモノアリ、又我兵ノ寡ナキヲ見テ、刀ヲ抜テ迫ル者アリ」と竹槍の記載はないですが、一揆側が鉄砲や刀などの武器を使用していたからでした。それを「官軍」の大監察北島秀朝が認めています。

北島秀朝が鎮撫に乗り出す八日前の三月四日、上州では薩摩藩邸焼討事件の推進者で、主戦論ゆえに勘定奉行を罷免され三月一日群馬郡権田村に土着した小栗忠順が、二〇〇〇とも七〇〇〇ともいわれる一揆勢に襲われました（中島明一九九三年：四八〇頁。鉄砲の使用の仕方が一揆側と小栗側で異なるとの指摘がある（保坂智二〇〇六年：一八〇頁）。第Ⅱ部第一章、本書一四八頁）。北島復命の十一日後の三月二十七日、榛沢郡黒田村で旗本神谷が竹槍で殺害されました。四月になっても東征軍を挟んで前に幕府、背後に一揆という構図は変わっていないのです。

◉代官高畠弾正（幕府側）の一揆認識

三月十二～十六日まで「官軍」の大監察北島秀朝が、桶川・鴻巣周辺の一揆勢と激闘を続けていたちょうどその頃、十一～十五日までを隣接する久喜町に幕府関東在方掛代官高畠弾正が滞留し、「上野高崎大河内輝声家記」（高崎市史編さん委員会編一九六八年：七二三頁。久喜市史編さん室編一九九二年：八八六～九〇頁）を残しているので、高畠の一揆認識をみておきましょう。

一八六八（慶応四）年二月十八日、上州・武州の村々騒乱を取鎮めるため、「内沙汰」で関東在方掛代官に任命された高畠は、羽生陣屋を受け取った後、上州岩鼻陣屋へ赴任するつもりでいました。三月十日江戸を出立し、十一日に久喜町に来たところで、二月二十五日に完成したばかりの羽生陣屋の「官軍」による焼払いと、その後の打ちこわしの情報に接しました。久喜へも一揆勢が押し寄せるというので、同夜青柳村に一泊し、状況が穏やかになる十五日まで五日間青柳村に滞留し、岩鼻陣屋についたときは、陣屋の者はみな脱走して誰もいない状態でした。岩鼻陣屋がもぬけの殻になって、機能しなくなった状況は、次の史料からもわかります。二月十九日〈変事〉「岩鼻御陣屋役人中追々何方江か引取之由。御新造方烏川ヲ舟ニ而乗下り候由、全逃去之事。（中略）大事出入之もの不残引取らセ候事。願事一切取上ケ無之事ニ成リ候事」（玉村町誌刊行委員会編二〇〇〇年：四八〇頁）。また三月十四日の代官鈴木昌作が出した廻状に「若此節此上不穏成事ニ候間徒党ケ間敷儀も相見へ候ハヽ、直様最寄大名江早々訴可申、急速出役致候条被中渡候」（玉村町誌刊行委員会編二〇〇〇年：四八三頁）とありますが、この記事は民政・治安維持機能が岩鼻陣屋・関東取締出役から最寄り大名に移行していることを明示しています。

陣屋は高崎藩が警衛の任についていましたが、高畠弾正には「内沙汰」で命じられた任務があったので、二十一日から岩鼻村の隣、綿貫村の「空陣屋体之所」を借り受け、引移っていました。

これに対し東山道総督府巡察使は、高畠弾正が総督府への届けもなく、綿貫村にいることを、不審に思い、高崎へ呼び出しました。そのときの高畠弾正の弁明の書が「上野高崎大河内輝声家記」（五月二日作成）であり、これにより疑いは晴れました。高畠弾正をめぐる情報環境は以上のようなものでした。そのため、情報が錯綜し、正確なものが得られなかったと思われます。だから、高畠は、「十日夜中悪党共羽生陣屋焼払、夫より次第ニ人数相増、幾手ニも相成、身元之もの又ハ村役人等之家居を焼払、追々久喜町辺へ押寄来リ」と「羽生陣屋焼払」の主体と「身元之もの又ハ村役人等之家居を焼払」の主体をともに「悪党」＝打毀し勢としています。

実際は東征軍が羽生陣屋を焼き払い（鷲宮町史編纂室一九八一年：六〇四頁）、それを契機にして、御用金・人夫役賦課で苦しめられた近隣の貧農層が、陣屋建設の中心となった羽生付近の豪農層を打ちこわし、翌十一日には加須・栗橋・久喜・鷲宮・菖蒲・鴻巣などに波及・拡大したのです。この打ちこわし勢を鴻巣・桶川周辺で鎮圧したのが「官軍」大監察北島秀朝で、「久喜町辺へ押寄来リ、迚も旅行難相成」、「十二日悪党共弥増長、同夜青柳村へも押来候得共、僅ニ手附両人召連候旅行之儀ニ付、取鎮メ可申法術無御座候」と久喜にいながら打毀し勢に対して何もできなかったのが代官高畠弾正でした。

岩鼻陣屋関東取締出役渋谷鷲郎らの「官軍」を迎え撃つための農兵取立ては、西上州での反対強訴を受けて出された二月十五日の事実上の撤回命令で破綻していますから、三月十二日の時点で、東征軍を「取鎮」めようとするはずはなく、多数の一揆勢に対して「僅ニ手附両人召連」という無勢を理由として、取鎮める方法がないとしたのです。

第一節　幕末政治情報の受容と一揆動向の小括

一八六八（慶応四）年一月三日の鳥羽・伏見の戦での幕府軍の敗北以降、百姓一揆の近世的行動様式（作法・得物原則）が大きく転換しました。竹槍を含む鉄砲・刀剣などの武器を使用するようになり、それもある地域のある百姓一揆での「点としての武器使用」ではなく、少なくとも上州・武州という地域全体で（あるいは日本全体で）の「面としての武器使用」を確認することができます。そして人を対象とする「打殺」の標榜と実際の殺傷へと変容しました。上州では被支配者間での暴力としても発現しました。比企郡村々が松山陣屋に提出した「一揆勢鎮撫歎願書」から は、一揆側による武器使用が、鎮圧側によっても認識されていることがわかります。一揆の得物から刀鎗鉄砲等

（武器）への転換を裏付けるものです。大監察北島秀朝（官軍側）や代官高畠弾正（幕府側）の一揆認識もそれを物語っています。

第二節　旗本殺害一揆

◉一揆作法からの逸脱行為が点から面へ

一八六八（慶応四）年の幕府軍の敗北以降、前節でみたように、百姓一揆の近世的行動様式が大きく転換しました。竹槍を含む鉄砲・刀剣などの武器を使用するようになり、それもある地域のある百姓一揆での「点としての武器使用」ではなく、少なくとも上州・武州という地域全体での「面としての武器使用」を確認することができます。そして人を対象とする「打殺」の標榜と実際の殺傷へと変容しました。その頂点的なものとして、同年三月二十七日に武州榛沢郡黒田村で起こった旗本神谷勝十郎殺害一揆を上げることができます。

◉旗本殺害一揆とは

旗本神谷勝十郎殺害一揆とは、得物である農具・野具・山具を携帯し、物を打ちこわしの対象としていた近世百姓一揆の作法から逸脱して、武器である竹槍で旗本を刺殺し、幕藩体制下の領主の存在そのものを否定するという意識の決定的転換を見せた全国的にも類例のない一揆でした。また近世から近代への転換点、近世百姓一揆の世界と近代初頭の新政反対一揆の世界との分水嶺に位置する重要な百姓一揆（民衆運動）でもありました。

ただし、この意識の転換は、あくまで徳川幕府の崩壊過程における個別幕藩制領主権力の否定であり、新権力への批判にそのままつながらないという特質をもっていたのです（埼玉県編一九八一年：五〇頁）。

◉旗本神谷氏の系譜

旗本神谷勝十郎は、神谷家第十代の当主で、一八六八（明治元）年段階で武州榛沢郡大谷村（四給）一四三・三石、同郡黒田村（二給）に七一・七石、合計二一五石を支配する三河以来の小旗本でした（埼玉県県民部県史編さん室編一九八六年）。神谷氏の略系図は左記のようになります。

直清[1]──直次[2]＝直次[3]（作兵衛）──直勝[4]＝直年[5]──直泰[6]──直方[7]＝直温[8]──小作[9]──直養[10]（勝十郎）

『寛政重修諸家譜』（続群書類従完成会一九六五年：第一六、巻第千四十七、一三五〜七頁）によると、初代直清は徳川家康に仕え、本能寺の変直後、供として伊賀路を越え岡崎に帰城しました。『徳川実紀』（黒板勝美国史大系編修会編輯一九七六年：第一篇、四八頁）に「これを伊賀越とて。御生涯御艱難の第一とす」と特記されていますが、供の名前の中に神谷は明記されていません。御手鷹匠となり、一六〇一（慶長六）年榛沢郡に采地（知行地）一六〇石余を宛行われました。菩提寺は小石川善仁寺。二代直次は一六二五（寛永二）年十二月十一日采地の「御朱印」を与えられ、私墾の田を合わせて二一五石余を知行します。大谷・黒田村の明記はないですが、幕末までの知行地は確定したと考えられます。三代直次（作兵衛）は一六六九（寛文九）年に四代将軍家綱に見えています。父を継いで御鳥屋飼を務めました。御手鷹匠・御鳥屋飼は、近世初頭における鷹職制の職名です（根崎光男二〇〇八年：二一五頁）。

四代直勝は御手鷹匠から小十人〔護備が任務。軍事部門（番方）の役職〕に転じ、中間管理職として小十人組頭となります。一七三七（元文二）年布衣（六位相当）着用を許されました。五代直年は軍事部門（番方）の大番となりました（敵への攻撃が主任務）。一七三七（元文二）年に西城の御書院番（将軍を守る親衛隊）に転じました。一七四五（延享二）年遺跡を継いだ六代直泰は小普請（無役）となり、翌年組頭となりました。七代直方は一七九七（寛政九）年に十一代将軍家斉に見えています。役職不明。九代小作、十代直養と小普請で、これに見合う奉公

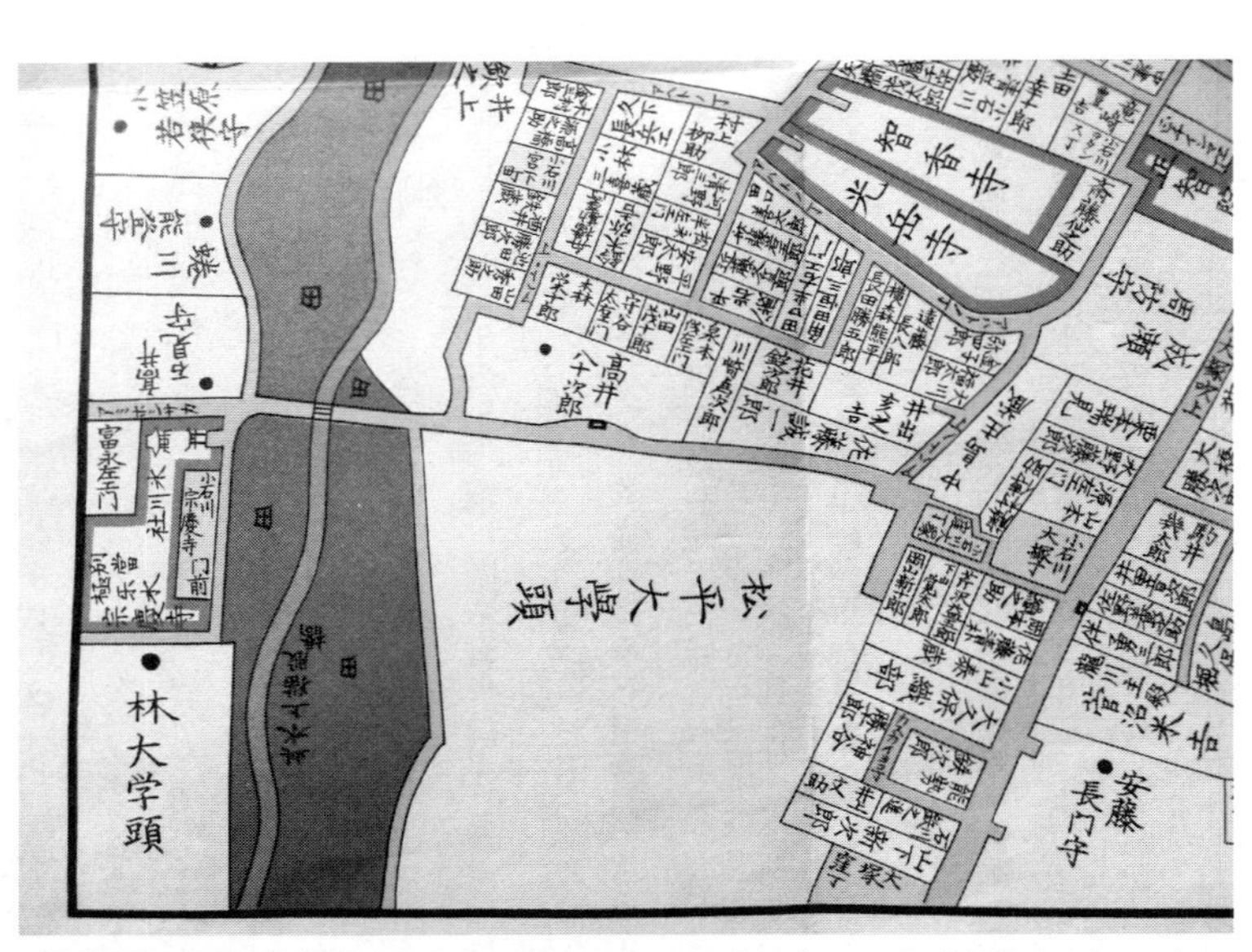

神谷氏江戸屋敷切絵図（日本地圖選集刊行委員会・人文社編集部編1966年）

（小普請金）を果たしました。八代直温は大番（小川恭一編一九八九年：五一七頁。家紋は「丸に上羽蝶」）を務め、九代（小作）は一八四六（弘化三）年家督を継ぎ、十代直養（神谷勝十郎）は、「拝領屋敷　小石川大塚台町住宅仕候」（熊井保編集一九九七年）。写真：江戸屋敷切絵図（日本地圖選集刊行委員会・人文社編集部編一九六六年、十三「東都小石川絵図」）。「弘化三年六月四日父跡式（遺領・家督・財産）被下置候」とあり、九代小作は短命だったようです。直養は小普請入しています。勝十郎が一四歳の時です。

二十三回忌の「明治二十三年庚寅九月　施主矢田清吉建」（左側面）と施主矢田清吉氏が建てた墓石に、一八六八「明治元年戊辰三月二十七日卒　俗名神谷直養行年三十六歳」（右側面）とあるので、一八三三（天保四）年生まれと思われます。正面には「直養院殿釋英法居士」と戒名が刻まれています。神谷勝十郎墓写真（内田撮影）。一九六七（昭和四十二）年三月二十七日には、百年忌にあたり、地域の方々が施主となって、勝十郎のお孫さんも出席し、追善供養が営まれました。

薬王寺境内の神谷勝十郎墓

なお、氏名の読みについては、「かみや・しょうじゅうろう」（熊井保編集一九九七年：三四一頁）と「かみや・かつじゅうろう」（小川恭一一九九七年：八五五頁）と両用の読みがあるようです。

◉殺害一揆の前史

旗本神谷勝十郎殺害一揆には、神谷の収奪とそれに対する大谷・黒田両村百姓による抵抗の長い前史がありました。すなわち、②一八五一（嘉永四）年の御用金割合反対捨書による異議申し立てから、一八六八（慶応四）年三月の旗本神谷勝十郎の殺害を経て、明治政府による一八七二（明治五）年の判決にいたる一連の抵抗運動（民衆運動）を行ったのです（次頁表3参照）。

◉天保期の家政改革

まず、田尻高樹氏の近著『幕末の騒乱』（二〇一〇年：六九～七〇頁）により新たに判明したことですが、（（A）：表3のA。以下同じ）一八四〇（天保十一）年八代直温（家督継続期間は一九歳の一七九七（寛政九）～一八四六（弘化三）年）は、大谷村名主久左衛門を知行所の割元役に任命し、江戸の地頭屋敷へ詰めさせ、家政改革と勝手方（金銭出納）、地方（知行地の民政一般）を担当させました。具体的には、（1）口減らし策。「妹さだ」（田尻高樹二〇一〇年：六九頁）は一揆後の隠蔽工作の時は「叔母」の肩書で登場します（埼玉県編一九八一年：九五九頁）。その「さだ」を仏門に入れて尼（智鏡）にし、大谷村の光真坊という小さな庵に住まわせました。（2）常用の用人は置かず、必要な場合だけ臨時に雇用し、支出を切り詰める策（（用人は一八六四（元治元）年の立木邦三郎と一八六

表3　旗本神谷勝十郎殺害一揆年表

記号	年	事項
（A）	1840（天保11）	第8代直温、大谷村名主久左衛門を割元役に任命、江戸屋敷詰めで、家政改革、勝手方と地方を担当させる。
（B）	1851（嘉永4）	大谷村神谷組で村役人に対して異議を申立てる（御用金割合反対捨書）。
（C）	1855（安政2）	大谷・黒田・上大谷村の小前・村役人は、大谷村の割元役の非分11カ条を神谷役人中へ訴え、この割元役・名主親子を退役させる。
（D）	1861（文久元）	御用金反対を神谷へ嘆願、神谷の上司・同僚・親族へ張訴、老中へ籠訴する。神谷は非常時以外先納金・御用金を賦課しないという弘光寺による調停を反古にする。
（D2）	文久年間	大谷村では「田方皆無」の際、「神谷様御分ニ限リ一粒之御用捨米も無之」と神谷と四給領主の間に明瞭の対応の違いが生じる。
（E1）	1864（元治元）	神谷年貢増徴策で検見実施通達、検見役人来村。大谷村検見反対強訴。給々惣代9名、検見宥免嘆願、百姓60～70名は「銘々農具又は竹槍其外得物ヲ携」え、検見役人のいる名主宅へ押しかけ、実力行使により検見中止。神谷は勘定奉行所へ訴え、増徴に成功。
（E2）	1864（元治元）	神谷は大谷三カ村の入会地を上げ地（収公）し、4月3日一旦内済。
	1865（慶応元）	神谷は御改革金・御暮金・屋敷替用金合計150両賦課。
（F）	1868（慶応4）	1月大谷・黒田両村は領主神谷の家政改革を開始。神谷の45両の御用金賦課を拒否。
（G）	1868（慶応4）	2月晦日から3月5日まで、瀬山組騒動で大谷村が実力行使し高揚す。
	1868（慶応4）	3月26日、神谷が黒田村へ来村。27日、神谷勝十郎（36歳）、「打殺焼喰」される（H）。28日、馴合人制裁される。 第一次隠蔽・偽装工作（用人が投石で死去したとするもの）（I）。 29日、旗本と鎮撫方岡部藩安部摂津守役場へ偽届。この間、一揆情報が拡大・伝播し、記録された（現在までに6件を確認している）。 4月、岡部藩の「御礼」で偽証、村預けまたは役儀取り放し処分（J）。
	1869（明治2）	大谷村元組頭勇次郎、名主三左衛門を岩鼻県へ訴える（K）。取調べ。 第一次隠蔽・偽装工作破綻。神谷氏叔母、工作を認め吟味中止を嘆願。 第二次隠蔽・偽装工作（牢死者を正犯とするもの）（L）。
	1871（明治4）	一揆関係者召喚（M）。妻は自害又は病死、遺児2名黒田村で養育（N）。
	1872（明治5）	裁許（第二次隠蔽・偽装工作にそった事実認定）（O）。
	1890（明治23）	9月、矢田清吉が施主で薬王寺に墓を建立（P）（台座に発起世話人58名）〈23回忌〉。
	1967（昭和43）	神谷勝十郎の百年忌の追善供養施主一同への謝辞と和歌（Q）（お孫さん・薬王寺に隣接する農民センター内にある）〈100回忌〉。

八（慶応四）年の玉川郡司が判明する」。（3）倹約により生活費を切り詰める策（具体策は不明）、の三点でした。九代目小作は、一八四六（弘化三）年に家督を継いだものの、同年病没したようです。十代神谷勝十郎直養は同年六月四日に跡式（あとしき）継承を認められましたが、地頭家は母親と一四歳の直養だけの家族となったようです。

表4　御用金その他負担一覧

時　期	金額など	備　考
天保		神谷屋敷普請金
弘化4年	御用金	勝手向不如意
弘化5年	〃	〃
弘化	〃	親類同居費用
嘉永	頼母子金両村で9両	勝手向差支
嘉永2～安政2年	両村で155両	〃
安政元年	両村で30両	先納金
安政	大谷2両・黒田1両	割元役出府入用（毎年）
安政3年5月15日	大谷14両・黒田7両	先納金（玉川郡司）
安政3年～	両村で10両	万延元年までの5年間で50両
安政4～慶応3年	両村で2,243両余	先々用金（高割・身元割）
文久元年4月	5両	地頭所賄金差支
文久元または3年	御用金	＜御用金反対訴願＞
元治元年～	10俵増上納	＜検見反対訴願＞
慶応元年12月8日	大谷20両 大谷30両 大谷100両	御改革金 御暮金 屋敷替金
慶応3年末	御用金	
慶応4年1月下旬	45両	勝手元賄金
慶応4年2月	25両	（上記45両のうち大谷分）

安政3年済口証文,明治5年仮口書などより作成。

◉嘉永期御用金割合反対捨書（村役人への異議申し立て）

天保期の家政改革後、神谷による嘉永期（一八四八～五四年）から一八五六（安政三）年までの間の少なくとも二二五両の収奪に対して、両村百姓は恩頼関係に依拠した様々な抵抗をしました。

（B）一八五一（嘉永四）年に大谷村神谷組では、何者かが「捨書（すてがき）」という形で御用金割合について、村役人に異議申し立てを行いました（御用金割合反対捨書）（表4参照）。

◉安政期割元役不正騒動（神谷への中間支配機構批判訴願）

次に（C）、（A）から十五年後の一八五五（安政二）年十一月に大谷・黒田・上大谷村の小前・村役人は、中間支配機構である大谷村割元役久左衛門・名主丈左衛門親子の御用金・先納金・頼母（たのも）

子金等に関する非分一一カ条を列挙し、神谷役人中に訴え、親子の退役を要求し、翌五六年示談が成立し退役させています。五七年から六二（文久二）年の間に、また遅くとも一八六八（慶応四）年四月には黒田村名主八百次郎が割元役（両村取締役）に就任し、六五年以前に組頭平十郎が賄役として江戸詰をしました（田尻高樹二〇一〇年：九〇頁）。これによって仁政状況への回帰が実現できたと考えられました。表4や騒動の経過からわかることは、幕末期の旗本財政の極度の窮乏化、先納金・御用金に依存せざるを得ない状況と収奪しつつも「勝手向差支」を解消できない様子、窮乏化した旗本財政を在地有力者高橋家に依存し、その代償として割元役・名主・苗字帯刀・過分の給料・永代無年貢などの身分的・経済的諸特権を付与している様子、それが惣百姓の過重負担の原因となっていること、等々です。親子は旗本から与えられた身分特権（役威）を背景として、御用金・先納金・頼母子金などに関する種々の不正を行いました。これは旗本殺害後、賄役平十郎も殺害されるかもしれない状況の中で本人が告白したことです（田尻高樹二〇一〇年：九二頁）。

村では、一八五六（安政三）年より五年間両村より五両ずつの上納命令（表4）を契機として、従来からの御用金賦課を割元役・名主親子の村請制的不正の一環として取り上げて追及しました。済口条件に親子の退役と孫新八の組頭見習に関して「親子名代たり共役席え決て立入申間敷（中略）新八義御用向無御差支相勤候節は小前一同連印を以名主役相願可申」とあること、さらに筆墨代・組頭役永引は相談の上決定、組頭倅は諸夫銭不払いにつき支払うこと、ほかを提示していることから、惣百姓がイニシアチブを取った上での済口であったと考えられます。しかし根本原因である旗本神谷による先納金・御用金などの領主収奪批判、領主批判にはなっておらず、中間支配機構である割元役・名主批判にとどまり、神谷もこれを認めざるを得ない状況でありました。親子退役がなによりこれを物語っています。

◉文久期御用金反対訴願（恩頼関係に依拠した公儀への訴願）

さらに（D）一八六一（文久元）年大谷村は御用金を拒否し、御用金反対を神谷自身、神谷の上役小普請組支配石川又四郎及び同役、地頭親族宅門前へ張訴、そして翌年春に老中水野和泉守忠精〔水野忠邦の子。遠江浜松藩第二代藩主、出羽山県藩初代藩主。一八六二（文久二）年には老中〕へ籠訴し、恩頼関係に依拠した公儀への訴願を行いました。駕籠訴した二名は、石川に下げ渡され、神谷に渡ると神谷は二人を仮牢に閉じ込めてしまいました。近隣針ヶ谷村弘光寺の調停により、非常時以外は先納金・御用金を賦課しないとの誓約を勝ち取りました。しかし、神谷はその後これを反古にしたので、大谷村百姓は訴願のルートを通じての幕藩制的仁政＝救済の道には限界があることを知りました。また、（D2）文久年間（一八六一～六三）に大谷村では、「田方皆無」（収穫ゼロ）の際、「神谷様御分ニ限リ一粒之御用捨米も無之」と神谷と神谷以外の三給領主の間に明確な対応の違いが生じました。神谷は「成立」のための「御救」を拒否したのです。この文久年間の二つの体験によって、大谷村村役人でさえ、元治期（一八六四～六五年）には神谷に対して、「無慈悲之地頭」「一ト通ならさる地頭」（＝仁君ではない！）との領主観を持つに至ったのです。

◉元治期大谷村検見・取増反対強訴（実力行使と訴願）

（E1）一八六四（元治元）年十月、神谷が検見による年貢増徴策に出ました。形からすれば、（A）天保期の家政改革の（2）常用の用人は置かず必要な場合だけ臨時に雇用し、支出を切り詰める目標を実現するためですが、その人物が問題でした。「近年御抱入」られた「非道」なる用人立木邦三郎ら御用人衆（検見役人）は、十月十二日に大谷村に到着。神谷分の名主儀左衛門宅に出向きそこを宿舎と決め、「今般検見之上本石出 石共田方米廿五俵取増」（下大谷村飯野家文書）と検見の実施を命じました。

これに対し大谷村村役人は百姓の要求に同調して惣代による歎願を行いました。一方、出石小前百姓六、七〇人余は「銘々農具又は竹槍其外得物ヲ携」え、検見役人のいる名主宅へ押しかけ、実力行使により検見中止を勝ち取りました。用人立木は「もし検見を強行すれば、事件発生になるやもしれぬ。見合わせにする」と返答し、検見中止が決定しました。「庭先で篝火を焚き、雨戸へ石礫を打付け」検見役人に「直談致すべき旨口ぐちに悪口雑言を申訇り」（笠原家文書）、神谷の在地支配はその弱体性・崩壊の様相を暴露しましたが、最終的には同年十一月、神谷は小普請組支配の石川又四郎を通じ百姓九人を勘定奉行所へ検見妨害で訴え出ました。十二月から吟味が行われましたが、百姓側はすでにこの時、賄役平十郎は立木と「馴合私共を悩し」「全ク事を好候故障人」であり、「不取留事共奉申上」る者とし、証人から除くことを願っています。一八六五（慶応元）年六月二十七日に奉行の役替えがあり、それだけ吟味も遅れました。北根村名主宇野丈左衛門と猿喰土村百姓次郎左衛門が扱人となって、検見役人立木と神谷領村役人らに事実誤認があったとして内済しました。徒党強訴と見えたものは縁日祭礼の賑わいであって、小前たちの実力行使をなかったものとしたのです。十二月十一日吟味取り下げ願いが出ました。

ところが、慶応元年十一月、村役人の惣代嘆願コースについても「忍て嘆願いたし候段は心得違」いだったとして、今後は「異議」を申し立てないと、詫びを入れて取り下げを願い出ました。年貢増徴を含む三項目を呑む一札や請書も提出しました。

こうして神谷は公儀に依存する形で、百姓の要求を退け、増徴を実現しました。この一件を通じて、小前層・一部役人層も含め、百姓の旗本神谷・用人立木への恩頼・依存関係は断ち切られました。最初から竹槍が威嚇のために使用されたことがそれを暗示しています。小前の意識の中では支配権の実質的拒否がなされており、領主と認めていなかったと考えられます。

◉大谷村入会地の収公問題（勧農機能の放棄）

（E2）、立木のもう一つの使命は、大谷三カ村に使わせている入会地を上げ地（収公）することで、三カ村五給の名主から請状（承諾書）を取り、上げ地にしました。この件も、すでに紹介した田尻高樹氏の近著（二〇一〇年・九〇～八頁）でわかったことです。大谷村に二町七反二〇歩の長林新畑（Ⅰ）と一町五反七畝の石経新畑（Ⅱ）を、大谷三カ村の入会地として使用させていました。その後長林新畑は黒田村の修験萬光寺へ夫銭を免除して譲渡されていました。上げ地以前に萬光寺から一〇〇両の献金があったその礼ということでした。

一八六八（慶応四）年早春、大谷三カ村・黒田村の小前百姓一同と大谷三カ村五給村役人たちは神谷地頭所へ譲渡した土地の返還を含め夫銭免除の取り消しを要求し出訴しました。（Ⅰ）・（Ⅱ）の四町二反七畝二〇歩の入会地（田尻氏の用語で「入合い地」）の実態が不明ですが、通常の如く農業生産等を諸側面で補完する共同利用地であるなら、それを収公することは、封建領主として勧農機能を放棄することにつながる行為です。百姓側が土地の返還を含め夫銭免除の取り消しを出訴するのは当然です。荒川村名主持田四郎左衛門と寿楽院が仲裁人となって、四月三日に弘光寺も同席し、済口証文が取替わされ内済しました。

しかし、入会地について黒田村側では納得できないとして、八百次郎と平十郎が四月中に大谷三カ村を東征軍鎮静取締方へ出訴しました。一旦示談が成立しますが、東征軍が去ると、今度は大谷村三カ村五給惣代二名が、黒田村名主八百次郎他四名を岡部藩役所へ訴え出て、樫合・普済寺村の者が仲裁に入り八月に内済しました。この問題は訴訟合戦の様相を呈していました。

◉慶応四年再度の家政改革

次に（F）一八六八（慶応四）年一月、これ以上の用金負担から逃れるために両村は再度家政改革を計画（現段階では家政改革の内容は不明）し、神谷了解を得て開始しました。しかし、神谷は「日夜酒宴遊興ニ耽リ無益之入費相掛候」て、両村へ四五両の用金を命じました。両村がこれを拒否すると、神谷本人が三月二十六日「不意ニ」来村しました（長濱稔一九九一：四五頁）。

◉深谷宿寄場組合瀬山組騒動

（G）深谷宿寄場組合瀬山組騒動（本書一〇六頁）は旗本神谷自身の問題ではありませんが、旗本神谷殺害一揆（三月二十七日）の直前の二月晦日から三月五日までの間、大谷村百姓が竹槍や鉄砲を携え、組内八カ村に対し実力行使（脅迫）によって一揆に同意させ、一揆勢は五日まで篝火を焚き、時々鬨の聲を上げ、小惣代宅の方向へ鉄砲を撃ちかけたり、小惣代親戚を「従わなければ刀で切るぞ」・「竹槍で突くぞ」と武器を突きつけ脅迫したり、と高揚した雰囲気の中で騒動を続けていました。旗本神谷殺害一揆の直前の大谷村が非常に高揚した雰囲気の中にいたこと、また大谷村の高揚した雰囲気を伝えています。最初から積年の恨みを晴らすために神谷を殺害する雰囲気は醸成されていたともいえます。

以上が旗本殺害一揆の前史です。両村百姓は、ここまでは神谷を領主と認め、恩頼関係を前提として百姓「成立」を実現すべく、原則として訴願という近世的作法で対応しています。

◉旗本殺害と馴合人の制裁

しかし、旗本神谷と大谷・黒田両村百姓との長期にわたる対抗関係の中で、旗本に対する不信から極度の憎悪へと高揚・飛躍し、一八六八（慶応四）年の鳥羽・伏見の戦における幕府軍の敗北以降の政治的空白期、東征軍の関東入り、北関東における世直し騒動で、近世的行動様式が転換・激化した中で、旗本神谷勝十郎殺害一揆が起こりました。旗本神谷勝十郎は幕府崩壊前にできるだけ収奪し、また家族の世話を依頼するため、賄役（まかなやく）平十郎一名を伴い三月二十六日夕方黒田村に来村（後述する平十郎の四件の告白の④地頭の出役を誘い道案内をしたことにあたる。田尻高樹二〇一〇年：九二頁）し、村役人を召喚しました。しかし、大谷村役人は誰一人として召喚に応じませんでした。同夜は賄役平十郎・組頭儀平も名主宅に泊まりました〔黒田村名主黒田八百次郎家の写真（花園村写真集編集委員会編一九七九年：五八頁）〕。

黒田村名主八百次郎家（花園村写真集編集委員会編1979年）

家族の世話依頼について、幕府は慶応四年二月五日に旗本・御家人家族の知行地への土着を許可しています（石井良助・服藤弘司編一九九三年：一一〇頁、二三四九）。これを根拠として、①神谷は黒田村名主に依頼に来たのです。後述第三章第三節の**小室家「立退始末記」**も参照（本書一三七頁）してください。

これに対し、大谷村名主三左衛門ら黒田・大谷両村々の役人が発意し、三月二十七日未明より薬師堂に集合した四〇余名の惣百姓は組頭勇次郎宅の裏山から切り出した竹で作った竹槍（本書五七頁）の外、鳶口・六尺棒・切木・棒等の武器・得物などを準備しました。そこに到着した賄役平十郎に暴行を加え、荒縄で縛り、所持の大小・懐中物を奪い取り、その場で焼き捨て、平十郎を名主の土蔵に投げ込みました。また一揆勢は勇次郎の同道を要求し、不承知ならば「素より地頭と馴合居り候ニ付手始めニ打殺シ候趣ヲ以て既ニ可打掛様」でした。得物原則で物を対象にしてきた近世百姓一揆が、ここでも人の「打殺」を主張するようになった点は注目に値します。

名主宅に神谷と一緒にいた組頭儀平の証言によれば、

「面体を隠し凡三四十人計り、夫々得物を携黒煙りを立裏表より押寄」と交渉過程はなく、最初から殺意をもって、黒田村名主宅を「壁等悉打被り戸障子其外座敷有之候道具等微塵ニ打砕」と徹底的に打ちこわし、神谷を打殺しました。

名主宅は「台所ニ黒血五六尺四方ニ流レ有之候」と凄惨な状態となりました。このことは一揆勢の憎悪（にくしみ）や怨恨（うらみ）の強さ・激しさをよく示しています。旗本神谷を「打殺」し、「焼喰」しました（H）（花園村史編纂委員会編一九七〇年、一九七八年再発行。田尻高樹二〇一〇年）。さらに収奪にのみ専念する領主神谷と馴合った村役人三名に制裁を加えました。一揆勢は神谷と黒田村名主八百次郎・賄役平十郎・大谷村組頭勇次郎の「馴合」を批判し、三人を「議論の余地ない悪人」「悪役として措定」し、「打殺」すと脅しています。

翌二十八日、土蔵に放置されていた賄役平十郎は、蔵から引き出され、地頭・八百次郎と馴合っているので「打殺」すぞと暴行を受けました。駆け付けた荒川村名主持田四郎左衛門と寿楽院住職に助けてもらった平十郎は、役儀非分を反省し、四件の悪業を告白したといいます（田尻高樹二〇一〇年：九二頁）。告白は①元治元年十月の大谷村田方検見のことで、租米を増俵したこと。②大谷三カ村入会地を上げ地にして萬光寺へ譲渡したこと。③私用に使う金子を不正に御用金で徴収したこと。④幕府倒壊直後、知行上知前に可能な限り御用金を徴収するように地頭へ勧め、彼を案内して知行所へ来たこと、の四件です。地頭は①・②は強い乗り気、または制止する気が見られなかったといいます。

四月三日、旗本殺害事件のために、吟味が不可能になっていた「上げ地」された入会地取戻し訴訟⑤の2（本書一二五頁）が、荒川村名主持田四郎左衛門と寿楽院住職により調停・内済しました。その際、平十郎から「小前衆中」へ出された詫状（奈良家文書慶応四年四月。田尻高樹二〇一〇年：九四頁）には、①③④が明記されていますが、②は記載されていません。そして「其の外何事によらず大谷村勇次郎と馴合い、御地頭所様より仰せ出され候ほか高割並びに身元用金など、不正の取計り仕り候」と勇次郎との「馴合」を認め、地頭からの命令の外に不正の取計らいをしたことを認めています。ですが、一八七一（明治四）年八月二十五日岩鼻県役所には「一躰是迄地頭より度々無躰之用金其外知行難渋之儀取計方私え談し有之、右は不正之儀とハ存候得共地頭申付違背も相成兼候ニ付、其都度申付ニ随ひ取計ひ候より自然両村より遺恨を生し」と答え、領主主導であったと証言しています（埼玉県編一九八一年：九六七〜九頁）。

◉二度の隠蔽・偽装工作と判決

この三月二十七日の旗本殺害一揆はその後二度の隠蔽・偽装工作を経ることになります（I・L）。犠牲者を少なくしたい一揆側と家名存続を願う旗本側の合意による三月二十八日の第一次隠蔽・偽装工作は、用金取立のため来村した用人玉川郡司が、百姓の投石によって死亡したとするものです。これにより四月中の岡部藩による糾明・処罰は、村預・役儀取り放しと比較的軽い処分で済み、事件の「真相」は露見しませんでした（J）。

ところが犯人とされていた馴合人大谷村元組頭勇次郎が帰村し、一八六九（明治二）年五月に名主三左衛門ら一〇名を岩鼻県へ訴え、第一次隠蔽・偽装工作の一部を暴露しました。勇次郎の行動には疑問な点がありますが、田尻氏は村八分にされたものと考え、「勇次郎は困り果て、破れかぶれに」再吟味を求めて提訴したとしています（K）（田尻高樹二〇一〇年：一一八頁）。

用人玉川郡司殺害を覆す証言を重視した岩鼻県が取り調べ始めました。約二カ月後の十一月八日、名主八百次郎は第一次隠蔽・偽装工作が行われたことなど、この事件の核心部分をすべて暴露しました。十一月一八日には組頭で襲撃直前にその場を逃れた儀平も、名主八百次郎と同様の趣旨を暴露しました。二人の証言で第一次隠蔽・偽装工作は完全に破綻しました。

事件は急転し、武器（竹槍）による領主殺害一揆ということで急迫の度を増しました。岩鼻県吏は主謀者と目された数人を逮捕し、牢死者を出すほどの厳しい取り調べを行いました。これ以上処罰者・被害者（牢死者）を増やさないために第二次隠蔽・偽装工作が行われました（L）。すなわち、牢死者を正犯とする申し合わせです。一八七一（明治四）年八月十二日、岩鼻県による関係者一同の召喚、取り調べが行われました。翌七二年一月、この重大事件を岩鼻県から引き継いだ入間県は、同年二月二十六日司法省に伺い出ました。このとき事件の名称は「大谷村一件」から「旧地頭神谷勝十郎ヲ及殺害候一件」へ変わっていました。

この二度の隠蔽・偽装工作を経ているために、権力側に「真相」のすべてが露見したわけではなく、ほぼ第二次隠蔽・偽装工作の結果が「事実」と認定され、一八七二（明治五）年九月に判決が下されたという経過をとって、旗本殺害一揆は一応の結末を迎えたのです（O）。

第二節　旗本殺害一揆の小括

近世では一八六七（慶応三）年までは依然として得物原則が一揆全体を規定していました。ところが、一八六八（慶応四）年鳥羽・伏見の戦での幕府軍の敗北＝徳川という社会秩序の崩壊、その情報の入手とともに、百姓一揆の意識と行動は転換しました。竹槍を含む鉄砲・刀剣などの武器を持ち、人間を攻撃の対象とするようになりました。これは近世百姓一揆の作法の決定的転換です。得物（農具・山具・野具・生活用具）から竹槍（武器＝鉄砲・刀剣・竹槍など）へ、竹槍の得物から武器（威嚇の手段から実行される手段）へ、打ちこわし（物）から打殺し（人）へ、領主・百姓間の恩頼関係の有から無へ、「訴の体系」から「実力行使の世界」へ、近世的作法の転換の点から面へと一八〇度転換しました。

旗本殺害一揆は、すでに恩頼関係を前提としないで、領主を得物としてではなく武器となった竹槍で刺殺することによって、領主を完全に否定するという意識の決定的転換を見せた全国的にも類例のない百姓一揆（民衆運動）でした。実態からすれば、百姓たちは幕藩制の最終段階で近世の百姓一揆とは異質の運動を戦ったのです。近世百姓一揆では①人を殺傷しないことを原則としていました。また②仁君として絶対的な存在であった領主には批判は向けられず（向けず）、苛政を展開する悪役人たちに向けられるのが原則でした。その悪役人を除去することが百姓一揆でした。藩主に対する明確な批判を行ったものは、一八五三（嘉永六）年の盛岡藩（南部藩）三閉伊一揆しかありません。命助は藩主を「国主ノメグミナキユエニ誠ニナンギナリ」と言い切り、一揆勢は前藩主利義の復位、つまり藩主交代を求めたのです（深谷克己一九八六年：二四八頁〜。二五七頁注1の『遠野唐丹寝物語』にあらわれた百姓意識にもつながります）。ところが、保坂氏も指摘する通り（保坂智二〇〇六年：一九三頁）。旗本殺害一揆はこともあろうに領主である神谷を殺害したのであり、百姓一揆の二つの原則からともに大きく逸脱しているのです。

さらに旗本神谷への不信から極度の憎しみへと意識が飛躍し、ついにカニバリズム（肉喰）に及んだ一揆でした。殿様である神谷勝十郎という人を殺害した旗本神谷勝十郎殺害一揆は二重の意味で近世の作法から逸脱した近世から近代への転換点、近世百姓一揆の世界と近代初頭の新政反対一揆の世界との分水嶺に位置する重要な百姓一揆（民衆運動）であったということができます。

ただし、この意識の転換は、あくまで崩壊過程における個別幕藩制領主権力の否定であり、新権力への批判にそのままつながらないという特質をもっていたのです（埼玉県編一九八一年：五〇頁）。

第三節　旗本殺害一揆情報の伝播・拡大・記録

全国的にも類例のない一揆であった旗本殺害一揆について、現在までに判明している伝播・拡大し、記録された情

旗本殺害一揆情報伝播拡大図（内田作成）

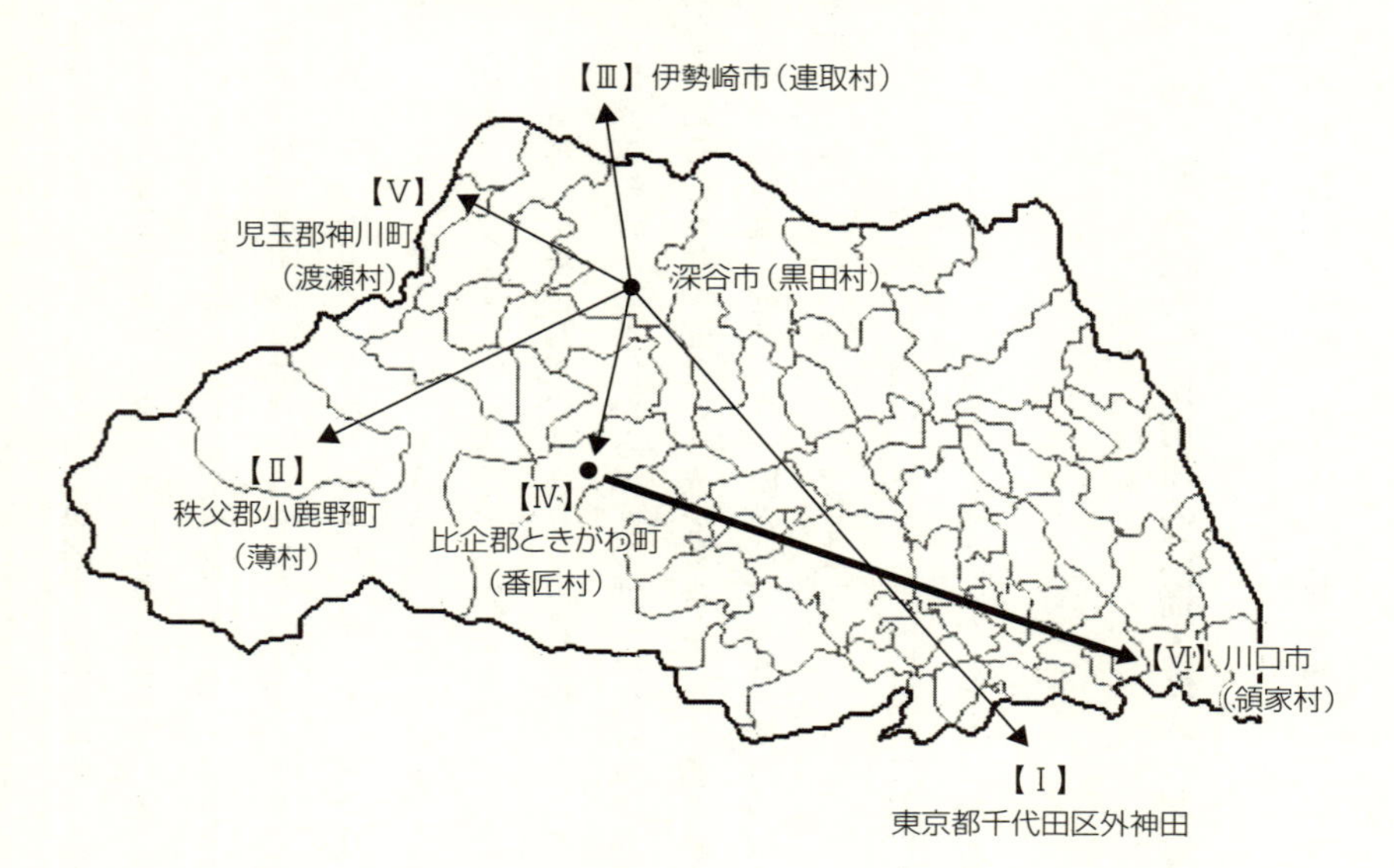

報は以下の六件です。落合延孝氏より七件目の情報を頂いていますが、まだ分析ができていませんので、本書では六件をみてゆきます。第一次隠蔽・偽装工作の中、地元（一揆集団）では旗本殺害の「事実」がひた隠しにされている間に伝播・拡大・記録されたものであるという点が重要です。「情報」はどのような一揆像を語ってくれるでしょうか。記録された書籍・文書、記録日時、情報の到達地、記録された情報の特徴、記録された情報からわかることなどを順次みてゆきます。

◉『藤岡屋日記』

【Ⅰ】『藤岡屋日記』には、一八六八（慶応四）年三月六日のこととして記載されています（須藤由蔵（すどうよしぞう）一八六八年：『近世庶民生活史料　藤岡屋日記』第一五巻、三一書房、一九九五年：四八六頁。原文の東京都公文書館蔵DVD D06–0037–RAMでも三月六日です）。しかし三月六日では殺害一揆はまだ起きておらず、記載内容から四月に入ってからの情報と推定できます。到達地：江戸外神田御成街道入口広場（現東京都ＪＲ秋葉原駅西側）。

〔記録〕「〇慶応四戊辰年三月六日〔日付が違う、三月二七日：内田〕

地頭殺し一件

武州榛沢郡 黒田村 大谷村 二ケ村

知行高 神谷勝次〔十〕郎

百五十石〔石高が違う、二一五石：内田〕 三十歳位〔三六歳：墓碑・内田〕

右は此節柄ニ付、知行所へ用金度々被申付候ニ付、村方難渋之由ニ而百性惣代歎願ニ出候処ニ立腹致され、縛り置、庭の樹へ釣るし上ゲ、三味線をひかせ酒宴致し候由、右ニ付、百性共も腹を立帰り、用金を出さず候〔**ここまで前史**〕故、此度ハ殿様自身ニ取立ニ参り候処、百姓共徒党致し、三月六日竹鑓を以殿様を突殺さんと致し候故、殿様黒田村名主方へ逃行候処、大谷村百姓大勢押懸ケ、竹鑓ニて突殺し、竹ニ付候肉を喰ひて、うまいと申候ニ付、死骸を河原へ持出し、火を焼てあぶり肉を百姓共残らず喰ひ候よし、然ル処、〔**以下「官軍」＝岡部藩事後処理**〕当処官軍御支配ニ相成、此辺安部摂津守取締ニ相成候ニ付、右人数を以、三月廿八日右之手ニ而召捕ニ相成候由。

百姓ニいつでも無理に勝次郎見放されたか神谷仏に」

店が外神田御成道入口広場に有ったので「御成道の古本屋（達磨）」と言われました。『藤岡屋日記』は、古本屋・貸本業、情報売りをし「本由は人の噂で飯を食い」と川柳に詠まれた須藤由蔵が、一八〇四（文化元）年から一八六八（明治元）年までの六十五年間の世上の状況とその推移を編年で集成・記録したもので、幕末維新期の膨大な風説（ふうせつ）留（どめ）（情報集）です（全一五〇巻一五二冊。三一書房B5判二段組全一五巻の大部な情報量）。用人殺害に触れず、岡部藩による「取締」・「召捕」を記録しています。末尾に「百姓ニいつでも無理に勝次郎　見放されたか神谷仏に」

（狂歌＝記録者の感想、或は世評）を記している点がこの日記の特徴です。この狂歌は旗本殺害一揆の全貌（経過・本質）がわかっていなければ書けない内容です。情報は正確に伝わり、正確に理解されていたと考えてよいでしょう。また、徒党した百姓らが「竹鑓を以殿様を突殺さんと致し候故、殿様黒田村名主方へ逃行候処、大谷村百姓大勢押懸ケ、竹鑓ニて突殺し」たと、旗本神谷を竹槍で殺害しようとする強い意志があったことが記録されています。また第二次隠蔽・偽装工作の結果、一人で行ったとされている「肉喰」行為が、集団での「肉喰」行為となっています。しかし憎悪の行き着くところの「肉喰」行為とはなっていません。

◉『木公堂日記』

【Ⅱ】『木公堂日記』（柴崎谷蔵、一八六七〜一九〇一年）。慶応四年四月一日。到達地：小鹿野町（秩父郡薄村）。

（記録）「（慶応四年）四月小　朔日、寄居下モ黒田村ノ地頭若殿黒田村百姓共ニテ打殺焼喰」

『木公堂日記』は、秩父郡薄村の百姓・農民柴崎谷蔵が一八六七（慶応三）年から一九〇一（明治三十四）年にいたる三十五年間に書いた日記です（秩父市立図書館蔵）。情報入手経路は不明。「地頭若殿」を「打殺焼喰」までの記載があります。この記録は事件から四日後に記録されたもので、記録としては最も早いものです。全二十四文字とあまりにも分量が少ないですが、徒党した「百姓共」によって「打殺」・「焼喰」されたという大筋は確認できます。

◉『享和以来新聞記』

【Ⅲ】『享和以来新聞記』。慶応四年四月四日。到達地：伊勢崎市（上野国那波郡連取村）。

（記録）「爰又新田郡上田中村岩崎秀之進、辰四月四日に森村官十宅に来りて、茶呑語りに（伝達者・伝達状況＝内田）、中山道深谷宿南在鬼（折）之口村と小川町との間の由、反部村（村名が違う、大谷村＝内田）と云有、此村之地頭（名前不知）高僅に弐百五拾石（石高が違う、二一五石＝内田）計ニて、此村計の知行之由、殊之外逼迫にて御暮に差支、知行所へ年に二三度ツツも御用金、又は御才覚杯と申名付て、上金申付候故、知行にても誠に難義之折柄、当三月中旬頃之由、其村へ用人出役し、只今時節柄之儀ニ付、金百両御用ニ付、才覚致し可差上旨被申付、名主組頭当惑して申上けるハ、是迄年々御用途金、又ハ御才覚金杯と申て、年に両三度ツツも被仰付、最早当二月中も差上申候処、又候僅の間に百両と申大金、此少石高村ニて才覚所詮(しょせん)出来不申候迚(とて)、御請不致故、用人も種々利解を申諭しけれ共、繁々の用金故、中々御請不致故、用人立腹し、御上様ニも御差支故、是程迄事巨細に申聞候に、不聞入事我侭至極也、此上は出府致し、御前にて直に御免を願ふべし、我等決て取次不致と、こハだかに申けれハ、役人共出府之義も、貧窮之村方故、往返之雑用にも差支、出府難成旨申切て取敢不申故、用人も乍立腹も無詮方帰府致し、御前へ申上けるハ、国方百姓共甚だ我侭にて、上之申付も中々聞請不申故、種々利解も申諭し、又は権柄を以て威し、出府迄申付候へ共、上之意に不恐、自侭不当之族に候得は、一通りにてハ御請ハ仕り不申、此上は御前様、御知行所へ御立入被遊、急度被仰付候て、違背致し候ハハ、重立候族を召捕へ、厳咎被仰付度候、左様も無御座候ては、此末之取しめしでき不申候と、種々讒訴(ざんそ)いたし候得共、殿にも御思案之躰にて、早速御承知も無之所、用人強て御すすめ申ける故〔**ここまで前史＝内田**〕、御前にも御不案ながら、すすめに随ひ江戸御出立、武州埼玉郡反部村へ御着有、名主、組頭、百姓代之三役人を呼出被成、被申聞候は、此度京都より　勅使方御参向ニ付、小身之我等迄も殊之外之物入、依之無拠先達て用人を以て、金百両之才覚申付候処、中々請不申候故、出府申付候得共、其儀も承引無之趣、依之無余儀我等来り候也、此度之義は金百両無之候ては、家へさハり候程之義に有之候間、此所を聞わけ、是非々々調立致呉候様被仰付候処、三役人申上候は、是迄数度差上候金子之儀も、皆無御拠義ニ被仰付候故、無余義是迄は差上候得共、終に一度御下ケ金と云事無御座、過役之御取立ニ付、惣百姓困窮仕、今日之取続も難営程之難渋之時節ニ御座候、此上強て被仰付候儀ニ御座候へバ、無拠村内地面御上様へ差上、惣百姓退散願候より外無御座候と申上けれバ、上ニも御立腹ニて、扨々(さてさて)情強き役人共哉、汝等始め申付ニ不随、自侭之次第、末々小前は自侭を申ハ尤也、只今村方田畑上地いたし退散を願ふ、左程ニ一統貧窮に及候哉否哉、村内軒別見分可致迚、用人ニ申付見分に差出す、先第一に名主、組頭、百姓代之三家ヲ見分候処、土蔵長屋物置等夫々有之候故、用人以ての外立腹之躰ニて、三役人ニ申候ハ、汝等今日之営も出来兼候趣申達て、此構ひに住ながら所退散願抔不届至極也、此趣御前へ可申候間、身上限り差上、勝手次第ニ退散可致、然共家財改中縄掛ケ置候迚、三人共に縄懸候得は、門外へ詰居し百姓共、門内へどやどやと込入、人非人之用人、夫遁すなと押寄て、用人を捕へて、高手小手にいましめ引立て、殿の御旅宿菩提寺へ押寄、四方をかこみて、終に殿をも取おさへ、おのれらがおかげにて、此村一統貧苦ニ迫り艱難せし、其仇今報なり迚打擲致、終に用人を打殺し、尚又殿を打擲し、是も同しく死せし様子ニ有之候間、死骸を捨べし迚、主従を川原に持出し所、殿にハ又息吹かへし、あらたへがたし、水一つ呉れと云ニ付、いまた死さる迚石を口に打込ミ、又石を以て天窓を強く打けれハ、打砕きて脳押出る、人間の脳ハ瘡毒の妙薬なりと云、瘡気有ものハ是を喰ひと云ひて、五七人も其脳を喫りしと云、又其死骸に枯柴を取掛ケ火を懸ケし所、火葬之ことく焼脹れ、足を火の外へ出せしを見て、是迄百姓を苦めし遺恨晴らしに、皆人々一口ツツ此肉を喰ふべし、又喰ハさるものをハ、ともに打殺せと罵りける故ニ、村中の人々男女に不限、一口宛喰ひしと云、中に男五人程喰兼し者有けるを、其者を打殺せと大勢聞きける故、たまり兼菩提寺へ逃込ミ、隠れ居ると云由なり、**〔以下官軍へ届。処罰前〕**又此村役人官軍方へ、当村地頭自身用人を召連れ、知行所に来り、此度官軍下向ニ付、其防禦旁ニ付、右軍用金として金子差出可申旨被仰付、惣百姓共歎願仕候処無聞済、剰重立候百姓を闕所致候抔と申罷り、名主組頭へ縄掛ケ候ニ付、是を助けん少々手向ひ候処、あやまつてきう所へ当り候哉、終に即死候趣届ケ候得は、一通り御聞置ニて、其後御咎の沙汰も無之由、古今未曾有之噺なり。」

「新田郡上田中村岩崎秀之進が茶呑語り」したことを、旗本駒井氏地役人森村新蔵が記録したものです〔落合延孝

「上州世直しの史料紹介―森村新蔵『享和以来新聞記』より」『群馬大学社会情報学部研究論集』八、二〇〇一年、一一四〜六頁。同二〇〇六年『幕末民衆の情報世界』一七六〜九頁)。

上田中村の岩崎秀之進がいかなる人物かは不明です。旗本殺害一揆の伝達情報の記録としては現段階で最も長文で且つ詳細なものです。舞台となる村名が「反部村」と異なりますが、内容的に大谷・黒田村の旗本殺害一揆に間違いはありません。伝達者・日時・伝達状況など情報ルートが判明する点は【Ⅳ】とともに他の記録にはないこの日記の特徴です。黒田村の近隣でもない上州人の岩崎がどのようにしてこの情報を入手したか興味は尽きません。

六事例の中では【Ⅵ】とともに用人殺害記載があり、竹槍記載がありません。「官軍」へは、旗本の「官軍」防戦用の軍用金徴収を拒否したら、村役人を縄掛にしたので、手向かい誤って殺害してしまったと届けたので咎めがなかったと記し、理由付けは異なりますが、隠蔽工作が行われたことを明記しています。その後の情報も「殿を打擲」、「肉を喰」「焼喰」の後、「官軍」への届、処罰前までを記録しています。第一次隠蔽・偽装工作情報が入り混じって伝達されていることがわかります。用人を「人非人」・主従に対して「おのれらがおかげにて、此村一統貧苦ニ迫り艱難せし、其仇今報なり」として打殺しています。また「是迄百姓を苦めし遺恨晴らしに」と理由を述べている点は、次の【Ⅳ】「悲憤之余り」と同様に憎しみの表現としての「肉喰」を伝えています。憎しみの行き着いた結果の行為として伝えていると思われます。同時にそれは共同体的強制を伴って実行されたことを記録しています。

末尾にこの記事全体について「古今未曾有之噺(はなし)なり」と感想を記している点も【Ⅰ】と並んでこの日記の特徴です。記録者は「古今未曾有之噺なり」とその情報を受容し理解したときの「こと」の重大さ・衝撃の強さの感想を述べているのです。

◉小室家「立退始末記」

【Ⅳ】「旗本佐久間氏家族ら知行所番匠(ばんじょう)村へ疎開につき立退始末記」(番匠村小室武右衛門・前田又右衛門・小室元(こむろげん)

長から御地頭所様御用所宛文書、小室家文書NO・三五〇)。疎開期間は慶応四年三月十四日～閏四月十一日。その記録の中に、黒田村の隣接村で、支配を同じくする「永田村名主熊太郎が物語仕り候」情報が記録されている。慶応四年四月八日。到達地：ときがわ町（比企郡番匠村）。

（記録）「御知行永田村之隣村大谷村・黒田村之御地頭神谷勝十郎様、御内々客月中右村へ御越、夫々御用金被仰付候処、従来無此上暴政も有之〔ここまで前史〕、百姓一同悲憤之余り同月廿七日右勝十郎様を生なから炙り殺し其肉を喰候由永田村名主熊太郎物語仕候、〔以下官軍＝岡部藩事後処理〕昨今之噂ニは安部摂津守様より御召捕ニ付、一村不残逐転仕候由ニ御座候」

殺害現場の黒田村の隣接村「永田村名主熊太郎が物語仕り候」たもので、【Ⅲ】同様情報ルートがわかる二例目です。永田村・番匠村ともに旗本佐久間宇右衛門が領主で、支配を同じくする村の名主からの情報伝達です。両村の公式見解である第一次隠蔽・偽装工作の内容（用人殺害）には触れず、「勝十郎様を生なから炙り殺し其肉を喰」と起こったことをそのまま伝えています。領主に対する報告なのに、事実を事実として記載しています。岡部藩「召捕」・百姓「逐転（電）」までを記録しています。また「昨今之噂ニは安部摂津守より様御召捕ニ付、一村不残逐転（電）仕候由ニ御座候」と、この事件の「噂」がかなり流布しており、世間も興味・関心があったことを窺わせます。

黒田村の隣接村「永田村名主熊太郎が物語仕り候」たこの情報を番匠村医師小室元長が親交があり、当時足立郡領家村（川口市）に疎開していた「文久三博士」と称される儒学者安井息軒へ伝えた二次的伝播情報については【Ⅵ】でみます。

◉櫻澤家「打毀し一件之事」

【Ⅴ】「打毀し一件之事」（櫻澤家文書）。日時の記載はないが、岡部藩吟味・召捕・出奔の記載があるので四月中と考えられます。到達地：児玉郡神川町（児玉郡渡瀬村）。

（記録）「武州黒田村ニ而地頭を焚殺候事
時慶応四年三月黒田村大谷村弐ケ村之領主弐百五十石〔石高が違う、二一五石〕之知行所持致し候御旗本也、年々先納御用金厳敷故百姓一同難渋仕候〔**ここまで前史**〕、右ニ付大谷村黒田村之百姓徒党致し黒田村ニ而名主宅江用金当て自身参リ候処ニ、右弐ケ村百姓押寄せ多人数竹鎗を持名主宅ニ押込殿様を引出し、荒川渡船場下之川原ニ而焚殺し其肉を徒党之人数皆々食候儀、全く偽ニあらず、〔**以下官軍＝岡部藩事後処理**〕其後御調之儀者官軍より被仰付安部摂津守様御吟味と相成、右之人数之内廿人余召捕ニ相成、外人数者日々に出奔仕候、先者あら増に御座候。」

「地頭を焚殺」「其肉」を「食候」たことを記録者が「全く偽ニあらず」と明記し、続けて岡部藩による「吟味」・「召捕」、百姓「出奔」を記録しています。

◉『北潜日抄』

【Ⅵ】安井息軒『北潜日抄』（川口市史編さん室編一九八三年：『川口市史 近世資料編Ⅲ』九八五頁）。一八六八（慶応四）年閏四月二日の記事。到達地：領家村（現川口市）。この史料の存在は高柳茂氏のご教示による。

（記録）「番匠村旁近五六里、有旗士采邑、使其宰往徴金、村民怒曰、此何等時、敢来徴金、遂殺之、其主継往、則亦殺之」

安井息軒（一七九九（寛政十一）年〜一八七六（明治九）年）は飫肥藩出身の儒学者（古注学者・考証学者）。一八四一（天保十二）年牛込門外の居宅に私塾「三計塾」を開きました。三計塾の「塾記」冒頭に「『一日の計は朝にあり。一年の計は春（元旦）にあり。一生の計は少壮の時にあり』。いまでも『一年の計は元旦にあり』との言葉で残っていますが、要は、人生は若いうちこそ大事であり、奮起して勉強しなさいと塾生に促している」のです（和田雅実二〇〇六年：八五頁）。入塾者は延べ二千人に及ぶといいます。門下生には谷干城（土佐藩）、雲井龍雄（米沢藩）、品川弥二郎（長州藩）などがいました。

安井は考証に優れ、海防・軍備などの政策も論じ、熱烈な攘夷論を展開しました（川口市史編さん室編一九八三年：九五一頁）。一八六二（文久二）年に塩谷宕陰、芳野金陵らと幕府儒官を拝命し「文久三博士」と称されました。江戸総攻撃予定日だった一八六八（慶応四）年三月十五日の前々日十三日に足立郡領家村（川口市）に疎開しました（川口市史編さん室編一九八三年：九五九頁）。時に六九歳。結局、一八六八（慶応四）年三月十三日から一八六八（明治元）年十一月三十日まで、約九カ月間領家村に疎開していました。疎開中に書いた『北潜日抄』の慶応四年閏四月二日の記事の中に、記録されています。

全四二文字の記録で、六事例の中では【Ⅱ】に続いて二番目に短いものです。殺害現場の黒田村の隣接村「永田村名主熊太郎が物語仕り候」たもの【Ⅳ】で、その情報を番匠村医師小室元長が、親交があり領家村に疎開していた安井息軒へ伝えた二次的伝播情報です。情報ルートがわかる三例目です。小室元長と安井息軒との子どもの教育と治療にかかわる親交の結果、伝達されたものです。そこには第一次隠蔽工作の「宰」（用人）殺害と事実である「主」（旗本神谷）殺害が並記されています。

事件後一カ月以上が経過した後の二次的伝播情報で、閏四月二日に記録されたものです。時間がたっているため緊迫性（感）が薄れたこと、拡大した噂や四月中に終了した岡部藩（「官軍」）の糾明・処罰が、第一次隠蔽・偽装工作通りの証言で村預・役儀取り放しと比較的軽い処分で済み、事件の「真相」が露見しなかったことなどが、細部の情報を脱落させた状態で、岡部藩に認定された用人の殺害と黒田村で起こった旗本殺害の事実はそのままに、小室元長から安井息軒に伝えられたと推量しておきます。

番匠村で記録されたのは第一次隠蔽・偽装工作が破綻する直前の四月八日です。工作が破綻するのは一八六九（明治二）年五月ですから、息子謙助と家僕本田茂助が番匠村に到着した慶応四年四月二十九日から茂助が領家村に帰ってくる閏四月二日午後まで工作は破綻していません。岡部藩の「御紮」で第一次偽装工作が認定されると【Ⅳ】の「昨今の噂」同様に、その情報も「噂」として流布したと考えられます。それらを加味したものが安井息軒に伝えられた二次的伝播情報であったといえます。ですから用人の来村と殺害（第一次偽装工作の結果）、続いて来村した旗本も殺害された（四月八日に記録された永田村から伝えられた事実）ことが加えられ、物語られたのです。現段階では、送り手の小室元長の情報通り、安井息軒が記録したと考えています。手紙もそれだけの内容だったと考えています（内田満二〇一六年A）。

第三節　旗本殺害一揆情報の伝播・拡大・記録の小括

旗本神谷殺害一揆（三月二十七日）の情報については現在までに七件を確認できました（本書で分析できたのは六件ですが、七件目は群馬県です）。情報の終点である記録された地域は、現在の東京都一件、群馬県一（二）件、埼玉県四件です。情報入手者は、情報業者・情報蒐集家・旗本地方役人・名主など村役人・学者です。一揆の情報が記録された時期は、四月一日・四日・八日、四月中、閏四月二日でした。早いものでは事件四日後には記録され、詳細なものでも七日後に「茶呑語（ちゃのみがたり）」されていて情報伝播（でんぱ）速度が非常に速いことがわかります。いずれも第一次隠蔽・偽装工作（三月二十八日）の中、地元では旗本殺害の「事実」がひた隠しにされていた間に伝播・拡大し、記録されたものです。そのような特殊事情のなかで伝えられ、記録されたのですから、より「真実」に近い情報であると考えてよいと思われます。

記録された六件の一揆情報によれば、前史として神谷の暴政が続いていた。用金徴収のために神谷自身が来村した。これに対し、両村百姓たちは徒党し、竹槍で突殺し、長年の憎しみを晴らすために、カニバリズムに及んだことを確認できます。その後、第一次隠蔽・偽装工作をして、「官軍」への届、岡部藩の吟味・召捕・百姓出奔（しゅっぽん）という経過を取りました。「官軍」へは、旗本の「官軍」防戦用の軍用金徴収を拒否したら、村役人を縄掛にしたので、手向かい誤って殺害してしまったと届けたので咎めがなかったと記しています。

旗本殺害一揆情報は、どれくらいの拡がりを見せるのでしょうか。その背景にある情報拡大ルート、伝播のネットワークを明らかにするために、伝播・拡大事例を探し続けたい。まずは、七例目の分析に取り組もうと思います。

第 II 部

近代の民衆運動

第壹號

(明治廿五年十二月二日發行)

(毎月三回二の日發兌)

埼玉民報

埼玉縣北足立郡浦和町百二十一番地

埼玉平民社

明治二十五年十二月二日『埼玉民報』第一号：二〇〇三年三月十七日明治新聞雑誌文庫の調査で初めて出会った竹槍席旗図像

（東京大学大学院法学政治学研究科附属近代日本法政史料センター明治新聞雑誌文庫所蔵）

第一章 明治〇年代一揆の行動様式の特質

明治〇年代の民衆運動のなかで、新政反対一揆は、一八七一（明治四）年の廃藩置県＝中央集権的政府＝「強力な中央政府」の成立以降です。明治元年から三年までは短期的な移行期と考えます。中期的には明治十年まで、長期的には憲法制定・日清戦争までを移行期と考えています。短期の移行期の間には一揆の様々な行動様式が考えられます。保坂智氏は①竹槍一色となる一揆、②多様な持物が持ち出される一揆、③近世の一揆作法に基づく一揆、という三形態が混在している（保坂智二〇〇六年：一七一頁。以下本章での保坂氏引用は頁数のみ記載）とされています。保坂氏の「第六章　明治初年一揆の行動様式」（一五四頁～）にその具体的様相が提示されているので、それによって、明治〇年代の一揆の行動様式がどのようなものであったか、近世百姓一揆の行動様式がいかに変容したか、その特質はどのようなものであったかを見てゆこうと思います。

一九八〇年代まで、江戸時代の百姓一揆のことを「竹槍席旗」と言っていました。その文言を作ったのは満木清繁という明治初年のジャーナリストでした。第二章「明治八年十一月、満木清繁による『竹槍席旗』文言の『製造』」での考察のために、満木の視線で保坂氏の表4（一五八～六二頁）を加工して作成したのが**表5　明治初年一揆の持物と出立の比率表**（外からの観察者の視線・眼差しで、満木が文言製造までに見ることができた現状）です。時期区分として、廃藩置県の詔書（中央集権国家。強力な中央政府成立）の一八七一（明治四）年七月十四日、満木の

表５　明治初年一揆の持物と出立の比率表

時期区分・件数％ 項目	①M元・1・18〜M4・3・9（63件）		②M4・8・4〜M8・6・10（50件）		〔A〕①＋②M元・1・18〜M8・6・10（113件）		③M9・4〜M10・4・1（8件）		〔B〕①＋②＋③（121件）	
	件数	%	件数	%	件数	%	件数	%	件数	%
鉄砲	21	33.3	20	40	41	36.3	4	50	45	37.2
鉄砲実弾	6	9.5	3	6	9	8	1	12.5	10	8.3
竹槍	43	68.3	39	78	82	72.6	6	75	88	72.7
槍	8	12.7	11	22	19	16.8	2	25	21	17.4
刀・脇差	10	15.9	11	22	21	18.6	3	37.5	24	19.8
棒	18	28.6	12	24	30	26.5	4	50	34	28.1
鎌	20	31.7	11	22	31	27.4	4	50	35	28.9
鳶口	13	20.6	3	6	16	14.2	3	37.5	19	15.7
蓑笠	24	38.1	11	22	35	31	3	37.5	38	31.4
他出立	15	23.8	6	12	21	18.6	2	25	23	19

保坂智『百姓一揆と義民の研究』第６章表４を加工。廃藩置県は明治４年７月４日。満木清繁の「竹槍席旗」文言製造は、明治８年11月を基準に、①と②に分けて集計。時期区分の中で①の１・18は塩飽島打ちこわし、３・９は大浜騒動で、②の８・４は武一騒動、６・10は江沼郡屯集。具体的事例に合わせた時代区分とした。本書では満木が見た前半①、後半②を比較する。

「竹槍席旗」文言「製造」の明治八年十一月を基準に①明治元年一月十八日〜明治四年三月九日（六三件）、②明治四年八月四日〜明治八年六月十日（五〇件）、③明治九年四月〜明治十年四月一日（八件）の三期に分けて集計しました。

満木の視線で見るということは、明治八年十一月からそれ以前を見るということです。満木が見た前半①明治四年七月十四日廃藩置県の詔書まで（封建的割拠（かっきょ）制期）、後半②明治八年十一月満木の「竹槍席旗」文言「製造」まで（強力な中央政府（中央集権国家）期）を比較します。また①②＝明治八年十一月までを〔A〕（満木の視線。一一三件）とし、①②③＝明治十年四月一日までを〔B〕（保坂氏の集計。一二一件）とします。〔A〕と〔B〕を比較すると、持物と出立の基本的動向は同じであると見て良いと思います。保坂氏は明治十年までを分析し、その特徴を叙述されています。

◉持物は鎌などの農具（得物）から竹槍一色へ

保坂氏は、「明治初年一揆に携帯された道具を『百姓たちの得意な道具』と理解することはできない」として「持物（もちもの）」と表記します（一二四頁の注（4））。

持物について表4「明治初年一揆の持物と出立」を見ると、

もっとも多く携帯された道具は竹槍であり、一二一件中八八件であり、七二・七%となります〔B〕。前半①では四三件（六八・三%）の一揆で携行され、圧倒的な多さです。後半②三九件（七八%）へと九・七%増加しています（以下順位は前半①による）。満木は、もともと多いうえに廃藩置県後はさらに増加していると実感できたろう。保坂智氏の指摘は続きます。明治初年一揆の持物の基本が竹槍であることが数値的にも確認された。持物第四位の棒は竹槍の補完物である（一五七頁）。竹槍は一揆の大多数、ほぼ全員が所持することによって初めて威力を発揮するものである（一八二頁）。伊賀国は近世期に大規模な一揆の経験がなかったため、竹槍を作成するための十分なノウハウを持ち合わせていなかった（一八三頁）が、幕末・明治初年では、特に関東では改革組合村の家々には一揆のために準備したのではない竹槍があった（一八三頁。治安維持、悪党対策です。本書第Ⅰ部第二章第三節領主・組合村の武器使用の実態も参照。本書八〇頁）。

明治四年石見（いわみ）国浜田県一揆では、一揆を呼びかける廻状（かいじょう）の中に「手道具の儀は竹やり持出行の事」（土屋喬雄・小野道雄編一九三一年：一九五三年の再版本、四五一頁）と竹槍が指定されていた。近世ではまずは農具（得物）持参が叫ばれ、竹槍だけが指定されるということはなかった。明治四年後半からの一揆は竹槍一色になり、数量的には少数であるが、その威力故に人々に強い印象を与える鉄砲・刀を携帯することが一般的となった（一七五頁）。明治政府の新政による文明開化=近代化=西洋化政策の推進強行。これに対して民衆が全面的に否定することによって全面対決となる。武器である竹槍などが一揆集団に持ち込まれる理由です。

竹槍、鉄砲、刀はともに武器という性格である。県当局はこのような一揆の持物総体を、凶器・兵器・戦具などと規定して、県・政府の弾圧は一層武力弾圧へと傾斜していくことになる（一七五頁）。近世期では竹槍は打ちこわしのための道具として使用され、竹槍での殺害は二事例しかないが、「それが対人殺傷を伴うようになったことが、明治初年一揆の重要な特徴点の一つである」（一八二頁）などなどが竹槍の特徴でした。

このような特徴を持つ竹槍の集団（かたまり）が、「大野市中又騒然竹槍林立錐ノ地モ無シ」（明治六年三月越前真宗護法一揆。三上一夫一九八七年：三一頁）とか、「竹槍が栗の毬の如くに並び立ち誠にすごい有様」（慶応四年三月隠岐騒動。青木虹二編一九七〇年：四五三頁）であることを目にしたとき、竹槍は一揆のイメージを転換させるほどの迫力あるものであったろう（藪田貫一九九二年：二七七頁）。滿木も「迫力」を感じ取ったに相違ありません。

◉鉄砲は武器から脱落

竹槍に継ぐ第二位の持物は鉄砲である。近世のように、鳴物としての性格と、武器としての性格を兼ね備えている。四五件のうち実弾を発射して武器として使用された事例は一〇件である（一五七頁）。音による伝達手段。紙玉。鉄砲の音は「十分に威嚇の役割を果たした」（一七七～八頁）。ところが、である。上州世直し一揆の時に、一揆と小栗上野介の部隊との間で交わされた実弾発砲の応酬の表現で、一揆側は「殺生筒故人ヲ打気ニならず、小栗様之方ハ一生けんめいなり」は、一揆の鉄砲が現実的な武器ではなかったことを示している（一八〇頁。川島一郎一九七二年：六六四頁）。結論として、竹槍の様に一般的でなく、少数者の持物と上記実弾使用の実態から、「刀とともに、凶器、兵器とおそれられた鉄砲であるが一揆の主要な武器と評価することはできない」（一八一頁）とされている。こうして農民の武器の中から鉄砲が脱落する。

◉刀剣なども武器から脱落

第六・七位は刀・脇差、槍である。この三つの持物は武器として同一の意味合いを持つ。四年以後に多くなり、抜刀することも増えてくる。県吏など殺傷の場合、刀はほとんど使用されていない。目立つ存在で史料に記載されることが多いが、一揆全体としては少数の者、しかも頭取や所の頭取などが所持したものであり（一七五～七頁）、一般百姓の持物ではない。ここで農民の武器の中から鉄砲に続き、刀・脇差、槍が脱落し、竹槍だけが残ることになります。

◉鎌は激減、近世得物原則の崩壊

第三位の鎌は、近世期一揆を代表する持物であり、百姓身分を象徴する得物中の得物であった（一六三頁）が、三一件・三五件（二七・四％〔A〕）・（二八・九％〔B〕）と三割にも満たない。また前半①三一・七％から後半②二二％へと、蓑笠（一六・一％）に次いで減少率が大きい。得物・出立によって百姓身分を象徴するという意識は急速に減退していった（一六三頁）。新政反対一揆になると、一揆の持物は急速に竹槍一色となっていくのである。百姓らしさの象徴である鎌の所持が激減している。ここに近世期一揆の得物原則の崩壊を見ることができる（二二二頁）。

第五位の持物は鳶口である。打ちこわしのための道具だが、明治四年九月の「旧藩主引留騒動を境に減少する。毀焼はこの時期以降増大していく、焼（放火）の増大とともに、毀（打ちこわし）のための主要な道具である鳶口は、前半の二〇・六％から六％へ激減する。

◉服装は蓑笠から常日頃の服装へ

次に、服装について見ます。蓑笠姿は近世百姓一揆の出立（ユニホーム）であった。蓑笠姿の三八件（三一・四％〔B〕）について、保坂氏は、史料を読んだ上での実感は、一揆の三分の一でしかない（一五六頁）とされています。また、三五件（三一％〔A〕）、前半①三八・一％であったが、後半②では二二％へと一六・一％も激減し、減少率は最大である。「蓑笠姿は四年九月までは頻繁に出現するが、その後は一挙に減少する。四年一〇月以降の新政反対一揆では、蓑笠姿を取ることもあるが主流は常態の出立に変化した」（一五七頁）ことを裏付ける数値である。「常態とは、常日頃の服装」ということです（一五六頁）。明治四年七月十四日の廃藩置県から九月までの約二カ月はタイムラグであろう。

旧藩主引留一揆と持物・出立との関係は、「幕藩制下の基本的政治原理である仁政の体制は、その象徴を失うことによって完全に崩壊した。それは百姓として仁政を求める運動の終結を意味する。だから、その後の一揆は百姓らしさの象徴である鎌を持たず、蓑笠を脱ぎ捨てたのである」。明治四年十月以降の一揆では、蓑笠着用と鎌の所持が激減している（一七一～二頁）。

◉旗物は変わらず村旗

村々連合として形成された一揆は、その行動も村を単位に行いました。「一揆は村ごとに幟（のぼり）や提灯（ちょうちん）を目印とし、村役人を責任者として行動した」。「村旗は、近世期の一揆と同様に新政反対一揆を含む明治初年一揆で持ち出されたものである。その例は非常に多く、ここでいちいち指摘することはしない」（二一六頁）とされています。素材について触れられていませんが、続く第七章（二三四～八頁）で、五万石騒動の下小鳥村の村旗は木綿旗、天保十一年の庄内藩一揆の旗も木綿旗であり、一揆の旗は、紙あるいは木綿で作成されたものが多いことを指摘されています。『夢の浮橋』の中にもムシロ旗が確認できる。結論として「一揆勢が持ち出す旗の中にはムシロの旗もある場合もあったと理解すべきであり、一揆の旗＝ムシロ旗の理解は訂正されるべきである」とされました。その理由は、「機能性に求められる。旗（はた）は見分けやすいことと携帯に容易であることが求められる。両方とも木綿や紙の方がはるかにすぐれている」（二三八頁）と。秩父事件でも村旗をはじめさまざまな旗が掲げられましたが、実態としては、みな木綿旗・紙旗でした（内田満一九九八年：九〇～一頁）。

◉打ちこわしから放火（天保期以降、近世末では逸脱行為）へ

表6　明治初年一揆放火一覧（一八六～七頁）を見ましょう。近世では家屋に対する放火は基本的には行われませんでした。打ちこわしを行いながら火の用心をすることは作法（さほう）でした（信達（しんたつ）一揆。本書五四頁）。近世期の放火は「わずか一四軒」と少なかった（須田努二〇〇二年：一九九頁）。また武州世直し一揆でも放火は確認できない。近代に入ると敵対者への攻撃は「打毀（うちこわし）」と「放火」の二つがあった（保坂氏は、県・藩表現の「毀焼」という闘争形態を提唱されている。一八五頁）。「毀焼」第一段階（明治元年～二年）打毀しが圧倒的に多く、対象も村役人・豪農商

で、慶応期世直し状況の延長上にある。放火について、「戦争」による放火が一揆に持ち込まれた可能性を示唆する（一八五頁）。炬火（松明）が持物の一つとして登場し、放火のために使用された。代わりに、第五位の打ちこわしのための持物鳶口は前述のように激減する。「毀焼」第二段階（明治二年十二月〜四年）で毀焼の比率が逆転した。「毀焼」第三段階（明治四年以後）は、打ちこわしより放火の方が多く、対象も村役人・豪農商から文明開化諸施設（戸長・村吏宅・官員宅・官舎・小学校、明治九年の東海大一揆では病院・郵便局・銀行・電信局など）へと変化する（一九〇頁）。新政反対一揆でその対象が政府の強行する文明開化政策を象徴する物に攻撃対象が変化したことがわかります。

◉殺傷事例

表8　明治初年一揆の殺傷事例（一九一〜三頁）。殺人も明治初年は少ない。第Ⅰ部第三章第二節でふれた旗本殺害一揆＝「旗本を殺害するために襲撃した」を含め五例（一九三〜四頁）。明治元〜三年前半までの一揆はほとんどが傷害にとどまり、殺傷に至るのはごくわずかである。会津ヤーヤー一揆では敵対者を殺害していない（一九四頁）。ウィリアム・ウイルスは駐日英国公使館の外交官・医官。東北戦争に従軍し、博愛精神に基づき、敵味方の区別なく治療した。そのウイルスの証言（ウィリアム・ウィリス・中須賀哲朗訳一九七四年：一一五頁）がある。近世には領主や組合村も武力行使を抑制していたが、幕末になると「打殺し」文言が、現れて散見されるようになる〔第Ⅰ部第二章第三節、**鎮圧方針は「打殺切殺候共不苦」**（本書八二頁）参照〕。

新政府は積極的に武力行使を行い、それへの対応として一揆側でも武力行使が行われる。武力弾圧に抵抗し、彼らも武力を行使するようになる。明治三年後半以降明治八年十一月までに一二例の殺害事例を挙げることができる。表8の被害者数が武力弾圧のすさまじさを物語る（一九七頁）。

村役人らの自衛の動きも一揆と衝突する。武蔵国現吉見町周辺で「問屋・大小惣代・名主・高利貸・質屋・商人」

一揆勢が竹槍で藩吏を殺害する（明治４年３月三河の僧侶一揆：小野武夫1965年）

を焼き討ちにするという火札が貼られ、岩殿山に「世界平均」の旗が立てられた（埼玉県編一九八一年：口絵14、九三八頁）。四月六日郡中村々惣代は火札に対応するための議定を作成した。そこではセーフティーネット（褒美・療治代手当）を決め、その経費は火札で焼き討ちの対象になった人々が負担した（第Ⅰ部第二章四節参照。本書九四頁）。一揆に対して村や町が竹槍などで自衛するという動きは、明治三年を最後に、ほとんど姿を消した。

中野騒動は、県に対する憎悪、県政そのものに対する不信感が根底にあったので、一揆が起こった段階から県官殺害を意図していた（二〇三頁）。政府・県と人々との間には非和解的な対立が存在した。新政府は人々にとって社会秩序を破壊し、人々や家畜の命を奪う敵なのである。その敵に対して彼らは暴力を振るったのである（二〇四頁）、と。

上図は、明治四年三月九日の大浜騒動（三河の僧侶一揆）を描いたものです。「暴徒藩吏を殺害す」として竹槍を持った蓑笠姿の農民たちが中央で倒れる藩役人藤岡薫を襲撃している様子が描かれています。原画図には「藩吏抜刀僅に身を以て遁る、を得藤岡薫過て竹鎗に殪る」とあります。本文はもっとリアルに「藤岡も倶に倒れた。此ありさまを見た多数の暴徒は、それ耶蘇が倒れたと群つて来て、づぶづぶ竹鎗をつきさした。目に餘る多数の暴徒だから、藤岡も力及ばず悲惨の最期を遂げた。暴徒は代る代る来て、罵りながら藤岡の死體を竹鎗で突きこかしたり蹴つたりして、後ちには田の中へころがし落した」とあります（田中長嶺一九一一年。小野武夫編一九六五年：七二～三頁）。明治初年一揆の暴力性や凄惨な様子を知ることができます。

◉挙村一揆としての新政反対一揆（組織・構造）

新政反対一揆は村連合の一揆である（二〇一頁）。一揆の組織・構造に関しては、悪党的人物・博徒の参加はない。時代は急速に一揆の主体を変化させる。明治二年の日向国高千穂世直しでは博徒の参加はなく、悪党的行為も確認できない。明治三年信濃国中野騒動では、年齢的に三〇代を頂点に二〇代、四〇代がこれにつぐ構成で村の中核的百姓が参加した。悪党的人物の活躍を示す史料はない。「明治初年一揆は、放火を行ない、人を殺傷した。この行為は近世期一揆の作法からみれば逸脱的実践行為である。しかしその行為に及んでいるのは、天保期以降に出現した悪党や若者ではないのである。一般の百姓たち、しかも百姓として村で一人前に扱われる、分別のあるはずの三〇代を中心に行われたのである」（二一二頁）。この事実に対する私の感想は、一揆の個別的理由による少数の悪党・博徒・浪人などの参加では一揆の変質は一時的・点的現象として終わるのではないか。惣百姓が変容・変質しなければ行動は変化しない。変化させたものは何かといえば新政の得体の知れなさに対する恐怖・拒否であると考えています。新政反対一揆は「惣百姓一揆型に回帰」した。「村民を根こそぎ動員したもの」（茂木陽一）になる（二一二頁）。

保坂智氏は、明治四年播但一揆を素材に、一揆構成・参加実態から挙村一揆を抽出されています。村役人が集会、小前集会、再度の村役人集会と嘆願が行われる。こうして村々連合の徒党が形成され、村役人の指示で一揆に参加していった。議定（「所謂傘連判」）は一村単位で作成され、「組中」に提出する形態をとっている。これは一揆が村単位に組織されていることを示している（二二二〜四頁）。一揆議定が作成されたことが確認できる事例は、明治二年上野（こうずけ）国高崎五万石騒動など一三件（二二六頁）。明治期にも一揆議定の伝統は受け継がれていた。

以上の実態は、地租改正事業が完了するまでは、村請制（むらうけせい）村落は生きていて、機能しており（奥田晴樹一九九三年・第一篇第一章・第二編第五章）、新政の得体の知れなさに対する恐怖・拒否を共同体が媒介しました。それゆえの「挙村一揆」であったと考えています。新政反対一揆では全村全戸の根こそぎ動員が行われ、村を単位として村連合組織による闘いでした。一揆の暴力は権力による武力弾圧に誘発された側面があります。しかしより根本的には、新政が農民の旧来の生活、社会習慣等を根底から揺るがした結果なのです。保護のシステムも廃止され、意味不明の近代化が推進され、①それを全面的に受け入れ過去のすべてを捨て去るか、②それを拒否して武器を持ち新政府に対抗し、徹底的に弾圧され、止むを得ず近代化を全面的に受け入れるか、新政は、まさにAll or Nothing の選択を迫るものだったのです。ここに②新政反対一揆が出現する理由があります。そのような政策の実行者は絶対的悪として措定され、彼らに対して直接的な暴力が振るわれました。

一揆は百姓としてその経営の「成立」を要求するという根拠を失いました。百姓身分の象徴たる蓑笠を脱ぎ捨て、鎌に代表される得物を放棄し、竹槍を携帯したのです。封建的割拠性と、その政治支配論理である仁政構造の中で生まれた百姓一揆は、維新政府という強力な中央政府の出現によって、その歴史の幕を引かざるを得ないのであった（二二三頁）。

以上、保坂智氏の悉皆（しっかい）調査によって、明治初年一揆の詳細な実態が提示されています。

第一章　明治〇年代一揆の行動様式の特質の小括

保坂智氏の仕事によって、鳥羽・伏見の戦いでの幕府軍の敗戦、さらに明治維新政権による近代化・文明化・西欧化策としての新政の推進（仁政イデオロギーの放棄）を契機として、近世の百姓一揆の得物原則が転換したこと、新政反対一揆を含む明治初年一揆では、鉄砲や刀剣などが一般農民の持物からは脱落し、村旗の下に常日頃の服装で挙村参加する農民たちが武器としての竹槍一色で栗の毬のような状況で実力行使したこと、特に明治四年以降は放火・殺傷を行い政府・新政に全面対決・敵対していったことがわかりました。滿木の視線で見た明治初年一揆の特徴（現状認識）とはこのようなものであったでしょう。私たちも、実力行使に発揮される衆としての農民のエネルギー、凄まじい「迫力」を強く感じることができます。滿木も目前で展開する一揆ゆえに、さらに強く感じたのではないでしょうか。

第二章　明治八年十一月、滿木清繁による「竹槍席旗」文言の「製造」

第一節　都市民権派ジャーナリストとしての活動

◉「竹槍席旗」文言のルーツ

「はじめに」で述べたように「竹槍席旗」文言のルーツは、鹿児島県士族で、都市急進過激民権派と言われる集思社社員・記者（『評論新聞』第一〇〇号から最終号の第一〇九号まで印刷人）であり、思案橋事件にも関わった滿木清繁（後述するように「みつぎきよしげ」・「まききよしげ」の二通りの読み方がある）が、一八七五（明治八）年十一月発行の『評論新聞』第四〇号掲載の「國政轉変論 并 評」で「製造」・使用（公表）した時まで遡ります。

一八七五（明治八）年十月に、箕作麟祥訳「國政轉變ノ論」（『萬國叢話』第二号。箕作麟祥一八七五年：三五〇～二頁）が発表されました。翌十一月の『評論新聞』第四〇号は、この訳文が「立意頗ル激切」として、「國政轉變ノ論」を多少省略（抄録）して掲載し、編輯長関新吾をはじめとして、記者滿木清繁・横瀬文彦・田中直哉の集思社の四名がこれを評論しました。この時、滿木が「実力に訴えること」という意味で、積極的・肯定的意味、プラスイメージを込めて「竹槍席旗」文言を「製造」・使用したのです。現段階でこれが確認できた「竹槍席旗」文言使用（公表）の最古の事例であり、製造者の周辺、成立事情を考慮して最も蓋然性・可能性が高いので、「竹槍席旗」文言のルーツであると結論づけるものです。

　満木は社会契約論の脈絡で、いわば理論的な領域で同時代の様々な民衆運動を包摂できる文言として発想し、「竹槍席旗」文言（表象・イメージ）を「製造」しました。その普及・拡大の過程で実際の歴史事象に使用されるようになると、「竹槍ヲ提ゲ席旗ヲ翻シ」と「竹槍席旗」文言を分解した類似表現が現れ、持物・旗物を発想するような兆しが現れたり、マイナスイメージが付与されたりするようになりました。「実力に訴えること」という意味で、積極的・肯定的意味、プラスイメージを込めて「製造」された「竹槍席旗」文言は揺らぎ始め、その後百姓一揆・新政反対一揆などと同義として使われ始めるようになります。そうなった段階で「竹槍席旗」という文言、字面（文字・文章の表面上の意味）にこだわると、当然実態とは異なることになります。しかし、「製造」された時点では、百姓一揆の近世的伝統・実態・作法を見失（見誤）っているというわけではないと考えています。決して、江戸時代の百姓一揆を、明治になって新しい言葉に置き換えようとして「竹槍席旗」文言を「製造」したのではなかったからです。百姓一揆を表す言葉を造語しようと思って「製造」したのではないのです。

　そしてちょっと後のことになりますが、「竹槍席旗」文言の普及・拡大の過程が、自由民権運動の時期に重なっていました。それゆえ「実力に訴えること」＝「竹槍席旗」文言は、自由民権＝代議制、言論・文章＝「文明の戎器（武器）」、文明の立場から、実態としての百姓一揆＝実力行使＝野蛮とされ、次第に暴力主義というマイナスイメージを付与されていきました。言論・代議制（「文明の利器」）を理念・目標とした自由民権家によって、「竹槍席旗」は百姓一揆＝実力行使・暴力＝野蛮のマイナスイメージを付与されていったのです（内田満二〇一四年）。最近まで私たちの感性にまで深く浸透していた百姓一揆観はこの「竹槍席旗」の負のイメージだったのです。

　さらに、秩父事件の新聞報道では性格の異なる三つの運動（百姓一揆・新政反対一揆・秩父事件）をさす用語として多用されました。近代国家は仁政イデオロギーを捨て去ったので、権力側の武力に対抗して相互にむき出しの暴力が前面に出ました。それが「竹槍席旗」文言に暴力のイメージを色濃くつけることになりました。負のイメージです。その結果、新政反対一揆・秩父事件から抽出された実力行使・暴力という側面を沁み込ませ、滲ませた文言として普及・定着していったのです。

最終的に、「竹槍席旗」文言は、百姓一揆に定着していきました。現在「秩父事件」・「新政反対一揆」と呼ばれ、その用語で定着し、「竹槍席旗」とは言われることはありません。しかし、その結果、暴力という外套を纏ってしまった、纏わされてしまった「竹槍席旗」文言によって、百姓一揆も竹槍に象徴される武力（暴力）が前面に出てくることになりました。第Ⅰ部で見たように得物（農具）を持って、人を殺害しない、放火もしない、「成立」を求めてひたすら訴願するという幕藩制国家の枠組みからは到底ありえないこと（事柄・百姓一揆の実態）が、「竹槍席旗」文言・図像からイメージされる結果となり、それが定着したのです。すると「竹槍席旗」文言は正しく実態を表していない、実態とは違うのではという問題が出てくるのだと考えます。

◉「竹槍席旗」文言検討の全体像

満木の「竹槍席旗」文言のその後を辿ることは、誤ったイメージを糺すことにつながり、「事実」に近づく有効な手立てだと思います。中・長期的にはその「竹槍席旗」イメージを再検討し、修正する作業を、以下のような手順でやっていこうと思っています。

まず、四〇〇を超える「竹槍席旗」文言の事例（一つの文章で二カ所に「竹槍席旗」が使用された場合は二事例とカウントしている）を集めたので、次のような時期区分をして、すなわち「竹槍席旗」文言の①「製造」／②普及・拡大／③秩父事件報道で定着／④定着・一般化（戦前）／⑤定着・一般化（戦後）／⑥現代近世史研究による検討・修正・克服の歴史を描いてみたいと考えています。本書では、その第一段階として、①「竹槍席旗」文言の「製造」にかかわって、集思社系列の機関誌紙（『評論新聞』・『湖海新報』）のみが使用する段階の八事例を検討・考察します。

『評論新聞』や公式文書（人相書・判決）（尾佐竹猛一九三七年：一五三〜五・一五九頁）に「滿木清繁」とあり、本人が「竹槍席旗」の文字を使用している（『評論新聞』第四〇号）ので、今後はこの文字を使用することにします。

また、「製造」者の滿木が一八七五（明治八）年十一月『評論新聞』第四〇号の「國政轉變論弁評」の中で使用（公表）した表記は「竹槍席旗」ですから、「筵旗」・「蓆旗」などはその後変化したものです。ちなみに、管見の範囲で、古いものから順に五〇例までに、「筵席」（『茨城筵旗』）、「竹槍蓆旗」（『熊本新聞』）、「筵旗」（『民権鑑嘉助の面影』）、「蓆旗」二例（『松本新聞』）の五例が使われています。残る四五例は「竹槍席旗」です。「竹槍席旗」論と書く場合が多いですが、「製造」者の表記を尊重して、本書では「竹槍席旗」とします。

氏名の読みについては、二通りを確認できました。「みつぎきよしげ」は、仮名垣魯文編輯『西南鎮静録 続編下之巻』一八七七年、一九〜二〇頁。青山薫編輯『肥長電信録 三編 上』共和書屋、一八七七年、一四下頁、ともに国立国会図書館デジタルライブラリー。「まききよしげ」は『伊藤痴遊全集 第十巻』平凡社、一九二九年、四三五頁で、滿木繁清で「まきしげきよ」とあり、名前は逆転していますが、苗字の読みは「まき」となっています。

◉従来の起源、二人の先達

藪田貫氏は、「使用の特徴は『竹槍蓆旗』が百姓一揆、なかんずく強訴のように民衆の集団的実力をともなった百姓一揆と同義語であるという点である。要するに民衆が強訴、あるいは実力に訴えるということをいいかえて、『竹槍蓆旗』といっている」とされています（藪田貫一九九二年：二六五頁）。「実力に訴えるということ」に賛成です。しかし、「竹槍」は「近世的伝統を見失っている」し、蓆旗は「ほとんど虚像といっていいもので…なんら積極的な含意がない」とされています。また、成立した「竹槍蓆旗」文言は「人民の国家への抵抗権」と「時代遅れの民衆運動」のように「価値観で分裂するものがあった」こと、民権家の体内に「豪農まで含む民権家たちの士族的な義人観とその裏返しの愚民観」や「代議制への強い信頼感と、大衆運動とくに直接行動への根強い忌避」などを指摘され、

「竹槍蓆旗」という言葉の呪縛に陥っている現状に光を当て、「日本近代がつくり出した独特の歴史像のゆがみを克服する課題」に取り組んでいるとされています（藪田貫一九九二年：二九一～三頁）。そして『竹槍蓆旗』という表現は、明治一〇年前後に百姓一揆に対する一つの通念として成立、普及したことが考えられ」るとされています（藪田貫一九九二年：二七〇頁）。

保坂智氏は、「明治一〇年前後に突如、『竹槍蓆旗』という熟語が出現し、それが一揆を示す用語として定着していくのである。藪田は前掲書において、この用語を使い始めた人々として自由民権家を想定しているが、私もその想定を支持したい。彼らが竹槍で、一揆を代表させるにいたったのは、彼らが見聞した明治初年の一揆であることは明らかであるが、なぜムシロ旗を一揆の代表的旗としたのかはわからない。ただ、都市的知識人を中心とした民権運動家が、ムシロを百姓的なものと考えたのではないかと推測しておきたい。そうだとすると、近世期の百姓が自己の身分を代表させようとした意識とはかなりの開きがあることになる」と指摘されています。「ムシロを百姓的なものと考えた」に賛成です。そして、「真に百姓一揆を理解しようとするならば、自由民権期に確立した、この義民と竹槍蓆旗論から解放される必要がある」とされています。自由民権期は「英明な義民と自暴自棄の愚民の行動という対立パターンで理解される」「現代につながる百姓一揆観の確立期であった」（保坂智二〇〇六年：二九〇～一頁）とされています。

両先達は、この用語を使い始めた人々として、明治十年前後に、都市的知識人・自由民権家をルーツと想定されているので、私が辿り着いた先述のルーツは、その範囲内に収まっています。では、「竹槍蓆旗」文言を「製造」した滿木清繁の周辺探索から始めましょう。

◉自由民権運動の三潮流

まず、自由民権運動の中で都市急進過激民権派が占める位置についてです。江村栄一氏は、自由民権期における民衆運動なかに自由民権運動を位置付けてみるという視座を提起し、国会開設運動の三つの潮流を示されました（江村栄一一九七六年：一八頁〜）。①愛国社系政社の潮流（「上流の民権」あるいは士族民権）、②都市民権派の潮流（都市知識人民権）、③在地民権結社の潮流（豪農民権）であり、「民権運動は三つの重層の複々線的な発展」（澤大洋一九九八年：二頁）の歴史であるとされました。

◉急進過激民権派言論結社

②都市民権派の潮流（都市知識人民権）を担った初期都市知識人民権運動左派の最も特徴的な結社は、急進過激民権派言論結社であり、それぞれ機関誌紙を持ち、初期民権運動を発展させました。

五結社と各政治評論雑誌の中で、その最も代表的な結社が滿木清繁の所属した集思社で『評論新聞』→（→は発禁後、改題して再発行したことを示す）『中外評論』→『文明新誌』、『草莽事情』を発刊し、次いで、集思社とは別系譜（澤大洋一九九八年：一五六頁）の自主社が『草莽雑誌』→『莽草雑誌』を発行し、この両者を双璧に、采風社（さいふうしゃ）が唯一の急進過激新聞『采風新聞』を、参同社が『湖海新報』→『江湖新報』を刊行し、やや穏健な結社として共同社が『近事評論』と、それぞれ政治評論雑誌を出版しました。それらは藩閥政府と激しく対決し、厳しく政府を批判し、急進的な過激民権思想を鼓吹（こすい）して、民権思想を抵抗革命権として政治的に発展させました（澤大洋一九九八年：二一頁）。

この五結社のうち、集思社（『評論新聞』）系列の結社は、宮崎八郎などの人脈の関係で参同社（『湖海新報』『江湖新報』）と共同社（『近事評論』）です（澤大洋一九九八年：一六八・一八二頁）。

◉集思社とは

集思社は、鹿児島県士族の海老原穆（えびはらぼく）が設立した都市民権派の最初の明確な政治結社の一つです。海老原は、桐野利秋（きりのとしあき）の直属で戊辰戦争に戦功をたてました。一八七三（明治六）年、西郷隆盛に殉じて下野（げや）し、明治七年後半ころ、元会津藩士族・青森県大属永岡久茂と協力し、在京の西郷・征韓派同志や反政府の学才ある志士を養い結集して、一八七五（明治八）年一月頃に集思社を結成しました。西郷らのために政府の情報収集と通信機関及び西郷私学校党の支持世論を喚起する役割も含意して、機関誌として一八七五（明治八）年三月に『評論新聞』を創刊しました（澤大洋一九九八年：一一三頁）。桐野のもとには、「海老原から、政局に関する詳報や各地の不平士族の動きに関する情報が定期的に届いていた」といいます〔「岩倉具視関係文書」（鹿児島事情）落合弘樹二〇〇五年：二〇三頁〕。

「同誌は度々の記者編集長の禁獄罰金の最大犠牲の後に一八七六（明治九）年の第一〇九号で発禁とされた。そこで海老原は、翌八月からただちに『中外評論』を刊行、同十月の第二八号でこれも発禁、不屈にもさらに『文明新誌』を同十一月に発行したものの、翌一八七七年（明治十）年六月の第四二号で再々発禁となった。この間幹部の永岡が一八七六年十月の思案橋事件で逮捕され、翌年一月に牢死し」ました（澤大洋一九九八年：一一三～四頁）。社員記者満木清繁と竹村俊秀も思案橋事件に参加しました（後述第二節）。海老原穆は、西南戦争に呼応して東京の同志と決起する陰謀が露見して、一八七七（明治十）年十二月懲役一年の刑に処せられています。

集思社＝『評論新聞』の構成は、階層的に士族と都市知識人・豪農商出身者の平民の混成で、西郷私学校と征韓派の人々のみで組織されたのではなく、非征韓派及び都市急進過激民権派都市知識人の三位一体の共同家族的結合体である」（澤大洋一九九八年：一三九頁）。「これらが結束していた理由は、反藩閥政府と急進過激民権派ということで団結していた」（澤大洋一九九八年：一二二頁）のです。

『評論新聞』第四〇号「國政轉変論并評」で、箕作麟祥訳の革命論を鼓吹し、「政府から『集思社』は革命党の集団にして『評論新聞』は革命党の機関たる如く看做され、恐れられた」（澤大洋一九九八年：一二八頁）という。そのため弾圧され、『評論新聞』の受刑者は合計一九人で、なかんずく一八七六年一月から七月廃刊まで一八人と、明治期出版物（定期刊行物）中で最大の被害と犠牲者を出しました。こうした弾圧に対して『評論新聞』では、「世の為に死ぬるは兼ての覚悟じゃないか、禁獄なんぞは屁のふのへ」（同誌第七〇号。この記事でも処罰される）と言い、「罰金平左衛門と意気軒昂天を突き、不屈の抵抗を展開し、入獄記者は英雄視され、記者は入獄を名誉と思」っていたという（澤大洋一九九八年：一二八頁。「集思社社員滿木清繁への言論弾圧」、本書一八七頁）。

◉反政府運動の理論的武器は民権論と民撰議院設立論

教科書にも出てきますが、一八七三（明治六）年政変で下野し、反政府運動の理論的武器を模索していた後藤象二郎は、十一月に帰国した古沢滋（民撰議院設立建白書の草案執筆。愛国公党結成、のち立志社・愛国社設立に尽力）と小室信夫（民撰議院設立建白書の提出を説き、古沢滋と起草。『東洋民権百家伝』の編者小室信介は養子）を招いてその意見を聞きました。そこで西洋民権思想（人民が政治に参加する権利を持っているとする政治思想）を教示され、彼らの反政府運動の理論的根拠（思想的確信）を得て、民権論（天賦人権論）と民撰議院論（代議制・代議政治）を理論的武器に藩閥政府に政治的反撃を加えました（澤大洋一九九八年：一六頁）。

◉急進過激民権派言論結社は社会契約論と革命権

都市急進過激民権派と言われる集思社・『評論新聞』系の人々の政治思想は、箕作麟祥訳『泰西勧善訓蒙後編』から学んでいます〔初版、一八七三（明治六）年九月ウインスロウ原著『モラルフィロソフィー』一八六六年、新育刊〕。その国政論は、社会契約論に立脚して、人民には政府転変＝革命権があるばかりでなく、それを行う義務があると述べています。これを学んでいた集思社の滿木清繁をはじめとする社員は、革命肯定論に立って、その方法や注意すべき点を詳述した「國政轉變ノ論」を『評論新聞』第四〇号で取り上げ、評論したのです。先行の『泰西勧善訓蒙』〔一八七一（明治四）年九月刊行。仏国ボンヌの原著、一八六七年〕が小学校児童の修身教科書としてかなり普及していました。直接的には箕作訳の「國政轉變ノ論」（『萬國叢話』第二号、一八七五年十月）を種本とし、大きな影響を受けました（澤大洋一九九八年：一二九頁）。一八七四（明治七）年には『泰西勧善訓蒙続編』（アメリカ、ロウレンス・ヒコック原著の倫理学体系中の国政論の一部）も出版されています。

極論すると、滿木は政府が人民の人権要求を拒否する場合、自由民権運動家のように、代議制の議会の多数派工作で、政権・政策の変更を追求するのではなく、「革命」・「兵力」・「兵」によって悪政の旧政府を倒し、国民の人権を保障する新政府の樹立を目指すタイプです。権利があることとそれを実行することのあいだには大きな溝があります。抵抗権・革命権を認めるとしても、いざそれを実行する時には何が必要になるのでしょうか。

◉箕作麟祥の仕事

集思社＝『評論新聞』に理論的武器を提供した箕作麟祥はフランス系法学の開祖。一八六九（明治二）年フランス刑法典の翻訳を命じられ、七〇年にはフランス民法典（ナポレオン法典）の翻訳を行い、さらに明治四年七月に文部省が設置されると、学制の起草・制定にあたって、主導的役割を果たしました。さらに森有礼（もりありのり）・福澤諭吉・西周（にしあまね）・加藤弘之らとともに創立した明六社で、啓蒙（けいもう）活動にも力を注いでいます。訳語の苦心談は、この後の**福澤諭吉の「新文字を製造」の「製造」用語**で触れます（本書一八五頁）。

すでに述べたように一八七一（明治四）年九月『泰西勧善訓蒙』、明治六年『泰西勧善訓蒙後編』、明治七年『泰西勧善訓蒙続編』を出版しました。泰西（たいせい）とは西の果て、西洋諸国のこと、勧善とは善を勧めること、訓蒙とは子どもや初心者を教え諭すことです。その目的で書かれた書物でした。

大久保利謙氏が言うように「箕作の意図は革命を是認したり急進的民権論を支持したのではなく、こういう意見もあるぞ、という啓蒙の精神からであった」（大久保利謙一九六七年：四四七〜八頁）と当人にはその意図がなかったとしても、作品は一人歩きします。『評論新聞』が大々的に「國政轉變ノ論」を取り上げ、滿木が「竹槍席旗」文言を「製造」し、その影響が現在に及んでいることをみてもそういえるでしょう。

滿木の評論を検討する前に、「竹槍席旗」文言「製造」の直接のきっかけになった箕作麟祥の「國政轉變ノ論」とその二年前の明治六年に訳出した『泰西勧善訓蒙後編』の「国政論」をみておきましょう。

◉箕作麟祥訳『泰西勧善訓蒙後編』は革命権実行義務

箕作麟祥訳『泰西勧善訓蒙後編』（明治六年）「巻之三 第七章 国ト民トノ務 下」「第三種 民ノ務」では、国に対する義務として、尊敬、順聴、資助・防禦を論じています。

順聴（国の命令に従う）項目で、「一疑問アリ」として、もし政府が「人民ヲ使役シ租税ヲ徴収シ国財ヲ処分シ訴訟ヲ裁判」する中で、勝手放題で人民を苦しめ、「當を失ヒ人民ヲシテ不平ノ念ヲ懐カシメ」、加えて「人民ノ権利」を侵し奪い、「自由ヲ欲スルノ念ヲ」権力で無理やりに押さえつけ、「人民自由ノ政体ヲ改メテ暴虐ノ政体ヲ立ントスル」ことが、「若シ現ニ起ル時ハ人民タル者猶其政府ノ命ニ順聴ス可キヤ」と投げかけます。

その疑問に対する答えが、政府はもともと、人民を援助し利益を与えるために立てたもので、社会契約の結果生まれたものだとします。そして帝王・鎮台（地方を守る軍隊）・官吏・法は人民のために設けられたものである。だから法と政治を論じるときは、「人民ヲ保護シテ之ヲ資益スルニ在リ」。だから現在、政治が人民を「資益」し、「人民ノ自由ト善道トヲ保護」するどころか、かえってこれを「妨害スルニ至ル時ハ政府タル者其任ニ背クカ故ニ人民啻ニ之ニ抵敵（抵抗）シ其政ヲ変易（変改=革命）ス可キノ権アルノミニ非ス必ス之ヲ為ス可キノ義務アリ」（権利があるだけでなくそれを為すべき義務がある）というものでした。

このように『泰西勧善訓蒙後編』は、明治六年八月段階で社会契約論に立脚して、人民の抵抗権・革命権があるばかりでなく、それを為す（実行する・実力に訴える）義務があると述べています。これはロックの社会契約説です。そして「米国十三州独立檄文」（アメリカ独立宣言）に盛り込まれています。これを学んでいた集思社の満木はじめ社員は、革命肯定論を詳述し、「立意頗ル激切」な訳文『國政轉變（転変）ノ論』（『萬國叢話』第二号、明治八年十月刊行）を翌十一月『評論新聞』第四〇号で取り上げ、評論したのです。この評論で満木は「若シ夫ノ民権論ト箕作氏ノ譯文ヲ信セサルモノアレハ請フ米国十三州獨立ノ檄文ヲ見ヨ」と締めくくっています。

なお『萬國叢話』は明治八年六月第一号発刊、箕作麟祥をはじめ鈴木唯一・箕作秋坪・乙骨太郎乙などの編輯で明六社に反感を持った一派が対抗的に出したものといいます（尾佐竹猛一九二八年：一五頁）。

●箕作麟祥訳『國政轉變ノ論』は革命肯定論

まず転変（革命）と改革の違いは、大きく劇的な変化と一部・若干の変化との違いです。「轉變トハ国ノ主権ニ暴劇至大ノ変異猛然トシテ生スルヲ云ヒ」、「改革トハ政府ノ一部若クハ其施政職ノ上ニ若干ノ変易アルヲ云フ」ことです。

第一条「衆庶（庶民）ノ自由ノタメ已ムヲ得サルニアラサレハ政ノ転変（革命）ヲ為ス可カラサルヲ論ス」では、「若シ其政府タルモノ或ハ私利ヲ懐キテ人民自由ノ需ニ抗スルトキハ、国民等宜シク兵力ヲ用ヒ（圏点：内田、以下同じ）以テ之レヲ廃スヘシ」（国民等は兵力を用いそのような政府を廃した方が良い。人民の国家への抵抗権）。政府の転変を図る場合に気をつけることは、政府の暴虐の災害と転変・騒擾の災害とを比較衡量することである。革命でさらに人民を一層過酷な政治に遭わせる道理はないからです。

第二条「政ヲ転変スルノ権ハ独リ国ニアルコトヲ論ス」では、「数人一個ノ意見ヲ以テ政府ノ転変ヲ図ル（計画）ヘキノ権ナシ」とする。だから「轉變ヲ図ルモノハ国民ノ挙テ之レヲ助クル」＝国民の支持が重要である。そうでないと「必ス謀逆ノ醜名（汚名）ヲ遺ス」ことになる。つまり国民に働きかけ、支持を得よということである。また本国に支配された植民地は「虐壓セラルル地ノ人民挙テ不羈（束縛されず自由なこと）ヲ欲スルトキハ兵ヲ起シ独立ヲ謀ル（企てる）ノ権アリ」（植民地の宗主国に対する抵抗権）。植民地の独立については『評論新聞』では省略されていますが、これが満木の「米国十三州独立ノ檄文ヲ見ヨ」に繋がります。

第三条「各人或ハ連合通謀スル数人ノ転変ヲ図リ兵ヲ起ストキハ、其危厄ヲ自カラ其身ニ擔當セサルヘカラサルヲ論ス」（個人・複数人が共同して、革命を目指し、兵を挙げるときは、身に降りかかる危難を引き受けなければならない）では、国民の支持の有無によって全く異なった結果を生みます。「初メハ国ノ法律ヲ守リ以テ人民ノ冤（不平不満）ヲ訴フルヲ其常ト為スト雖モ、政府ノ之ヲ容レ（聞き入れる）サルヨリ漸ニ激シ漸ニ甚ク終ニ闘撃（武器を持って戦う）ニ至ル者タリ」。だから「必ス先ツ檄文（世人に自分の主張や考えを述べて、決起をうながす文書）ヲ其国民ニ示シ国ノ主権ニ據テ暴主ヲ逐フ可キヲ喩告（教諭し告げる）シ、全国ノ人民ヲシテ其大業ヲ成スニ奮起セシム可シ」とその方法を明示する。運動をする側にとって重要な手続きです。

国民の支持を得て「其功ヲ成ス時ハ人皆称シテ人民自由ノ救者ト為」すが、「之レニ応スル者ナキ時ハ、必ス實在政府ノ捕縛ニ逢ヒ以テ其身ノ縊架（縛り首）ニ懸カル」。「国民ノ救者」か「国ノ逆徒」か、革命企ての成否を身に引き受けなければならない、と覚悟を促しています。

第四条「転変ノ挙ニ抗スル輩モ亦其危厄ヲ自カラ擔當ス可キヲ論ス」では、国民が現在の政権を転変する時は、革命に抵抗する側の君主・守臣も身にふりかかる危難を自ら引き受けなければならない、としています。

以上のように、『國政轉變ノ論』は、革命・独立を起こす側に立って論が進められ、注意点・要点・方法・覚悟などを詳述しています。すなわち革命権があります。比較衡量が必要（第一条）。国民の支持が必要。植民地も独立の権がある（第二条）。檄文を国民に飛ばし奮起させることが重要な手続きで、革命を起こすときは身に降りかかる危難は引き受けなければならない（第三条）。革命側もそれに抗する側も同じである（第四条）などです。

◉『評論新聞』第四〇号の四人の「国政転変論」評

先述した二つの箕作訳文の内容を踏まえて、一八七五（明治八）年十一月『評論新聞』第四〇号は、『國政轉變ノ論』を若干省略しながら掲載し、集思社編輯長関新吾・記者満木清繁・横瀬文彦・田中直哉の四名が評論しました。満木を除く三名の評論を先に検討し、最後に満木の評論を検討します。

●編輯長関新吾の評

編輯長関新吾は、「博学多識」の「雷名（名声）アル先生」である箕作麟祥が、「此ノ如キ激烈ナル轉變論ヲ譯述シ」世情が騒がしい時に刊行したことは、「我国ハ学者ノ激烈気力モ亦万国ニ秀越スルノ兆候ナラン」と褒めたたえました。しかし刊行の意図は、「敢テ現在ノ激徒ヲ奮起鼓舞スル積リニハアラスシテ別ニ天下後世ニ望ム所アリテ然ルカ」自分にはわからないとしました。

●横瀬文彦の評

横瀬文彦は、「箕作ノ持論」と見做して評論するとしました（「少シ僕ノ思ヒ過キニテ是レハ只ノ飜譯ニテ子（箕作：内田）ハ論ノ旨意ニハ御関係ナキカハ知ラネトモ」と付記している）。「國ハ政府ト異ナリ政府ハ轉變スト雖モ國ハ轉變セス」とか「政府或ハ私利ヲ懐キ人民自由ノ需ニ抗スルトキハ國民宜ク兵力ヲ用ヒ以テ之ヲ廃スヘシ」とかは、「我輩ノ耳目ニ觸レタル論説中此ノ如キ自由ヲ論スルノ痛快ナルモノハ未タ嘗テアラサルナリ」として「民権學ノ開山（創始者）改革政黨ノ張本（首謀者）タル箕作」とみなしました。そして日本でも後世「人民兵ヲ起テ其暴吏ヲ逐ヒ其虐政ヲ廃スル…此篇ノ人民ヲ鼓舞スル能力大ニ其轉變ヲ助クルコトアラン」としました。

そして「此篇ヲ称シテ東洋ノ「コントラ、ソシャル」（『社会契約論』：内田）日本ノ「レスプリーデ、ロア」（『法の精神』：内田）トナシ箕作子ヲ呼テ東洋ノ「ルーソー」日本ノ「モンテスキュー」トナスモ決シテ過当ニハアラサルナリ」と最大級の賛辞で筆を擱いています。箕作をグーーンと持ち上げたのです。

●田中直哉の評

続いて、田中直哉は、自分はアメリカの改革家パトリック・ヘンリーにも「一歩ヲモ譲ラサルノ意気込也」としたうえで、「今此ノ英気（すぐれた才気）ヲシテ宇宙間ニ磅礴（広くゆきわたる様子）セシメハ凛凛烈烈トシテ何物カ碎ケサラン何事カ成ラサラン嗚呼世ノ壯勇ナル者ヲシテ益々培養ノ力ヲ添ユル者此ノ譯文ニアル哉」と太鼓を叩きました。箕作の言うことに調子を合わせて機嫌をとったのです（大久保利謙一九六七年：四四七〜八頁）。

なお、「パトリック・ヘンリー」は、アメリカ独立戦争にかかわってバージニア植民地におけるイギリス支配に異議を唱える者たちの代弁者でした。一七六五年バージニア議会で「代表なくして課税なし」を提案し独立運動の先頭に立ちました。また一七七五年三月二十三日の演説の最後の「自由を与えよ。然らずんば死を」は歴史に記憶される名文です。授業で勉強したり、聞いたことがあるかもしれません。

◉滿木清繁による「竹槍席旗」文言の「製造」

こういった雰囲気（論調）の中で、滿木は革命肯定論にたって、箕作の訳文を受け止めて、「竹槍席旗」文言を「製造」しました。**一八七五（明治八）年十一月、『評論新聞』第四〇号の「国政転変論」評**が、現段階で「竹槍席旗」文言の最古の使用事例です。**これを（1）事例とします。**長文ですが、滿木の評論の全文を掲げます。一先ず飛ばしていただいても大丈夫ですが、重要な文章なのでまた戻ってきて、頑張ってください。（2）〜（8）事例は本書一九六頁〜にあります。

◉滿木清繁の「評」を読む

「滿木清繁曰ク吾輩ハ去日編輯長ノ著ハス所ノ民権論ヲ讀ミ窃カニ謂フ（論評する）／其文章ノ流麗ニシテ議論ノ卓越ナル實ニ近来世上ニ於テ稀ニ見ル所ナリ／吾政府ト吾人民ト互ニ此等ノ気象（こころだて）ヲ有スルニ非レハ決シテ一國ノ安寧ヲ得ル能ハサルナリ／今此文ヲ讀ムニ其壮快雄偉ナル／夫ノ民権論ノ上ニ出ルモノアリ知ラス／其原文ハ果シテ何國何人ノ手ニ出ルヤ／其政府タルモノ或ハ私利ヲ懐キテ人民自由ノ需ニ抗スル云々ノ一段（第一條：内田）ニ至リテハ民権論ト符節ヲ合ハス（ぴったり一致するようす）ガ如シ／止タ其辞（ことば）ニ於テ緩急疾徐（ゆっくりでもなく急ぐでもない）ノ同シカラザルアルノミ／何ソ其約セスシテ相似タルノ此ノ如キヤ（表現が違うだけで同じこと）／夫レ天下ハ人民ノ共有ニシテ政府ノ得テ（どうあろうと）私スヘキ所ニアラス／天下人民ノ其租税ヲ納メ

テ官吏ノ供用ニ充ツルモノハ他ニアラス之（官吏）ヲシテ其人民ヲ保護シ一國ノ安寧ヲ保タシメントスルニアラスヤ（社会契約論：内田）如シ／政府タルモノ其私利ヲ営ムニ汲々（一つのことに打込みゆとりのないようす）トシテ天下ノ安危ヲ顧ミサルガ如キアラハ／寧ロ（いっそ）手ヲ束ネテ（手をこまねいて）一國ノ顚覆（滅びること）ヲ傍観スルノ理（道理）アラムヤ／**竹槍席旗**（太字：内田）ヲ以テ其自由ノ権利ヲ恢復スルハ即チ勢ノ巳ムベカラサル所ナリ／世上若シ夫ノ民権論ト箕作氏ノ譯文ヲ信セサルモノ（者）アレハ／請フ米国十三州獨立ノ檄文ヲ見ヨ」。

「評」の三行目中段から見てゆきましょう。箕作訳文の民権論の上に出るものはない。原文は何国の誰の手になるものか。第一条で抵抗権を規定した「若シ其政府タルモノ或ハ私利ヲ懐キテ人民自由ノ需ニ抗スルトキハ、国民等宜シク兵力ヲ用ヒ以テ之レヲ廃スヘシ」の一段に至っては民権論とぴったり一致している。わずかに言葉の緩急に違いがあるだけだ。天下は人民の共有で、政府が私すべきところではない。人民が租税を納入して官吏に使わせる意味合いは、ほかでもない官吏に人民を保護し、一国の安寧を守り続けさせようとするためである。こうした社会契約論に立って、政府が私利に走り汲々として天下の安危（安全と危険）を顧みないなら、いっそ手をこまねいて一国が滅びるのを傍観している道理があるだろうか、いやない。それよりも竹槍席旗（「実力に訴えること」、箕作のいう「転変」＝革命、人民の国家への抵抗権。満木の原義で、ここにはマイナス評価はない）で、「自由ノ権利ヲ恢復スル」ことは時代の趨勢である。もし、その民権論（社会契約論）と箕作氏の訳文（人民の革命権・植民地の独立権など）を信じない人がいたら、どうか「米国十三州獨立ノ檄文」を見ていただきたい。おおよそこのようなことが書かれていると思います。

満木清繁は、租税納入を切り口に、人民の保護・平和な世を継続させるために社会契約して政府を作ったのだから、その政府が国民・人民の要求に逆らって、天下の安危を顧みないなら、手をこまねいて国が滅びるのを傍観しているのではなく、抵抗権・革命権（人民の国家への抵抗権。第一条）を実行して「兵力ヲ用ヒ以テ之レヲ廃ス」、満木の言葉でいうと「竹槍席旗ヲ以テ其自由ノ権利ヲ恢復スル」ことが時代の趨勢である。これが滿木の論旨（意見の中心）です。教科書に出でくる一七～一八世紀の天賦人権論（説）の運びです。そして最後に、そうはいっても民権論と箕作氏の訳文（抵抗権・革命権など）を信じない人は、どうか「米国十三州獨立ノ檄文」を見ていただきたい、と結んでいます。

◉アメリカ独立宣言から開ける展望

「米国十三州獨立ノ檄文」とはアメリカ独立宣言のことです。前文と主要部の第一部が自然権・契約思想・「合意の支配」・革命権をうたった部分、第二部がイギリス国王の圧政の事実を列挙した部分、最後の結語という構成で、ロックの社会契約説をベースにしています（斎藤真一九五七年：一一三～五頁）。

一八六六（慶応二）年、福澤諭吉は『西洋事情』の初編三冊を刊行しました。初編巻之二で、アメリカの独立宣言を翻訳し載せています（福澤諭吉一九五八年：三二三～六頁）。宣言文のある一句からの連想で、明治四年十二月に『学問のすゝめ』（岩波文庫、一九七一年：第二七刷、一一頁）を書いたときに、よく知られている「天は人の上に人を造らず、人の下に人を造らずと云えり」と記しました。『西洋事情』は非常に売れ、福澤自身初編は一五万部、偽版を加えれば二〇～二五万部というほど世に広まりました（福澤諭吉一九五八年：二六頁）。また「一八六七年一〇月に土佐藩士の後藤象二郎が、将軍徳川慶喜に大政奉還を説いたとき、慶喜がすでに『西洋事情』を読んでいたのを知りおどろいたという」（鹿野政直一九六七年：四八頁）話もあります。

本論に戻りましょう。植民地は独立権を有する。『國政轉變ノ論』第二条の後半では、本国に支配された植民地は「虐圧（圧政）セラルル地ノ人民挙テ不羈（束縛されず自由なこと）ヲ欲スルトキハ兵ヲ起シ独立ヲ謀ルノ権アリ」（植民地の宗主国に対する抵抗権）と明記します。植民地の独立について『評論新聞』は省略していますが、第二条の後半が滿木の「米国十三州独立ノ檄文ヲ見ヨ」に繫がります。宗主国イギリスの「虐圧」が「米国十三州獨立ノ檄文」に列挙されています。彼等には、「人民挙テ不羈ヲ欲スルトキハ兵ヲ起シ独立ヲ謀ルノ権」があり、独立権を「兵ヲ起シ」実行して（一七七五年独立戦争を起こして、実力に訴えて）、独立を勝ち取りました。満木たちも意識していたでしょうが、『評論新聞』第四〇号を発行した一八七五（明治八）年は独立戦争からちょうど百年目にあたります。

アメリカの独立は、歴史的事実として明白なもので、わかり易い事例になっています。一七七六年「米国十三州獨立ノ檄文」を読めば、不当な「虐圧セラルル地ノ人民」も、「兵ヲ起シ」（実力行使する）ことによって、宗主国から独立し、人民に自由を約束・保障する自由な政府・国家を作り出すことができることが納得され、民権論や箕作の訳文を信じられるようになるだろうという見通しのもとに書かれたものです。そうすれば、満木の論旨の人民の国家への抵抗権、すなわち「若シ其政府タルモノ或ハ私利ヲ懐キテ人民自由ノ需ニ抗スルトキハ、国民等宜シク兵力ヲ用ヒ以テ之レヲ廃スヘシ」（国民等は兵力を用いそのような悪政府を廃した方が良い。『國政轉變ノ論』第一条）ということも信じられるようになるだろう、そういう見通しであろうと思います。人民の国家への抵抗権・革命権、植民地の宗主国に対する抵抗権・独立権だから、「実力に訴える」ということは、肯定的な・積極的なプラスイメージを持っているのです。これから「製造」する文言には、そのような、意味が込められることになります。

◉満木が表現しようとしたもの＝「実力に訴えること」。さまざまな民衆運動を結集できる場

次は、「竹槍席旗ヲ以テ其自由ノ権利ヲ恢復スル」に使われている満木が「製造」し、使用した「竹槍席旗」文言です。箕作の二つの訳文から学んできた満木からすると、『泰西勧善訓蒙後編』（明治六年八月段階）で強調されていることは、「政府タル者其任ニ背クカ故ニ人民啻ニ之ニ抵敵（抵抗）シ其政ヲ変易（革命）ス可キノ権アルノミニ非ス必ス之ヲ為ス（実行する。実力に訴える）可キノ義務アリ」と抵抗権・革命権があるだけでなくそれを為すべき義務があるということでした。この部分を念頭において、「竹槍席旗」文言の部分を考えると、『國政轉變ノ論』第一条の革命権で「国民等宜シク兵力ヲ用ヒ（実力に訴えて）以テ之（政府）レヲ廃スヘシ」（人民の国家への抵抗権）の「兵力ヲ用ヒ」や第二条の独立権で「人民挙テ不羈ヲ欲スルトキハ兵ヲ起シ（実力に訴え）独立ヲ謀ルノ権アリ」の「兵力ヲ用ヒ」・「兵ヲ起シ」でも良いはずです。特に人民の国家への抵抗権のところなので「兵力ヲ用ヒ」で何ら問題ないはずです。

ところが、滿木はそうはしないで「竹槍席旗」文言を「製造」・使用したのです。「兵力ヲ用ヒ」・「兵ヲ起シ」では、言い表せない何かがあったのです。それを表現するために抽象語「竹槍席旗」文言が「製造」されたのです。

近世は身分社会＝法も運動も皆、身分ごとで、つながらない⟶「兵力ヲ用ヒ」・「兵ヲ起シ」・「兵ヲ起ス」では、さまざまな民衆運動を包摂できない⟶「実力に訴えること」で身分の限界を、ハードルを越えることができるようになると考えたのではないかと思います。明治初年の日本は国民国家への途を歩もうとしていました。

権利に安住するものは権利を失う。抵抗権・革命権・独立権など様々な権利を獲得するには、自分の力で我がものとして勝ち取らなければならない。滿木は「人民」が、「国民等」が、「人民挙テ」＝集団による実力行使＝「実力に訴えること」＝（「之ヲ為ス」・「兵力ヲ用ヒ」・「兵ヲ起シ」・「兵ヲ起ス」）が要求を実現させる力になるという肯定的・積極的なプラスの意味で、プラスイメージを込めて新語「竹槍席旗」文言を「製造」したのです（内田満二〇一四年：一九・二一頁）。「実力に訴える」という言葉は、実力行使・行動主義・直接行動を積極的に評価する姿勢を込めた言葉です。

アメリカの独立は実力行使により勝ち取られたもので、「実力に訴えること」により、権利を獲得できる、目的を達成できる、目標を実現できるという実力行使への確信がありました。滿木が表現したかったものは、「実力に訴えること」。それを理論面で導き出したのが、『評論新聞』の「評」の民権思想と歴史的現実としてのアメリカ独立でした。そのような実力行使（「実力に訴えること」）によって、運動の成果をあげることができる。そのような実力行使

（「実力に訴えること」）でしか成果を上げることができないという実力行使への確信があったのです。その成果とは革命によって「自由ノ権利ヲ恢復スル」、自由を保障する新政権を樹立することです。また独立戦争によって宗主国から独立して新たな政府を作ることです。

そのうえで「実力に訴えること」を社会契約論（「米国十三州獨立ノ檄文」＝アメリカ独立宣言）の筋道・脈絡の中に位置づけたと考えます。人民の保護・平和な世を継続させるために社会契約して政府を作ったのだから、その政府が国民・人民の要求に逆らって、天下の安危を顧みないなら、国民等は集団で「実力に訴えること」（「竹槍席旗」）によって、「人民はそれを改廃し、かれらの安全と幸福とをもたらす（中略）新たな政府を組織する権利を有する」（斎藤真一九五七年：一一四頁）と。専制支配に対する抵抗運動・人民の国家への抵抗権を実行する＝「実力に訴えること」が要求を実現させる力になるという「竹槍席旗」文言及びその正当性を肯定的・積極的なプラスの意味を込めて、新文字「竹槍席旗」文言を「製造」したのです（内田満二〇一四年：一八～九頁）。

一般的には、「兵力ヲ用ヒ」・「兵ヲ起シ」＝戦争が「実力に訴えること」の中では最大級のものだと思いますが、実力行使＝「実力に訴えること」で考えると、戦争＝軍隊の力だけではないさまざまな運動の力を包み込むことができるようになり、様々な民衆運動も結集できる場を、空間を作ることができるようになります。

「戦争」で圧政政府を打倒して、新政府を作るという一つの限定された方法でなく、もっと抽象的な、抽象度の高い普遍的な言葉（抽象語）＝「実力に訴えること」で圧政政府を顚覆させ新政府を作るという方法を選んだと言えます。圧政転覆のための「実力に訴えること」（抽象語「竹槍席旗」）に正当性があり、実力行使・直接行動を積極的に評価する姿勢を込めた言葉を作り出したのです。結果として、さまざまな民衆運動を包摂することができる。自らも思案橋事件へ参加しました。自分の不手際で未遂に終わりますが、思案橋事件で自らも行動主義・実力行使を実行しようとしました。士族反乱を民衆運動と考えるのはなかなか難しいですが、滿木としては思案橋事件も様々な民衆運動のなかの一つ（少なくとも政府打倒を目指す運動）だと考えていたのではないかと思います。
ではその「実力に訴えること」（観念）に、いかなる符号（文字）を与えるか。具体的に新文字を「製造」する時に「竹槍席旗」文言としたのはなぜか。そこに「製造」時期が、日本の明治初年一揆が盛んだった時期（明治八年は箕作訳文発表の時期によると思いますが）だったという個別事情が反映したのだと考えられます。そこに歴史を刻み込んだ文言が生まれる背景があったと考えます。「竹槍席旗」文言に歴史が刻印されているのです。

◉「実力に訴えること」＝「竹槍席旗」文言の製造までの道程

箕作麟祥訳『泰西勧善訓蒙後編』・『國政轉變ノ論』との邂逅（かいこう）──▶人民に抵抗権・革命権があるばかりでなく、それを為す（実行する・「実力に訴える」）義務がある──▶社会契約論に立脚する革命肯定論で、人民の国家への抵抗権と植民地の宗主国に対する抵抗権がある──▶革命・独立戦争の「兵力ヲ用ヒ」・「兵ヲ起シ」では言い表せない何か、表現しきれない何かがある──▶もっと抽象的な、抽象度の高い普遍的な言葉（抽象語）＝「実力に訴えること」で、様々な民衆運動を包摂できる──▶その文言・符号を模索（百姓一揆に新しい表現を与えようとしたわけでは決してない！）。ここまでは見てきました。

では、これを表す新文字・文言（表象・イメージ）を生み出すための「困却」・「苦心」・格闘に進みます。滿木の模索は、福澤諭吉の「新文字を製造」と同じ営為（えいい）であったと考えています。ほかに西周や箕作麟祥などの新文字でも同じです。後述、**福澤諭吉の「新文字を製造」の「製造」用語**を参照してください（本書一八五頁）。

滿木は「人民」が、「国民等」が、「人民挙（あげ）テ」＝集団による実力行使＝「実力に訴えること」＝（「之ヲ為ス」・「兵力ヲ用ヒ」・「兵ヲ起シ」）が要求・目的を実現させる力になるという肯定的・積極的なプラスイメージを込めて新語・符号を「製造」しようとしました。そして集団の持つ衆の力、迫力、エネルギーを感じられる文言、圧政政府顚覆・虐圧宗主国からの独立のための「兵力ヲ用ヒ」・「兵ヲ起シ」に匹敵するような実力を表現できる文言・符号の「製造」

を目指したのです。

ヒントは目前にありました。明治八年十～十一月段階の日本の現状をジャーナリストという外からの目線で観察すると、圧制政府を顚覆するために「兵力ヲ用ヒ」・「兵ヲ起シ」に匹敵するような実力をもっているものとして、まず浮かぶのは滿木自身も属する士族だったでしょう。しかし士族は全人口の六～七%（幕末の身分別人口構成は、武士六～七%、百姓（農民）は八〇～八五%（関山直太郎一九五八年：三二三頁））。明治八年の時点で士族反乱は佐賀の乱（一八七四（明治七）年二月一日～三月一日）が起こっていますが、四月十三日江藤新平・島義勇ら一三名に死刑判決が下り、即日処刑（斬首。江藤・島は斬首のうえ梟首）されました。士族反乱は限られた地域で起こされる点としての反乱でした。一八六九（明治二）年版籍奉還、七一年廃藩置県、七三年から秩禄奉還、滿木はまだ経験していませんが、七六年には秩禄処分が行われ、士族解体作業は着々と遂行されました。四民平等は進行していましたが、これらの事実から、士族は参考・モデルにはならなかったと考えます。

これに対して、農民は国民の八〇～八五%。明治初年一揆は全国で展開される面的な政府への抵抗運動でした。明治初年で一番元気でエネルギッシュな運動を展開していたのは農民だったのです。新政反対一揆なら「人民挙テ」はクリアできます。そのエネルギーにおいて「実力に訴えること」を体現しているのは新政反対一揆に立ちあがっている農民たちだと考えました。滿木の文言「製造」とは前後しますが、七六年十二月の伊勢暴動に関して木戸孝允が「実に竹槍連ほどおそろしきものは無御座候」と述べた（安丸良夫一九九四年：五一頁）だけのことは、明治初年一揆にもあったのです。滿木は、眼前で展開している新政反対一揆を含む明治初年一揆を参考に、導きの糸にしたのです。そこで第一章で学んだ保坂智氏の明治初年一揆の行動様式が問題になります。

●滿木が見た明治初年一揆の実態（「竹槍席旗」文言を生む背景）

第一章で検討したように保坂智氏の仕事が明らかにしたことは、鳥羽・伏見の戦いでの幕府軍の敗戦、さらに仁政イデオロギーの放棄によって、①近世の百姓一揆の得物原則が転換したこと、②新政反対一揆を含む明治初年一揆では、鉄砲や刀剣などが一般農民の持物から脱落したこと、③村旗の下に常日頃の服装で挙村参加する農民たちが武器としての竹槍一色で、栗の毬のような状況で実力行使したこと、④特に明治四年以降は放火・殺傷を行い政府・新政に全面対決・敵対・抵抗していったことなどでした。満木の視線（外からの目線）で見た明治初年一揆の特徴（現状認識）とはこのようなものであったろうと思います。私たちも、実力行使に発揮される衆としての農民のエネルギー、凄まじい〝威力〟〝迫力〟を強く感じることができます。満木は目前で展開する一揆ゆえに、さらに強く感じたのではないでしょうか。

満木が何を見ていたか良くわかるので、満木が見た明治初年一揆の持物・出立・旗物の実態一覧を掲げてみましょう。

表6　満木が見た明治初年一揆の持物・出立・旗物の実態一覧

得物—竹槍・鉄砲・鎌・棒・鳶口・刀脇差・槍・実弾 → 持物 → 竹槍・棒

持物—竹槍（棒）—最も多く携帯（七二・六％。前半六八・三％から後半七八％へ）。
明治初年一揆の持物の基本が竹槍であると数値的にも確認できた。
竹槍は一揆の大多数、ほぼ全員が所持して初めて威力を発揮する → **竹槍**

—鉄砲—鳴物。目立つ存在で史料に記載。数が少ない。武器として機能せず殺生筒で人を打てない → ×

—刀脇差—目立つ存在で史料に記載多いが、一揆全体では、頭取や所の頭取所持一般百姓の持物ではない → ×

—鎌—廃藩置県後—百姓らしさの象徴の鎌持たず。仁政を放棄した維新政権では不要・無意味 → ×

—鳶口—一四・二％、前半二〇・六％から後半六％へ激減。鳶口以外の斧・山刀・鋸・綱などの打ちこわし道具三八・八％（四七件）。明治二年十二月からは打ちこわしより、放火が多くなり、四年以降は新政にかかわる施設へ → ×

出立―蓑笠――廃藩置県後、仁政を放棄した維新政権では身分を前面出すことが不要・無意味になったので、百姓らしさの象徴の蓑笠を脱ぎ捨てた→常日頃の服装

旗物――村々連合として形成された明治初年一揆は、近世と同様に村毎(ごと)に目印として、村旗を掲げた。根こそぎ動員の村民が村旗の下で、村役人を責任者として行動した。(地租改正事業完了までは村請制村落は存続)→旗物

こうして、明治初年一揆で満木が見ていたものは、**竹槍・旗物・常日頃の服装**だったことがわかります。「竹槍席旗」との関係でいえば、**竹槍と旗物**です。**村旗**の下に、常日頃の服装で根こそぎ動員されて挙村参加する農民たちが、武器としての**竹槍**をほぼ全員が持って、竹槍一色で栗の毬のような状況だったのです。そしてその集団が実力行使したこと、特に明治四年以降は**放火・殺傷**を行い明治維新政府・新政に全面対決・敵対・抵抗していったことがわかりました。

◉満木が目指した表現は

満木は、いわば理論的分野で、革命や独立戦争のために必要な「兵力ヲ用ヒ」・「兵ヲ起シ」に匹敵するような実力=集団の持つ衆の力、迫力、エネルギーを発揮することを表現できる文言の「製造」を目指しました。

◉まず「竹槍」について

近世では竹槍は打ちこわしのための道具として使用され、竹槍での殺害は二事例しかありませんでした。しかし新政反対一揆では竹槍一色となり、殺傷を行うし、近世同様に打ちこわしの道具ともなりました。「対人殺傷を伴うようになったことが、明治初年一揆の重要な特徴点の一つである」(保坂智二〇〇六年:一八二頁)。このような特徴を持つ竹槍の集団(かたまり)が、「大野市中又騒然竹槍林立立錐(りんりつりっすい)ノ地モ無シ」(明治六年三月越前真宗護法一揆、三上一夫一九八七年:三一頁)状態になったり、「竹槍が栗の毬(いが)の如くに並び立ち誠にすごい有様」(慶応四年三月隠岐騒

動。青木虹二編一九七〇年：四五三頁）を目にした場合、竹槍群は一揆のイメージを転換させるほどの迫力あるものであったろう（藪田貫一九九二年：二七七頁）。その集団が打ちこわしを行い、放火をし、殺害に及んだのです。満木も竹槍群の集団から、毀焼（きしょう）（打ちこわしと放火）の行為から、兵力・兵に匹敵する「迫力」を感じ取ったに相違ありません。こうして竹槍は一揆の「実力」「威力」「実力に訴えること」を象徴するもの（「竹槍」・表象）になりました。集合体としての武器としての威力、実力を象徴する「竹槍」が生まれました。

◉次は村旗について

村旗の下に常日頃の服装で、根こそぎ動員されて挙村参加する農民たちの村旗（「お子様ランチの旗」と言ったら燥（はしゃ）ぎすぎでしょうか）について、視覚的に想像しながら読み進めてください。村旗（旗物）は、近代に入って明治初年一揆でも近世と変わらず持ち出されました。明治初年一揆は、村々連合として形成されたからです。そして近世と同様に、村ごとに目印として、村旗を掲げたのです。竹槍のところで竹槍一色となったと言いましたが、村旗も林立したのです。この村旗の下に根こそぎ動員された村民が一塊になって集団行動し、打ちこわし・放火・殺傷を行いながら明治維新政府・新政に全面的に全面対決・敵対・抵抗していったのです。ここには村旗の下に結集した集団の力と打ちこわし・放火・殺傷を実行していく「実力」があり、「威力」・「迫力」がありました。明治初年一揆を戦っていく農民集団・村のエネルギー・「団結力」を感じることができます。それを象徴する物が村旗だったのです。

明治初年一揆の主体は国民の八〇～八五%を占める農民でした。村旗の下に、根こそぎ動員された農民集団、その構成員のほとんどが竹槍を携行している一塊の集団（ハリネズミ・栗の毬）がたくさん参加したのが明治初年一揆だったのです。ではその一揆の主体である農民を象徴するものは何かと、外からの目線で考えたときに、農具・生活用具として江戸時代以来の生産者（百姓・農民）に生産・生活の場で日常的に使われていたのが席・莚・筵・席（むしろ）だったのです。江戸時代の旗物ではムシロ旗は極少ないことが報告されています（保坂智二〇〇二年：一六五～

六頁。百姓一揆では七例。甲斐国米倉騒動を除くと、六例が東北地方の一揆（本書三七九頁）。木綿旗・布旗と比べて機能性で劣るからです。しかし木綿旗・布旗は百姓を象徴しません、できません。では百姓身分を前面に出して訴願した（戦った）近世の百姓一揆ではなぜ木綿旗・布旗だったのでしょうか。

江戸時代の仁政イデオロギー・恩頼関係・仁政構造の世界では、百姓が自ら百姓身分であることを前面に出して、「御救」を要求する行動を繰り返したことはすでに第Ⅰ部で見てきました。そうです。近世の百姓は、蓑笠姿で、鎌や鍬に代表される農具（得物）を持って一揆に参加しました。そして武器を持たず、殺傷せず、放火せず、旗物の下に百姓が村毎にまとまって行動したのです。第Ⅰ部第二章第一節の百姓一揆の記録（文書史料）の（b）「百姓の得道具は鎌・鍬より外になし、田畑に出よふが、御城下に出よふが片時もはなせじ」とあったように、出立と得物で百姓であることをアピールしていたのです。だから木綿旗や紙旗そのものは百姓身分を表さないが、機能性に富んでいたので実際に使用され、また様々な形態（色彩・形態でバラエティに富むもの。国立歴史民俗博物館編二〇〇〇年・五〇頁、Ⅰ―12〜14）の旗や梵天（ぼんてん）が掲げられ携行されたのです。

しかし、明治初年一揆では、蓑笠姿は①前半でこそ三八・一％でしたが②後半の二三％へ、〔A〕全体でも三一％とかろうじて三割でしたが、常日頃（つねひごろ）の服装（常態の衣服）に変わってしまいました。また得物中の得物であった鎌は①前半に三一・七％であったものの、廃藩置県後の②後半では二三％へ、〔A〕全体でも二七・四％と三割に及びません。つまり、極端な言い方をすれば（江戸時代的にいえば）、明治初年一揆は、主体が自分たちの身分を示すものを持つ必要を感じていないので、携行しなくなり、それゆえ外部から見て誰が起こしているのかわからないものになったのです。それは明治維新政府が仁政構造を放棄したので、百姓身分を強調しても権力に対してなんら意味がなくなったからです。しかし村ごとに一塊になって行動したので、目印となる村旗は携行し、高く掲げました。自分たちにとって村旗は必要だったからです。機能性から考えて、近世百姓一揆と同じように布旗・紙旗だったと考えます。農民たちは非常に合理的に、新しい権力に対応したと言えます。

すでに本書五六頁で取り上げましたが、国立歴史民俗博物館の第三展示室には、一八四〇〜四一（天保十一〜十二）年三方領知替反対一揆の際、熊手組が作った鋤・鍬・鎌・熊手の四つの農具を描いた（つけた）旗をもつ蓑笠姿の百姓のパネルが展示してあります。三方領知替反対一揆では得物を持たず、訴願に徹したので、得物を描いて旗を作り、それを持って行動したのです。他にもムシロ旗そのもの、桟俵（さんだわら）、鋤・鎌を据え縄で腰簑のような飾り付けをしたものなど百姓を象徴するものを組み込んだ梵天（ぼんてん）を作りました。それでもさらに蓑笠姿で、百姓身分を強調したのです。歴民博のパネルは一揆のときの百姓の姿を髣髴（ほうふつ）とさせます。

明治期になって、機能性に富む熊手組のような旗を作ってもよいです。実際に明治二年の高崎五万石騒動では、二丁の鎌を交叉させた下に下小鳥村と白く染め抜いた木綿旗（利根川靖幸一九八七年：表紙および口絵に「一揆の旗」として掲載）が作られ、実際に持ち出されたと考えられています。高崎五万石騒動が仁政に立返った高崎藩での百姓の「成立」を追求したものだったからです（保坂智二〇〇六年：二四三頁）。しかし仁政を放棄した権力に対しては無意味であり、また描いてあるものを見て理解して、ああ農民かというのは間接的です。

そうではなくて、表象を作ろうとする滿木からすると、一目でわかることが重要です。農民の生活や農業生産の各場面に登場する不可欠な生活用具・農具（大分県立先哲史料館編『大分県先哲叢書 大蔵永常 資料集 第一〜四巻』大分県教育委員会、一九九九〜二〇〇〇年掲載のさまざまな莚の図像）として、稲藁（わら）で編んだ莚（席）こそが、稲藁の素材そのものが農民であることを端的に表現することになります。ただし、『大漢和辞典』（諸橋轍次『大漢和辞典 縮寫版 巻四』大修館書店、一九五七年、本書では縮寫版第五刷を使用）によれば、「席」は「むしろ。上むしろ」です。禮器図が掲載されています。『福武漢和辞典』（一九九〇年）も「むしろ。ござ。敷物」として、席の上に男性が座っている図を掲載しています。「席」は、むしろのへりに薄縁がついているもの＝布のへりをつけた〝ござ〟のようです。農民が生産の場で使用する農具とは若干異なるもののようですが、滿木が「席」を使用したところに武士・都市民権家の発想が影を覗かせているのではないかと思います。

遠方から見ても席旗だとわかる。ああ農民だ！ということが連想され、イメージされる。実際に見なくても、席旗を考えただけで農民が浮かぶ。表象とはそういうことです。そういう意味では実態とはかけ離れていることもあります。「実力に訴えること」をイメージできるものは何かを考えた時に、旧武士で、東京の急進過激民権派ジャーナリストが、外から明治初年一揆の実態を見つめ、そこから「新文字製造」の参考に、農民を象徴し、旗になるような農具・生活用具は席以外にはない、そう頭で考え出した結果であろうと考えます。

都市民からすると、農民を象徴する物として、持ってこられたのが席旗と考えます。実際の明治初年一揆では席旗を掲げたことはないのではと考えていました。一揆の時に席旗を持ち運ぶのは大変だからです。しかし斎藤洋一氏が、明治二年越中ばんどり騒動で「忠次郎大明神」と記した蓆旗を立てて行動したことを指摘されています（斎藤洋一一九八三年：四四頁）。探せばもっと出てくるかもしれません。今後の課題です。

滿木の場合、外からの目で見た時のイメージ・表象だから、機能性は不要です。席旗を見れば、見なくても席旗と聞けば、直感的に農民であることがわかります。こうして村旗の下に結集する農民の団結力の象徴として「席旗」が生まれました。保坂智氏は「ムシロを百姓的なものと考えたのではないかと推測しておきたい」とされています。

◉「竹槍席旗」文言の「製造」が完了

「実力に訴えること」という抽象的な言葉は、栗の毬に象徴される武器としての竹槍の威力①「竹槍」、村旗に象徴される衆としての農民の団結力②「席旗」の二つから、竹槍の威力と席旗の農民の団結力を合体させて「竹槍席旗」文言に言い換えられました。表象「竹槍席旗」、抽象語「竹槍席旗」の完成です。

「竹槍席旗」は、新政反対一揆を含む明治初年一揆の集合体としての竹槍の威力と携行した農民の団結力をヒントに、「実力に訴えること」を意味する文言・符号・新文字・四文字熟語として「製造」されたのです。後に実際の歴史的事象に使用されるようになると百姓一揆などの意味で使用されるようになり、最終的に百姓一揆に定着しました。一九八〇年代まで「竹槍席旗」と言えば（聞けば）、百姓一揆を思い浮かべました。滿木はそれと同じように「竹槍席旗」といえば、「実力に訴えること」を思い浮かべる文言として「製造」したのです。

ちなみに、管見の限り、滿木は自分自身では「竹槍席旗」文言をたった一回しか使っていません。それが、時間の経過とともに滿木が意図した「実力に訴えること」とは異なる「百姓一揆」を表す文言として、またマイナスイメージを付与されながら、普及・拡大・定着し、一九八〇年代まで日本社会に浸透していたということは、非常に珍しく、奇跡的なことだと言って良いと思っています。

第四章第二節、第五章第二節3で取り上げる明治二十五年『埼玉新報』第四号・『埼玉民報』第一号表紙に掲げられた「竹槍席旗」図像は、埼玉平民社が時局風刺画家として著名だった小林清親に依頼したと考えています。でなければ小林が持ち込んだということですが（後述）、どちらにしろ、滿木の「製造」時の意味内容と同じ「実力に訴えること」を小林清親が絵画化・図像化したものです。清親の風刺画は、明治二十五年の「竹槍席旗」図像以外は、それぞれ個別的なテーマが描かれているので、図像からそれぞれのテーマに遡ることができます。例えば、これは秩父事件をテーマにした風刺画だとか、佐倉惣五郎だとか。

しかし、この明治二十五年の「竹槍席旗」図像は、背景を知らないでこの図像を見たら知事不信任運動を想起することはできません。小林の作品の中で、図像から本題（テーマ）に遡れない作品は、唯一この「竹槍席旗」図像だけです。この図像は百姓一揆を表現したものでも、目前の知事・警部長不信任運動を表現したものでもありません。それは不信任決議・採決を民党議員にだけ任せるのではなく、県民のエネルギーを百姓一揆的に結集し、「実力に訴えること」によって、議員を支援し、不信任決議・採決を勝ち取るという目的を果たす、そのために「実力に訴えること」（そのエネルギー）を表現しているのです。だから「実力に訴えること」で勝ち取るぞ！という実力行使のもつ〝力〟を感じ取ることができます。つまりこの「竹槍席旗」図像は、百姓一揆図像ではなく、抽象的な「実力に訴えること」を表現した図像なのです。図像なのでこれはわかり易いと思います。

しかし説明なしで、この図像を見る人は、これは実際の百姓一揆を描いたものだと見て、江戸時代の百姓一揆ってこうだったんだ、と受け入れただろうと思われます。そうすると、その理解は誤ったものであり、江戸時代の百姓一揆の実態とは異なります。でも知事・警部長不信任運動の天王山の時期に二回（小林の図像は二回公表されました）、政論誌が「実力に訴えること」という意味の「竹槍席旗」文言と「実力に訴えること」を象徴的に描いた図像を絡ませてセットで提示したことの意味は大きく、百姓一揆＝「竹槍席旗」＝暴力的だが力強い、でも代議制の時代に「竹槍席旗」は時代遅れの民衆運動だという印象を読者に与えることになったと考えます。図像だけに、視覚に訴える力は強く、たった二回の掲載で、そのイメージ通りに一九八〇年代まで生き続けました。その典型は白土三平氏の『カムイ伝』に見る通りです。

話を元に戻しましょう。満木清繁が「製造」した「竹槍席旗」文言は、「政府タルモノ或ハ私利ヲ懐（いだ）キテ人民自由ノ需（もとめ）ニ抗スルトキ」その政府を顚覆するために、さまざまな民衆運動を結集した集団による実力行使が要求を実現させる力になるという積極的なプラスの意味を込めたもので、一揆集団の持つ集の力、迫力、エネルギーを想起することができる（感じられる）ものとして「実力に訴えること」の表象です。実際にそれが存在したのではなく、イメージの世界で存在するものです。抽象語「竹槍席旗」文言は、「実力に訴えること」＝実力行使の時のさまざまな民衆運動の結集による爆発的なエネルギーや結集形態・行動様式、エネルギッシュな存在として思い浮かべるものです。村旗の下に常日頃の服装で根こそぎ動員されて、挙村参加する農民たちが武器としての竹槍をほぼ全員がもって、竹槍一色で栗の毬（いが）のような多数の集団が殺傷・放火を繰り返しながら、西欧で定着していた資本主義体制＝文明化＝近代化を強力に推進する国家の新政に全面的に対立・抵抗し、徹底的に弾圧される。そのエネルギー・威力の凄まじさ。「実力に訴えること」で突破できるかもしれない、新政を修正できるかもしれない、取りやめさせることができるかもしれないと。アメリカの独立戦争だって、独立戦争を始めることにより独立を達成できた。滿木清繁はアメリカの独立戦争同様に、諸権利を獲得できるということを積極的・肯定的な意味、プラスイメージを込めて、「実力に訴えること」の意味で「竹槍席旗」文言を「製造」したのです。

滿木清繁が「製造」した「竹槍席旗」文言は、抽象的な「実力に訴えること」（人民の国家への抵抗権）の表象・イメージであって、決して江戸時代の「徒党強訴逃散」＝百姓一揆はもちろん、新政反対一揆を言換えた文言ではないこと、それらを新しい言葉で表現しようとしたものではないことを確認して、次に進みたいと思います。

●福澤諭吉の「新文字を製造」の「製造」用語

本書では、滿木清繁が「竹槍席旗」文言を「製造」した、と「製造」という言葉を使ってきました。この言葉には、福澤諭吉の『福澤全集緒言 全』（福澤諭吉一八九七年：九〜一〇頁）を読んでいて出合いました。成立・造語・誕生などより、「つくりだす」という意味合いが強く感じられるので使わせてもらうことにしました。

福澤諭吉は、翻訳文の事は「眼中漢学者なしと度胸を定めて、唯新知識の傳播を勉むべきのみ」と方針を決めましたが、「次で困却したるは、追ひ追ひ西洋の新事物を輸入するに隨て之を代表する新文字の絶えて無きこと是なり」。いろいろ詮索してみたが、「元来文字は観念の符號に過ぎざれば、観念の形なき所に影の文字を求むるは、恰も雪を知らざる印度人に雪の詩を作らしむるが如く到底無用の沙汰なれば、遂に自から古を為し、新日本の新文字を製造したる其數亦尠なからず。例へば英語のスチームを（後略）」とか「又當時コピライトの意義を含みたる文字もなし。（中略）依て余は其コピライトの横文字を直譯して版権の新文字を製造したり」と苦心談を書き残しています。

西周は、津和野藩医の子。脱藩して蕃書調所に出仕し、オランダに留学。大政奉還前後は十五代将軍徳川慶喜の政治顧問として活躍しました。維新後は、軍人訓戒・軍人勅諭起草に参与。ヨーロッパ近代の学問・思想の移植につとめ、明治六年に「明六社」を起こし、『明六雑誌』を発行。翻譯はじめ多くの著書を公刊。西周の訳語・新語は明治期の語彙、そして現代にいたる語彙の確立に資しました。訳語・新語を並べてみると、その仕事の大きさがわかります。「哲学」「選択」「事実」「決定」「思慮」(「あすは言葉はこう作られた」『朝日新聞夕刊』一九九一年一月三十日)。「理想」「義務」「観念」「道徳」「観察」「思考」「注意」「体験」「細胞」という日常語ともつながる語から、「心理学」「外延」「内包」「蓋然」「概念」「帰納」「演繹」「主観」「客観」「意識」「直覚」「知覚」「感覚」「理性」「悟性」「先天」「後天」「定義」「本能」「命題」「現象」「抽象的」「具体的」「総合」「分解(分析)」など抽象語に至るのです(林巨樹・池上秋彦編一九七九年)。興味が湧いたら辞書で引いてみてください。

すでに何度も登場している箕作麟祥は、日本における「法律の元祖」と評されています。フランス刑法の翻訳、さらに民法・商法・訴訟法・治罪法(日本最初の刑事訴訟法典)・憲法なども訳しました。その過程で「訳語なきに困却し、漢学者に聞けとも答ふる者なく、新に作れば、さる熟語はなしとて、人は許さず、権利義務の訳語の如きは、支那訳の萬国公法に『ライト』『オブリゲーション』を訳してありしより取しかど、其他、動産、不動産、義務、相殺、又は未必条件などいふ語等凡そ法律の訳語は皆麟祥君が困苦して新作せしものにて、特に治罪法などいふ語は、苦辛の後に成れるものなりと云ふ」。明治三年民法を訳し、「ドロワ、シビル」という語を、民権と訳したら、民法編纂会で「民に権ありとは、如何なる義ぞ、など云ふ論起りて、麟祥君、口を極めて弁解せしかど議論烈し、幸に、会長江藤新平、弁明して、辛うして会議を通じたりと云ふ」(大槻文彦一九〇七:八八〜九頁)。徴兵令反対一揆のところで出て来る「血税」そして「憲法」も箕作の訳語です(同、五八頁)。

福澤も西周も箕作も著名人で、『広辞苑 第四版』(一九九一年)にも掲載されています。すでに見たように、苦心惨憺して沢山の「新文字を製造」しています。

満木が「製造」したのは、たった一つの新文字「竹槍席旗」です。「製造」した「竹槍席旗」文言を自分自身ではたった一回しか使用（公表）していません。満木は現在でもほとんど無名と言ってよい存在です。しかし「竹槍席旗」文言の「製造」者であり、その後の「竹槍席旗」文言の日本社会への影響力を考えると、「新文字の製造」の「製造」を使うことによって、福澤・西・箕作などの著名な啓蒙思想家たちが欧米語を日本の漢語（熟語）に置き換えることと格闘した姿勢と満木の新文字「竹槍席旗」の「製造」は、同じ営為であることを示すことを意図しました。福澤も西も箕作もそして満木も、新訳語・新文字の「製造」に心血を注ぎ、苦心したのです。そこで製造された文字は現在では日本語に不可欠な言葉として定着しています。しかし、満木の場合は、他の三人のように、「製造」する時の苦心談のようなものを残していないので、長々と推量・思料してみました。

こうした努力の集積の結果として、日本では母語で教育を実施し、欧米の文明の数々の成果を学び取ることができたのです。

◉集思社社員満木清繁への言論弾圧

このような言論活動に対して、政府は言論弾圧でこれに応じ、抑圧しました。政府は、一八七五（明治八）年六月二十八日に反政府言論を取り締る意図で讒謗律（太政官布告第一一〇号）とともに、新聞紙・雑誌・雑報取締りの意図で新聞紙条例（太政官布告第一一一号）を制定しました。

一八七三（明治六年）年十月十九日に布告された新聞紙発行条目（太政官布告第三五二号）が新聞指導条例の意図で制定されたのに対し、この改正条例は、刑罰規定が格段に整備強化され、新聞取締りの意図を明確化した点が特徴です。第十二条の「人ヲ教唆（他人に犯罪を実行する意志を起こさせること）シテ罪ヲ犯サシメタル者」、第十三条の「政府ヲ変壊シ国家ヲ顛覆スルノ論ヲ載セ騒乱ヲ煽起（あおる）セントスル者」、第十四条の「成法（太政大臣布告の法律規則）ヲ誹毀（けなす）シテ国民法ニ遵フノ義ヲ乱リ及顕ハニ刑律ニ触レタルノ罪犯ヲ曲庇（かばう）ス

表7　満木清繁への言論弾圧一覧

判決日（明治9年）	発行年月	評論新聞号数	新聞紙条例	処分内容
(a) 3月8日	M9年2月	70号	第12条教唆	禁獄2ケ月
(b) 3月12日	?	?	第14条成法誹毀	2ケ月相当、数罪倶発で不論罪
(c) 4月12日	M8年11月	40号	第13条教唆	○禁獄一カ月罰金20円。 前条併せ通計、禁獄3月罰金20円の前科
(d) 4月29日	M8年12月	45号	第14条成法誹毀	禁獄1ケ月罰金10円、先に禁獄2ケ月 罰金20円処断、二罪倶発、更に論ぜず

注：小泉輝三朗・礫川全次校訂『明治黎明期の犯罪と刑罰』批評社、二〇〇〇年、二二三〜四頁より作成。
(a)「新橋流行の都都逸」の記事執筆を理由として禁獄二カ月が科された。また、(c) 箕作麟祥訳「国政転変論」の評論で禁獄一カ月罰金二〇円の加罰の刑に処せられた（澤大洋一九九八年：一二七頁)。(a)・(c) ○は宮武外骨『改訂増補筆禍史』(『宮武外骨著作集 第四巻』河出書房新社、一九八五年、一七七・一八四頁にも記載あり)。

ルノ論ヲ為ス者」には初めて厳しい刑罰規定が設けられました。この規定の発動で、逮捕投獄される新聞記者が続出しました。「評論新聞の受刑者は合計一九人で、なかんずく七六(明治九・内田)年一月から七月廃刊まで一八人と、明治期出版物(定期刊行物)中で最大の被害と犠牲者を出した」(澤大洋一九九八年：一二七〜八頁)といいます。

その中に、集思社社員満木もいました。満木(二十三歳十一月)は、明治九年四月二十一日に召喚され、新聞紙条例第十四条「成法誹毀」違反に問われました(小泉輝三朗・礫(こいし)川(かわ)全次(ぜんじ)校訂二〇〇〇年：二二三〜四頁)。表7(d))。満木は「口供」で(a)〜(c)の前科を述べた上で、今回の件について陳述しています。判明しているだけで、満木は四たび、新聞紙条例違反で処罰され、言論弾圧を受けていることがわかります。そのうち二度は「数罪倶発(ぐはつ)ニ付不論罪」(b)とか「二罪倶発、更ニ論ゼズ」(d)で加算されませんでした。それをまとめたのが表7です。順番にみてゆきます。なお、「倶発」とは「一時に発覚すること」(『広辞苑 第四版』一九九一年)、「同一人物の二つ以上の犯罪が同時に発覚すること」(『福武漢和辞典』一九九〇年)で、重い方に対して刑罰が下されます。

まず、（a）明治九年三月八日に、明治九年二月発行の『評論新聞』第七〇号の記事「此頃新橋辺ニテ左ノ俚謡（俗謡。都都逸）ヲ三絃ニ調シテ弾スルノ由　泥棒逐ひはぎ窃盗すりの中に引かるる新聞者　世のために死ぬるハ兼ての覚悟じやないか　禁獄なんとハへのふへのへ」に、中島義勝・滿木清繁・田中直哉の三人が「評」を書きました。

滿木は「此ノ俚謡ノ如キハ尋常一様ノ意見ヲ吐露スルモノニシテ人ノ世ニ處スルニ誰レカ此ノ心ナカラン賞スルニ足ラサルナリ而シテ此ノ如キノ意見ハ今日ニシテ出ルニ非ス古人藤田東湖氏ノ如キハ其実地ニ處スルモノト云フヘシ我カ清明政府ト雖トモ若シ酷吏輩出人民自由ノ権ヲ束縛スルニ當テハ人間無二ノ一死ヲ以テ報国ノ二字ニ任シ舌根ノ絶ユルニ非ルヨリハ千辨万説スルトモ決シテ自ラ巳マサルハ即チ自由人民ノ義務ニシテ今日清明政府ノ下ニ居ルモノ誰レカ禁獄ノ如キヲ以テ一放屁ニモ比スルモノアランヤ」と書き、第十二条「人ヲ教唆（他人に犯罪を実行する意志を起こさせること）シテ罪ヲ犯サシメタル者」が適用されて、中島とともに禁獄二カ月、田中は禁獄一カ月の刑罰が科されました（小泉輝三朗・礫川全次校訂二〇〇〇年：一二三頁。澤大洋一九九八年：一二七頁）。

次は、（b）明治九年三月十二日に、同第十四条の成法誹毀規定が適用され、「二ケ月相当ナレドモ、前条ト数罪倶発ニ付罪」（小泉輝三朗・礫川全次校訂二〇〇〇年：一二三頁）となりましたが、記事内容・発行年月。号数など具体的な事実関係は不明です。今後の課題です。

さらに、（c）明治九年四月十二日に、明治八年十一月発行の『評論新聞』第四〇号の「萬國叢話第二号ヲ閲シテ箕作麟祥君ノ譯スル所ノ國政轉變論ヲ得タリ立意頗ル激切因テ其要ヲ摘シテ茲ニ登録シ並セテ之ヲ評ス」である。滿木清繁が「竹槍席旗」文言を「製造」し、使用（公表）した「評」でした。第十三条「政府ヲ変壊シ国家ヲ顛覆スルノ論ヲ載セ騒乱ヲ煽起（あおる）セントスル者」が適用されて、禁獄一カ月罰金二〇円の加罰の刑に処せられた（澤大洋一九九八年：一二七頁）ので、（a）と（c）で「前条ヲ併セ通計、禁獄三月罰金二十円ノ前科アリ」とされたのです（小泉輝三朗・礫川全次校訂二〇〇〇年：二二三頁）。この記事内容は、すでに第二章第一節でみてきたので省略します。但し、この裁判のなかで、編集長関新吾（一八七六年処罰、禁獄一年半）が推問への答弁（2）事例の中で、またその記事の評論（3）事例の中で田代荒次郎が「竹槍席旗」文言を使用している〔一八七六（明治九）年四月、『評論新聞』第八四号〕ので、**「竹槍席旗」文言の継承**のところで使用事例の（2）・（3）事例として扱います（本書一九六・一九九頁）。

訳者箕作麟祥はこの件で処罰されなかったので、『評論新聞』系の人々には疑問・不満が残りました。一八七六（明治九）年四月『評論新聞』第八八号の「国政転変論ノ訳者箕作君及ヒ萬國叢話編輯長吉田君ハ何故ニ御沙汰ナキヤノ疑問投書幷評」。明治九年六月一日『湖海新報』第九号「日本帝国亡滅セントスルノ徴効ヲ論ス」の徴効第九条で、箕作麟祥訳文「國政轉変論」を抜抄し評論した『評論新聞』は弾圧されるが、『萬国叢話』は弾圧されないなどの言論弾圧の濫刑（罰が適正に行われないこと）を指摘しています。その間の事情は『箕作麟祥君傳』に「一時は、麟祥君が一身の進退にも関せむとせしに、大木喬任、麟祥君を信じ、弁解して事なきを得たり」とあります（大槻文彦一九〇七年：五九頁。『明治後期産業発達史資料第七三一巻　社会改良家列伝・箕作麟祥君伝』龍溪書舎、二〇〇四年：五九頁）。

（d）は、明治九年四月二十一日に召喚され、新聞紙条例第十四条「成法誹毀」違反に問われたものです（小泉輝三朗・礫川全次校訂二〇〇〇年：二二三〜四頁）。『評論新聞』第四五号は「近事」として「三等侍講西村茂樹君ノ讒謗律新聞条例ニ関シテノ見込書ナリトテ或人ヨリ投寄セラレタル儘之ヲ採録ス」として掲載し、それを関新吾・田中直哉・満木清繁・石田知彦の四名が「評」したものです。

満木は「口供」で（a）〜（c）の前科を述べた後で、「自分儀　評論新聞第四十五号ニ、三等侍講西村茂樹、讒謗律新聞条例ニ関スル見込書ナル投書ヲ評シテ、我々ノ云フノハ誹毀（他人の悪口を言って名誉を傷つける）デナイ。

疑ヲ質スノダ。讒謗新聞条例ハ我々ノ浅智恵デ考ヘルト、金ヲ沢山貰フタ人達ガ肥馬（随肥馬塵・金持ちや地位のある人にこびて付き従うこと）デ酒楼（料亭）妓楼（女郎屋）ニ芸的（芸者）ノ股間ヲ玩ビ、春夢ヲ買ッテモ世間ニ顕ワレナイ様ニ、保護行届キノ御律令デアロウト、猥リニ自分ノ想像ヲ記ス段、条例犯触（おかしふれる）ト御糾ヲ受ケ恐入候事。　明治九年四月二十九日　満木清繁　拇印（つめいん）」。これに対して「擬律　新聞条例第十四条成法誹毀、筆者ヲ以テ律シ、編輯者ノ従トシ、禁獄一ケ月、罰金十円ノ処、先ニ禁獄二ケ月罰金二十円ノ処断（裁いて決めること）ヲ受クルニヨリ、二罪倶発、更ニ論ゼズ」とされたものです。

「擬律」とは、裁判所が判決において、「ある行為が事件として成立するのか、何罪に当たるのかを判断する」ことです。「二罪倶発、更ニ論ゼズ」とは、同一人物（満木清繁）の二つ〔（c）・（d）〕の犯罪が同時に発覚したので、（c）は通計で、（a）の禁獄二カ月と（c）の禁獄一カ月罰金二〇円の加罰の合計禁獄三カ月罰金二〇円、ただしこの間三月～四月の間で禁獄一カ月を服しているので、その一カ月が引かれて、「先に禁獄二ケ月罰金二〇円処断」となっていると考えます。（d）は禁獄一ケ月罰金十円なので、重い方の（c）禁獄二カ月罰金二〇円の刑罰が科されました。この後明治九年四月二十九日から、禁獄二カ月が執行されると、六月末には出獄できる計算になります。満木は、第一〇〇号（明治九年六月）から最終号第一〇九号（明治九年七月）まで印刷人になっていますから、本人がめげていないこと、集思社が「持主」もしくは「社主」、「編輯人」、「印刷人」という重要ポストの中の「印刷人」という立場に遇したことがわかります。

第一節　都市民権派ジャーナリストとしての活動の小括

満木清繁は、箕作麟祥の二つの訳文により、民権論・社会契約論・抵抗権・革命権・独立権などを自分のものとし、『評論新聞』第四〇号の「評」で「兵力ヲ用ヒ」（「兵ヲ起シ」）に変えて、「実力に訴えること」の意味で、抽象語

「竹槍席旗」文言を「製造」し、使用（公表）しました。四回に及ぶ言論弾圧で刑に服し、明治九年六月に出獄後、同年七月の『評論新聞』最終号第一〇九号まで「印刷人」となりました。

第二節　思案橋事件への参加

一八七六（明治九）年十月には、二十四日熊本神風連の乱（一七〇余名。廃刀令不満）、二十七日福岡秋月の乱（二百数十名）、二十八日前原一誠の山口萩の乱と士族反乱が続発しました。旧会津藩出身で日新館から昌平黌に学んだ永岡久茂は、青森県大属を辞職後、海老原穆に協力し、集思社設立、『評論新聞』刊行に参画しました。この間、萩の前原一誠らと気脈を通じていて、前原から「錦の店開きは二十八日の事」（挙兵を知らせる「クマニシキノミセヒラク」高橋哲夫一九八〇年：一九五頁）という暗号電報を受け、萩の乱に呼応する形で十月二十九日思案橋事件を起こしました。

「永岡党」（『東京日日新聞』明治九年十一月十日）は、同じ会津藩出身の井口慎次郎・竹村俊秀・中根米七・中原成業・能見鐵治・一柳訪・木村信二を含み最大一七～二〇名（尾佐竹猛一九三七年：一四一～一六六頁、特に一五五～一六二頁の判決部分に名前のあがったもの一七名。仮名書魯文編輯一八七七年を加味しても二〇名）であり、うち竹村は大橋へ連絡のため新潟にいて不参加でした（高橋哲夫一九八〇年：一九六頁）。この中に集思社社員の満木清繁もいました。集思社関係者は永岡・竹村・満木の三名です。彼らは千葉に赴き、県庁を襲撃し、県令参事を刺殺し、官舎を奪い、佐倉鎮台兵を説いて、兵を挙げ、日光を経て若松に赴き大挙する計画でした。しかし前夜の満木の行動、すなはち貯まった下宿料全額支払いと質屋から二〇両の刀を受け出し、偵吏に鹿児島県人満木某まで察知されてしまい、宿泊中の宿に巡査が向かうと、露顕と思った滿木は巡査二名を切り倒して逃亡した。これによって警視局は各所に非常線を張ることを決め、警吏に察知され（高橋哲夫一九八〇年：一九七～八頁。「東京の思案橋事件」伊藤仁太郎一九二九年：四三五～七頁）、日本橋小網町思案橋から小舟で出発の際、通報され、駆け付けた警部補や巡査と乱闘・捕縛となり、未発に終わりました。四名が逃亡し、十一月四日に滿木・松本正直・木村信二が新潟で逮捕され、負傷捕縛された永岡は獄中死亡しました。残る逃亡者中根米七は明治十一年喜多方の先祖の墓前で切腹しました。

この事件は、明治十年二月七日司法省臨時裁判所で審理され、明治九年十一月八日制定の「臨時暴徒処分例」（新井勉二〇一三年三月：一七頁）に照らし合わせ、井口慎次郎・竹村俊秀・中原成業の三名は「斬罪」、終身懲役・懲役十年各一名、懲役七年三名、懲役五年・三年・一年各一名、遅れて十一月八日自首・捕縛された大橋は終身懲役となり落着しました（尾佐竹猛一九三七年：一五五～一六二頁）。

三名の「斬罪」は、「臨時暴徒処分例」第一条「朝憲ヲ紊乱センコトヲ企テ兵器ヲ弄シ衆ヲ聚メ以テ官兵ニ抵抗シ及ヒ官兵ヲ殺傷セシムル者主及ヒ従トイエドモ首ト同ク画策ヲ主トル者斬」の規定を根拠に擬律したものです。「計画ヲ主ル」竹村、警部補・巡査に「致命傷ヲ負ハシ」死亡させた井口・中原の三名です。

◉滿木清繁の人相書

政府は乱闘中に逃亡した四名に対し、十一月六日付司法卿大木喬任名で人相書を配付しました。その中に滿木の人相書があります（尾佐竹猛一九三七年：一五一～五頁）。滿木はほとんど知られていないので、イメージを膨らませるためにその全文を紹介します。「鹿児島県士族　滿木清繁　二十四年但三十位ニ見エル　一丈高キ方　一中肉　一顔長キ方　一頭斬髪　一眼大ナル方　一鼻常體　一色黒キ方　一言舌鹿児島言葉ニテ静ナル方　一逃走ノ節着用衣類黒呉呂ノ羽織、唐桟藍竪縞ノ綿入　右之者共儀青森県士族永岡久茂外九人ト申合不容易隠謀相企下総国へ相越シ千葉県庁へ侵入可致決議ニテ兇器ヲ携へ本年十月二十九日夜東京府下小網町ヨリ乗船致シ居候ニ付警部補寺本義久巡査河合好直外二人同所へ相越拘引ノ際突然抜刀義久外一人ヲ殺害シ其餘ノ者へ疵ヲ負ハセ逃走致シ踪跡（ゆくえ）不相分候條各地方ニ於テ厳密遂捜索捕縛之上ハ成規之通取計其段可届出此旨相達候事　明治九年十一月六日　司法卿　大木喬任」以上が全文です。

木村・松本・滿木は長岡の大橋宅へ潜伏し、明治九年十一月四日捕縛（假名垣魯文編輯一八七七年：三〇丁。青山薫編輯一八七七年三月：三編上十四下に「木村新二松本正直滿木清繁の三人新潟尓於て縛尓附き図」がある）されました。

◉滿木清繁は除族の上懲役七年に

事件は萩の乱・神風連の乱・秋月の亂と牽聯（つらなる）するので、臨時裁判所で審理されました。罪名は明治九年十一月八日制定の「臨時暴徒処分例」律目に該当すと擬律した。「臨時暴徒処分例」第二条は「従ハ懲役十年其軽キ者懲役三年」ですが、滿木については懲役七年の原案に対し、明治十年二月七日処刑（判決を申渡すこと）「申渡鹿児島士族清英二男　滿木清繁　其方儀永岡久茂ガ陰謀ヲ前原一誠等ニ通ジ政府ヲ顚覆シ朝憲ヲ紊乱セントノ企テニ同意シ先ヅ千葉縣ニ赴キ夫ヨリ事ヲ挙ゲント久茂ノ発議ニ従フ科除族ノ上懲役七年申付候事」と懲役七年に決定しました。

除族とは、新律綱領、改定律例、懲役法の定める「正刑」（梟示・斬・絞・徒・懲役・流・准流・笞・杖）に対して新律綱領、改定律例の定める「閏刑」がありました。謹慎・閉門・禁錮・辺戍（流地に土着して永くその地の開拓に挺身すること）・自裁の五種であって華族、士族、卒族、官員に限って適用された寛刑です。明治十五年一月の刑法・治罪法まで華族階級及び官員優先の特権を掲げていました。旧慣に従って特別な階級人だけを斟酌するというものでした。笞杖に当る犯罪には打たないで謹慎・閉門に、徒刑（懲役。刑務所に拘置して、一定の労役に服させる刑）は禁錮（のち禁獄と改称。自由刑の一つ。刑務所に入れるだけで労働は科しない刑）に、流刑は辺戍に、梟示・斬・絞は自らの手で自殺させる「自裁」処分にして緩やかにしたのです。その外に、「廉恥を破ること甚だしき場合には、華士卒籍を剥奪して一般人とすると云う処分にして他の刑罰を免れる事もあった。之を『庶人ト為ス』と称しました。或は除族とも云った。これは刑ではなくて、刑と同じ性質の懲戒処分です。正刑を受ける代りにこの処分を受け、重い者は正刑を受けた上にこの処分をうけた」（小泉輝三朗・礫川全次校訂二〇〇〇年：一九〇～一頁）。明治十年二月七日から七年とすると、満木は明治十七年まで服役したのでしょうか。

前原一誠と連携して、「政府ヲ顚覆シ朝憲ヲ紊乱セント」（目的）ノ企テ、「先ヅ千葉縣ヲ襲ヒ令参事ヲ殺シ官金ヲ奪ヒ、同志ヲ募リ、若松に赴き大挙スベシ」との計画を実行に移そうとしたところで、「出発セント出船ノ際小網町船場ニ於テ警部補寺本義久巡査河合好直ニ致命傷ヲ負ハシムニ至ル」、そして逃亡、捕縛。明治二十五年の選挙大干渉の時でも、自由党は「政府ヲ顚覆シ朝憲ヲ紊乱セント」するものが、内務省の言論統制の論理でした。永岡党は「実力に訴えること」を実行に移そうとして、その入口で崩壊してしまいました。

前原一誠と連携（ほぼ同時に蜂起）して、政府を打倒し、新しい政権を作るという計画（陰謀）のために千葉県を襲い、令参事を殺し、官金を奪い、同志を得て、会津若松に赴き、大挙するという計策をたてていましたが、前日の満木の行動によって、非常線が張られる事態となった。この時警吏との乱闘の中で警部補と巡査に致命傷（死亡）を与え、殺害に及びました。箕作の論を学んで民権論・社会契約論・抵抗権・革命権・独立権などを身に着けた満木は自らを国民の一人であると規定し、思案橋事件を暴政府打倒の運動だと考えたのではないでしょうか。

第二節　思案橋事件への参加の小括

九月二十八日萩の乱に呼応する形で十月二十九日思案橋事件を起こしました。「永岡党」の中で、会津藩士族八名に次ぐ、集思社関係者は三名（永岡久茂・竹村俊秀・満木清繁）であり、永岡と竹村は重なっています。こうして

「実力に訴えること」=「竹槍席旗」を実行に移したのです。前日の自分の行動から、千葉県襲撃未遂事件（思案橋事件）は失敗に終わりました。にもかかわらず、国家権力（司法）から「臨時暴徒処分例」第一条「朝憲ヲ紊乱センコトヲ企テ兵器ヲ弄シ衆ヲ聚メ以テ官兵ニ抵抗シ及ヒ官兵ヲ殺傷セシムル者首及ヒ従トイエドモ首ト同ク画策ヲ主トル者斬」。第二条「従ハ懲役十年其軽キ者懲役三年」を拠り所として、「朝憲ヲ紊乱センコトヲ企テ兵器ヲ弄シ衆ヲ聚メ以テ官兵ニ抵抗シ」「従」と認定され、「除族の上懲役七年」を申付けられたのです。「朝憲ヲ紊乱センコトヲ企テ」、抵抗権・革命権を「実力に訴えること」で実行し、権力から認定されたのです。滿木の理論的な文言、抽象語「竹槍席旗」の意味=「実力に訴えること」は彼の行動になって現れ、滿木は完結しました。現段階で、懲役七年判決以降の滿木の足跡を追うことはできません。

以下、滿木が「製造」し、使用・公表した抽象語「竹槍席旗」文言のその後をみます。

第三節　「竹槍席旗」文言の継承（変容）

滿木が「製造」し、使用・公表した「竹槍席旗」文言は、その後集思社系関係者（誌名でいえば『評論新聞』・『湖海新報』）によって使用され、継承されていきました。すでに見た滿木清繁の「評」を読む（本書一六九頁）で紹介した事例（1）一八七五（明治八年）十一月、『評論新聞』第四〇号の「国政転変論」評に続く（2）～（8）の七例を見ていきます。

（2）一八七六（明治九）年四月、大阪裁判所での前編輯長関新吾の答弁

『評論新聞』の前編輯長関新吾は、箕作麟祥訳「國政轉變論」を明治八年十一月『評論新聞』第四〇号に掲載・評論した件で、大阪裁判所長清岡五等判事の推問（罪人などを取り調べること）を受けて、新聞紙条例第十三条により一カ年半の禁獄となりました。この件では滿木も禁獄一カ月罰金二〇円の加罰の刑に処せられています（本書一八八頁～）。

明治九年四月発行の『評論新聞』第八四号は『大阪日報』より摘出して、「前編輯長関新吾箕作麟祥君カ國政轉變論ノ評ニ付大阪ニ於テ推問答弁ノ話并評」を掲載し、仮編輯長鳥居正功・田代荒次郎・伴盛義の三名が評論しました。本書では「竹槍席旗」文言の含まれる裁判長清岡と前編輯長関との推問・答弁（2）と田代荒次郎の評論（3）を取り上げます。原文を読むこと、少し慣れたでしょうか、がんばってください。

公判において裁判長清岡の「汝ハ暴政府ナラハ、之ヲ顚覆（滅ぼす・革命）スルモ可トナスカ」という質問に答えて、関新吾は次のように答弁します。「顚覆固ヨリ（言うまでもなく）國家ノ不祥ナリ然レ共政府如シ暴虐ノ極度ヲ行ヒ所謂民ニ飢色（飢えている様子）アリ野ニ餓莩（飢え死にした人）アルノ場合ニ至リ人民タルモノ其苦情ヲ哀訴嘆願シテモ用ヒラレサル時ハ即チ政府人民相軋リ政府 覆ラスンハ國亡フルノ國勢ニ至レハ苟モ愛國心アルモノハ國ノ亡滅ヲ見ルニ堪ヘス**竹槍席旗**（実力に訴えること。革命）以テ其ノ暴政府ヲ倒シ更ニ自由ノ新政府ヲ設立スルハ啻ニ勢ノ萬々已ムヲ得サルノミナラス道徳上亦之ヲ許ストコロナリ」と断言して憚らなかったのです。

関は、政府が極端な暴虐を行って、民が飢え、野に餓死者の死骸がある状況になり、人民の立場で苦情を哀訴・嘆願しても聞き入れられない場合は、政府と人民は競り合い、政府が倒れないなら国が滅びるような情勢になれば、愛国心のある者は、国が滅びるのを見るに耐えず、「竹槍席旗」（「実力に訴えること」）で暴政府を倒し、さらに自由の新政府を設立する（人民の国家への抵抗権・革命権）。これは時代の趨勢であるばかりか、道徳上も同じように許されると。前編輯長関は、このような脈絡・論理の中で暴政府を顚覆、倒す手段として「竹槍席旗」（「実力に訴えること」）を高く評価したのです。この使い方は、満木と同じで、継承しています。関は満木の立場に立って、「竹槍席旗」文言を使って、清岡の質問に対して、暴政府を顛覆することは「可」とし、更に「道徳上亦之ヲ許ストコロナリ」と断言して憚らなかったのです。

●裁判官の立ち位置

この答えを聞くと裁判長清岡は、たちまち大声で、「汝チ暴政府ヲ倒スヲ可トス眞ニ不臣（臣下としての道を尽くさない）ノ徒ナリ（中略）汝已ニ人民タルモノ萬々已ムヲ得サルノ苦界ニ迫レハ政府ヲ倒スノ権理（権利：内田）アリト説ク是レ大ナル心得違ナリ」としました。さらに「我国ハ帝國ナリ故ニ人民ハ政府ヲ共有スル抔トハ実ニ我国ニ吐クヘキ論ニ非ス我カ政府官員ハ上ハ太政大臣ヨリ下十五等出仕ニ至ル迄皆朝廷ノ官員ニシテ人民ノ得テ自由ニスヘキモノニ非ス」と「政府官員」は全て「朝廷ノ官員」で人民が自由にできるものではないとしました。そして「汝ハ西洋ノ学ニ心酔シテ民権トカ自由トカノ論説ニ眠リ込ミ我日本ノ国体ヲ忘ル悪逆者ト言ウベシ」と断言しました。当時の裁判官がどのような立ち位置だったかよくわかります。

さらに関が、仮の話として「我国百世ノ後今日ノ賢明官吏跡ヲ絶チ政府ハ汚吏（不正な役人）ノ巣穴トナリ苛法聚斂人民塗炭ニ困シミ所謂餓莩ノ大患ニ至リ政府倒レスンハ国将ニ滅ヒントスルノ大不幸アリテ人民ノ哀訴モ汚吏ノ耳ニ入ラサル場合ニ立チ至リテモ人民ヨリ政府ヘ手逆（上の者にはむかうカ）（政府脱カ：内田）ヘ抵抗ハ決シテ相成ラス唯命是レ従ハサルヲ得サルカ」と問うと、清岡は「固ヨリ然リ帝国ノ人民ハ然ラサルヲ得サルナリ」と断言します。人民は命令に従っていればよいのだと。

呆れかえった関の最後の発言は「然ラハ吾輩亦何ソ言ハン幾許ノ答弁ヲ為スモ畢竟書餅ニ属スル而已ト而して口供ノ大略ハ我日本國ニ於テモ百歳ノ後上ハ　天皇陛下ノ宸襟（天皇の心）ヲ悩シ奉リ下ハ人民自由ノ需ニ背キ哀訴歎願シテモ聴レサル時ハ坐シテ國ノ滅亡ヲ見ルニ忍ヒサレハ之ヲ顛覆シテ自由ノ新政府ヲ設立スルハ権理上可ナルコト

ト思想スル云々ノ趣意ナリ」と人民の国家への抵抗権・革命権の存在を強調して締めくくっています。

社会契約論に立って、人民が自由を求めても、合法的な哀訴・嘆願しても、聞き入れられないどうしようもない状況に追い込まれた時には、そのような悪政府を倒し、新政府を設立することは「権理（利）上可」（人民の国家に対する抵抗権・革命権）であるばかりでなく「道徳上亦之ヲ許ス」と補強し、支援する関と、日本は帝国なので「人民ハ政府ヲ共有スル」ことはなく、政府官員は「人民ノ得テ自由ニスヘキモノニ非ス」とする西欧絶対主義的な立場・「国体」の立場にたつ清岡の違いが鮮明になった推問・答弁でした。

（3）一八七六（明治九）年四月、推問・答弁に対する田代荒次郎の評論

裁判長清岡と関新吾との推問・答弁について仮編輯長鳥居正功が清岡の発言などに五カ条の質問形式で評論し（省略）、続いて田代荒次郎が評論しました。田代は、ここまで明白な確言（はっきりと言うこと）を聞いたのは初めてだとした上で、「固然（もとからそうである）」という僅か二文字で「自由タノ民権タノト云フ新奇ノ舶来物ハ日本ニハ不用トコロカ大禁物」なので「一寸モ立入候義堅ク不相成候」と心得よと高札を掲げられたように、「日本人民ノ権義（権利。権利と義務）ヲ明白ニ告示」されたとした。

だから、「我カ同胞ノ兄弟ヨ」、この「告示ヲ三復（何度も繰り返す）熟読シ」と呼びかけ、次のことを再確認します。すなわち「仮令苛法聚斂人民塗炭ニ苦シムモ決シテ之ニ抵抗スルコト勿レ飢色餓莩（飢え死）ノ大患ニ至リ政府倒レスンハ國将ニ滅ヒントスルモ決シテ**竹槍席旗**（実力に訴えること）以テ其ノ暴政府ヲ倒ス抔ノ無茶論ヲ吐クコト勿レ」であるということです。そうでないと「若シ此ノ訓戒ヲ犯ス時ハ忽チ汝ハ真ニ不臣ノ徒ナリ」と、「不臣ノ徒」になってしまうぞと警告しました。

◉田代反論に転じる

次に、田代は反論に転じます。清岡の言うことを過去に敷衍（ふえん）すると、世にもまれな豪傑・絶世の功臣である「大職冠（中臣（なかとみ）・藤原・内田）鎌足公モ今日ニ至リテハ日本臣民ノ権義（けんぎ）（権利。権利と義務）ヲ失フタルモノト相成リタリ」としました。教科書でも勉強した大化の改新、最近では乙巳（いっし）の変と言うようになりましたが、中大兄皇子と中臣鎌足らが蘇我蝦夷（えみし）・入鹿（いるか）父子を攻め滅ぼした改新のクーデターをご存知でしょう。中大兄皇子と中臣鎌足は、その後の律令国家・政府樹立のきっかけを作った立役者（中心人物）です。その中臣（藤原）鎌足が日本臣民の権利を失うといっているのです。何故でしょうか？

田代は、その理由を縷々（るる）述べていきます。蘇我入鹿は、関新吾の「口書」にある「上ハ　天皇陛下ノ宸襟（しんきん）ヲ悩シ奉リ下ハ人民自由ノ需（もとめ）ニ背キ國家ヲ累卵（るいらん）（非常に危険なことのたとえ）ニ陥シ入レタルモノ」、蘇我氏の専横（せんおう）と言われる政治を行った人物です。しかし、歴（れっき）とした「政府ノ大臣」です。それを鎌足らはクーデターで「之ヲ誅（ちゅう）シ之ヲ戮（りく）シ（ともに殺す）其ノ政府ヲ一変シテ大化ノ新政ヲ布（し）カレタル」ではないか。その行為は「政府へ手逆（政府脱カ：内田）へ抵抗ハ決シテ相成ラス唯命是レ従フヘキノ権義ニ背キタリ」ではないか。だから「鎌足公モ今日ニ至リテハ日本臣民ノ権義ヲ失フタルモノ」になったのだと言っているのです。

最後に、「嗚呼（ああ）時勢ノ遷転（移り変わる）スル所ロ品評（価値・優劣を論じ定めること。品定め）従ツテ変ス豈（あに）独リ楠権ノ奇論ヲ怪シマンヤ」と締めくくった。

◉福澤諭吉の楠公権助論

時勢が移り変わるに従って、品評も変化します。どうして福澤諭吉の〝楠公権助ノ奇論〟を怪しむだろうか、ない。あり得ることだと言っています。「楠権ノ奇論」とは、忠孝の模範の楠木正成（くすのきまさしげ）と長屋の熊さん・八っつぁんと同じ下男の権助（ごんすけ）、権助は主人の使いに行き一両の金を落とし途方に暮れ、主人に申し訳ないと首をくくって自殺します。両者の品評は言わずもがなですが、福澤諭吉が評価基準を「文明に益あると否と」に変えて評価したので、「其死を以て文明を益することなきに至ては正しく同様」と同等になってしまったという話です（福澤諭吉一八七四年：一九四二年版、七九～八〇頁）。

田代の意図は、裁判長清岡の基準を適用すると、改新クーデターを起こし、「政府ノ大臣」を殺害し、従うべき権義に背いたから、豪傑・絶世の功臣「大職冠（だいしょくかん）（中臣・藤原：内田）鎌足公」も「不臣ノ徒」になってしまった。価値基準・判断基準が変われば、品評も変化する。だから飛鳥時代の鎌足の評価が変わったことからすれば、明治という同時代の福澤諭吉の「楠権ノ奇論」だって怪しむにたりない。ありうることだ、と皆をびっくりさせて既成概念を壊そうとしたのです。裁判長清岡の言っていることだって、時代が変われば、品評も変化する、と。ちょっと深読みに過ぎるでしょうか。

以上の三件は、民権論のいわば理論的な主張・反論の中で「製造」・使用されたものです。

（4）一八七六（明治九）年五月、和歌山県下地租改正反対一揆

（1）～（3）の「竹槍席旗」文言はいわば理論的な脈絡の中で使用されたものでしたが、次に見る（4）は大規模な地租改正反対一揆（新政反対一揆）、すなわち五月六日～九日和歌山県、十一月三十日～十二月十一日茨城県、十二月十九日～二十三日三重県（愛知・岐阜・堺県下へも波及。最近では「東海大一揆」の呼称が提起されている（深谷克己監修、齋藤純・保坂智編集二〇〇四年。第二九回地域問題研究交流集会「伊勢暴動から東海大一揆へ―一揆認識をめぐる権力と民衆―」『三重短期大学地域問題総合調査研究室通信』第七九号二〇〇五年三月三十一日））などの中で最初の地租改正反対一揆である「和歌山県下地租改正反対一揆」（一八七六（明治九）年五月『評論新聞』第九四号。通称は粉河（こかわ）騒動）の記事の中に出てくるものです。「竹槍席旗」（「竹槍ヲ提（さ）ゲ席旗ヲ翻（ひるがえ）し」）文言を個別具体的な事例に初めて使用した事例です。

「和歌山縣下紀伊国那賀郡ノ人民二三千人餘リ一揆徒党ヲ結ンデ竹槍ヲ提ゲ席旗ヲ翻シ無暗ニ哀訴歎願ヲ名トシ縣廳ニ抵抗シタル原因ハ地租改正ニ付キ平均相場極メテ高価ニシテ隣国堺縣管下ナル大和国某郡ト比較スレハ土地柄モ同様ニテ其ノ高低ハ石一圓餘ノ差別アルヨリ此暴動ニ及ビタルトノ評判ナリ」。

和歌山県は、石代相場を三カ所の平均をとり米一石（＝一五〇kg＝一八〇ℓ）あたり五円五五銭（＊五四銭）と告示しました。この米価で地価が決まると、非常に高い地価となり、その三％の地租も高い金額になってしまいます。粉河地方では第三大区二小区中山村戸長児玉仲児らが石代相場に異議をとなえ、その引き下げを求めて「建言書」を和歌山県令神山郡廉に提出しましたが、県は却下しました。

これに対し、第三大区一～三区の正副戸長たちは、この決定を不服として、願書を提出し、二・三区の正副戸長の辞職願を提出して抵抗を続けました。県は新たに一〇カ所の平均相場として石代相場を五円二七銭に値下げしましたが、農民たちは納得しませんでした。県は攻勢に転じ、県の調査に基づく「地位改正合計帳」（「収穫地価合計帳」）の受け入れを迫りました。県は、五月五日二小区の正副戸長を出頭させ、解任するとともに、五人全員を拘禁しました。

これを知った二小区の農民たちは粉河村粉河寺観音堂や長田観音に結集し、また羊の宮に屯集し、県庁へ強訴する姿勢を示しました。神山県令は急遽官員を粉河方面へ派遣する一方、大阪鎮台に派兵を要請しました。冒頭に掲げた三大地租改正反対一揆には、いずれも鎮台兵が治安出動しています（原剛二〇〇二年：四四～五頁）。一揆勢は、堺県警部の説諭に従い九日朝までに解散しました。十日以降、県は到着した大阪鎮台の武力を背景に土地評価・石代相場の両方を農民に認めさせました。この騒動で懲役五人・禁獄一人を含む百一人が処罰（＊正副戸長をはじめ六八八人が有罪）されました（保坂智一九九三年。高嶋雅明二〇〇四年：二八一～二頁、二つの＊は高島雅明）。

その時の様子が先述の記事でした。那賀郡の人民二三千人余が、高すぎる米価に反対して、一揆徒党を結んで「竹槍ヲ提ゲ席旗ヲ翻し」（実力に訴えて）哀訴嘆願をして県に抵抗した、と。ここで使用されている「竹槍ヲ提ゲ席旗ヲ翻シ」は「竹槍席旗」の変形です。しかし短縮する方向でなく、「竹槍ヲ提ゲ席旗ヲ翻シ」と分解して「竹槍」と「席旗」を使ったことが、一揆徒党を結んでいる農民たちが持物（竹槍）を持ち、旗物（席旗）を掲げて、と具体的な「物」に発想が変化する兆しが出てきてしまった感じがします。危ういです。やはり「実力に訴えること」という抽象的な意味内容ですが、「一揆徒党ヲ結ンデ竹槍ヲ提ゲ席旗ヲ翻シ」なので、「強訴」と置き換えることもできます。これは前述したように「竹槍席旗」＝「実力に訴えること」なので、実力行使には何でも当てはまるわけで、この場合は地租改正反対一揆ですから新政反対一揆の方が強訴より良いと思いますが、置き換えても勿論意味は通じます。

実力に訴えて「哀訴歎願ヲ名トシ県庁ニ抵抗シタル」のだから、この運動は県が告示した米一石あたり五円五五銭が「土地柄モ同様ニテ其ノ高低ハ石一圓餘ノ差別ア」り、余りにも高いのを原因としてその是正を求めた運動だから、人民の国家（その出先の県庁）への要求（抵抗）なので、『評論新聞』（記者）としては、積極的・肯定的な意味、プラスイメージを込めて「竹槍ヲ提ゲ席旗ヲ翻シ」文言を使用しましたが、「暴動ニ及ビタルトノ評判ナリ」とあるので、世間では「暴動」というマイナスイメージが「評判」になっているようです。

「竹槍席旗」文言には「竹槍蓆旗」などの表記がありますが、本書においては事例分析の中ではそれぞれの史料用語（表現）に従います。また（4）のように「竹槍ヲ提ゲ席旗ヲ翻シ」などの類似文言（表現）も含め一般化していう場合には「竹槍席旗」で統一します。満木清繁は「竹槍席旗」という文字表記で「製造」したので、それを尊重したいと思います。ここで取り上げた「竹槍ヲ提ゲ席旗ヲ翻シ」表記は、後掲の「席旗を押し立竹槍を持出し」（明治九年十二月六日『郵便報知新聞』第一一五七号（9））、「席旗ヲ翻ヘシ竹槍ヲ閃カシ」（明治九年十二月十六日『朝野新聞』第九九〇号（10））、「竹槍ヲ揮ヒ席旗ヲ樹テ」（明治十年一月八日『近事評論』第三二号（14））などと同じく、

「竹槍」と「席旗」がセットで使用されているので、「竹槍席旗」という四字熟語ではないですが、同様の意味内容を示しているものとして扱います。しかし、ここ（4）で先ほど触れたように四字熟語の「竹槍席旗」と持物・旗物として「竹槍」・「席旗」が並列されている類似文言（表現）とは厳密には異なります。後者は、一揆徒党を結んでいる農民たちが持物（竹槍）を持ち、旗物（席旗）を掲げて、と具体的な「物」に発想が変化する兆しが出てきてしまった文言です。滿木が「製造」した時の「実力に訴えること」の意味内容からの逸脱が始まっていると考えられます。

（5）一八七六（明治九）年五月、「和歌山縣下暴動ノ話并評」（『湖海新報』第八号）

同じく和歌山県下の地租改正反対一揆という個別具体的な事例への使用例の二つ目です。集思社・『評論新聞』系列の参同社・『湖海新報』の第八号に掲載された「和歌山縣下暴動ノ話并評」です。

まず、以下非常に短いですが「和歌山縣下暴動ノ話」の本文です。「此頃和歌山縣下ニ於テ暴挙ノ始末ハ諸新聞紙上ニ詳ナリシカ彼ノ暴挙ノ巨魁（賊の首領）ナル兒玉仲兒氏ハ天性誠実ニシテ孝心深ク其上余程文学ニモ熟達シタル人ナリト日々新聞ニ見ヘタリ」。以上が本文のすべてです。

（4）では、最後に「暴動ニ及ビタルトノ評判ナリ」とあることから、世間では「暴動」というマイナスイメージが「評判」になっていると考えました。ここ（5）では表題からして「暴動ノ話」となっています。また本文には「暴挙ニ始末」とか「暴挙ノ巨魁ナル兒玉仲兒」となっていて、記者のスタンスが世間と同じになっています。もっと言えば権力と同じスタンスになってしまっています。

この記事のポイントは「暴挙ノ巨魁ナル兒玉仲兒氏」の人柄を問題にしている点です。日々諸新聞紙上に「天性誠実ニシテ孝心深ク其上余程文学ニモ熟達シタル人ナリ」と人柄良好・文学熟達と報道されているというのです。また後で触れます。

続く「評」は、長文ですが「竹槍席旗」の意味の曲がり角になった重要文章なので全文引用します。「古来一揆ト云ヒ暴挙ト云ヒ人民ノ黨ヲ結ヒ力ヲ戮セテ政府ニ抵抗スル所以（理由）ノ原因ヲ尋ヌルニ、①或ハ志ヲ當世ニ伸フルヲ得スシテ慷慨（社会の不義・不正などを憤り嘆くこと）憤懣ノ情已ム能ハサルニ発シ。②或ハ兇徒（暴徒）ヲ嘯集（人々を呼び集めること）シ奮然（奮い立つ様子）突進以テ一時ノ功名（手柄と名誉）ヲ博セント欲スルニ起リ。③或ハ民権ノ卑屈ヲ歎（なげく）シ官吏ノ圧制ヲ怒リ其束縛ヲ受クルニ忍ヒサルノ大義ニ出ツ、其事ノ是非曲直ハ各々異ナリト雖トモ其身命ヲ抛テ政府ニ抵抗スルハ則チ一ナリ、試ニ徳川時代ニ遡ホリテ之ヲ徴（証拠・根拠を求める）スルニ由井正雪・佐倉宗五郎・大塩平八・天艸（草）四郎ノ如キアリ下リテ明治年間ヲ回思スレハ雲井龍雄・江藤新平ノ如キアリ、或ハ賢明政府ノ罪人トナリ永ク臭名（汚名）ヲ万年ニ遺スアリ、或ハ暴虐政府ノ濫刑（むやみに罰を与えること）ニ罹リ却テ芳声（名声）ヲ千載ニ流スアリ而シテ其人タルヤ正邪曲直ハ姑ク之ヲ置キ皆ナ膽気（物事に動じない度量と勇気）人ヲ兼ネ才力（才能と力量）衆ニ超へ必ス為スアルノ人物ニ非サルハナシ。④今ヤ兒玉等ノ如キハ此昭代（太平の世）ノ恩澤（恵み）ニ浴シナカラ兇徒ヲ呼集シ**竹槍席旗**（「実力に訴えること」）ヲ以テ官吏ニ抵抗シタル者ナレハ實ニ国家ノ罪人ニ相違ナシ然リト雖トモ（人柄良好）其天性（生まれつきの性質）ヲ問ヘハ誠實ニテ孝心深ク兼テ文學ニ長スト云フ嗚呼如此ノ人物ニシテ如此ノ挙動（たちいふるまい）ヲナスハ果シテ何等ノ原因ナルカ我輩ハ千思万考（いろいろと考えをめぐらすこと）スルモ之ヲ明知スル能ハサルナリ。⑤試ニ看ヨ江藤氏ノ未タ暴挙セサルヤ天下之ヲ称スルニ治世ノ能臣（凄く優秀な臣下）ヲ以テセシニ非スヤ⑥若シ兒玉ノ如キモ軽挙（軽率な行動）暴動ニ出テス其方向ヲ誤ル勿ラシメハ或ハ後来（将来）国家有用ノ人物タランモ知ル可ラス記シテ以テ後者（後世の人）ノ殷鑒（戒めとしなければならない前例）トナス」。以上です。

「評」は、次のように分析します。まず注目すべきは、最初の「古来一揆ト云ヒ暴挙ト云ヒ人民ノ黨ヲ結ヒ力ヲ戮セテ政府ニ抵抗スル所以」の部分で、「竹槍席旗」＝「実力に訴えること」の中身の一端を記者が自分の言葉で説明しています。「実力に訴えること」という抽象的な言葉は、栗の毬に象徴される武器としての竹槍の威力①「竹槍」、村旗に象徴される衆としての農民の団結力②「席旗」の二つから、竹槍の威力と席旗の農民の団結力を合体させて「竹槍席旗」文言を「製造」したからです。滿木清繁は「人民」が、「国民等」が、「人民挙テ」＝集団による実力行使＝「実力に訴えること」が要求を実現させる力になるという肯定的・積極的なプラスの意味で、プラスイメージを込めて新語「竹槍席旗」文言を「製造」したのです。

次に、古来「人民ノ黨ヲ結ヒ力ヲ戮セテ政府ニ抵抗スル所以ノ原因」として、①悲憤慷慨、②功名希求、③官吏圧制・束縛を受忍できずなど、三つを上げています。

三つの原因はそれぞれ「其事ノ是非曲直」は様々ですが、みな「身命ヲ抛テ政府ニ抵抗スル」という点では同じです。江戸時代なら、由井正雪・佐倉宗五郎・大塩平八郎・天草四郎、明治に入ってからは雲井龍雄・江藤新平などがいる。賢明政府の罪人となって汚名を着せられる者、暴虐政府の濫刑でかえって名声を得る者もいる。しばらく正邪曲直は別にして、皆物事に動じない度量と勇気、才能と力量のある人物です。

④今や（明治九年）、暴挙ノ巨魁ナル兒玉仲兒は、太平の世の恩恵を受けながら、「兇徒ヲ呼集シ竹槍席旗（「実力に訴えること」）ヲ以テ官吏ニ抵抗シタル者ナレハ實ニ国家ノ罪人ニ相違ナシ」と断定し、「国家ノ罪人」と全くマイナスイメージで捉えています。これでは滿木が、専制支配に対する抵抗運動・人民の国家への抵抗権を実行する＝「実力に訴えること」が要求を実現させる力になるという「竹槍席旗」に込めた肯定的・積極的なプラスの意味、プラスイメージは何処にもありません。記者は続けます。彼は「其天性（生まれつきの性質）ヲ問ヘハ誠實ニテ孝心深ク兼テ文學ニ長ス」（人柄良好・文学熟達）である。この人物にして、なぜ「兇徒ヲ呼集シ竹槍席旗ヲ以テ官吏ニ抵抗」（地租改正反対一揆）を起こすか、その原因をいろいろと考えをめぐらしてみるが、わからないというのです。権力と同じスタンスになってしまっているからです。

ここで思い出してください。箕作麟祥訳『國政轉變ノ論』は革命肯定論（本書一六六頁）でみた『國政轉變ノ論』第三条です。「各人或ハ連合通謀スル数人ノ転変ヲ図リ兵ヲ起ストキハ、其危厄ヲ自カラ其身ニ擔當セサルヘカラサルヲ論ス」（個人・複数人が共同して、革命を目指し、兵を挙げるときは、身に降りかかる危難を引き受けなければならない）では、「国民ノ救者」か「国ノ逆徒」か、革命企ての成否を身に引き受けなければならないと覚悟を促していました。

兒玉仲兒は地租改正反対一揆の指導者で、革命を起こしているわけではありませんが、「兇徒ヲ呼集シ竹槍席旗（「実力に訴えること」）ヲ以テ官吏ニ抵抗シタル者」です。「兇徒」は人民、粉河地域の人々、地租改正反対一揆に立ちあがった人々を指しているわけですが、記者が県・政府（或は世間）と同じスタンスになってしまっているので「兇徒」となっています。ですから粉河地域の民衆が結集して実力に訴えて、石代相場の引き下げを県に要求（抵抗）しているわけで、人民・粉河地域の人々の立場からすれば、滿木の天賦人権思想（民権論）を背景として、「実力に訴えること」により、アメリカの独立戦争同様に、諸権利（石代相場の引き下げ）を獲得できるということを積極的に実行していることになります。しかし、鎮台兵の力を背景にした県によって、住民は敗北して指導者は「国ノ逆徒」（「国家ノ罪人」）になっています。第三条は次のような文章で終わっています。「其謀ノ成否ハ之ヲ其身ニ擔當セサル可カラス。而シテ其報国ノ志眞ニ厚ク以テ其所願ヲ逐ケシト否トハ、之ヲ後世論者ノ公正ナル審判ニ任ス可キ者タリ」と。

⑤試しに見てみなさい。江藤新平は佐賀の乱以前は、世間では彼を「治世ノ能臣」（平和な時代は凄く優秀な臣下）としていたではないか。⑥兒玉だって、「軽挙暴動ニ出テス其方向ヲ誤ル勿ラシメハ或ハ後来国家有用ノ人物タラン」かもしれない。後に続く者への戒めとしなければならない前例とする、と。

人柄良好・文学熟達な兒玉が「軽挙暴動ニ出テス其方向ヲ誤ル勿ラシメハ或ハ後来国家有用ノ人物タラン」と言っ

ているから、「軽挙暴動ニ出」たこと＝「竹槍席旗」（「実力に訴えること」）は、その方向を誤ったことになります。滿木清繁が積極的・肯定的な意味、プラスイメージを込めて「製造」し、関・田代が継承してきた「竹槍席旗」（「実力に訴えること」）文言ですが、国家からみれば「竹槍席旗」（「実力に訴えること」）は「国家ノ罪人」への道へ進むことであり、「後来国家有用ノ人物」から遠ざかることにつながることだというのです。明らかに「竹槍席旗」（「実力に訴えること」）をマイナスイメージで捉えています。そしてこのことを「記シテ以テ後者ノ殷鑒（いんかん）（戒めとしなければならない前例）トナス」と締めくくっています。後に続く者に「竹槍席旗」（「実力に訴えること」）を実行して「其方向ヲ誤ル勿（なか）ラシメ」ようとする姿勢が見えます。滿木の初志は否定されたのです。

（6）一八七六（明治九）年六月一日、「日本帝国亡滅セントスルノ徴効ヲ論ス」（『湖海新報』第九号）

この論文は、澤大洋氏によれば、明治九年に参同社を結成し、三月『湖海新報』を創刊し、六月には同郷熊本の林正明に協力して共同社を創立し、『近事評論』を発刊した集思社「世話方」の宮崎八郎が書いたという（『湖海新報』第九・一〇号。澤大洋一九九八年：一一九～一二〇、一六七～七一頁）ことです。

宮崎は『湖海新報』第九・一〇号で、明治九年の国内形勢を見つめると、国脈・人心・財貨において、衰え滅亡する兆候が見えるとして、以下の全一一条を上げます。①明治六年政変、②近衛兵の解散、③不平の徒の増加、④士人の反政府感情増長、⑤千島樺太（からふと）交換条約、⑥言論弾圧、⑦明治九年一月の赤坂喰違（あかさかくいちがい）の変（岩倉具視暗殺未遂事件）、⑧地租改正反対一揆（「**竹鎗席旗**」）、⑨箕作麟祥訳文「国政転変論」を抜抄し評論した『評論新聞』は弾圧されるが、『萬国叢話』は弾圧されないなどの言論弾圧の濫刑（らんけい）、⑩条約改正に着手せず、国家の体面を失すること、⑪琉球事件・台湾遠征。

徴効⑧として、地租改正条例が出てから、各地の農民で苦しみを訴える者は続々と続いている。各地で鋤を捨て、鋤の刃を担いで悲しまない者はいない。切迫した時代の趨勢として「各々其黨ヲ呼集シ其管廳ニ向テ哀訴シ甚シキハ**竹鎗席旗**（「実力に訴えること」。地租改正反対一揆なので、新政反対一揆でも入るが）ヲ以テ官吏ニ抵抗シ、力ヲ以テ苦情ヲ達セント欲スルアリ」。そもそも「租税ノ要タルヤ全国人民均一ノ法ヲ以テ之ヲ納メ政府ノ供用（使わせる）ニ充ツル」理由は「保護ヲ受クルノ代價ナリ」。だから「文明諸国ノ法民選議院ノ議定ヲ経ルニ非サレハ一毛ト雖モ租税ヲ増収スルヲ得ス（租税協議権・内田）。是レ不易（不変）ノ道（道理）ナリ」。ところが日本では、「民選議院未タ立タス、華士族ノ家禄未タ廃セス、農民等租税ノ濫収（むやみやたらに取る）ヲ怨ム、亦其理ナキニ非ス、全国ノ大困難恐クハ之ヨリ始ラン」としたのです。

この「竹鎗席旗」は社会契約論や租税協議権などを拠り所としたうえで、「竹鎗席旗ヲ以テ官吏ニ抵抗シ、力ヲ以テ苦情ヲ達セント欲スル」から人民の国家に対する抵抗、「力ヲ以テ苦情ヲ達セン」など滿木が考えた「実力に訴えること」の意味内容を間違いなく継承していると言えます。

（7）一八七六（明治九）年六月、「支那内地騒擾ノ話幷評」（『評論新聞』第一〇四号）

これは『評論新聞』が「竹槍席旗」を清国国内の民衆運動に使用した事例です。「清国ニ在ル書生某ヨリノ来信ニ曰ク目今清国内地ニ於テハ一揆徒党處々ニ蜂起シ餘程騒々シキ様子ナリ又寧波及ヒ其他沿海ノ要衝（要害）ニハ頻リニ砲台ヲ建築スル云々」と。

これに対する評論が六つ、その四番目に、考えてみると、不平激徒が生じる理由は、皆政府の措置が良くないから人心を離れさせるのであって、決して人民が我儘放題にするからではない。また政府に抵抗するのを「快」とするものではない。不幸にして暗愚政府の元に生まれた同胞兄弟が苛政・収斂のために災難を被っているのを、傍観・座視するに忍びないので「**竹槍席旗**（持物になってしまっている）を携ヘ正々堂々政府ノ罪悪ヲ数ヘテ之ヲ旻天（天）

ニ告訴シ」て、同胞・兄弟を苦痛のなかから救おうとする真心から出ただけだ。ああ、「不平激徒ノ志モ亦タ悲ムベキカナ」と。一概に「不平激徒」というけれど、「竹槍席旗を携へ正々堂々政府ノ罪悪ヲ数ヘテ之ヲ旻天（天）ニ告訴シ」て、同胞・兄弟を苦痛のなかから救おうとする真心、その志も悲しいものだと。

「竹槍席旗」は滿木が「製造」したものと同じ四文字熟語を使用していますが、「実力に訴えること」という意味内容ではなく、「竹槍席旗を携へ」と「竹槍」・「席旗」は持物・旗物になってしまっています。だから「携へ」なのです。（4）で「竹槍ヲ提ゲ席旗ヲ翻シ」文言は「竹槍席旗」の変形です。すでに「竹槍席旗」を短縮する（縮める）方向でなく、「竹槍ヲ提ゲ席旗ヲ翻シ」と分解して「竹槍」と「席旗」を使ったことが、一揆徒党を結んでいる農民たちが持物（竹槍）を持ち、旗物（席旗）を掲げて、と具体的な「物」に発想が変化する兆しが出てきてしまった感じがして、危ういと指摘しました。ここ（7）では、それが現実のものとなって、四文字熟語のままで現物の竹槍と席旗となってしまいました。だから「携へ」となっているのです。ここでは「竹槍席旗」を「実力に訴えること」とは置き換えることはできません。

「竹槍席旗を携へ正々堂々政府ノ罪悪ヲ数ヘテ之ヲ旻天（天）ニ告訴シ」からは、「正々堂々」と「政府ノ罪悪」を「旻天ニ告訴」するというのですから、その行為は積極的・肯定的な意味合い、プラスイメージを持っています。筆者の意識としては、「竹槍席旗」も同様の意味合いを持った言葉として使用していたと思われます。形は同じでも、内容が失われてしまったのです。

（8）一八七六（明治九）年九月、「支那内地大騒動景況　附評」（『中外評論』第一四号）

（7）に続き、清国の民衆運動に使用した事例です。『評論新聞』直系の後継雑誌『中外評論』です。『評論新聞』は明治九年七月に第一〇九号で発禁となりました。後身は『中外評論』で明治九年八月創刊、十月の第二八号で発禁、十一月に後身として『文明新誌』を創刊し、これも明治十年六月に第四一号で発禁となりました。

（7）があって『中外評論』第一四号（8）に繋がりました。「支那上海本願寺別院ヨリノ報知（中略）評曰（中略）『アルアメール、ヤコブ』ハ大挙シテ攻撃ヲ恣ニシ其勢宛モ破竹ノ如シ、広東ノ一揆党ハ明々（きわめてはっきりしている様子）清朝ヲ顚覆シ官吏ヲ殺戮スルヲ名トシ、河南山東ノ人民ハ竹槍席旗（「実力に訴えること」。百姓一揆でも入る）群起シテ官吏ノ暴戻（乱暴で道理にそむく）ヲ責メ県令江小松等ヲ殺シ、建寧ニテハ外国教師ヲ焼殺シ、「スウ」州地方ハ外国人殺戮ス可シト叫フ聲ハ街頭ニ喧（やかましい）シト（後略）」。以上です。

『中外評論』第一四号は「支那内地大騒乱ノ景況　附評」とする記事を掲載し、（7）に続き中国の事例に「竹槍席旗」を使用しました。伊犁方面での回民蜂起に対して、陝甘総督左宗棠が出兵したが勝敗は不明とする「支那上海本願寺別院ヨリノ報知」を載せました。これに対する「評」で、陝西から新疆のヤクブ・ベクの乱（回教起義）、広東省での太平天国、河南・山東の捻軍、福建省での仇教運動など（五十嵐智恵子氏のご教示による）の具体相を記述する中で「竹槍席旗」を使用したのです。

「一揆党」「人民ハ竹槍席旗群起シ」「叫フ聲ハ街頭ニ喧シ」などは一揆的集団が形成されている様子を示しています。また「大挙シテ攻撃ヲ恣ニシ其勢宛モ破竹ノ如シ」「清朝ヲ顚覆シ官吏ヲ殺戮」「官吏ノ暴戻ヲ責メ県令江小松等ヲ殺シ」「外国教師ヲ焼殺シ」「外国人殺戮ス可シ」などの清朝転覆・殺害などの実力行使を標榜し、実行していることを記しています。重要なことは「河南山東ノ人民ハ竹槍席旗群起シテ官吏ノ暴戻ヲ責メ」と官吏の乱暴と道理に背いたことの責任を問うて「竹槍席旗」＝「実力に訴えて」群起（蜂起）して「県令江小松等ヲ殺シ」ていることです。また「広東ノ一揆党ハ明々清朝ヲ顚覆シ官吏ヲ殺戮スルヲ名トシ」と明確に清朝を打倒し、官吏を殺戮することを名」（誉）としているというのです。「竹槍席旗」＝「実力に訴えること」の意味内容で、反清闘争・中国侵略に対する抵抗運動として積極的・肯定的意味・プラスイメージが内包されていることがわかります。

第三節　「竹槍席旗」文言の継承（変容）の小括

満木清繁が「製造」した抽象語「竹槍席旗」文言は、「実力に訴えること」という抽象的な意味合いを持つ文言であり、決して具体的な「百姓一揆」を言い換えたものとして作られたものではありませんでした。最初の八事例を検討した結果、次のようなことがわかりました。

満木は「竹槍席旗」文言に、肯定的・積極的なプラスの意味で、プラスイメージを込めて「新日本の新文字」である「竹槍席旗」文言を「製造」した（1）のです。その文言は、前編輯長関と田代荒次郎によって満木の初志通りに継承されました。関は「道徳上亦之ヲ許ストコロナリ」と補強し（2）、また田代は中臣（藤原）鎌足が「日本臣民ノ権義ヲ失フタ」と衝撃的な内容で反撃しました（3）。

しかし、抽象語「竹槍席旗」文言が個別具体的な事例に使用されるようになると、変化が起こります。和歌山県下地租改正反対一揆の記事の中に出てくる「竹槍ヲ提ゲ席旗ヲ翻シ」文言は、「竹槍席旗」文言の類似表現ですが、「竹槍ヲ提ゲ席旗ヲ翻シ」と分解して「竹槍」と「席旗」を使ったことが、一揆徒党を結んでいる農民たちが持物（竹槍）を持ち、旗物（席旗）を掲げて、と具体的な「物」に発想が変化する兆し（逸脱）が始まりました（4）。満木の初志の継承は危うくなりました。その危惧が現実のものになったのが（7）です。これは（8）とともに「竹槍席旗」文言を中国の個別事例に使用したものですが、（7）では「不幸ニシテ暗愚政府ノ下ニ生シ同胞兄弟カ苛政収斂ノ為メニ困厄ヲ被ルヲ傍観坐視スルニ忍ビス巳ムヲ得ズシテ竹槍席旗を携へ正々堂々政府ノ罪悪ヲ数ヘテ之ヲ旻天ニ告訴シ以テ同胞兄弟ヲ水火ノ中ニ救ハントスル」と文脈の上ではプラスイメージで使用し、「竹槍席旗」文言を使用しているものの、「竹槍席旗を携へ」と竹槍と席旗という持物・旗物になってしまっていて、「実力に訴えること」と置き換えることはできません。

満木の肯定的・積極的なプラスイメージを込めて、という初志も否定されます。（4）で「暴動ニ及ビタルトノ評判ナリ」と新聞は積極的・肯定的意味合いで書いても、世間の評判が「暴動」というマイナスイメージを持ち始めたことが書かれていましたが、(5)では記者そのものが県・政府のスタンスと同じになってしまいました。人柄良好・文学熟達な兒玉が「軽挙暴動ニ出テス其方向ヲ誤ル勿(なか)ラシメハ或ハ後来国家有用ノ人物タラン」と、「軽挙暴動ニ出」たこと＝「竹槍席旗」(＝「実力に訴えること」)は、その方向を誤ったことになり、「国家ノ罪人」への道へ進むことであり、「後来国家有用ノ人物」から遠ざかることにつながることだというのです。明らかに「竹槍席旗」(＝「実力に訴えること」)をマイナスイメージで捉えています。そしてこのことを「記シテ以テ後者ノ殷鑑(いんかん)トナス」と締めくくり、後に続く者に兒玉仲兒のように「竹槍席旗」を実行して「其方向ヲ誤ル勿(なか)ラシメ」ようとする、「実力に訴えること」を阻止しようとする姿勢が見えます。滿木の初志は否定されたのです。

そんな中で、(6)は「竹鎗席旗」は社会契約論や租税協議権などを拠り所に、「竹鎗席旗ヲ以テ官吏ニ抵抗シ、力ヲ以テ苦情ヲ達セント欲スル」から人民の国家に対する抵抗、「力ヲ以テ苦情ヲ達セン」など滿木が考えた「実力に訴えること」の意味内容を間違いなく継承していると言えます。また、(8)も「実力に訴えること」の意味内容で、反清闘争・中国侵略に対する抵抗運動として積極的・肯定的意味・プラスイメージが内包されています。

以上、明治八年十一月に公表・使用された抽象語「竹槍席旗」文言は、明治九年九月までに、『評論新聞』と『評論新聞』系列の『湖海新報』で八事例に使用されていたこと、「製造」者滿木清繁の初志(＝「実力に訴えること」の意味、積極的・肯定的意味でプラスイメージ)を継承する方向とそれを崩し、単純に「竹槍」と「席旗」という持物・旗物だと解釈し、マイナスイメージを付与する方向と、二つの流れを含みつつ継承されていったことがわかりました。

また、八事例とも集思社・『評論新聞』系列の結社から発信されたものです。そのうち(5)・(6)は参同社『湖海新報』で、(8)は『評論新聞』の後継『中外評論』です。滿木清繁が「製造」し、その後集思社系の人々によって使用(継承)されました。民権派過激新聞として名高い『評論新聞』系列の人々が、「竹槍席旗」文言を使用し続けたことが、明治九年十二月六日の『郵便報知新聞』を皮切りに『朝野新聞』などの諸新聞が「竹槍席旗」文言を使用し始めるきっかけとなったと考えられます。明治八年十一月〜明治九年九月まで（現時点で明治九年十・十一月は事例未発見です）の約一年で八件だった使用が、明治九年十二月から明治十年十二月までの一年間（明治九年十二月には四件、明治十年は二一件）で合計二五件と三倍に激増します。また、記者同士の横の連絡情報交換も考えられます（成島柳北（なるしまりゅうほく）一八九二年）。（9）事例以降の変容については今後の課題としたいと思います。

第三章 埼玉県域における民衆運動

第三章では、埼玉県域の民衆運動を取り上げます。第一節では、埼玉県における新政反対一揆事例である一八七九（明治十二）年のコレラ予防反対一揆を紹介します。次に、第二節では、自由民権運動の諸激化事件の一つといわれている一八八四（明治十七）年の秩父事件を取り上げ、原始的蓄積（「生産者と生産手段との歴史的分離過程」マルクス一八六七年：三四一頁）期に直面した秩父困民党の行動様式を抽出し、判決について考察し、最後に小林清親の狂画も取り上げました。さらに、第三節、一八八八（明治二十一）年の町村合併反対運動では、1で、著名な大里郡石原村の熊谷との合併反対運動（内田満一九九三年）を、2で、横見郡北下砂村の合併反対運動（内田満一九九六年）を取り上げました。第三章の三つの事例は、埼玉県における地租改正事業の完了直後から日清戦争直前までに起こったもので、依然として存在した共同体結合を基盤にした民衆運動となっています。

第一節　明治十二年コレラ予防反対一揆

◉コレラ予防反対一揆は新政反対一揆

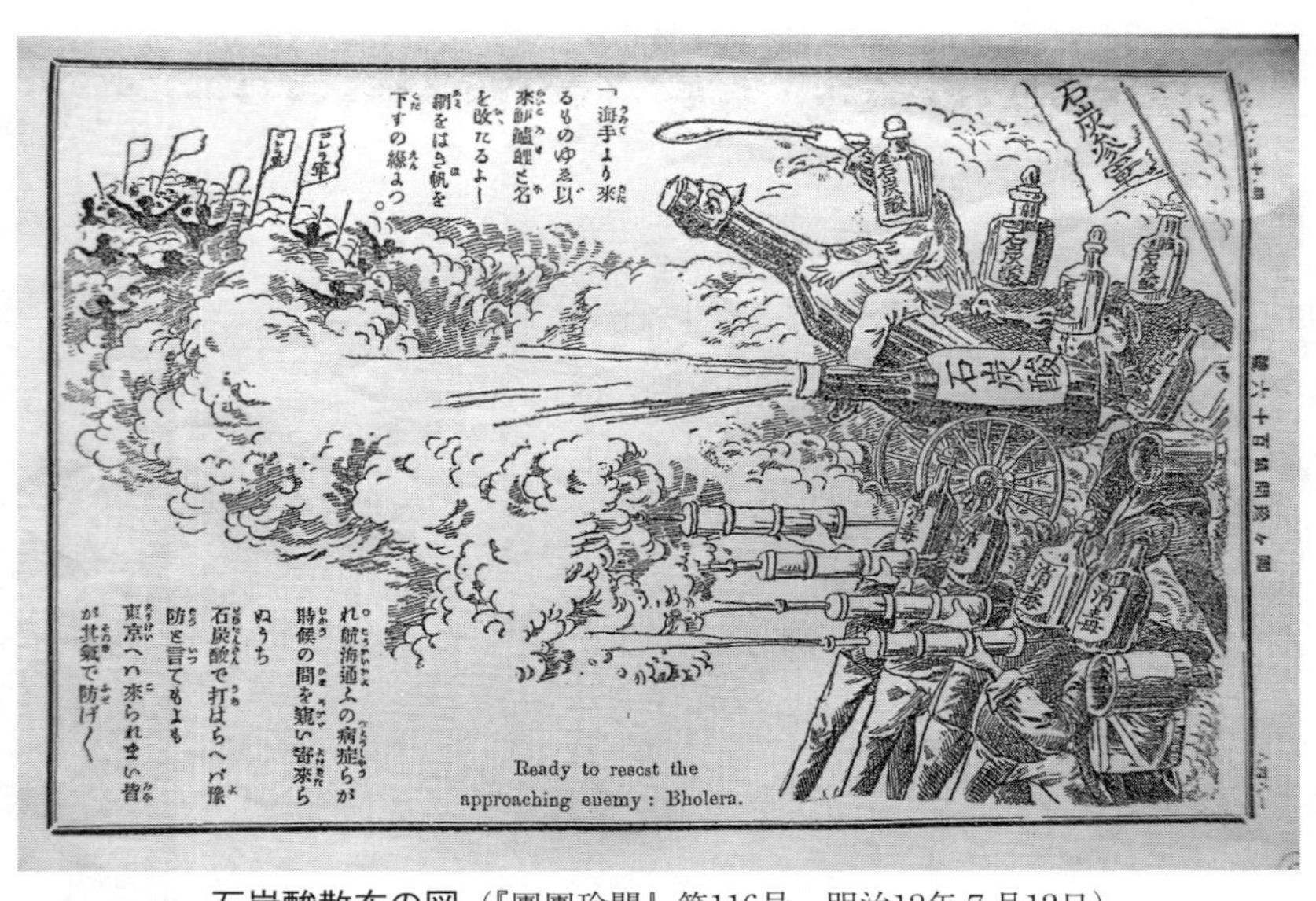

石炭酸散布の図（『團團珍聞』第116号、明治12年７月12日）

新政反対一揆を含む明治〇年代の民衆運動の特質・特徴については、第一章で保坂智氏の研究成果に依拠しながら見ました。新政反対一揆は領主引留め運動（廃藩置県）、学制反対一揆、血税反対一揆（徴兵令反対一揆）、地租改正反対一揆、コレラ予防反対一揆などがあります。第一節では埼玉県域で起こされた新政反対一揆である明治十二年のコレラ予防反対一揆について森田武氏の二つの仕事（森田武一九八二年。同一九九〇年：三三五〜七頁）から学んでゆきます。

幕末から明治期にかけてコレラは明治十年・十五年としばしば流行しました。一八七九（明治十二）年七月下旬、横浜経由でもたらされたコレラの流行は全国に拡大し、近代を通じ最大の猖獗を極めました〔全国届出患者数一六万二六三七人、死者一〇万五七八六人、致死率六五％（大嶽浩良一九九五：二五一頁）〕。埼玉県内でも六三五人の患者が出ました。埼玉県でも「虎列刺病予防仮規則」に基づいて、地方長官、検疫委員、警察による予防・監督体制と避病院設置による患者の隔離政策が実施され、予防に当りました。具体的施策として、石炭酸（フェノールの和名。

薄めて消毒剤などに利用）を主材とした医薬の製剤、散布、避病院設置が行われたのです。

この図は、左手の「コレラ軍」を右手の「石炭参軍」が石炭酸で攻撃する図になっています。石炭酸の瓶を大砲にして石炭酸兵が砲撃し、消毒兵が消毒剤を打っています。「コレラ軍」は石炭酸の煙に包まれ、苦しんでいるようです。詞書は「海手より来るものゆゑ以来鮖鱸鯉と名を改たるよし網をはき帆を下すの縁につれ航海通ふの病症らが時候の間を窺い寄来らぬうち石炭酸で打はらへバ豫防と言てもよも東京へハ来られまい皆が其気で防げ防げ」とあります。また「よのなか にころり ほど こわい やまひ ハ ない とりつかれたが さいご とても いのち ハ たすからぬ」で始まる「衛生会館版」のコレラ予防のチラシ「コレラ病予防の心得」もあります（浦和市総務部市史編さん室一九九〇年：三三五頁）。中央には、刀を持ち、左手で瓶を抱えた人物が、擬人化されたコレラでしょうか、一人を刀で倒し、逃げていく三人（匹？）が描かれています。瓶の中身は石炭酸でしょうか。本書のテーマの一つ旗物からみると両軍の旗物は布旗のようです。

全国的に見るとこの予防策に対し、愛知県・新潟県・群馬県、そして埼玉県では現在の浦和市域の中尾村周辺一六カ村と川口・草加市域の東本郷・赤山村周辺一三カ村の農民たちが反対の一揆を起こしました。このコレラ予防策が医療分野における新政、つまり明治七年医制公布に始まる全国的医療方法の西洋医学への体制的転換とその後の疫病予防政策、衛生行政体制推進の一環でした。すなわち明治政府の実施する近代化＝文明化＝西欧化政策だったので、これに反対する一揆を新政反対一揆といいます。全国的には解放令反対一揆・学制反対一揆・地租改正反対一揆・徴兵令（血税）反対一揆などがありますが、未経験の西洋医学への恐怖とそれを施行する行政、警察権力に対する不信を理由に一揆が起こったもので、個別政策にというのではなく、従来からの生活を根本的に、根底から覆す得体のしれない明治政府の実施する新政全般に反対する一揆（運動）でした。

◉中尾村周辺十六カ村の予防反対一揆

明治十二年八月上旬、浦和宿内で患者が出た際に、埼玉県では近村の中尾村の吉祥寺を避病院（隔離病院）に指定しました。これに対し、中尾村の農民は「虎列刺ト申ス病ハ無之、全ク巡査各村ニ出役毒薬ヲ散布シ、故ラニ病人を拵ヘ之ヲ避病院ニ入レ、患者ノ生肝ヲ取ルナドト種々ノ風説アルヲ、或ハ信実ナラント疑惑ノ折柄、村方吉祥寺を仮ニ避病院ト御定メ相成リタルヨシ」（「県行政文書」明一九八）と受け止めました。村内には黄地に黒字で「コレラ」と標記（目印の符号）の立つ避病院に対する恐怖が満ちたのです。

こうした雰囲気の中で、八月十日、県では村吏の請書が出されると郡書記を中尾村に派遣し、患者の移送を通達しました。しかし、村吏が村民を集めて協議した結果は、浦和で発病した患者は浦和で治療するのが当然であるとして、先に提出された村吏の請書の下げ戻しを決定し、同地に避病院を置くことを拒否しました。

患者は同日夕方移送されましたが、同村民は四名の者が中心となって村民を集め数百人が吉祥寺に集合しました。患者移送の一行の前に立ち塞がって抵抗する一方、患者の移送を阻止するため、「各所の梵鐘を撞き」周辺村々に加勢を依頼しました。その呼びかけに一五カ村の農民一五〇〇〜一六〇〇人が応じて、「各銃鎗刀剣或は竹槍鍬鎌等」（土屋喬雄・小野道雄編一九三一年：一九七三年版使用、三三一頁）や万能、鍬、鳶口などを携帯して参集しました。殺傷はありませんでしたが、殺傷を前提とする武器を持って多数の農民が参集したことに、了解を前提としないか、殆ど了解不可能であることを意識的・無意識的に感じていたことを示しています。このため、一度は村民代表の請書下げ戻しの請求を却下した県当局も、ついに避病院設置の撤回を伝えました。

その後、村内において、患者移送反対の行動を指導した人々が申合せ、①戸長など村吏の辞職、②今回の事件に関する諸入費を戸長が出金する、ことを決めました。さらに「村内ニ患者発生スルモ之ヲ病院ニ送ラサルヘシ」、「モシ官署ヨリ強行施行セハ吉祥寺ノ早鐘を撞クヘシ」（鎌田冲太一九〇六年）と決議しました。そして、村吏の辞職を除いて決着しました。

「村内ニ患者発生スルモ之ヲ病院ニ送ラサルヘシ」との決議には、「避病院ニ入レ、患者ノ生肝ヲ取ルナドト種々ノ風説」があると思いますが、さらに新潟県の例として、コレラ患者は発病すると直ちに避病院へ強制収容され、肉親とも隔絶され、しかも「患者死屍焼場ニ親戚ニ入ルヲ禁ス」というように孤独のうちに死亡していく状態にありました。死ぬときは肉親に看取られ〝畳の上で死にたい〟という民衆のこの世の別れ際に対する最後の願望すらも拒絶されていたのです。このような民衆の伝統的習俗＝民衆の底の底にある宗教心を否定、破壊する状況に至った時、民衆は身をもって権力に抵抗するという意識行動がみられました（中野三義一九七七年：六三頁）。

◉東本郷・赤山村周辺十三カ村の予防反対一揆

同様の一揆は、中尾村と芝川を挟んだ東部の東本郷村、赤山村（現川口市）など周辺一三カ村もほぼ時期を同じくして起こりました。この時は、八月九日に東本郷村に患者が発生した際、東本郷村傍に検疫出張所を、鳩ケ谷町と赤山村に検疫支所を設けたことに端を発したものでした。

この地域では、祭礼、祈祷、念仏講の寄合がもたれ、検疫所、避病院に関する「奇怪ノ風説」がますます流布し、それによって連鎖的に村々の鐘がつかれて竹槍、刀剣、手槍などを携帯した峯村ほか六カ村の農民三〇〇～四〇〇人が集まり、武器を門前に並べ、昼夜をおかず避病院などの周りで賭博に興じつつ示威行動をとるという、一種異様な、かつ生き生きした世界が現出したのです。この時も患者は、入院させられると脳髄を取られるとか、毒薬を飲まされるとかの風説が広がっていました。八月二十一日に大竹村では講のため村民一同が寄合い「東村へ病人ヲ連レニ来ルナラハ一同ニテ巡査ヲ可追払」と決議しました。中尾村の周辺、東本郷村の周辺に広がっていた、このような風説は、具体的には「巷談ニ現下県庁カ発病者ヲ強テ入病セシメツ、是レ即チ患者ヲ毒殺セシ其肝ヲ抉クリ取リテ将軍ニ送ランカ為メナリ」（同前）というものでした。将軍とは当時来日していた米国前大統領グラント将軍であり、将軍が来県した際、白根多助県令が「生肝献上」を内約したとの流言が伝えられていたのです。

もちろんこれは誤った流言ですが、当時、グラント将軍への「生肝献上」の流言は全国的に流布されていました。農民は、コレラ予防のための石炭酸の散布と避病院の設置を中心とする西洋医学に基づく衛生政策に対して拒絶反応を示し、その感情が、西洋人・異人の象徴として当時大々的に新聞等で報じられていた同将軍と結びついて流言が広がったのです。

八月二十三日には原村氷川神社へ原村ほか四カ村の農民一五〇～一六〇人が竹槍、萬能、鳶口などを持って参集し、巡査が毒薬を散布し、病人を連れに、また請書の催促などのために来たならば、鐘音を合図に取り押さえることを相談し、同意しました。翌二十四日東本郷村周辺農村の一揆では、患者を自宅で治療したいこと、巡疫掛の巡視を休止してもらいたいこと、避病院を廃止してもらいたいこと、医者は病気を出した家の希望に従って欲しいこと、入院患者の帰宅を希望することなどを要求しました。県当局は避病院の廃止を除いて要求を認め一揆は八月二十七日ころ鎮静しました。

◉逮捕者と処罰の性格

その後、九月に入ると中尾村周辺、東本郷村等周辺の一揆参加者に対する逮捕、処罰が行われ、最終的には三二カ村から六一名の処罰者が出ました。中尾村周辺の一揆指導者は兇徒嘯集条例によって懲役一〇年、同七年、同二年の重い罪を一〇名が、同一〇〇日～二〇〇日を三五名が、贖罪金を一六名が課されました。兇徒嘯集条例は明治六年の美作血税一揆、福島事件で内乱罪以外の場合、秩父事件などに適用された弾圧条例でした。その意味で、この一揆が、明治初年の新政反対一揆の一環として当時の支配権力に与えた衝撃の大きさを示しています。

この一揆は政府の「文明開化」政策に対する新政反対一揆でしたが、予防、治安の任に当たり、秩父事件の際も現地に赴いて記録を残した鎌田冲太はこの一揆について「埼玉県ニ於テ秩父暴動ヲ知ル者ハ多シト雖中尾本郷大麻生等暴挙ヲ知ル者ハ少ナシ何トナレハ秩父暴動ハ鎮圧スルニ兵力ヲカリ発砲セシヲ以テ其声高フシテ知ル者多シ然シテ其余ノ暴挙ハ他力ヲ要セス警察ノ自力ヲ限リ鎮撫セシヲ以テ其音低フシテ知ル者少シ然レトモ中尾本郷暴動ノ如キハ実際ニ於テハ秩父暴動以上ノ困難ナリキ（中略）彼是事ノ大小ヲ較フレハ秩父ハ大ニシテ本郷等ハ其小ナリ然レトモ警察ノ困難ニ於テハ本郷等ハ至難ニシテ秩父ハ其次ナリトス本県ニ於テ此等ノ事変ハ実ニ元和偃武後ノ大騒動」（圏点：内田）と記しています（鎌田冲太一九〇六年）。新政府成立後、埼玉県における最後の大規模なこの一揆が権力に与えた衝撃の大きさを知ることができます。秩父事件とはいろいろな面で異なった一揆でしたが、依拠する社会的基盤＝小生産者の共同体的世界に共通する性格をもっていた一揆でした。

第二節　明治十七年秩父事件

はじめに

秩父事件とは、「秩父郡中」を地域的枠組みとする固有の民衆運動でした。すなわち自由党から峻別された秩父困民党が中核となって、松方デフレ＝原始的蓄積＝「生産者と生産手段との歴史的分離過程」（マルクス一八六七年：三四一頁）の時代に直面した「秩父郡中貧民」の救助を、「秩父郡中」固有の問題解決方法として、「秩父郡中人民」の蜂起による高利貸征伐によって達成することを目的とする民衆運動だったのです（内田満一九九七年・一九九八年・二〇〇七年・二〇一三年A）。

◉盟約書と八人議定

秩父困民党の思想は、血判を伴う盟約書と八人議定に示されています。まずは、落合寅市・高岸善吉・坂本宗作・

井上伝蔵・井上善作等が密議の結果、現状を「改良センニハ必ス高利貸ノ征伐ヲ為サンコトヲ欲シ」加藤織平に謀って作られた盟約書が、秩父困民党が蜂起前に作成した文書のなかでは最も一般的・普遍的なことを規定したものです。「一、我々ハ日本国ニ在リ圧制官吏ヲ断チ真正ノ人ヲ立ツルニ務ムル事。二、我々ハ前条ノ目的ヲ達スル為メ恩愛ノ親子兄弟妻ヲ断チ生命財産ヲ捨ル事。三、我々ハ相談ノ上事ヲ決行スル事。四、我々ノ密事ヲ漏ス者ハ殺害スル事。五、右ノ契約ハ我々ノ精神ニシテ天ニ誓ヒ生死以テ守ル事。」この血判を伴う盟約書（契約）では、第一条で有司専制批判を行い、第二条で目的達成のため日常の関係を断ち切ること、第三条で相談・決定が行動に繋がるという衆議性、第四条で秘密保持を規定し、最後の第五条で契約を守ることを誓っています。具体性はないですが、有司専制批判をおこない、「真正ノ人ヲ立ツルニ務ムル」ための決意のほどが知られます。

次に、「秩父郡中」が明治十七年段階で抱えた問題で、より具体的に表現したものが「八人議定」です。この議定は、九月七日上吉田村高岸善吉宅会議に集まった新井駒吉・小柏常次郎・井上伝蔵・坂本宗作・門平惣平・高岸善吉・田代栄助・落合寅市の八人が評議し決定したものです。田代は第一回尋問で、七人が貧民を救う為め「一命ヲ棄テ萬民ヲ救フノ精神ナレハ速ニ尽力セン」と、また第五回尋問で、「八人議定」は自由党本部から出たものでなく、石間・上下吉田・日野沢村の自由党員の目論見と答えています。

八人議定の内容は「一　高利貸ノ為身代ヲ傾ケ生計ニ困ムモノ多シ。依テ債主ニ迫リ十ケ年据置キ四十ケ年賦ニ延期ヲ乞フ事。一　学校費ヲ省ク為三ケ年間休校ヲ県庁へ迫ル事。一　雑収税ノ減少ヲ内務省へ迫ル事。一　村費ノ減少ヲ村吏へ迫ル事。」であり、貧民救済のために非常に具体的な要求内容が掲げられていることがわかります。但し九月二日に堀口幸助が田代を訪れた時は「高利貸ノ無慈悲ノ為一般困窮ノ事。学校費ノ嵩ミタル事。雑収税ノ負擔ニ堪兼ル事。附リ村費ノ事」につき協議したいということであり、村費は附りでした。金尾村新井福太郎は、自由党及び借金党に集合する主趣について「自由党ハ学校ヲ廃シ又租税ヲ減スルニハ多人数暴挙シ県庁郡役所及ヒ警察署ヲ打毀スノ目的ニテ、借金党ハ戸長役場ノ公証簿及ヒ金貸方ノ証書ヲ焼棄テ無済ニスル目的ナリ」と述べています。「八人議定」の内容が、秩父の民衆にどの様に受け止められていたかを明確に示しています。

◉最終的に高利貸征伐に

新政反対一揆は「願意なき」一揆といわれますが、それとは明確に異なっています。これら全四カ条のうち第二〜四条の要求は、諸負担を減らすということです。この要求は、百姓一揆・世直し一揆にもありますが、盟約書の専制政府批判と高利貸批判を伴っている点に注意を払う必要があります。そして運動に即して見ると、第一条に限定され、「高利貸征伐」に収斂していることがわかります。その他の項目は、現在までの史料読みの中では出てきません。第二・三条については、十月三十・三十一日段階で、延期論に絡めて前途の目的を述べたところで「今三十日間ノ猶予モアラハ埼玉県ハ不及群馬県長野神奈川山梨県ノ人民一時ニ蜂起スルハ自（必）然ナリ。然ルトキハ飽迄暴威ヲ逞フシ減税ヲ政府へ強願スルモ容易ナラン。然ラスシテ軽率ニ事ヲ挙クルトキハ大望モ水泡ニ帰セント猶予ヲ乞ヒタルナリ。（中略）又当地方ハ東京へ接近致シ居ル故一旦信州へ引キ揚ケ更ニ大兵ヲ挙クルノ目的ナリ」との発言や探偵通報として「四方より東京に直路出京する不能るときは一時甲州地方へ落ち後図（今後の計画）を為すの策略」を察知（石間村加藤織平）などがありますが、蜂起してからの要求にはなく、第二条以下は現実には要求はされなかったと考えられます。この発言の背景には、「八人議定」策定の際の、小柏常次郎の「貧民ハ独リ埼玉県ニ止マラス何県ニ於テモ同様ノ事ナレハ」との認識も踏まえ、加味されていたろうと思われます。滝沢房吉尋問書で坂本村へ来た目的は、隊長分がいうには「小川最寄リニハ同盟ノ属モ有之ニ付、速カニ広地ニ出テサレバ是ノ狭隘ナル山中ニハ迚モ滞陣難相成且ツ兵糧攻メニセラルル憂アラハ迅速出張スヘシト」の理由が考えられます。それゆえ田代は信州組の参加を、疑念を持ちながらも認めたのではないかと考えています。

秩父困民党側は、債主へ十年据置・四十年年賦を要求し、大宮警察署へ債主への説諭方を願い出るという手続きをしっかりと踏みましたが、ともに拒否されてしまいました。明治はすでに近代の契約社会になっていたのです。要求を実現する回路を失った幹部は、「最早尋常ノ手段能ク成スニ足ラス。宜ク衆力ヲ擁シテ債主ヲ脅カスニ若カス」（風布村石田造酒八）、「此上ハ無是非次第ニ付我々一命ヲ抛テ腕力ニ訴ヘ高利貸ノ家屋ヲ破壊又ハ焼燬シ証書類ハ悉皆焼棄シ法衙ニ訴フルノ証拠物ヲ甚滅スルコトニ決定シタリ」（田代栄助）と自力救済＝実力行使（実力）に訴えることを決定しました。最初から「兵ヲ挙クル上ハ警察官及ヒ憲兵鎮台兵ノ抗撃ヲ受クルハ自〈必〉然ナリ。右ニ抗敵スル」と国家権力との「戦争」を想定していたのです。高利貸の弊害が誰の目にも明らかな状況で、「我々一命ヲ抛」つ者の出現は、秩父郡中人民・貧民が、自らの願望を担い、貧民（困民）の立場からの普遍的価値（社会的生存権）を代弁してくれる指導者集団を持ったことであり、彼らが以後急速に自力救済＝実力行使（「実力に訴えること」）の世界に入っていくことを容易にしました。その実力の世界がどのようなものであったかを明らかにするために、秩父郡内五九カ村の参加者三二九八名の裁判記録から、参加強制・出立・武器（得物）・指物・鳴物・行動様式などの実態を抽出し、「秩父郡中」を枠組みとした秩父事件の運動・行動様式（「秩父事件の作法」）を解明しようと思います。

申し訳ありませんが、細かい事実の連続です。百姓一揆で百姓たちがどのような行動様式を取ったかを思い出しながら、小見出しで筋を追いながら読んで秩父事件に参加した農民の動きを追っていただけると、幸いです。

まず1で、はじめにと合わせて秩父困民党の思想と行動を、次に2で、自力救済・実力行使の世界、いわば「秩父事件の作法」とでもいうべきもの、すなわち参加強制・出立・武器（得物）・指物・鳴物・実力行使・炊き出し・情報・戦争などの実態解明を行います。さらに3で、権力が個々の参加者の運動（行為）をどう認定したかという観点から、秩父郡五九カ村の数量的分析を行い、村としての参加の度合いや裁きの構造（少数の首魁・教唆者・殺死・焼燬行為者と絶対的多数の付和随行者を分断）など民衆運動としての秩父事件の全体像を解明したいと思います。最後に4で、「軍備原案」・「地方警備」を考察します。小林清親の狂画二枚も取り上げます。

1、秩父困民党の思想と行動

まず、秩父困民党の思想と行動を、はじめにと合わせて考えてゆきます。秩父困民党にとって第一義的に「秩父郡中」がその地域的枠組みでした。秩父困民党、特に田代栄助（大宮郷）にとって、高利貸のために零落した「秩父郡中貧民」を救助すること、「秩父郡中人民ニナリ替ハリ富者ヲ斃シ貧者ヲ救助」することが目的であり、「大願」でした。柴岡熊吉（大宮郷）も、高利貸を斃し「秩父郡中一円」成（正）規の利息で貸借すれば困難にもならないと考えていました。

秩父困民党トリオの一人である下吉田村の坂本宗作は「秩父地方ニ於テ細民ノ貧困ニ陥ルハ債主ノ為メニ不当ノ高利ヲ収取セラルルニ職由スルモノト臆測」し、上吉田村高岸善吉も「秩父郡中ニ於テ高利貸ヲ為ス加藤恒吉 中田賢三郎 柴崎佐平 磯田縫五郎（中略）此者等ハ貧窮ノ人民ニ高利ヲ以テ金円ヲ貸付候ヨリ人民ハ夫レカ為ニ大ニ困難シ居候」と現状を認識していました。そのために下吉田村落合寅市とともに「其貧困ヲ救ハント欲シ」運動を構築していったのです。「事ノ至難ナルヲ説キ且ツ中途ニシテ事ヲ廃センヨリ寧ロ断念スルニ若カスト」慎重な田代栄助を「縦令身ヲ犠牲ニ供スルモ其目的ヲ達センコトヲ盟ヒ以テ栄助ヲ激励ス栄助任侠自ラ止ム能ハス奮ツテ其托ヲ諾ス」。その宗作の覚悟の程は十一月一日「悟山道宗信士ト記入シタル白木綿ノ鉢巻ヲ為シ刀ヲ携ヘ将サニ椋神社」に行くことからもわかります。

上日野沢村竹内吉五郎は、同村木村又吉に対して連借している五人で、山仁へ借金を四年据置・四十ケ年年賦の掛け合いに行けと指示しました。「以ノ外ノ事ナリト断ハラレタリ」と報告をすると、椋神社へ集合した一同へ次のように言渡したと言います。常盤屋・山仁・刀屋その他金貸を打毀しその序に警察分署その他役所も打毀すので一同そのつもりで尽力しろ、「尤モ我等ハ首ヲ差出シ置キテノ事ナレバ手前タチノ頭ハ我等ガ継テ遣ルニヨリ安心シテ働ケト申サレタリ」。事実であれば吉五郎は困民党軍の中枢に位置していたことになりますが、判決では「暴徒ニ附従」

と認定され、罰金二円五〇銭でした。次に示す村竹茂市とのやり取りとともに疑問が残りますが、現時点では発言と行為が一致していなかったと考えておきます。すなわち、上日野沢村の村竹茂市によれば、蜂起直前の十月二十八日吉五郎が来て「高利ノ金ヲ貸スモノハ家マスマス富ミ其金ヲ借用セシモノハ家マスマス貧ニ陥リ究路ニ怨歎スモ永ク活路ヲ得ベキノ目的ナク終ニ飢餓ニ頻スルヨリ外致方ナシ寧ロ無情ノ債主ノ家ヲ毀シ借用金証書等ヲ奪取リ焼棄候ハハ富者ヲ倒シ貧者ヲ助クルノ途相立ツヘキニ付賛成シテハ如何トノ相談ヲ受ケタル」と積極的です。茂市は「同胞人民ヲ救フニハ至極良キ策ト感心仕リ無異議同意」しています。

また下日野沢村新井蒔蔵が「借財アル者又ハ難渋ノ者共ハ参ルベシト煽動シ」、自らも白木綿の襷・鉢巻をして竹槍を持ち「貧民ノ為メ高利貸ヲ打毀ス目的ニテ押出」ています。

以上の事実から現状認識と解決方法が郡中で共有されていたことがわかります。そして秩父困民党指導部が現状認識と解決方法を提示すると、それを熟知して参加することが一般的でした。下吉田村新井浅吉は「困民ヲ救ハン為メ」秩父郡において多衆を嘯聚するに応じて参加し、太田村富田政太郎は「貧民救助ノ目的ヲ以テ暴発セシコトヲ了知シ」進んで加わりました。下吉田村木戸為三は「困民ヲ救ハンカ為メ暴挙ニ及フコトヲ確知シ」積極的に加わっていきました。参加強制による参加・消極的参加とは異なる入り方です。蜂起後は、参加強制による人足・人夫の駆り出しが中心になります。

2、運動の実態―参加強制から実力行使まで―

(1) 参加強制（戸長役場を通じての触次・駆り出し）

「今般ノ暴徒ノ根本」（石間村篠塚幸吉）といわれた石間村などの発頭村では個人的・個別的なオルグ活動が盛んでしたが、蜂起後は戸長役場を通じての触次・駆り出しが通常の方法でした。当然ながら個人・村で積極的・消極的参加に分かれました。

（a）参加強制の一般的なやり方は、永保社社員である金崎村横田多四郎が体験したように、「暴徒」が「一時従行不為致レハ放火又者殺害可致抔与種々ノ脅迫」するとか「否ト云ハハ家族ヲ切殺シ家ヲ焼クゾト云フ」（金崎村山田嘉之吉・同社員）ものでした。実態としては動員方法は鎮圧側の憲兵・巡査も同じです。下日野沢村藤原耕地のように参加に消極的な場合は、二度も参加強制を受け、「藤原ノ者一軒二人ツツ出テサレハ殺スト」その強制文言も厳しくなってゆきました。すなわち、十月三十一日夜、自村の自由党加藤重三郎が帯刀した二名と「白ノ鉢巻襷ヲ携へ出サレハ切殺スト」いうので、藤原耕地一八戸全員で、村内観音堂へ出かけました。翌朝再度重三郎が来て「藤原ノ者一軒二人ツツ出テサレハ殺スト云フ」ので、浅見林蔵は「衣類ノ襟裏ヲ取リ懐中シ立出」たが一八人全員で逃避し、林蔵は親戚宅で夜を明かし、二日三波川不動山へ参詣・祈願しました。三日に巡査の尋問をうけ、白鉢巻襷を懐中していたので捕縛されました。

（b）これに対し、蜂起後は戸長役場を通じての触次が一般的です。下日野沢村浅見銀次郎は、三日金澤村にある連合戸長役場から下日野沢村人民一同皆野村へ行けと「触次」があったので、直ちに全員竹槍を携帯し、皆野村まで出ました。同村中畝源十郎も隣家からの「云次」で人足として「皆野村迄出ロ出サレハ火ヲ付ケラレル」というので出ています。触次があれば、村の構成員としてはそれを拒否することはできず、参加せざるを得ないのです。二〇歳の阿熊村守岩次郎吉は「毎戸壱人ツ、人足ニ出ツル様村方ヘモ言継キ」があったので、「自分ハ徴兵年齢ニテ出ナイトシタレトモ村方ノ者一同出ル」ので、人足に出て荷擔ぎをしています。

二日金沢村では上方より下の方へ「白ノ木綿ニテ鉢巻ヲ為シ竹鎗ヲ持チ出ロ」という言継ぎだったというが、同村木村市太郎は「只今出ロ」と言継がれました。また村用掛が諏訪神社に出ろというので弁当を持って出ました。そこで「大宮郷ノ郡役所ニ押込ムニハ人足ガ必要ナルガ故ニ出テロト」と目的を知らされています。下日野沢村の柏木七作は、村役場から出よと言われ、間もなく帯刀の三人が「加勢ニ出スベシ出サザレハ家ヲ焼ク」というので仲間に入りました。

現在までの史料読みのなかでは唯一の事例ですが、政治的目標が示される場合もありました。上日野沢村新井伊之八は、三日同村筆生竹内作次郎が「兇徒」の趣意は「国事改良ト謂フコトナルガ故ニ速ニ人足ニ出ツヘシト」の「催促ニ応シ」「暴徒」に馳せ加わったと証言しています。

戸長役場を通じた参加強制でないと、下日野沢村の高橋三十郎のように二度の強制によってやっと参加する状況でした。すなわち一日に新井紋蔵・貞作・宗作などが「布令ヲ回シ急ニ」下吉田村へ出場せよと言ってきましたが、「自分等ハ成リ丈ケ出ナイ様ニ避ケ居リタル」が、四日に再度の参加強制があって「初メテ出場スルニ決心シ自宅ニ有合セシ四尺許リノ棒ヲ携ヘ」皆野村に出ました。こうして戸長役場からの触れ次、複数のルートでの度重なる参加強制の結果「一家一人ツヽ出テタルニ相違ナシ」（下日野沢村浅見銀次郎）と一戸に一人は参加しました。しかし参加に消極的な場合は「言継アリタルニ依リ一戸壱人ツツ出タレトモ追々逃去リ自分壱人残リタルナリ」（阿熊村守岩次郎吉）というように逃亡が続出しました。

（c）一方鎮圧側で人足を動員する際も、戸長役場を通じての触次・駆り出しの参加強制方式が使われています。すなわち、三日夕方、坂本村へ出張した警察が人足を募りましたが、この時「役場ヨリ即刻得物ヲ携ヘ出頭セヨトノ云触レ」が出され、それに応じて見張番に従事しました（坂本村保泉金八）。また鎮圧側に与した矢納村でも、六日保美濃山村戸長新井村二から矢納村用掛新井源一郎へ見張せよとの書面が届き、源一郎から見張せよと「触次」がれ、一七名ほどが村内湯貫神社に見張に出ています（矢納村新井市蔵）。

蜂起集団・鎮圧側双方とも動員方法は同じです。「戸長役場ヨリ触達ノ已ムヲ得サル」（小森村斉藤義十郎）形で参加させるこのやり方は権力側でも十分認識していました。また寄留・隠居など一般的にいえば弱い立場の者の参加からは、太田部村の代人同様に正式な共同体成員でないものの秩父事件における立場がわかります。

（d）先述の（b）の阿熊村守岩次郎吉証言のサイドライン部分は、参加に対する消極的態度（参加回避志向）の存在を示しており、それは①村首脳部の消極的姿勢を反映している場合もあるし、②個人的姿勢から生じる場合もありました。①日尾村の参加者が小鹿野町に到着したときは大宮郷乱入後であり、「大抵ハ追々道ヲ替ヘ田圃ヲ潜リ等シテ村方へ逃ケ還ヘ」っています。②金沢村の学務委員若林寿一は三日学務上の用事で村用掛宅へ行く途中で「暴徒」に脅迫され参加し、四日本野上村出牛峠で逃げ去り、帰宅しています。その後は唯々「暴徒」に引率されないようにと自宅の二階に潜伏し、八日自首しました。このような行動をとったのは学務委員という立場も一つの大きな要因であったろうと考えます。金崎村の山下庄太郎は三、四日の両日各所に随行しましたが、皆野の戦の際逃去し、山に隠れ、四日「暴徒」に見つかり、下吉田へ連行され、再度逃げ翌五日帰宅。十三日に自首しています。

（e）このように消極的態度で参加し逃亡するものとは対照的に、再参加したものがいます。技芸撃剣師であった下吉田村新井浅吉は、一日下吉田村椋神社に繰出し、身支度をしようと一時帰宅（妻子に訣別）。股引き・草鞋を穿ち、この間に作成した竹槍を携え、再び多衆と小鹿野町に至ると帰宅理由が明示されています。ほかは「一ト先帰宅」（下吉田村原歌次）、「一旦帰宅」（上日野沢村丸山由松）、「一旦帰村」（太田村青山花吉）と理由が明記されていませんが、浅吉と類似する理由はあったろうと考えます。

（f）強制参加でやむを得ず参加したにもかかわらず、途中から意識が変化したものが多数います。煩雑になりますが運動に参加することにより意識が変化していく状況が具にわかるのでみてゆきましょう。

永保社社員の金崎村山田嘉之吉は「初メハ脅迫セラレテ無拠加ハリタレトモ暴徒ノ勢益（々）熾ナルヲ見テ遂ニ暴徒ニ加勢スル気ニナリテ」白鉢巻・襷・竹槍姿で八幡山に押し出しています。金沢村の持田貞作も、最初は全く暴徒の脅迫に従って行ったのですが、「暴徒ノ勢益盛ナルヲ以テ央ニシテ変心終ニ暴徒ノ勢ヲ助ケル心ニナリ魚尾村迄」

一〇里余を同行しました。そこで「最初ハ畏懼不得已（いくやむをえず）随行シタルモノト認ムルモ暴徒ノ勢ヒ益猖獗（しょうけつ）ヲ極タルヲ以テ半途変心シ終ニ暴徒ニ加担スルノ念慮（ねんりょ）ヲ発シタ」と認定されてしまいます。矢納村大河原鶴吉は「始メハ無拠出テタレトモ央（なかば）ヨリコワキ事モナキ故面白クナリ鯨波（とき）ノ声（こえ）ヲ揚ケ」賊徒の勢いを助けました。下日野沢村柏木浜蔵は「首ヲ切リ焼払ト」脅迫されて参加しましたが、「高利貸ノ家ヲ破壊セントノ企ト云コトヲ承知」しました。「最初何ノ目的ナキモ皆野ノ戦ヒヨリ面白クナリ賊ノ勢ヲ助ケル存意ニ相成リタルナラン」との尋問に「然リ」と答えています。同村柏木七作も「初メ脅カサレテ仕方ナク出（い）テタレトモ後ニハ其徒ニ加勢スル気ニナリテ信州迄随ヒ行キタリ」。最後に、明治十五年六月中兵役中逃亡した下吉田村吉岡音五郎の場合をみましょう。音五郎は、「最初ハ無拠随行シタレトモ央（なかば）ヨリ追々人数モ増加シ別ニ恐レルコトモナキ故何ンノ心付ナク同行致候」。白鉢巻をなし、白木綿の襷を掛け竹槍をもって凡そ二、三里「暴徒」と同行し、鯨波（とき）の声（こえ）を発して賊勢（ぞくぜい）を助けました。だから「賊ニ一味セシト云ハサルヲ得ス」と認定されてしまうのです。

以上から分かることは、参加強制によって渋々参加した者の中にも、勢い盛んなのを見て・人数が増加して・恐いこともなく・面白くなり・恐れることもなく・恐きことも忘れ→変心して→「暴徒」に加勢する気になる・助ける心になる・加担する念慮を発し・助ける存意になる→白鉢巻・襷をして竹槍を携え鯨波の声を上げ「賊徒」の勢いを助け・加勢し・勢いを助け、終には信州まで同行するものも出てきたことがわかります。解放感の表れといえるでしょう。精神が高揚している様子がよくわかります。

こうして困民党軍は、戸長役場を通じての触次・駆り出し（参加強制）によって衆の力を結集し、借金の据置きと年賦（ねんぷ）返済を実現し、あるべき世を作り出そうとしたのです。個人・村の対応は積極的参加から、代人を出すもの、消極的参加から逃亡するもの、一旦帰宅後再参加するもの、途中から意識が変化し積極的な参加者になる者まで様々でした。

（2）農民の解放イメージ

参加強制を受けた農民の「先ツ高利貸ヲ為スモノノ家屋ヲ破壊シ夫レヲ防キニ来ル者ヲ打払ハハ百姓ハ楽ニ成ル」（日尾村高田坂蔵）という解放イメージは、物的には食物・金銭等に不自由しない、差し支えなし、というものでした。それは松方デフレ下で「百姓困窮ニ相成如何共難渋」（高田坂蔵）、借金苦という現実に苦しむ農民たちが受け入れ易い、また農民たちを引きつけるものでした。秩父の農民はその実現のために積極的に参加していったと考えられます。参加強制はそのための弾みとなりました。すでにみたように、参加強制で参加したものの、共同行動によって途中から「変心」、意識が変化したものも多数存在しました。これらの参加者は「運動」の中で意識の解放イメージを体感したといえます。

下日野沢村浅見銀次郎は、皆野村へ竹槍を携帯していった了見はと訊問され、「皆野村へ大勢集マリタルハ皆困窮人ナルモノ故自分等モ加ハリナバ幾分カ身ノ為メニナルコトモアランカト存シ参リタル義ニ有之候」、「平素困窮ノ折柄嘯聚シタルハ概シテ窮民ニ付之ニ与スルトキハ何分カ自己ニ利益アラント想像シ該暴徒ニ附和」、「竹槍ヲ持シテ勢ヲ張リ或ハ弾薬ヲ負担スル等ノ事ヲ為シ」八日、馬流まで随行しています。「幾分カ身ノ為メニナルコトモアランカト」、「何分カ自己ニ利益アラント想像シ」といわば金銭獲得などを期待しての参加とも考えられます。しかし実際問題として記録されているかぎり、受け取っていないか、極僅かでした。一般的には私的掠奪はなかったと考えられます。例えば、配当金天保銭二五枚（下吉田村坂本源次郎・阿熊村守岩次郎吉）、旧貨幣一分銀五個（上日野沢村新井伊之八）等々。

（3）出立ち・装い

（a）白鉢巻・白襷の意味　蜂起集団指導部によって指定された出立（白鉢巻・白襷）は、なによりもまず仲間・味方・党与・党類であることを示す目標・目印・合印・標記でした。

下吉田村原庄太郎は、「晒木綿ヲ以テ鉢巻襷等ヲ為シ以テ目標」とし、大宮郷に侵入しました。また野巻村新井万蔵・新井利三郎は「目印ノ白鉢巻」をなし、各地に随行しました。伊古田村小林酉蔵は「小晒ノ手拭ハ暴徒一同ノ徽章ナリト云ウ然ルヤ」と問われ「然リ暴徒ニ與スレハ誰ニテモ一筋ツツ隊長ヨリ呉レテ徽章トナスナリ」と答えています。鉢巻は「徽章」（学校の校章バッチのようなもの）でした。

下日野沢村浅見林蔵は不参加にもかかわらず、白鉢巻・襷（「衣類ノ襟裏」）を懐中していたので捕縛されました。白鉢巻・襷が「暴徒ノ目印」だったからです。

また参加者五七名中五六名が科料五〇、六〇銭という消極的参加の大淵村では、ほかの者は皆野村までしか行きませんでしたが、相沢春吉だけが白鉢巻をして、竹槍をもち「暴徒ニ附従」して吉田村まで行ったので、「暴徒」の仲間だと認定され、村で唯一、七〇銭の科料を受けたのです。

これに対し、赤鉢巻・襷、赤旗は自衛団・鎮圧側のものです。まず①芦ヶ久保村浅見嘉七は、三日までは貰った晒木綿で鉢巻をして積極的に参加しながら、四日になって大宮郷の「人民暴徒ヲ追撃スル計画アルヲ聞キ一旦村役場ニ帰リ相談ヲ遂ケ更ニ（中略）赤色鉢巻ヲ為シ復タ兇徒ニ背キ大宮郷人民ト共々大野原郷村ニ到リシトキ」脅迫された者からの通報で捕獲されました。②太田村鈴木健次郎は「暴徒ニ附従シ竹棒ヲ携ヒ白木綿ノ鉢巻ヲ為シ太田村郷平川渡シ場迄随行」しますが、赤白両方の鉢巻を持っていました。裁判所の判断は、白鉢巻は刑法第四三条（犯罪ノ用ニ供シタル物件）で没収、赤鉢巻は治罪法第三〇八条（「没収ニ係ラサル差押物品ハ所有主ノ請求ナシト雖モ之ヲ還付」）で還付、ということでした。赤鉢巻（＝自衛団）は当然のことながら「犯罪ノ用ニ供シタル物件」とは考えられていなかったわけです。③皆野村船頭金子惣太郎殺害事件。五日、憲兵と巡査が、竹槍をもち「赤白ノ布ヲ以テ身体ヲ扮装シタル異様ノ男子」を「暴徒ト見謬リ」殺害した事件です。敵地に乗り込んできた鎮圧軍にとって敵か味方か判断できなかったのです。

（b）白鉢巻・白襷の素材　白木綿・晒木綿・白地の切れ・手拭・手拭に白紙を巻き・白縮緬呉呂などです。さらに唐縮緬（下吉田村原歌次）・所有の白木綿（阿熊村新井貞作）・五尺許りの白布（金崎村山田嘉之吉）・衣類の襟裏（下日野沢村浅見林蔵）など付け加えることができます。伝令使となる下吉田村坂本宗作の白木綿の鉢巻には「悟山道宗信士ト記入」してありました。宗作がこの蜂起に掛ける覚悟の程がわかります。

（c）調達の仕方

①**〈自前〉**下日野沢村浅見林蔵のように「衣類ノ襟裏ヲ取リ懐中シ立出」る場合や所有の白木綿で鉢巻をした阿熊村新井貞作などは明確に自前だろう。阿熊村中野牛太郎は手拭で鉢巻をなし、竹鎗を携え、随行しました。差押えられた手拭一筋は本人のものだから治罪法三〇八条により本人に還付されています。同様に手拭を使用したものには、野巻村柴崎喜太郎・阿熊村彦久保喜三郎、手拭又は白木綿の鉢巻・襷をした久長村肥土菊蔵・下吉田村浅見吉郎平などがいます。さらに阿熊村新井市郎次のように白紙で鉢巻をして随行したものもいます。

②**〈個人購入〉**「秩父郡ニ蜂起セル暴徒等ニ阿佐美久吾カ勧メニ同意シ竹鎗ヲ以テ賊軍ノ勢ヲ助クカ為メ鯨声ヲ揚ケ秩父郡吉田村ヨリ信州馬流村迄随従」した下日野沢村の黒沢市蔵は竹槍を携帯し、大淵村にて白布を買い求め、これを襷となし、四日藤倉峠を越えました。同村浅見銀次郎は村を出るとき「白鉢巻ヤ白ノタスキハ目印ナレハ買求ムヘシト」言われ、同行者たちと一緒に金崎村字国神呉服屋深澤という店で買い求めています。

以上が、自分で調達して参加する場合ですが、何らかの理由で個人的に準備が出来ない場合も含め、原則的には蜂起集団から供給されました。

③**〈蜂起集団からの支給〉**下吉田村木戸為三は「会計ニ属スル総テノ鉢巻タスキ類ノ物品渡シ方ノ役ヲ命セラレタリ」と物品渡方でした。また伊古田村小林西蔵の「暴徒ニ與スレハ誰ニテモ一筋ツツ隊長ヨリ呉レテ徽章トナスナリ」との証言からも蜂起集団から供給されたことがわかります。

受け取る側では、上日野沢村門平甚太郎は、一日椋神社で「暴徒」より木刀・白鉢巻・白襷を渡され、身支度をして小鹿野町まで進行しました。また長留村神林幸次郎が大宮郷に到着すると「銘々ニ握リ飯ヲ渡シ尚白木綿ヲ少シツツ相渡シ之レヲ鉢巻ニ為ス可シト云フニ付各々鉢巻ヲ為シ」たという。下日野沢村浅見岩五郎は三日、皆野村で白木綿の鉢巻・襷及び竹槍を「暴徒」から受け取っています。また下吉田村吉岡音五郎は参加強制を受けたとき、竹槍・「目印ナレハ鉢巻タスキヲセイト」渡されています。以上から、目印の白鉢巻・襷の授受の様子がよくわかります。

下日野沢村中畝源十郎は三日「云次」で参加強制を受け、結局信州大日向まで行き、そこで逃亡しました。巡査山本高陵に「目印ノ為襷カ或ハ鉢巻ハナキヤ」と聞かれ、「信州大日向ニテ拾申候」「白木綿ニテ鉢巻ヲ致し」と答えています。拾って身につけるということはよくあったことだと考えます。

(d) 身支度・装束　風布村の大野福次郎によれば、十月二十五、二十六日頃二人が来て三十一日に「身仕度ヲ致シテ立出テ」と伝言がありました。両名は「悉ク其装束ニテ加勢スル様ニ伝へ歩キタリト」言い、「其節ハ吉田椋神社ニ集合セヨ此處ニ於テ符号言葉等ヲ示ス」とも言ったという。合言葉については、「天―地」の事例を含め二証言しかありませんが、蜂起集団指導部によって合言葉・装束が規定・指定され、伝達されていることがわかります。

自衛団の例としては「相語」(『秩父暴動事件概略』『秩父事件史料集成』第六巻:一七二頁。以下『集成』六と略記)がある。大宮郷自衛団では「當郷ニテハ暴徒等ノ乱暴ヲ恐レ火防ノ注意ヲナシ鎗竹鎗銃刀剣類ヲ携へ強盗ナドヲ防グ為メロハノ相語ニテ市中裏々ニ至ルマデ徹夜巡回ス」。自衛団でも目印の赤鉢巻とともに合言葉が指定されたのです。参加強制の作法も双方ともに同様でした。

身支度を整えるため(妻子に訣別のため)一時帰宅した下吉田村新井浅吉の鉢巻・襷をし、股引き・草鞋を穿ちというスタイルは、一般の参加者としてパーフェクトな出立ちです。だから日当三円五〇銭で太田部村多田作次郎の代人として参加した大久保彦吉は「草刈ノ如キ様子ニテ来ル者ハ用弁セサルニ付早速立戻リ主人ヲ差出ス可シトノ命令ニ付直チニ立帰リタリ」。出立・代人を理由として帰村されられたのです。

以上から、秩父困民党指導部によって指定された出立（白鉢巻・白襷、服装）は、なによりもまず仲間・味方・党与であることを示す目印であり、それは蜂起集団から供給され、もし購入も含め自分で準備できない場合は手拭・白紙などで代用されたことがわかります。

（4）武器（得物）

秩父困民党指導部は、「腕力ニ訴ヘ高利貸ノ家屋ヲ破壊又ハ焼燬シ証書類ハ悉皆焼棄シ法衙ニ訴フルノ証拠物ヲ甚滅スル」ためにも、「兵ヲ挙クル上ハ警察官及憲兵隊鎮台兵ノ抗撃ヲ受クルハ必然ナリ」という事態に対応するためにも、衆の力の結集、それも武装化した衆の力を必要としました。武器の携行が叫ばれた所以です。

（a）携行物　農民は参加の際、①鉄砲（猟銃・鳥銃・短銃・和銃・火縄筒）、②刀剣（刀・短刀・長脇差・脇差・木刀）、③手槍・竹槍・火箸を研ぎこれを差し込みたる竹鎗・竹杖、④棒（棍棒・薪・丸棒・麺棒・天秤棒）、⑤農具・野具（鎌・岊・鉈・熊手・山刀・鳶口・鉄槌）などを携行しました。その中で農具・野具は極端に少なく、近世百姓一揆とは様相を異にしています。

①〈**鉄砲**〉阿熊村新井浪吉は鉄砲を携え参加し、上日野沢村村竹茂市は鉄砲を所持しているので鉄砲組に編入されました。上日野沢村木村又吉は、阿熊村木村鷲次郎から鉄砲・鋳形等を借り受けましたが、敗退後は南相木村の山中に捨てています。

②〈**刀・短刀・脇差・木刀**〉上日野沢村の困民党員森川作蔵は、刀を帯び椋神社で門平惣平より袴・指揮旗を受け、甲隊に属しました。同村大前牧太郎は刀を携え、楢崎山で「官軍」に出会っています。下吉田村木戸為三は一刀を帯び、金沢村四方田菊蔵は二尺余の刀を帯び各地に進行しました。上日野沢村岡田金治郎は高岸善吉より刀一腰を受け取り、皆野村親鼻の渡船場で交戦し弾丸のため負傷しています。下吉田村坂本源次郎は、約千人が抜身・鎗・

抜刀を携え押し来るのに驚き村中一同出て、信州穂積村字東馬流まで行っています。〈短刀〉阿熊村守岩次郎吉は信州で短刀を渡され、上日野沢村新井喜三郎は短刀を帯び、群馬県・長野県下を随行しました。下日野沢村阿左美悦三は大日向村で大将より短刀を渡され、馬流まで携帯し、敗走のとき捨てました。〈脇差〉下日野沢村浅見亀次郎、上日野沢村新井茂作、金沢村若林猶次・若林半平は脇差を帯び、金沢村飯島金平は竹槍を携え、脇差を佩き、各地に進行しています。〈木刀〉阿熊村新井九蔵は、竹槍又は木刀などを携え、随行しました。

③**〈竹槍〉**（5）で分析します。

④**〈さまざまな棒〉**下日野沢村高橋三十郎は二度にわたって参加強制を受け、「初メテ出場スルニ決心シ自宅ニ有合セシ四尺許リノ棒ヲ携ヘ」参加しました。ほかにも様々な棒が持ち出されています。木棒（同村新井市郎）、樫木の棒（同村新井庄作）、三尺計りの棍棒（同村黒沢順二郎）、天秤棒（下吉田村井上豊作）、丸棒（金沢村宮前銀蔵）、竹鎗或は棍棒（下吉田村新井馬次郎、新井源内）、久長村原源八は三尺ばかりの棒を携え、随行しました。

⑤**〈農具・野具〉〈鎌〉**下吉田村杉山文蔵は鎌を携え、阿熊村新井卯三郎・新井浜蔵は竹槍又は鎌を携え又は素手で、上日野沢村浅見宇市は竹槍或は鎌棒などを携え、随従しています。〈鉄槌＝ハンマー〉下吉田村加藤武吉・新井仲次郎・新井好三郎・坂本定次郎・松本孫七・吉田由吉・山崎源次郎は竹槍又は鉄槌を携え、随行しました。〈鳶口〉下吉田村新井丑太郎・新井多平・大畑徳次郎・小林新三郎・斎藤久五郎は竹槍又は鳶口などを携え、白木綿又は手拭などにて鉢巻をして随行しています。

⑥**〈徒手・無手〉**農民は指示通り武器・得物を携え参加しました。徒手・無手（素手）で参加する者に供給するために、また武器構成の質を高めるためにも武器の強奪・徴発が行われました。これも近世百姓一揆や武州世直し一揆そして幕末段階ではなかった行為であり、強奪・徴発どころか、そこでは武器を焼き払い、破壊していました。

⑦**〈最後まで得物・武器を持たなかったと考えられるもの〉**下吉田村彦久保弥蔵は素手で吉田村宿まで随行しました。

下日野沢村浅見岡蔵は三日、徒手で、皆野村へ押出し、その夜一同帰村。太田村の参加者一一七名中浅見春蔵を含む三九名は三日、「暴徒」に誘われ、無手にて太田村字郷平・野巻村まで随行、その夜又は翌四日に帰宅していま す。

(b) 武器の製造　①弾丸(銃弾)、②火縄、③破裂薬、さらに破裂丸・花火筒などが製造されました。兵站部門が活躍しました。

①〈弾丸〉投網(とあみ)の鉛を使いました。「火薬ハ大宮郷ニ於テ買求(おい)メタルヨシ弾丸ハ出先ニ於テ猟師ノ所持セル投網ヲ奪ヒ取リ之レヲ以テ玉ヲ製シタリ」(下吉田村木戸為三)。製造されたものは保管・運搬されました。上日野沢村木村又吉が「終始合薬(ごうやく)(火薬:内田)ノ番」「弾薬(弾丸と火薬:内田)ノ世話係」だったので、大宮郷で警察署・裁判所・郡役所などを打毀したときは合薬を預かり妙見(みょうけん)の森にいました。同様に皆野村「親鼻ノ戦争中」は親鼻の宿で、「魚尾(よのお)ノ戦争中」は神ケ原(かはら)で合薬の番をしていました。弾薬係の仕事は「鉛ノ買入其他渡方等ノ事」でした。証拠品とされた火薬入れ(火薬とも)・玉入・玉・鋳鍋・鋳形など「所持ノ弾薬製造ニ用ユル器械」から訊問者も弾薬係と認定しています。鋳形(いがた)は阿熊(あぐま)村木村鷲次郎から借り受けたものだろうと思います。

②〈火縄〉阿熊村新井駒吉は新井九蔵などに命じて、火縄数把(わ)を大宮郷に取り寄せ、栄助より銃砲隊長を命じられ、衆を率い、小鹿野町に乱入しました。上日野沢村小笹源次郎は、小鹿野町諏訪の森で弾薬などの取締をしていました。

③〈花火筒〉野巻(のまき)村西川宇蔵は、花火筒に竹輪を入れるため奔走しました。鎮台兵・埼玉県巡査が三沢村で発砲され、応砲する中で「此の時三名の賊を生捕其の木砲を分取たり(木砲ハ新製のものにして図様の如く竹の輪にて堅め小さき荷車様のものに□ぎ竹にて結び付けたり)」とあり、木砲の図があります(『秩父事件史料集成六』二玄社:六四四頁、『改進新聞』明治十七年十一月九日、第五〇八号)。「木砲の図」は「竹槍席旗」図像⑧・⑨の木砲のイメ

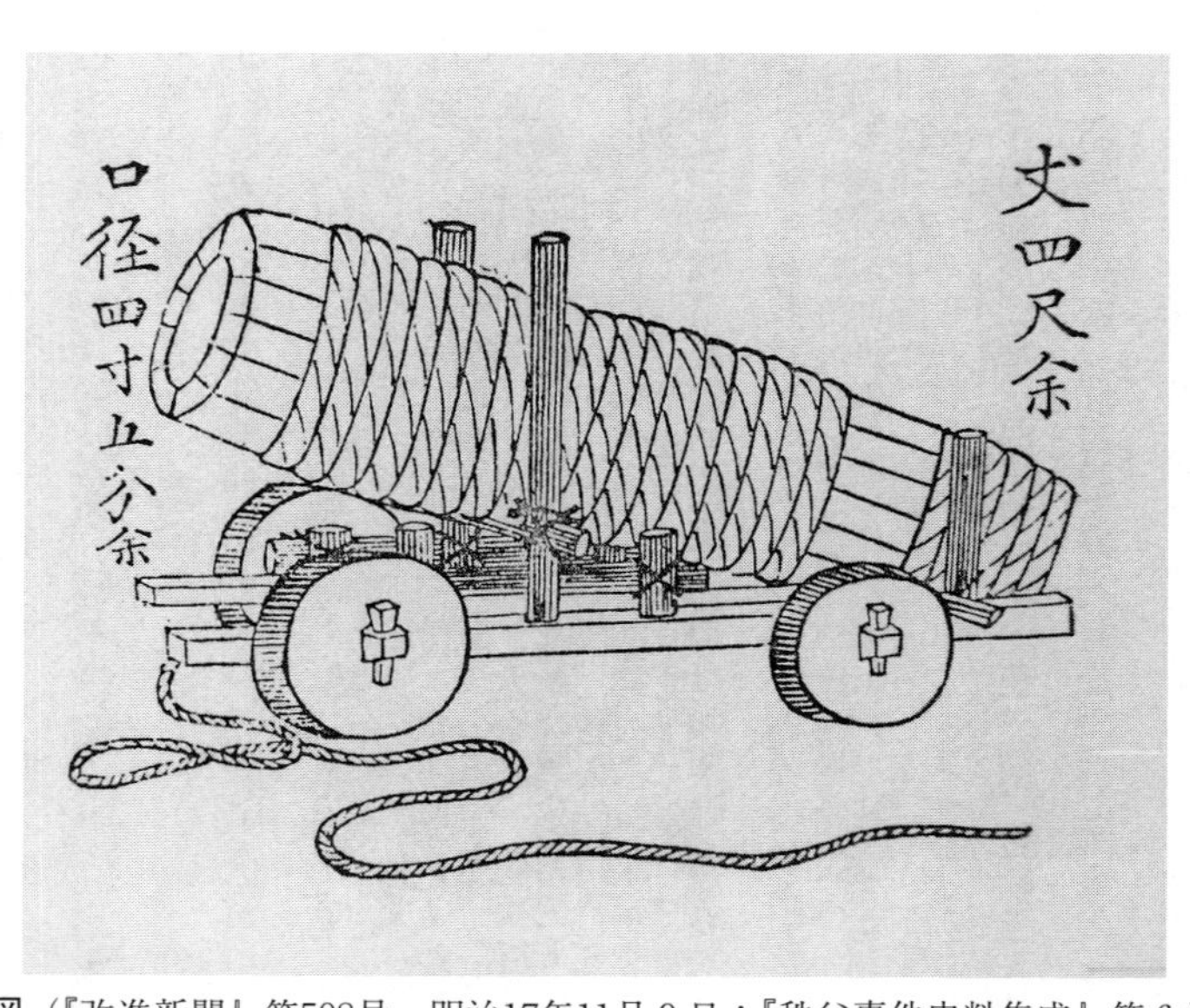

木砲の図（『改進新聞』第508号、明治17年11月９日：『秩父事件史料集成』第６巻）

ージに重なります（本書一四四・三五一頁、表紙）。木砲の図は（篠原孝一九七六年：一三九頁）にもあります。また「武器　暴徒か携ふ所の武器ハ前号に記せし如く猟銃刀槍及び烟火（えんか）（花火：内田）戯（ぎ）に用ゆる木砲にて同地ハ猟師多きがゆゑ弾薬を製造するに巧みなり」（『郵便報知新聞』明治十七年十一月七日、三五〇四号。『集成』六：三八三頁）とあります。

（ｃ）**武器の購入**　戦闘などで使用される火薬・弾薬・火縄・鉛・石油・草鞋を始めとする需要品などは購入されていました。「火薬ハ大宮郷ニ於（おい）テ買求メ」（下吉田村木戸為三）、三日朝白久村坂本伊三郎などが弾薬購求のため白久村地方に進行し（下日野沢村新井紋蔵）、上日野沢村門平（かどひら）惣兵は四日火縄購入のため大宮へ行きました。藤谷淵（ふじゃぶち）村には農間火薬仲買の落合梅作がいます。

（５）竹　槍

（ａ）**竹槍の製法**　信濃毎日新聞（明治十七年十一月一四日）、横浜毎日新聞（十一月十八日）、下野新聞（十一月二十日）などが取り上げました。読者向けの情報であろう、秩父の農民にとって説明するまでもないことです。

（b）竹槍作成・供給のされ方　①自宅・個人、②蜂起集団、という二つのルートがありました。

①**〈個人で準備したもの〉**すでにみたように、下日野沢村浅見銀次郎は三日連合戸長役場からの「触次」で、直ちに村内一同竹槍を携帯し、同村阿左美悦三は「銘々兇器アルモノハ兇器ヲ携ヘ然サルモノハ竹鎗ヲ製造スル故自分モ青竹ヲ伐採リ竹鎗ヲ出来」（・内田、以下同じ）繰出しました。下吉田村高野作太郎は自宅で拵えた竹鎗を携え随行。下日野沢村柏木七作は「竹鎗ニスル積リニテ三尺余リノ竹ヲ携ヘテ」、下吉田村杉山文蔵は一〜二日鎌を携え、大淵村で竹槍を製し、参加しました。

②**〈蜂起集団から供給〉**下日野沢村加藤宇太郎・加藤浦五郎・浅見岩五郎は竹槍・白鉢巻・襷などを「暴徒」より受取り、随行しました。金沢村学務委員若林寿一は学務上の用事の途中で脅迫され、皆野村親鼻で竹槍を貰っています。

（c）竹槍携行の目的　債主を脅迫したり、突殺したり、官に抵抗するためでした。竹槍を携帯した理由は「若モ殺サルル様ノ事アラハ幾分カノ助ケニナラント所持致居」、また山本銀次郎から携帯すべしと言われたことであった（下日野沢村浅見銀次郎）。上日野沢村浅見藤重・浅見春吉は、一日阿熊村で警官に竹鎗で抗敵しました。

（d）竹槍の材料　物干し竿・繭棚・竹垣・縁下の竹など、中には火箸を研ぎ竹槍に差し込んだものもありました。金崎村山田嘉之吉は四日「暴徒」百人余が来て、「自宅ノ裏ニアル物干竿ヲ削リ竹鎗ヲ拵ヘテ之レヲ携ヒテ出ロト云フ」ので竹槍を携え押し出しました。

（e）竹槍の行方＝捨てられ方・処分の仕方　下日野沢村新井蒔蔵は十五日に捕縛されたが、竹槍は井上村の森に投棄し、刀は藤倉山の奥へ投棄しています。逃走のときに武器類・目印の鉢巻・襷などは当然のことながら投棄しています。秩父事件の場合、『竹槍日記』（『福岡日日新聞』一八九七年九月四日）のように集めて一括焼却処分するような処分の仕方はみられません。

（f）**農間竹細工職・蚕籠製造職**　竹槍は、農民が作ろうと思えば比較的短時間で作れることがわかります。材料は身近にあり、作った経験がある（武州世直し一揆や組合村）と考えられます。また竹の性質を熟知し、細工に熟練した農間竹細工職の存在もあります。困民党員下日野沢村島田伊之吉は小鹿野町に進入しました。小森村斉藤綱吉・白久村坂本伊三郎・贄川村菅沼鍋吉もいます。蚕籠製造職太田村石橋又吉は、三日、無手にて随行、その夜又は翌四日に帰宅し、二十二日戸長役場で筆生林登三郎に自首しました。この場合、彼の持つ技術が生かされた形跡はありません。

（6）**指　物**

一揆の旗・甲乙旗・指揮旗・村分旗・個人旗などがありました。素材としては布・紙が使われ、購入布や略奪布で作成されました。基本的には蜂起集団が供給し、個人で作ることもありました。

（a）**一揆の旗**　「新政厚徳」と大書された大旆は今回も探し当てられませんでした。

（b）**甲乙旗**　下吉田村撃剣師新井浅吉が三日、「乙ノ字ヲ書シタル小旗ヲ携へ部下ヲ指揮」して進行し、太田村富田政太郎は三日、袴一具を穿ち白木綿鉢巻・襷をなし、手に甲と書いた小旗を携え、自ら隊長の体を装い、「暴徒」を率い野巻村に向かいました。

（c）**指揮旗**　下日野沢村新井紋蔵は一日、椋神社で新井周三郎の意を受け、甲隊に属し、小旗・竹槍を携え自村より出夫したものを指揮し、その夜小鹿野町に乱入しました。上日野沢村村竹茂市は、上日野沢村から召集した五十有余名の隊長となり、指揮し、家を焼き毀しました。三日に新井周三郎が「貴公ハ指揮カ甚タ拙ナルカ如シ、依テ柴岡熊吉ニ指揮旗ヲ遜レト申スニ付其意ニ応シ引率シタル五十有余名ノ暴民ト共ニ指揮旗ヲ引渡シ」、柴岡の部下になって荒川端の見張番をしていました。これは指揮者交代の様子をありありと示しています。上日野沢村森川作蔵は一日、椋神社で門平惣平から袴・指揮旗を受け、甲隊に属しました。本陣解体後、野巻村で密かに群を脱し指揮旗・佩刀を路傍に投棄し、潜匿しました。指揮旗を機能面で見ると、太田村冨田政太郎が小旗を持ち、衆人を指揮しました（太田村斎藤惣十郎）。伊古田村小林酉蔵は五日魚尾村に至り、菊池貫平に与えられた小旗（「小サキ旗」）を携え銃隊を指揮し、魚尾と神ケ原の境で人民と戦闘、弾薬運搬の差図をしました。

（d）自衛団・鎮圧側の旗　（3）（a）白鉢巻・白襷の意味（本書二三一頁）で考察したように赤鉢巻は自衛団・鎮圧側の目印でした。田代栄助は第四回訊問で、大淵村へ「赤旗ヲ樹テ警部巡査四拾人計繰込ミ来リ為メ降ルモノ多シ」と答えています。赤旗は鎮圧側の旗です。赤は自衛団・鎮圧側の色です。ところが新井周三郎は第二回訊問で、上吉田村小隊長であった「高岸善吉等百人程赤色ノ旗ヲ持チ大渕村へ来リ」とか「高岸善吉等百人程皆野ヨリ赤色ノ旗ヲ携テ来ルヲ見テ彼ノ巡査（青木與市・内田）ハコレヲ官軍ノ来リシモノト思ヒ違ヘ勢ヲ得タルト見ヘ忽チ後ロヨリ自分ヘ切リ付ケ負傷セシメタル」と答えています。高岸善吉はなぜ「赤色ノ旗」を携えて来たのか疑問が残ります。この旗を見て青木巡査は、鎮圧側＝「官軍」が来たと思い、勢いを得て新井周三郎に背後から斬りつけたのですから。

（7）鳴　物

運動過程における音の世界です。秩父郷進撃の際の砲声や音楽寺の鐘の音、他に「竹螺ヲ吹キ鬨ヲ作リ」という近世一揆の常套句は諸々に散見されます。「鯨波ノ声ヲ揚ケ同行致シ」、「鯨ノ声ヲ揚ケ賊徒ノ勢ヲ助ケタ」（矢納村大河原鶴吉）。「鯨ノ声ヲ揚ケ賊勢ヲ助ケタル」（下吉田村吉岡音五郎）など依然として音の世界の伝統・作法が生きていることがわかります。

（8）実力行使（打ち毀し、放火、帳簿・証書類焼棄、軍資金調達・武器等掠奪）

（a）実力行使の前提

①**〈交渉過程〉**太田村冨田政太郎は八月に各債主に談判、十月金崎村永保社に行き年賦償却を照会したが、承諾は得られませんでした。永保社は最初に打毀され、金円・刀槍掠奪、地券・帳簿焼棄の対象となりました。上日野沢村

竹内吉五郎は、同村木村又吉に対して連借している五人が山仁（やまに）へ借金の四年据置四十ケ年賦を掛け合いに行くように指示しています。結果は「以ノ外ノ事ナリト断ハラレタリ」という状況でした。

②**〈条約書で事前に打ちこわす高利貸を決めていた〉**田代栄助は第四回訊問で「非道ノ高利ヲ貪（むさぼ）る「高利貸ノ家屋ヲ破壊焼毀（しょうき）スルハ条約書ニ明記スル通ニ付指揮ヲ待タサルナリ」と答え、下吉田村木戸為三も「平素高利貸ノ宅舎ヲ放火スル筈ナリ何村ニハ何某ト凡ソ極メテ居リタリ亦金満家（きんまんか）ノ金談ハ皆井出菊池田代等ニ於（おい）テ談判ヲナシタリ」と証言しています。

③**〈蜂起の目的・波及効果〉**蜂起の目的は、「腕力ニ訴ヘ高利貸ノ家屋ヲ破壊又ハ焼燬シ証書類ハ悉皆焼棄シ法衙ニ訴フルノ証拠物ヲ甚滅スルコト」でした。そして金尾村では全員が、小鹿野や大宮郷辺の「日賦貸ヤ高利貸ノ者共ノ内ヲ打毀チタナラハ他ノ金貸共カ夫レニ恐レ漸々（ようよう）年賦ニ致シ呉ル様可相成トノ考ヨリ発起シタ」（金尾村桑原定八）、つまり波及効果を期待したのです。そのように事態が推移することが「貧窮人ノ助カルト云フ主意」だとしました。以下実力行使の様子を見てみましょう。

（b）高利貸征伐

①**制裁として高利貸の家屋・倉庫・土蔵・家具などの破壊**（ア）〈小鹿野町金貸渡世加藤恒吉〉家宅を破壊。表戸をはずし家内に押入。種々財物を投棄。古帳簿など焼払（下日野沢村阿左美悦三）。家宅を破壊（上日野沢村浅見春吉）。家屋破壊する際、取囲または傍観（上日野沢村新井伊三吉・浅見弥三・栗原政吉・山口房蔵・塩沢市十郎・新井万平・倉林倉十郎・小林多重）。（イ）〈小鹿野町柴崎佐平（山仁）〉障子板戸の類数十枚を打毀（下吉田村新井濱三郎）。家屋などを破毀（上日野沢村黒沢吉三）。見世座敷丈は破壊。火縄銃で打ち破る（上日野沢村木村又吉）。（ウ）〈小鹿野町磯田縫五郎〉宇市の指揮で家宅を破毀（上日野沢村浅見藤重・武内熊蔵）。（エ）〈大宮郷浅見ナヲ〉高岸善吉の指揮で、家屋を破壊（上日野沢村岡田金治郎）。障子・畳類を破壊（下吉田村新井濱三郎）。（オ）〈大宮

郷稲葉貞助（刀屋）〉家屋などを破毀（上日野沢村武内熊蔵・黒沢吉三・石木戸小重郎）。破壊、土蔵の小さき分を一個打毀。土蔵は戸前の方より周囲の壁を破壊（上日野沢村木村又吉）。（カ）〈大宮郷浅見伊之助〉重立たるものの指揮で、建家を破壊（下吉田村黒石常五郎）。（キ）〈大宮郷逸見土用六〉家屋を破毀する場に立ち越し（下吉田村坂本周吉）。（ク）〈下吉田村須藤弥平〉家屋を打毀（下吉田村井上薬作）。（ケ）〈太田村冨田広吉〉家宅に侵入、倉庫の戸を破壊（太田村富田政太郎）。（コ）〈大宮郷渋谷鉄五郎〉高岸善吉の指揮に従い、家屋を破壊（上日野沢村岡田金治郎）。（サ）〈姓名不知・氏名不詳・氏名知らざる家〉小鹿野町姓名不知高利貸渡世、器物毀壊（上日野沢村新井四郎平）。小鹿野町で氏名不知民家の障子など毀壊（同村新井利重）。下吉田・小鹿野町・大宮郷で氏名不詳者家屋破毀（同村黒沢吉三）。大宮郷西側中程で氏名知れざる人家へ乱入、破壊（矢納村金沢兵吉）。大宮郷で姓名知らず人家の軒を打毀（上日野沢村浅見重次郎）。皆野村の氏名知らざる豆腐屋に侵入、家具類を破壊（同村浅見藤重・武内熊蔵）。皆野村姓名知らざる肴屋方を打毀・破毀（同村宮川織泰）。

以上のように、誰の家かもわからず打毀しているパターンが意外と多い。指揮に従っただけの行動なので、自分が誰の家を打毀しているかの認識がなかったのでしょうか。訊問側が附和随行をなるべく広く解釈し軽罪にとどめようとする方針３（２）に沿う方向で、認識しないでただ命令に従って打毀したとして「事実」認定をしたためでしょうか（本書二五七頁）。個々の事情は不明です。

②制裁として高利貸の家屋・倉庫・土蔵・家具などの焼毀　大宮郷柴岡熊吉・横瀬村千嶌周作両名は、自由党幹事資格で矢尾本店に来て「高利貸営業者ノ如キ不正ノ行ヲナス者ノ家ニアラザレバ破却或ハ焼棄ナスナド決シテ致サズ又タ高利貸ノ家ヲ焼キタリトモ其隣家ニ対シ聊カモ損害ヲ加エヌ故各々安堵致サレタシ」と鄭重に述べています。大野原村の松本光政は、四日、河内村で豪家一軒を焼き払ったときに、「隣家ノ家財ヲ焼失セサル様取計フ可シトノ命令ニ付自分ハ畳抔ヲ運ヒ居タル」と。放火と延焼防止策は高い倫理性を含んでいます。（ア）〈下小鹿野村

多比良喜十郎〈平喜十郎〉北甘楽郡國峯村遠田宇市の指揮を受け焼燬の際、傍観・取囲。（全て上日野沢村。浅見藤重・武内熊蔵・新井伊三吉・浅見弥三・栗原政吉・山口房蔵・塩沢市十郎・新井万平・倉林倉十郎・小林多重）。森川は放火を命じ、密接する物置小屋に積んである薪木に火をつけさせ、喜十郎宅及び僦居人（借家人）井上シヅ・隣家島田利三の住宅・浅見八百吉の物置小屋を併せて焼燬（森川作蔵）。（イ）〈下吉田村吉川宮次郎〉遠田宇市の指揮を受け焼燬の際取囲（浅見春吉・新井伊三吉・浅見弥三・栗原政吉・山口房蔵・塩沢市十郎・新井万平・倉林倉十郎・小林多重）。放火の際見張（木村又吉）。高岸善吉・井上伝蔵両名に火をつけよと命令されて、左の門口の脇に積んであったボヤにマッチで火をつけた。私怨はないが責められて放火（下吉田村高野作太郎）。（ウ）〈大宮郷渋谷鐵五郎〉焼燬の際取囲（上日野沢村浅見春吉）。（エ）〈楢原村の用係黒沢嘉三郎〉楢原村今井門平が総理に願い放火。干草に火をつける（伊古田村小林酉蔵）などである。

③帳簿・証書類の焼燬　（ア）下日野沢村阿左美悦三は、小鹿野町の金貸渡世加藤恒吉家宅を破壊したとき、「当用ナラサル古帳簿」などを焼き払っています。下吉田村坂本宗作は、（イ）下小鹿野村高橋金平方へ乱入、証書六五通を焼燬し、さらに（ウ）日尾村関口清三郎の家宅を破壊し財物証券などを焼燬しました。

④軍資金（武器・食糧購入）調達・武器等の掠奪　田代は秩父の高利貸一〇名に迫り、「軍資ト称シ合計金三千有余円ヲ募集セシメ以テ糧食其他ノ諸用ニ供ス」ためです。金満家への金談は皆井出為吉・菊池貫平・田代栄助などが談判しました（下吉田村木戸為三）。資金・武器調達の例は、下吉田村坂本宗作が、費用に充てるために十月十四日田代栄助・新井周三郎外数名と倶々各兇器を携帯し横瀬村冨田源之助に押し入り、八〇円・刀三本・鎗一筋そのほか雑品数種強取。横瀬村柳儀作で一六円八〇銭・刀一本・衣類数点強掠。下吉田村引間善六・斉藤利平に迫り刀劔袴など数個を奪掠・分与し、乙隊と共に進行。また下日野沢村新井力太郎は、三日下吉田村嶋崎嘉四郎が須藤弥平から金円を劫奪する場に随行。山口金蔵ほか三人を脅迫し、粮粡を出させた。山口新九郎・和久井伊之吉・

中嶋勝三郎・北野嘉吉方に逼り刀剣類数個を強取、部下に配布。八日、大日向村の淺川源太郎・淺川玉之助・淺川源之助方に乱入、金円物品を掠奪。下吉田村坂本某外三箇所で草鞋その他の物品を掠奪（上日野沢村小笹源次郎）。伊古田村小林酉蔵は、大日向村の質屋・高利貸に乱入し、残る道具財物を破壊。「刀剣十本及衣類ハ隊長カ取纏メ更ニ手下ノモノ等ニ分チ遣シ自分ハ同家ヨリ白縮緬ノ切レニ包ミ土蔵ノ二階ナル箱ノ中ニ容レ在リシ楊枝入ニ金無垢ノ煙草入金具及珊瑚珠ノ緒〆水晶印印籠等ヲ掠奪」。この証言の前段部分は刀剣・衣類は隊長が管理し、参加者に支給・配分していることを、後段部分は個人（私）的掠奪であることを示しています。性格の異なる掠奪が小林酉蔵の中で同居しています。

これらの掠奪の結果、下吉田村木戸為三は凡そ三万円奪取としています。根拠はと聞かれ、大宮郷鍋屋（金満家）から五千円取ったとの井出為吉の発言、そのほか大宮郷中で五、六軒大宮郷鍋屋と同じ身代のものより取り、また小鹿野町と皆野村でも多少の金額を取ったとの噂があると証言しています。

（c）戸長役場・警察・裁判所・郡役所・公共施設の襲撃と破壊・内通者への憎悪

①戸長役場・警察・裁判所・郡役所（対物）（ア）〈上吉田村戸長役場〉公証割印簿一五冊を焼燬（坂本宗作）したのは「証拠物ヲ甚滅スル」ためでした。（イ）〈大宮裁判所或は警察署〉板塀または帳簿類を破毀。門前にある掲示板を破毀し、板塀を十二、三枚悉く破毀。帳面や本の類を焼払。署内に乱入は新井周三郎・新井蒔蔵・門平惣平・伊奈野文次郎（会津先生）です。放火は新井周三郎・伊奈野文次郎。裁判所では板塀を破毀し、「帳簿ニ放火シタル火ノ他ニ燃移ラサル様注意セヨトノ声ヲ聞キ帳簿ノ焼モニ（ママ）帰スル迄其番ヲ為シ居リ候」。郡役所は打毀さず（下日野沢村阿左美悦三）。警察署に乱入、器物を毀壊（上日野沢村新井四郎平）。大宮郷警察署の書類を焼燬。大宮治安裁判所受付口の戸を破毀（同村黒沢吉三）。大宮警察署に一発、（ウ）〈小鹿野警察署〉二階に燈火（あかり）あるので一発打ち込む（同木村又七）。

②①以外の公共施設＝土橋の破壊　四日、金沢村字根古屋にある土橋・金沢村往還土橋を破壊（下日野沢村柏木浅次郎）。下日野沢村で「暴徒」の指揮を受け橋梁一箇所を毀壊（金崎村山下勘次郎）。その目的は鎮圧軍の進軍阻止でしょうか。

③内通者への憎悪、内通者と巡査殺害（対人）　国家権力に対する敵対関係は、①の対物（破壊）では納まらず、対人に及び、警察や軍隊に便宜を図ったり、内通する者に対する憎悪となって身体に及びました。

（ア）皆野村青木与市が、大宮郷から皆野村へ向かう六人と同道したときに「暴徒等ノ咄ニ皆野村ノ戸長ハ此前無尽講ノ事ニ付集合シタル際警部ヲ案内シ憎ムヘキ奴ナリ」を聞き、すぐさま「若シモ戸長方ヘ放火スル様有之候テハ大事ト」連想しました。「内通」に対する憎悪は一般化していました。（イ）高崎警察署詰警部柱野安次郎が、阿熊村交戦中に殺害され、首切断の上、竹鎗で梟首されました（「警部柱野安次郎死体検分書他」）。そして（ウ）「警官ヲ留メタル宅ハ焼ク抔トノ事故用心スヘシトノ事」（坂本村福島敬三）は、高利貸征伐を「防キニ来ル者」である兵隊・警官の便宜を図るものに対する憎悪となって、制裁の対象として措定されたのです。（エ）巡査たちをかくまった守岩多吉は新井周三郎らに惨殺され、大淵村長楽寺門前に梟首されました（『秩父暴動実記』『集成』六：一四頁）。

以上見てきた（b）高利貸征伐と（c）国家機関に対する攻撃は、同時に又は平行して行われた。（b）④軍資金（武器・食糧購入）調達・武器等の掠奪は、次の（9）で取り上げる炊き出しと並んで蜂起軍を維持するために必要不可欠な公的な掠奪でした。

（9）炊き出し

兵糧とは「結び」（おむすび）を中心に、松魚節・鶏卵・するめ（風布村森田稲蔵）・鰹節（栃谷村梅沢仁作）・汁などです。

（a）〈弁当〉　村用掛が出ろというので弁当を持参して参加した金沢村木村市太郎のように、自前の弁当を持参して参加したものがいたが、蜂起が長期化すれば食糧確保・供給は蜂起集団を維持するために必要不可欠です。大滝村に侵入した一群は空腹を訴えたのに糧食を与えられなかったので、皆離散し、一旦帰宅するものも出てくる始末でした。

（b）**〈食料運搬〉**阿熊村守岩次郎吉は始め田代栄助、のち菊池貫平について終始三十有余人の人夫に差図し、弾薬・鰑（するめ）・松魚節などを運搬させ、「暴動」の勢いを助けました。運搬作業に従事した事例をあげると、下日野沢村柏木七作は頭分の命令で、竹槍にするつもりで持っていた「竹は捨テ鰹節ノ入リタル箱ヲ持タセラレタ」。同村中畝源十郎は皆野村から素麺（そうめん）箱に松魚を入れて運送しました。一四歳の太田村斎藤定吉は同村南忠兵衛宅より大渕村まで食料運搬に従事しました。

（c）**〈炊き出し〉**四日大淵村長楽寺を本拠とし、金室政次郎に粮食を供せしめた（下吉田村坂本宗作）。また、群馬県楢原（ならはら）村の用係黒沢嘉三郎宅へ放火したとき紙入れの紙幣二三円四〇銭を宗作が預かり、そのうち四円を飲食の払いにする積りで伊奈野文次郎が預かりました（伊古田村小林酉蔵）。支払われたなら蜂起集団を維持するための掠奪です。下日野沢村四方田嘉蔵は同村の飲食店大塚和吉宅で炊き出しに従事しました。記録には出てきませんが、結びを結ぶ女性たちの存在を忘れてはなりません（下日野沢村の新井チヨなど数名の女性の裁判記録がある）。

（d）**〈食料供給〉**竹槍・鉢巻・襷・握飯を貰いました（下吉田村吉岡音五郎）。上日野沢村酒屋で朝飯を頂戴し、椋（むく）神社に押出した（矢納村大河原鶴吉）。「賊中」にあっても、兵糧以外何一つ貰ったことはありません（下日野沢村浅見銀次郎）。

（10）弾薬・火薬・小荷物などの運搬（兵站（へいたん））。

上日野沢村木村又吉は「弾薬ノ世話係ヲ言付ラレ」終始合薬の番をしました。弾薬方の阿熊（あぐま）村守岩次郎吉も終始三十有余人の人夫に差図し、弾薬・松魚節などを運搬させました。伊古田（いこた）村小林酉蔵も魚尾（よのお）と神ケ原（かはら）の境で弾薬運搬の差図をしました。上日野沢村村竹茂市は十石峠（じっこくとうげ）を越え大日向（おおひなた）へ、この間終始荷物運搬を担任しました。二日弾薬を運搬し、大宮郷に進み（下日野沢村新井紋蔵）。炮玉の荷物・火縄抔を運ぶ人足（下日野沢村浅見銀次郎）。皆野村から小荷物を担い、信州へ行きました（同村柏木七作）。

（11）情報（通信手段）・風評

①〈伝令使〉「任タルヤ暴徒ノ全体ニ注目シ進退応援其機ニ当ルヲ監督シ且ツ総理副総理ノ代理ヲ為スニ在リ」（下吉田村坂本宗作）。名前の知れるもの七名。

②〈飛脚〉困民党軍の通信手段でした。一日午前十時ころ、阿熊村の田代栄助出先より石間村へ飛脚が来て、只今阿熊村と下吉田村へ巡査が三、四〇名来襲したから早くその用意をすべしとのこと。その報知を聞くや否や、両村へ鉄砲を持ったものと抜刀隊を凡そ五、六〇名差し向けました。そのうち田代栄助も来て、直ちにその場において「配置方ト重立タル役付ヲ議定シテ」から椋神社へ行きました（下吉田村木戸為三）。

③〈注進〉本野上村島田清三郎は本陣解体後、田代栄助・井上伝蔵らに随従し、寺尾村山中への書類埋没に同席しました。本陣解体の原因となる「大渕村ニ於テ裏切アリトノ注進ヲ為シ来ルヨリ之レヲ本営ニ報シ」た人物です。この「注進」も実態は②と同様でしょう。

④〈見張所〉坂本村飯田米蔵が曽根坂峠の見張所を通過できた事情は、注文の火縄を持参し、隊長へ面会という理由もさる事ながら、「暴徒之合印」のため「一人モ怪シム者ナク滞リナク立戻」ることができました。この見張所は物見場に通じると考えられます。のちに触れるように様々な場所で見張・斥候（せっこう）が行なわれるが、そこからの情報は①・②のような形で本営に集められたでしょう。

⑤〈物見場〉埋没七書（4参照）の内、「四度ノ告知」・「五度目告知」の二通（『集成』一：五二一頁）。物見場から両大将への敵情報告と手配依頼などです。「五度目告知」では「藤谷淵（ふじやぶち）村方へ散リ々、ニ敵退キ候様子ニ相見へ候ニ付此段報告候也　物見場ヨリ　両大将御中　使者へ軍ノ様子御伺」とあり、報告内容・形式から見張所よりシステ

ム化が進んだ連絡系統の存在を窺わせます。困民党軍の組織や任務に対する意識は相当高度なものであったと考えられます。

⑥〈風評〉矢納村大河原鶴吉は一日矢納村城峯山へ賊徒が押し込み、神官方に止宿していた測量掛のものを連行したと聞いています。また「賊徒」は追々矢納村へ押寄せるとの風評がありました。農業雇いの鶴吉は「之ヲ以テ何レモ農業ヲ休ミ心配罷在候」。秩父盆地には様々な風評が飛び交い、多くの住民が風評によって自分の行動を決めていったでしょう。

①〜⑤の困民党軍の情報通信組織・手段からすると、近代国民国家・埼玉県のもつ情報通信手段（電報）とは格段の差があり、秩父郡内ではいざ知らず、当然のことながら県レベル・国家レベルの情報戦では戦う前に敗北していたといえましょう。笹田書記官発の東京鎮台兵派遣要請電報を山県有朋内務卿が受取るのは四日午前三時。東京鎮台第三連隊第三大隊は四日午前十一時三十分ころ上野発、午後十一時三十分に始まった金屋の戦（銃撃戦は約三〇分）の結果を、寄居町にいた吉田県令は五日午前七時五十分県庁の笹田書記官宛に打電。「昨夜十一時三十分、児玉郡金屋村ニ於テ開戦、我兵大勝利、賊ノ死傷者数十人、兵士三人巡査一人軽き負傷アリ、尚捕虜一一人アリタル旨同地出張ノ者ヨリ通知アリ」。このすばやさと県令が困民党軍と「戦争」をしているという意識でいることに注目しておきましょう。

(12) 戦闘・「戦争」の実態

(a) 戦闘・「戦争」 困民党軍と警察・憲兵・鎮台兵・自衛団との主要な「戦争」には以下のものがありました。二日清泉寺の戦（警察）。下吉田戸長役場包囲戦（警察）。三日午後親鼻の戦（憲兵＋警察）。四日昼頃粥新田峠の戦（鎮台兵＋警察）。午後石間村半納横道の戦（群馬県警察）。四日深夜金屋の戦（東京鎮台兵）。五〜六日魚尾村の戦・川中の戦・神カ原の戦（自衛団）。九日未明東馬流の戦（東京鎮台高崎分営）。以下、「戦争」の実態をみてゆきますが、まずは「戦争」認識からはじめます。

（ｂ）戦争認識＝用語としての「戦争」　困民党軍の認識としては、①田代栄助が、訊問の中で「斯ク大事ヲ挙ル上ハ飽迄戦争ヲ為シタルウエ潔ク打死ヲ為シ死後衆人ニ恥チサル様ノ衣装ヲ新調スル」として、その衣装を「軍装」と表現しています。また清泉寺の戦で「味方二人戦死」、「下吉田村ニ於テ不時ノ戦争ヲ為シタリ」などと答えています。②菊池は十月三十日段階で「十一月一日ヲ期シ日本国中何処トナク一起シテ大戦争カ始マル手筈（中略）是非尽力ヲ致シ呉レ」と発言し、これを受けて下吉田村木戸為三は「日本国中ニ於テ一起スル戦争トナラハ何国ニ居リテモ到底難逃ト存シ其意ニ同シ」しました。③また同じ木戸為三は、小鹿野町の旅店で山口富吉と水杯を交わした理由を「是迄久々兄弟同様ニ致シ居ル故互ニ暴徒ニ加ハリ戦争ヲスルトセハ生死モ難計ニ付其縁切リノ盃ト思ナリ」と答えています。④火縄製造で科料一円五〇銭を課せられた石間村新井浅次郎は、訊問にあたった群馬県警部が「戦争」という言葉を使わないのにもかかわらず「飯能辺ニテ戦争ヲスルト云フ風聞ガアリ」とか四日「其日ニハ戦争ガアリ又城峯山ノ方ヨリ来リ戦争ヲスルト云フ評判」とか答えています。⑤下日野沢村阿左美悦三も「戦争」という言葉は使わないものの「竹鎗ニテ其品ハ戦場ノ田ノ中ニ捨テ逃ケタリ」と答えています。以上の発言をみれば困民党軍・蜂起集団側に「戦争」認識はあったし、「風聞」・「評判」からは地域社会にも「戦争」認識があったと考えます。

鎮圧軍・権力側としては、**(11)情報**（**通信手段**）**・風評**で、⑥吉田県令は告諭において「戦争」という用語こそ使わなかったものの、認識としては「戦争」と考えていました。⑦高崎警察署弥城友次郎警部は、上日野沢村木村又吉の訊問に際し、皆野村「親鼻ノ戦争中」・「魚尾ノ戦争中」は何をしていたか、「信州ニテ戦争ノ始末」を述べよというように終始「戦争」用語を使用しています。困民党軍との戦を「戦争」と認識していたのです。⑧鎌田冲太は「開戦」・「戦闘」・「戦死」・「戦争」と明快です（「秩父暴動実記」『集成』六：八頁）。⑨裁判所（裁判官）については、使用例はないと考えますが、田代栄助の裁判言渡書で「此夕荒川ヲ隔テ憲兵ト開戦シ」（『集成』一：五五頁）とあります。

以上から、困民党軍・蜂起集団、地域社会、鎮圧軍・権力ともに目前の戦を「戦争」と認識していたことがわかりました。

（c）斥候・見張・見張番・見張所・番兵・警護　「戦争」のなかで必然的に行なう見張などについてみてゆきましょう。

①**〈斥候〉**「暴徒」の教令に従い金崎・大淵村への渡船場で斥候（せっこう）（下日野沢村浅見岩五郎）。②**〈見張〉**「暴徒」のため見張（上日野沢村森田豊吉）。野巻村で見張（同村丸山由松）。皆野村渡し場で見張（下吉田村飯塚家十郎）。七名が参加した金崎村では浅見甚太を含め二〇名が見張をしています。③**〈見張番・見張所〉**官兵の進撃を報じるための見張番（下日野沢村柏木喜十郎）。大宮郷へ乱入の際官兵の来襲を見回（上日野沢村丸山佐忠次）。見張番などの使役（同村黒沢音吉・武内角次郎）。坂本村飯田米蔵が曽根坂峠の見張所を通過できたのは「暴徒之合印ナル白木綿鹿鉢巻ヲ」していたからです。見張所は敵・味方を確認する所でもあります。④**〈番兵〉**大野原村で官軍予防のため番兵（阿熊村新井貞作）。皆野村で官軍侵入予防のため番兵（下日野沢村新井倉十郎・金沢村大久保〆松）。下吉田村廣瀬川で官軍侵入予防のため番兵（下吉田村飯塚建治）。⑤**〈警護〉**皆野村字大濱渡船場において警護（野巻村西川宇蔵）。⑥**〈物の見張・看守〉**財物の看守（下日野沢村田村喜重）。諸荷物の看守（上日野沢村新井喜三郎）をしました。⑦**〈鎮圧側の見張番〉**下吉田村坂本源次郎は、信州東馬流まで行ったが、八日晩抜け出て野栗峠（のぐりとうげ）で自衛団・鎮圧側の農民の見張番に取り押さえられました。鎮圧側に与した矢納村の状況を、無罪解放となった新井市蔵・小林理十郎の訊問調書からみると、二日、自村の西井好平が、城峯山（じょうみねさん）へ寄り集まるよう触次ぎ、「暴民等カ押寄セ来ルモ難計ニ付耕地々々ニ於テ見張ヲナシ防御致ス可クト相談一決」したので、各耕地で見張をしました。三日、保美濃山（ほみのやま）村戸長新井村二と巡査らが来て、今晩兵隊・巡査が秩父へ繰り込む予定でした。「暴徒」の崩れが来たら取り押さえよ、

大勢の場合は保美濃山へ通知せよと命令され、村内柚木・大仁田両耕地の一同出て、篝を焼き見張をしました。四日朝保美濃山村戸長役場より見張をやめ自宅で心付よとの書状が到着しました。六日には保美濃山村戸長新井村二から矢納村用掛新井権十郎へ見張せよと書面による命令が来て、源一郎から見張せよと触次がれたので、村内湯貫神社に見張に出ています。

鎮圧側に与した集落でも筆生の触次による駆り出し、得物（三尺位の棒）を持参し、篝を焼き、鯨声を揚げる、その目的は「暴徒防御」＝村を守る（自衛）ことです。これに相語（本書二三四頁）、赤鉢巻・赤旗（本書二三二頁）、憲兵・巡査の「出ナケレハ討殺ス」という脅迫（参加強制）（石間村学校教員鈴木栄次郎。本書二二八頁）を加えると、蜂起集団側も自衛団・鎮圧側も同じ行動パターンであることがわかります。村を守るためにどちらに参加するか、個人・村の帰趨は微妙です。

(d) 戦闘・武器の使用＝鉄砲発射、竹槍で抗敵　石間村高岸駅蔵によれば、金屋の戦闘の様子は人家の竹藪より兵隊に砲撃されたとき、味方隊長が抜刀隊は進め進めと下知したが、「砲撃烈シク味方カ一発打ツ内ニハ敵ノ弾丸ハ二十発モ飛ヒ来ルニ付進ミ兼テ居ルト敵ノ弾丸先キニ進メ々々ト指揮シタル隊長分ニ当リ忽チ人家ノ戸ノ傍ニ斃レタルヲ見受ケタル」と激しい戦闘が行なわれた。鎮圧側兵器の圧倒的優位性を物語っています。以下武器使用の実際をみておきましょう。

阿熊村にて警官に出逢った際、竹槍で抗敵（上日野沢村浅見藤重・浅見春吉・武内熊蔵・浅見源作）。下吉田村清泉寺前の戦で周囲の固め（同村浅見代五郎・新井喜太郎）。巡査に抗敵し、巡査一名の殺害を傍観（同村岡田金治郎）。一日警察官が下吉田戸長役場に引き上げたので、警察官の通路を遮ろうと七百有余名が同所川原で抗撃。他の「暴民」が戸長役場を砲撃したので立ち退こうとする警官を追跡（同村丸山佐忠次）。同村木村又七は大宮警察署に二発、小鹿野警察署の二階に燈火があるので一発を「自分カ一己ノ意見ニテ打込タリ」。「官吏ヲ殺ス積リニテ発炮セシ」「殺ス精神ニテ二階ヲ目掛ケ打込タル」。そして蜂起中の最も悪敷所業は何かと問われ「人ヲ煽動シテ小鹿野警察署ニ鉄砲ヲ打込ミ又刀屋ノ土蔵ヲ破毀シタル所業等ガ最モ悪敷事ト存候」と答えています。さらに「皆野ノ戦」では親鼻の川端で四発ばかり官兵に向かって砲撃しました。

(e) 死傷者　金沢村桜井喜十郎は下肢に銃傷、弾丸は骨中に留まり、七日、弾丸摘出するが、八日に危篤・死亡。上日野沢村門平惣平は清泉寺の戦で柏木太郎吉（神奈川県）が重創を負い、瀕死で苦悶しているのを、新井周三郎の助言で首を刎(は)ねました。その新井周三郎は青木巡査のため重傷を受けました。上日野沢村岡田金治郎は皆野村親鼻の渡船場で巡査などと交戦し弾丸のため負傷。下吉田村引間元吉は児玉郡金屋村で鎮台兵の抗撃に逢い抗敵するが、逃亡の際、両股に銃丸を受け、逮捕。左右足大腿上部を一発の弾丸で打貫かれた銃傷を負いました。下日野沢村中庭駒吉は八幡山近くで負傷。戦いの様子は「鉄炮ヲ携帯シタルニ付先キ手ニ進ミ金屋村字イモシト云フ曲リ角ニ到ルヤ突然陸軍方ヨリ発炮サレタル故自分ト同行シタル組ニテモ直チニ打出シ自分モ既ニ発炮セントスルニ際シ右手ノ手首ヲ打チ抜カレタル故鉄炮ハ其場ニ棄置遁ケ去リタリ」という状態でした。

統計をとっていませんが、訊問調書でみる限り「暴徒」側は銃傷多く、鎮圧側は警察巡査殺害を含め刀・竹鎗が多い。これは武器構成からみて当然の結果といえます。

(f) 看護　看護の実態は訊問調書からはなかなか出てきませんが、上日野沢村大山祇神社祠掌宮川津盛は、大宮郷で栄助から一六五円を領収、内一〇〇円を新井周三郎に交付、三円で草鞋木綿などを購求各隊に配付、皆野村で一円の袷(あわせ)一枚を買い新井周三郎に給与、一円で晒木綿(さらしもめん)を求め同人など創傷包帯の用に供しました。また長留村山口武平は、三日、皆野村で長留村岡田金次郎が官兵と戦い負傷して来るのに出会い、大宮郷に護送しています。

(13) 逃避・逃亡、逃亡防止、得物放棄、潜伏、自首

(a) 消極的参加者

①〈逃避・逃亡〉阿熊村白岩耕地の加藤造酒蔵・中里吾八ほか一二名は、「暴徒」に脅迫されたが参加しないことを選択し、逃げ去り鬼石町を彷徨しました。阿熊村の参加者は三日頃までは参加し、警察官・小鹿野警察分署への自首を中心に参加者の八六％が自首しています。太田村新井清蔵らは「随行ノ途中ヨリ逃避シ追テ自首」。太田村では富田若次郎ら三九名が、三日、無手にて太田村・野巻村まで随行、四日までには帰宅しています。無手とか村内・精々隣村まで随行して、短期間で帰村・帰宅するという形で済ませていることがわかります。そして二十二日、被告一同戸長役場で筆生林登三郎に自首しました。また金崎村浅見喜代八・横田孫十郎・山下庄太郎は、三日、棒を携え皆野・本野上村等各所に随行。喜代八は四日、出牛嶺より逃戻り、十四日、本野上分署へ自首。孫十郎は皆野村蓑山より黒谷村の山まで逃げ、四日帰宅。庄太郎は皆野村の戦で逃去、山に隠れたが、「暴徒」に見つかり下吉田へ連行され、同所で再度逃げ去り、五日帰宅しています。

②〈鉢巻・襷・得物・武器の放棄〉逃亡する際、携行したものをどのようにしたか。上日野沢村森川作蔵は本陣解体後、密かに群を脱し指揮旗・佩刀を路傍に投棄。同村村木村又吉も敗退後、鉄砲を南相木村の山中に捨てました。下吉田村吉岡音五郎は、消極的な参加でありながら、魚尾村まで随行し、栃谷村細井文八と山へ逃げ込み、竹鎗は魚尾村の山へ投棄。下日野沢村阿左美悦三も「竹鎗ニテ其品ハ戦場ノ田ノ中ニ捨テ逃ケタリ」。蜂起の途中で逃亡するものが棄てれば、下日野沢村中畝源十郎のように信州大日向で拾った白木綿で鉢巻をしたものもいました。

③〈潜伏・自首〉金沢村で当時学務委員であった若林寿一は出牛峠で逃亡後、「暴徒」に引率されないように自宅の二階に潜伏し、八日戸長から官兵出張を聞き自首しました。金崎村黒沢小之七は、皆野村で逃亡して栃谷村新井泰吉・皆野村金子徳左衛門宅に滞在し、七日に帰宅。十四日本野上村分署へ自首しました。

(b) 逃げるに逃げられない状況説明　下吉田村坂本源次郎は信州穂積村字東馬流まで随行。八日晩抜け出て野栗峠で、鎮圧側見張番に取り押さえられました。「早ク能キ折ヲ見テ逃ケ出タササルヤ」と訊問され、「自分ハ竹鎗隊ニテ鉄砲カ先手トナリ前後厳重ニ取巻カレ居候故逃ルコト不能候」と答えています。また下日野沢村中畝源十郎は三日に参加強制で出たが、結局信州大日向まで行き、山越に逃げて、捕縛された。「抜刀ニテ付添候故逃ルコトモ出来不申候」と証言しています。

(c)逃亡防止行為　上日野沢村新井伊之八は、沿道各村から駆集めた人足の宰領となって「人足ノ逃走セントスルモノアレハ竹槍ヲ以テ之を威迫シ兇徒ノ勢ヲ助ケタルモノナリ」と逃亡防止を行ないました。

(d)積極的参加だが、恐怖心・畏懼から逃亡　一八歳で参加した下日野沢村加藤九蔵は本営角屋の周囲を警固していましたが、荒川筋で「戦闘アルヲ聞キ恐怖心ヲ生シ夜ニ乗シテ逃走」。群馬県南甘楽郡譲原村の親戚新井作太郎方に潜伏し、帰村。二十六日に自首しました。銃砲隊長の阿熊村新井駒吉は四日荒川を越え、転じて下吉田村に移り、「群信州地方ニ向ハントノ傾向アルヲ察シヒ告ハ之レヲ畏懼シ窃ニ逃走シ潜伏」、二十六日に自首。四九歳、分別盛りの駒吉は、秩父にこだわったか。一九歳で参加した太田村富田政太郎は野巻村で「警固中自村ニ方リテ火焔ノ颺ルヲ観実地視察ニ托シ逃レテ帰村」。村が火事ではないか、という心配が逃亡を促し、帰村させました。参加者の多くの重要な関心事は自分が住む村のことであったと考えられます。

3、権力による運動の認定(刑罰)

2において運動の実態をみてきましたが、秩父事件の全体像を解明するためには、国家権力(司法)が個々の参加者の行為(運動)を、そして秩父困民軍の自力救済の運動全体をどのようなものとして捉えようとしたかという重要で大きな問題が残っています。

(1)自首。逮捕・捕縛

既に2(11)情報(通信手段)・風評(本書二四八頁)でみたように県令吉田清英は、五日県庁の笹田書記官に

「昨夜十一時三十分、児玉郡金屋村ニ於テ開戦、我兵大勝利、賊ノ死傷者数十人、兵士三人巡査一人軽キ負傷アリ、尚捕虜十一人アリタル旨同地出張ノ者ヨリ通知アリ」と打電しています。五日には秩父郡の「諸口ノ各兵皆大宮郷ニ向テ発進候処孰レモ途中一戦ナク同町ヘ参集」（『集成』四・八五八頁）しました。六日に県令吉田清英の「秩父郡内へ告諭」が村々に掲示されました。「各地民心之動揺ヲ掃却スル為メ別紙写之通相達置候」と一般人民の人心を安定させるための告諭でした。その内容は「今般蜂起之暴徒等不容易挙動ニ付已ニ撃攘ヒ之事ニ着手セシニ殆ト鎮定ニ至レリ　依テ一般人民ニ於テハ毫モ疑懼之念ナク各其業ニ安スヘシ　又暴徒之中ニハ一時脅迫ニ不堪シテ附随セシモノモ不少哉ニ相聞ヒ甚タ憫然之至ニ候條此際速ニ自首スル者ハ夫々恩典ヲ以テ其罪ヲ減免セラルヘキニ付篤ク其意ヲ體シ心得違無之様致スヘシ　此旨更ニ告諭候也」というものでした。告諭は秩父郡中の人民をまず「暴徒」と「一般人民」に分け、さらに「暴徒」を脅迫する側と「脅迫ニ不堪シテ附随セシモノ」とに分けて、附随した者の速やかな「自首」を呼びかける構成になっています。県令が「暴徒」文言を使用することで「暴徒」観の形成を促進したと考えます。ただし「暴徒」という言葉は既に田中千弥によって一日から使われています（「田中千弥日記」『集成』六・一〇八頁）。

この告諭に基づき憲兵・警察は村々に入り逮捕しつつ、自首を強要していきました。多くの農民が自首しなければ捕縛されると感じ、自首しました。警察官吏は「郡中一般皆暴徒ナリ」「既ニ自首シタル上ハ暴徒ナリ」という認識でした（田中千弥『秩父暴動雑録』『集成』六・九三・九四頁）。2（13）（a）消極的参加者（本書二五三頁）でみたように阿熊村の参加者は三日頃までは随従したが、警察官・小鹿野警察分署への自首を中心に参加者の八六%が自首しています。太田村では富田若次郎ら三九名が四日までには帰宅し、二十二日には被告一同戸長役場で筆生林登三郎に自首しました（三三・三%、「自首」まで含めると最大で参加者の九三・二%）。帰宅から自首までの期間が長く、「被告一同」が相談して、筆生に自首する行動を取ったと考えます。金崎村では三日から五日、遅いものでも七日には帰宅していましたが、自首は十三、十四日に行なわれ、十四日には参加者七七名中七三名が連名した「自首書」が本野上村分署長に提出されています。太田村と同様の手順が踏まれたのでしょうが、金崎村では形式が整っています。埼玉県統計によれば九割が自首です。

(2) 公判の方針、訊問(捜査)・拷問、公判・処罰

十一月六日、司法省の名村泰蔵司法大書記官が浦和の県庁に笹田少書記官を訪れ、秩父事件の裁判・処罰の方針に関する司法卿山田顕義の旨意を伝えました。すなわち「今回暴徒取調ハ治罪法ニ定ムル裁判所構成等ニ拘ハラス検察官実地ニ出張審問ノ末予審ヲ要セス公判ニ附スヘキ」というものでした。これを受けて笹田少書記官と浦和始審裁判所岡田豊検事は同日協議し「今般ノ暴徒ハ特別ニ裁判迅速ヲ要スル儀ニ付各警察署ニ於テ捕縛シタル囚徒ハ訊問一過証憑(証拠)ヲ蒐集シ直チニ當職へ送致候様」浦和管内の警官に即日通達することを決めたという。高島千代氏は、秩父事件の裁判・処罰は、迅速な処理を最優先するため、軽罪については予審をなるべく省略するというのが司法省の方針であったと結論付けています(高島千代二〇〇〇年:三二五頁)。自首・捕縛後の県令の「暴徒」観・司法省の方針を後ろ盾とした訊問は「人之ヲ謂テ、小鹿野尋問所ノ警官ハ、暴徒ノ二ノ手也ト称ス(中略)亦警官ハ附和随行ハ同一ト見做シ」というように苛酷で杜撰だった(田中千弥『秩父暴動雑録』『秩父事件史料集成』第六巻:九四頁)。「迅速」に「証憑(証拠)ヲ蒐集」する手段として「自訴ノ者後ロ手鉤(ひっかける)サレ扣カルル強拷問也」〔『木公堂日記』明治十七年十二月一日(『集成』六:一二七頁)〕と拷問も行われました。

公判を開くにあたっては、兇徒聚衆罪の条文のうち刑法一三七条・一三八条の解釈が問題となりました。浦和始審裁判所熊谷支庁嶋田正章判事は名村大書記官・山田司法卿・長野始審裁判所上田支庁・前橋始審裁判所などと協議・調整を行い、最終的には十一月二十九日の司法省の回答となって決着しました。これについても高島千代氏は、困民党幹部や在地オルグなど「教令」を与える立場の者を、「暴動」の長、事前の資金強奪等を行った「暴動」の

「共謀者」や、「暴動」中の「殺死」「焼燬」の指示者としてもれなく処罰の対象におさめることによって厳しく処罰するためだった。また、他方で附和随行者をなるべく広く解釈することによって、一般農民については軽罪にとどめようとするものだったと指摘され、それは「裁判迅速」という方針にも適うものであったろうと結論付けています（高島千代二〇〇〇年：三三三頁～）。

訊問（捜査）では、住所・氏名・身分・職業・年齢・出生地・前科・参加日・参加状況（動機・どこまで行ったか・何をしたかなど）が、特に殺人・放火・窃盗・恐喝などについては詳細に、何度も調べられました。

（3）裁判、判決（刑罰）一覧

（1）・（2）のような経過を経て、出された判決（刑罰）を、参加者とされ公判に付された秩父郡内五九カ村三二九八名のうち、無罪や記載のない二一〇名を除いた、三〇八八名について村別に、科料五銭から死刑まで分類整理して得たものが判決（刑罰）一覧です。一覧は膨大なのでそれを加工したものを掲載しました〔**表8　秩父事件判決（刑罰）一覧**〕。

これによれば、科料一八一七名（五八・八％）、罰金一一七八名（三八・二％）、重禁錮五九名（一・九％）、軽懲役―死刑三四名（一・一％）です。重罪とされる軽懲役―死刑は一・一％と極めて少なく、軽罪とされる科料・罰金・重禁錮が九八・九％と圧倒的であることが大きな特徴です。

まず、科料・罰金・重禁錮・軽懲役―死刑などの刑法の規定に、（2）の公判の方針を加味して、「法律ニ照ス」作業を迅速に処理して判決が宣告されました。刑罰の結果からみれば、国家権力側は、秩父事件を三四名の首魁及ヒ教唆者（きょうさしゃ）が、五九名の助勢者（じょせいしゃ）（何らかの軽減措置がとられたもの・犯罪行為を行ったもの）と協力して、二九九五名もの良民を扇動（せんどう）「脅迫」し、「附和随行」させた「暴動」であったと認定したのです。

次に、表8からわかることは、いわば質的な村別参加状況です。一般的に戸数に対する参加人数から割り出す参加

表8　秩父事件判決（刑罰）一覧

No	村　名	参加人員	総戸数(戸)	参加率(%)	科　料*	罰　金2円代	罰　金3−20円	重禁固	軽懲役−死刑	合　計
1	大宮郷	16	1018	1.6	1	7	3		2	13
2	白石村	1	39	2.6	1					1
3	坂本村	44	132	32.6	13	20	4			37
4	皆谷村	4	99	4	3					3
5	芦ヶ久保村	8	146	5.5	3	1	1	2		7
6	横瀬村	21	539	3.9	2	8	3	4		17
7	山田村	1	216	0.5						0
8	大野原村	6	194	3.1		3	1	1		5
9	黒谷村	7	194	3.6		7				7
10	栃谷村	8	116	6.9	2	1	2			5
11	定峰村	2	58	3.4	1	1				2
12	三沢村	29	310	9.4	6	12	6	3	1	28
13	皆野村	13	379	3.4	3	5	4	1		13
14	下田野村	11	69	15.9	4	4	1			9
15	井戸村	2	94	2.1		1	1			2
16	金尾村	53	62	85.5	15	20	9	2		46
17	風布村	64	85	75.3	17	17	8	6	4	52
18	蒔田村	3	171	1.8		1	1	1		3
19	田村郷	1	91	1.1	1					1
20	寺尾村	1	226	0.4				1		1
21	久那村	2	201	1	1		1			2
22	上影森村	1	91	1.1	1					1
23	下影森村	1	142	0.7			1			1
24	上田野村	1	238	0.4						0
25	白久村	3	145	2.1		1			1	2
26	贄川村	19	134	14.2	3	5	7	2	1	18
27	大滝村	1	350	0.3	1					1
28	小鹿野町	9	338	2.7	8	1				9
29	伊豆沢村	3	65	4.6		1	1			2
30	飯田村	136	167	81.4	73	45	15	1	2	136
31	三山村	183	204	89.7	116	53	9	2	1	181
32	河原沢村	93	103	90.3	59	20	12	1		92
33	薄村	150	445	33.7	141	8	1			150
34	小森村	30	218	13.8	20	7	1	2		30
35	下小鹿野村	158	262	60.3	122	25	5	1		153
36	般若村	78	125	62.4	72	1	3			76
37	長留村	160	211	75.8	150	3	3	1		157
38	上吉田村	263	304	86.5	32	196	25	3	3	259
39	日尾村	93	96	96.9	83	1	5			89
40	藤倉村	149	161	92.5	134	3	6			143
41	石間村	200	171	117	26	76	30	6	7	145
42	太田部村	38	62	61.3	12	1	3			16

（次ページにつづく）

43	下吉田村	335	462	72.5	90	227	6	3	3	329
44	久長村	75	82	91.5	70	5				75
45	阿熊村	57	72	79.2	15	36	2		2	55
46	上日野沢村	91	101	90.1	10	41	32	3	4	90
47	金崎村	77	138	55.8	71	2				73
48	大淵村	57	72	79.2	57					57
49	下日野沢村	160	157	101.9	107	24	14	5	1	151
50	野巻村	74	88	84.1	73	1				74
51	太田村	117	153	76.5	111	3	1	2		117
52	伊古田村	1	52	1.9					1	1
53	矢那瀬村	2	102	2						0
54	野上下郷	4	202	2	1		2	1		4
55	本野上村	34	152	22.4	3	16	4	2		25
56	中野上村	6	65	9.2	2	2	1			5
57	矢納村	62	188	33	36	3	5			44
58	藤谷淵村	24	148	16.2	7	8	6	1	1	23
59	金沢村	56	162	34.6	37	9	1	2		49
	合　計	3298	10867	35.7	1817	932	246	59	34	3088

（*5銭から1円95銭）

率も一つの目安にはなると思います。この方法で参加率が低いところは、村（共同体）としての参加度は低く、個人的つながり、或いは偶然が作用しての参加と言えるでしょう。

しかしながら、民衆運動の「運動」として捉える観点からすれば、公判の方針でみたように司法の認定には限界があるにしても、個々の参加者の行為の質（内容）が問題です。たとえば大淵村は参加率七九・二％だが、全員が科料八〇銭以下です。野巻村参加率八四・一％だが、全員罰金二円以下、その九六％は科料八〇銭以下です。久長村に至っては九一・五％だが、全員が罰金二円以下です。金崎村も五五・八％、全員罰金二円以下、その九七・四％が科料です。いかなる内容の「運動」をしたかという意味での参加度は低いと言わざるを得ません。戸数に対する参加率が高く、つまり共同体としての参加が行われ、「首魁及ヒ教唆者」・「煽動シテ勢ヲ助ケタル者」・「附和随行シタル者」、「暴動ノ際人ヲ殺死シ若クワ家屋船舶倉庫等ヲ手ヲ焼燬」する者が存在する村、つまり科料から死刑までの宣告が行われた村は質的（内容的）に参加度が高いといえるのではないかと考えています。（3）については、内田満二〇〇七年を参照してください。

4、「軍備原案・地方警備」

明治十七年十一月二十八日、寺尾山中から「暴挙ニ関スル書類」（飯田村犬木寿作）、「書類」（本野上村島田清三郎）が発掘されました（書類発掘の事実①）。この書類は犬木寿作・島田清三郎両名の供述にもとづき、佐枝種永判事補が発掘し、その写（うつし）を各県関係裁判所へ送付したものです。

皆野の本部解体後、同一行動を取った田代栄助・井上伝蔵・犬木寿作・島田清三郎・磯田左馬吉・「姓名不知」二名の合計七名が「埋没」の意図はともかく、事情を知っているはずですが、先の二名だけが「書類」の存在を自供しています（両名共に尋問調書はない）。

それは七通の書類でした（『集成』一：五一頁）。すなわち、1、「軍備原案」。2、「地方警備」。3、「吉田鼎の報告」。4・5、「物見報告」。6・7、「人員配置」でした。その内容は、1・2は国郡村を行政単位とするいわば地域・地方構想です。しかし国郡村を束ねる国家の構想ではありません。また中央政府の構想案でもないので内田満一九九七年で使った国家構想という用語は使用しないほうがよいと考えるようになりました。勿論これを突き詰めていけばそういう国の連合体（国を束ねる組織）のあり方、国家構想に至るとは思いますが。

まず1は、国（武蔵国など、現在の県レベル）単位での総監督以下兵士に至るまでの軍事組織が構想されています。「戦争」中、又はこれから「戦争」をしようとする段階で作成されたものなので軍事色が前面に出た原案であると考えます。2は、地方警備と「警備」とはなっているものの、地方総部・郡長・村長は地方行政官であり、警視官は警察官でしょう。村長の但書きによれば「是迄県庁ノ整理シアル村々又ハ聯合町村役場」を単位としたもので、明治地方制度の歴史の中で明治十七年改革聯合戸長役場制度など現実にある行政区域を念頭に置いたものであろうと考えます。3は、川口守衛担当人吉田鼎から角屋出張其掛り御中へ、川口引き上げの目的の通報を請う内容です。4・5は、物見場から両大将への敵情報告と手配依頼などです。6・7は人員配置。3から7は、皆野本陣崩壊直前の前線からの報告と人員配置手配などの生々しいやり取りと考えられます。困民党軍の組織や任務に対する意識は相当高度なものでした。これが「埋没」七通の書類の内容です。このうち1・2（今後は二書と記す）について、井上幸治氏は「秩父事件の政治性を語るときこれが頂点をなす史料である」と高く評価されました（井上幸治一九八〇年九月）。

次に、七名が書類を「埋没」するときの状況を見てみましょう。田代の供述によれば皆野本陣解体直前「斯(かく)八方敵ヲ受ケタル上ハ打死スルノ外ナシ　併シ一時寺尾(てらお)村へ引揚ケ山中ニ潜ミ運命ヲ俟(ま)タント述ヘタレハ何(いずれ)モ同意」だったので三時前に七人で皆野村を、四時過ぎには寺尾村を出発。長留(ながる)村で「各(おのおの)離散再会ヲ期セント」持合金を与えたことになっています。本陣解体時はまだ希望を持ち、「書類」を埋めるときもまだ希望を持っていました。気持ちの上でも追い込まれるのは十一日以後です。すなわち十一日に二男保太郎に会い、「追捕ヲ恐レ逃走シタリト申ニ付一家離散スルニ至ルモ皆我作セル罪ナリ　父ヲ捨テ汝ハ疾(はや)ク自訴ス可シト申聞タレトモ不聞入」。十四日「最早逃走ノ念ヲ絶チテ保太郎ト倶々(ともども)自訴スルニ若(し)カズ」という気持ちになっています。絶望し自訴する気持ちになるが、捕縛。

では、希望を棄てていないと考えられる田代らが「書類」を捨てないで、「埋没」することの意味を考えてみましょう。千嶋寿氏は井上幸治氏の二書に関わる主張に疑問を呈し四点を提示されます（千嶋寿一九八三年：三三二頁）。千嶋氏の二書についての疑問点・主張点は（a）参謀会議の産物（菊池貫平が言っている。菊池と井出が主導権をとって二書作成）。（b）蜂起以前でも作成可能。（c）田代が二書の存在を知らなかった。そして最後まで身につけていなかった可能性がある。（d）一括書類なので田代は見ていないという推測もできる、の四点です。

しかしそもそも内容を知らない「暴挙ニ関スル書類」（犬木寿作）「書類」（島田清三郎）を埋めるでしょうか。必要なら持参する、それができないなら隠す、埋める。もし不要なら焼くか、捨てればよいのではないでしょうか。内容を知らなければその判断もできないでしょう。「埋没」するという行為は書類そのものが不要ではない、必要ということを意味するのではないでしょうか。遺したいとする「こだわり」があるはずです。

さらに、この二書はどのような経緯で誰によって作られたか。井上幸治氏は作成者として井出為吉・菊池貫平・新井周三郎他に二、三名の可能性を提示します。千嶋寿氏は井上氏を批判するものの、田代でないとする点は両氏一致しています。

内田満一九九七年で指摘（五一頁）したように、井出は純粋に自由民権思想の発想で国会開設時期の短縮を主張していました。革命本部と書いた領収書の発行は個人プレーであると考えます。二書には議会や憲法構想が一言半句も入っていません。なにより地域への「こだわり」がないので井出が書いたのではないと考えます。

新井周三郎は、第一回訊問からまともに答えようとしていませんでしたが、第二回訊問で検事補川渕龍起が「汝ハ村民ノ為ニ其困窮ヲ救助センコトヲ図リシモノニシテ曽テ己レノ為メニシタルニアラス　果シテ如此ナレハ其精神タルヤ尋常私利ノ為メニシタルモノニ異ナリ」。しかし自分の訊問を受けるに当たって「敢テ事実ヲ押包ミ苟モ罪ヲ免レント謀ルモノノ如シ　豈ニ卑怯ニ非ラスヤ」と発言したところ、大いに反応し、「被告人ハ検察官ニ向ヒ申上マスト呼ヒ」詳細な陳述を始め、最後に訊問調書を読み聞かせたところ「毫モ相違ノ廉ナシ」として署名拇印したといいます。周三郎は福島敬三とのやり取りの中でもしっかりと困民党の立場に立っているので、新井の郡役所占領についての供述（『集成』二：九六八頁）は信じても良いと考えます。「此夜ハ大宮郷ニテ人家ニ押入リ宿泊シタリシカ田代栄助ハ惣督ノ名義ニテ会計掛等ヲ引連レ郡役所へ押入リ栄助ハ仮リニ郡長ニ相成其他ハ郡役所ノ近傍ニ陣ヲ取リタリ」（役所問題②）（同上：九六八頁）。この供述は、一定の範囲ではあるものの田代の動き、役所の位置付けなどが集団で共有されていたことを裏付けます。集団討議され作成された可能性が大きい。彼はアクティブだし、私利のためではなく、秩父郡中の困窮救助を目的として、そのために如何に行動したかを述べたのであり、行動あるのみだったと考えます。法廷でも法官の質問に対して「イヤもふ些細の事の吟味は御無用ドーセ斯る大事を仕出かしたる上ハ早く法廷の処分を仰ぐに如くハなし小生が望此外になし」と現政権の司法に従う姿勢を見せています。これは次に見る田代と同じで、現政府に代わるような、いわゆる政権構想はもっていなかったと考えます。以上を考え合わせると二書を周三郎が書いた可能性はないと考えます。

役所の問題に戻りましょう。夕方郡役所に入った（困民党幹部等）柴岡熊吉と千嶌周作は大刀を佩き「自由党幹事資格」で矢尾本店に炊き出しを依頼しました。その際「此度世直ヲナシ政治ヲ改革スルニツキ斯ク多数ノ人民ヲ嘯集セシ訳ナレバ當店ニテ兵食ノ焚出シ方ヲ万端宜シク頼ム　扨テ高利貸営業者ノ如キ不正ノ行ヲナス者ノ家ニアラザレバ破却或ハ焼棄ナスナド決シテ致サズ又タ高利貸ノ家ヲ焼キタリトモ其隣家ニ対シ聊カモ損害ヲ加エヌ故各々安堵致サレタシ　且ツ不法ヲ云ヒ或ハ乱暴ヲナス者コレアラバ直ニ役所③へ届ケ出ツベシ夫々成敗ヲ致スベキ間左様心得ラレタシ且ツ右ノ次第ナレバ當御店ニテハ安心シテ平日ノ如ク見世ヲ張リ商業ヲ充分ニナサレタシト鄭重ノ詞ヲ以テ申シ来ル　又外ノ役人ラシキ者モ交々同様ニ申シ来ル故進マヌナガラ開店シテ商ヲナ」（矢尾利兵衛の記録『秩父暴動事件概略』（『集成』六：一六九頁）したといいます。大宮郷の治安維持の機能をもつ③「役所」と「外ノ役人ラシキ者」の存在は、②の会計掛等を引き連れ、栄助を郡長とし「其他」は「郡役所ノ近傍ニ陣ヲ取リ」体制を整えたことと符合します。この②・③が同一の組織であり、さらに「仮リニ郡長ニ相成」の郡長が地方警備の郡長を指しているならば、大宮郷秩父神社に入り、演説した田代が菊池の発議で郡役所に移動したのだから、この構想（二書）は移動以前に存在したと言わなければなりません。千嶋寿氏が言うように移動以後の田代が姉のところに暇乞いに行った留守に実施した参謀会議で作成されたものではないと考えます。椋神社での役割表・軍律作成時、又はそれ以前の十月三十日初見、「互ニ肝膈（本心）ヲ叩キ遂ニ同盟ヲ表シ」（『集成』三：九七五頁）た時から三十一日の間に（蜂起直前）菊池が中心となり集団で作成したと考えられます。但しその時点では現実味のある構想とは考えられていなかった可能性が高い。田代が秩父郡中にこだわったように、菊池も、信州にこだわったのだから、菊池なりの「こだわり」が、下からの積み上げとしての二書を生んだ可能性はあります。菊池は明治十九年十二月四日山梨県で捕縛されました。再起を期して旧自由党員と連絡を取り、秩父事件の教訓に学んで蜂起計画を立てていて、強盗はその資金を獲得するための行動であったといいます（秩父事件研究顕彰協議会編二〇〇四年：一八二頁）。

「役所」開設のときの大宮郷の状況をみると、官側の逃亡と大宮郷の制圧、高利貸征伐、打ち毀し・放火・軍資金徴収・武器掠奪、続々と結集し蜂起集団が拡大する中で、貧民救済は実現した状況でした。田代でさえ高揚していたでしょう。権力闘争には慎重な姿勢、法に服する覚悟はあったものの、現状を見て目的（貧民救済）の永続（を確固たるものにする）のためには、既に存在した二書の「惣督ノ名義ニテ会計掛等ヲ引連レ郡役所へ押入リ栄助ハ仮リニ郡長ニ相成其他ハ郡役所ノ近傍ニ陣ヲ取」った「役所」は必要だと考えるようになったかも知れない。構想だけであったものが、「仮リニ郡長」になることによって現実化しました。

田代は書かなかったと断言できます。田代は秩父郡中の高利貸征伐による貧民救済以外は考えていない。それが実現すれば法の裁きを受けると明言している。また熊吉は、田代の発言として次のような証言をしています。十月三十一日に「秩父郡中人民ニナリ替ハリ富者ヲ斃（たお）シ貧者ヲ救助此望ヲ達スルハ非常ノ処置ニナケレハ行ハレス　望成就スレハ刑罰ニ処セラルルハ皆覚悟ナラン」と。また秩父神社で「自分等ノ望ヲ達セサル内ハ警察官及兵隊ヲ向ケラルルモ共屈セス戦争ヲナシ大願成就シテ御処分ヲ請ケルノ覚悟ト云フ右ニ一同決心セリ」。これと同じ趣旨の発言は「望ヲ達シテ高利貸ヲ斃シ貧者ヲ救助シテ後御処分ヲ蒙ムルハ覚悟ノ前ナリ」と熊吉自身からも聞くことができます。少なくとも「我々一命ヲ抛（なげう）」つものの間では大願成就すれば処分は覚悟と明治政府（国家）の司法権を認めていることが確認できます。先の新井周三郎も同じです。秩父（田代）の側からはこの構想は出てきません。としても、田代は内容を知っていて、秩父神社から郡役所に移動し、「役所」を組織・設置して「仮に郡長として」という行政組織を作ることによって成果を永続できると考えたのではないでしょうか。それならば田代には地方警備の構想に「こだわり」があるはずです。

「書類」七通を「埋没」するとき、まだ再起を期していました。あとで掘り返すことも考えたかも知れません。蜂起・「戦争」によって国家権力に対抗した上に、この二書は、地方組織を対置しているわけで権力闘争の証拠となる。焼却すれば絶対安全です。慎重な田代は焼却を考えたでしょう（証拠隠滅）。だが秩父郡中の蜂起の総理・仮の郡長など自分がそれを担ったという「こだわり」（生の証(あかし)）が、これを「埋没」させたのではないでしょうか。田代は地域・地方構想と秩父蜂起の最終段階での物見報告と人員配置（作戦行動）を最後まで所持していたと考えます。

　こうして秩父の民衆の武装蜂起は、近世百姓一揆も、世直し一揆も、新政反対一揆も構想することができなかった国家構想の萌芽である地域・地方構想に辿り着きました。近代成立期最終段階の民衆運動の中で秩父事件が突出した運動であったと考える理由の一つはそこにあります。

　前方の見えない出口に向かって長いトンネルを歩き続けるような心細さでしたでしょうか。細かい事実の連続で、本当にお疲れさまでした。申し訳ありませんでしたが、「秩父事件の作法」の一端に触れていただけたでしょうか。

　秩父事件とは、「秩父郡中」を地域的枠組みとする固有の民衆運動でした。繰り返しになりますが、自由党から峻(しゅん)別(べつ)された秩父困民党が中核となって、松方デフレ（原始的蓄積の時代＝「生産者と生産手段との歴史的分離過程」）に直面した「秩父郡中貧民」の救助を、「秩父郡中」固有の問題解決方法として、「秩父郡中人民」の蜂起＝「実力に訴えること」による高利貸征伐によって達成することを目的とする民衆運動だったのです。

　その実力の世界がどのようなものであったかを明らかにするために、秩父郡内五九カ村三二九八名の裁判記録から、参加強制・出立ち・武器（得物）・指物・鳴物・実力行使・炊き出し・情報・戦争などの行動様式の実態を抽出し、いわば「秩父事件の作法」とでもいうべきものを描き出そうとしました。四千もの民衆が武装し「戦争」によって政治目標を実現するという秩父事件の固有の手法（「実力に訴えること」）は、近世以来の伝統的な手法を基礎・基盤にしていたことがわかりました。

秩父郡内五九カ村三二九八名のうち、無罪や記載のない二一〇名を除いた、三〇八八名について村別に、分類整理すると、科料一八一七名（五八・八％）、罰金一一七八名（三八・二％）、重禁錮五九名（一・九％）、軽懲役―死刑三四名（一・一％）でした。重罪とされる軽懲役―死刑は一・一％と極めて少なく、軽罪とされる科料・罰金・重禁錮が九八・九％と圧倒的であることが大きな特徴です。つまり、国家権力側は、秩父事件を三四名の首魁及ヒ教唆者が、五九名の助勢者（何らかの軽減措置がとられたもの・犯罪行為を行ったもの）と協力して、二九九五名もの良民を扇動「脅迫」し、「附和随行」させた「暴動」であったと認定したのです。

政治参加のあり方（実力行使による問題解決・生活の改良）と「国家構想」の萌芽である地域・地方構想に辿り着いたという二点で、やはり近世近代移行期のなかで、突出した民衆運動であったというのが実感です。

しかしそれは自由民権運動家・明治国家がともに求める代議制による政治参加のあり方（社会進化論・文明開化史観を志向）と鋭く対立していたので、国家からは「暴徒」として扱われ、国事犯ではなく、兇徒聚集事件として処理され、自由民権運動の側からは『自由党史』に見られるような事実誤認と負の評価を受けてしまうのです。

今回行った刑罰の数量的統計を手始めに、今後、年齢・家族構成・職業・教育程度・宗教などについて参加者の実態の数量的分析を行いたいと思います。また秩父郡内参加者の分析を終えたので、他郡・他県参加者の分析、新聞報道、高利貸側・鎮圧側の史料分析を今後の課題とし、秩父事件の全体像に迫っていきます。本書に収録するにあたって、再読・検討した結果、本節では運動様式を中心に考えてきましたが、であれば、菊地貫平・坂本宗作など信州進出を果たした人々の思想・行動様式をまず考えなければなりません。次の課題とします。

次の第四章第二節で小林清親の作品を検討しますが、『團團珍聞』が秩父事件を取り上げたのは、八ヶ岳山麓で、十一月九日に秩父困民党軍が解体した後のことでした。清親は、十日間の秩父事件の結果を見たうえで、この（8）

一八八四（明治十七）年十一月十五日『莚の旅籠屋』（『團團珍聞』第四六六号）を描きました。さらに一週間後の十一月二十二日に、(9)一八八四（明治十七）年十一月二十二日『野中の遺骸』（『團團珍聞』第四六七号）を発表しました（本書三〇八・三一〇頁）。清親はどんな狂画を描いたのでしょうか。

第三節　明治二十一年町村合併反対運動

一八八八（明治二十一）年四月二十五日に市制・町村制が公布され、北海道・沖縄・島嶼を除く全国で、翌八九年四月一日の施行までに大規模な町村合併が強行されました（「明治の大合併」）。全国町村数は七〇四三五から一三三四七へ（大森鐘一・一木喜徳郎編『市町村制史稿　全』元元堂書房、一九〇七、国立国会図書館デジタルコレクション）、埼玉のそれは一九〇九から四〇九へ（『埼玉県行政史』第一巻）と激減しました。明治二十二年二月十一日には大日本帝国憲法・衆議院議員選挙法・貴族院令が公布され、翌九〇年七月一日には第一回総選挙が行われ、十一月二十五日に第一通常議会（帝国議会）が開かれました。

これは「自治制ハ、将来立憲ノ制ヲ採リ、国家百代ノ基礎ヲ立ツルノ根柢タルヘキモノトス。故ニ予（山県有朋）ハ極力憲法発布以前ニ於テ、先ツ自治制ヲ制定施行スヘキコトヲ主張シ、遂ニ其ノ目的ヲ達シ得タリ」（山県有朋一九一九年四月：三九四頁）とあるように、内務大臣山県有朋が伊藤博文らの反対を押し切って、目前に迫っている憲法制定と議会開設への不安を、「自治」に「立憲政体」を安定させる機能を期待し（松沢裕作二〇一三年：一六五～一六六頁）、ことを運んだからです。

第三節では、明治地方制度＝近代化政策、とりわけ市制・町村制にかかわって、上からの新村形成つまり強制合併に対して抵抗する際、または民衆自身が近代的な地域秩序を形成しようとする際、拠り所としたものはなんであったかを明らかにすることを目的にしています。いわば村落慣行や地域秩序からする自治体形成史です。

一八八八（明治二十一）年の町村合併反対運動では、1で、著名な大里郡石原村の熊谷との合併反対運動（内田満一九九三年）を、2で、横見郡北下砂村の合併反対運動（内田満一九九六年）を取り上げました。

1、大里郡石原村の合併反対運動

（ア）合併問題以前の石原村（上石・下石）

一八二一（文政四）年、石原村は上・下に分割され、それぞれに名主が置かれていました（秋山藤三郎編一九〇九年）。行政村としての石原村は、上・下分割以来、近くは一八七二（明治五）年の学制に伴い、地理上の関係と通学上の便利を考えて東西に小学校を設立し、またそれぞれに関係する事柄はそれぞれの議員が議決することを「習慣」としていました。事務を分掌するなど上石（郡村）と下石（市街）という地理上の区別以上に、生活・生産の共同性を持った二地域に分かれ、相互の平等性を保障しあっていました。石原村では、上石・下石相互の平等性を確保・保障することが「村落慣行」として定着していたのです。このことは明治十三年、村会開設以後上石・下石に各五名の議員を選出したことなどにも示されています。

（イ）明治二十一年市制町村制期の合併と抵抗運動

（a）明治二十一年八月三日の郡長諮問案と独立村要求　このような平等性確保の伝統（歴史的経験）を持つ石原村戸長に対して、独立町村編制表の郡長諮問案が提示されました。戸長は村会に独立町村の諮問をし、村会は「慣行」により、両区別々に意見書を提出しました。下石は独立村を上申しました。

◉郡長は石原村分割・分離案を提示

ところが郡長は全議員を出頭させ、「市街郡村ト各異ナル」のだから、この際市街（下石）は熊谷宿へ、上石は郡村へ分合という石原村の分割・分離案を提示し、意見書の提出を求めました。

上石は、即日集会の結果「明治十七年独立自治ニシテ差支無之」、「編制ノ通」独立村との意見書を戸長に提出しました。

これに対し熊谷宿は、風俗・人情・沿革・商業・用水の共通性をあげ、下石を熊谷宿へ、上石を広瀬村へ分割・分離合併する案を知事に提出しました。熊谷宿の答申に意を強くしてか、郡長はなおも分割・分離合併案を説諭しました。

上石は即日協議し、費用負担も含め、議員・惣代人を委員として、全面的に委託することを決定し、依頼書を作成しました。つまり、一件に関する委任形態が成立したのです。両区委員は協議を重ね、役場据置・議員同数・向こう三年間上石が役場書記一名を補助として補充すること、と盟約して約定書を作成しました。こうして合併問題に関して上石・下石両区の共同が成立しました。以上の準備をした上で、委員は連署して、郡長に評議の結果、独立村と決定した旨答申しました。また、知事に対しても分割・分離合併すべきでない理由を二つあげ、編制表の通り独立村を要求しました。理由は、①石原村は戸数・地価金からも独立町村たる資格がある。②熊谷宿の主張の誤りの指摘と地形上境界を確定できないし、共有物件使用上も分合できない事実があるというものでした。最後に、この分合は「村民挙テ不服」だ、強いて分合させるというなら「村民等ハ敢テ抗弁シテ止マサルヘシ」と決意のほどを見せました。

◉県・郡役所は熊谷への一括合併案へ

石原住民の合意が得られなかったので、県（郡役所）は分割・分離案を放棄し、一括熊谷宿へ合併する案に変更しました。十月十一日、県は県書記官と委員を石原村に巡回・調査させました。同夜、仁平新作らは笹田書記官から、熊谷への合併を確認しました。県が石原の独立村要求を認めないことが明らかとなったので、県・内務省へ独立村を期成する請願のために、上石はさらに惣代七名を選任しました。

独立村要求が、県知事・郡役所によって否定され続ける中で、十一月五日に、笹田書記官より熊谷宿・石原村・箱田村の合併案が提示されました。この新提案は、従来からの経緯を全く無視するものとして石原村民に受け取られました。その夜「村内の小学校へ口利の連中寄集ひ其他五百名余の人民は招かざるに走せ集りて篝火を焚立て一時は如何なる騒動にも及ばんかと見えたる」（『東京日日新聞』明治二十一年十一月八日）ほどの高まりをみせました。それに続く文面には、「昨今同地方ノ評判ニテハ此合併説モ全ク熊谷へ県庁ヲ移転スル下組ナラン然ラバ此合併ハ余程意味アル事ナルヘシトノ沙汰取リ取リニテ此響ハ意外ノ処ヘモ及ホスナラン」とあります。県庁の熊谷移転への準備ではないかという評判が立っているというのです。

◉石原村の独立村実現を目指した準備

石原村では、代言人角田真平を講師として、町村制に関する講議会を開催しました。また惣代人仁平新作・秋山藤三郎ら四人で少書記官長谷川敬助に独立村要求を行いました。さらに角田の紹介で、県会議長加藤政之助・副議長高橋庄右衛門に独立村につき知事・書記官への働きかけを依頼しています。

◉石原村と熊谷宿との対等合併・独立性確保を探る仲裁コース

上記の方策とともに、合併が不可避なら、吸収合併という形を避け、両区の平等性を確保・保障した村落慣行の延長上で対等合併・独立性確保の途を探る動きがありました。佐谷田村福木佐太郎・肥塚村東毎太郎両名が仲介の労を取り、熊谷・石原議員同数＝対等合併保障、石原村における従来の慣行尊重＝独自性保障を含む六カ条の規約書が作成されました（十二月二日）。これは慣行を生かした形での合併規約です。この規約がいかに重要なものであったかは、終始一貫して独立村を要求していた石原村が唯一合併を認めたのが、この規約（「規約ノ精神」）の成立時のみであることからもわかります。熊谷宿・石原村議員・惣代人・重立者・仲裁者が署名捺印して「永遠確守」すると結ばれていました。この規約を条件として一括合併案が合意・了解されました。知事に対しては、熊谷・石原両戸長の上申書、議員一同による答申（「規約ヲナシ異議ナキニ決シ其役場位置は熊谷宿ト定ム」と規約締結の事実が明記されていた）、熊谷・石原戸長・議員・惣代人から知事に上申書が提出されました。

ところが翌年二月二十二日、郡長は、規約中議員等数選出条項は法律上抵触する。しかし合意・了解されたところなので、規約書を更正し、分離しないように協議せよと達しています。

これに対し、石原住民は協議し「根拠トスル議員選出カ条例ニ登載」できないなら、規約は取り消して従来通り独立村と決定しました。三月五日、独立村を求めた再提出書類が受理され、独立村要求が認められたと考えられる事態も見られました。しかし、三月二十二日、知事は県令甲第七号を発し、熊谷宿と石原村の合併を含む埼玉県全体の町村合併を強行しました。

（b）明治二十二年三月三十日～六月二十二日東京控訴院における法廷闘争―町村制実施不当処分取消請求訴訟―

三月二十三日、石原住民は集会・協議し、知事の不当処分取消に関して代言人増島六一郎の鑑定を受け、善後策を練ることを決定し、鑑定書を得ています。この鑑定書で注目すべき点は、従来からの石原側の反対運動を「権利」に裏付けられた行動と位置付け、方向付けを与えたことです。

石原では大会を開き、両区別々に集会し、知事を被告として訴訟を起こすことを決定し、増島事務所で訴訟手続きを行いました。三月三十日石原村約定人二三名は、従来通り独立村とするため訴訟・訴願などの手続き・手段を定める目的で四項目の契約を行い、連携を強固にしました。こうして町村制実施不当処分取消請求訴訟は、東京控訴院で「石原村平民農三枝保次郎外弐百拾壱名惣代人」として仁平新作・大谷源造・林福太郎・佐藤佐吉・秋山藤三郎・松崎助次郎を原告、増島六一郎・小林清蔵を代言人、埼玉県知事吉田清英を被告として起こされました。二回の対審が行われ、その間代言人増島らの用水問題に関する実検が行われました。六月二十二日の判決は、県側の主張をそのまま受け入れたもので、案の段階で入っていた規約書問題が判決では完全に抜け落ちていました。石原村は敗訴しました。

(イ) 明治二十一年市制町村制期の合併と抵抗運動の小括

明治二十一年八月三日から翌年六月二十二日までの合併反対運動の拠り所及び論理の中に自由民権運動を継承した形跡を見つけることはできませんでした。抵抗運動の主導者の一人仁平新作は中層の代言人であり、改進党員でした。しかし、彼が持っていたであろう理論・政治意識は、委任による委員への就任、集会・協議をへての意志決定などに示されるように「村」の論理が先行しており、近世以来「村落慣行(そんらくかんこう)」として定着した村政運営方式に規定されていました。あえて自由民権運動を引き継ぐ大同団結(だいどうだんけつ)的要素を求めるとすれば、仁平―角田―加藤・高橋の改進党系の人的ラインです。

◉「村落慣行」を拠り所に

石原村民が拠り所としたものは、幕末から明治の歴史過程の中で育まれた両区の平等性を確保するという「村落慣行」、明治十七年以来独立・自律にして差支えなしという歴史的体験・自治意識でした。運動の中で、知事・郡長の提示する熊谷宿との二分割・分離合併案、一括合併案を拒否し、独立村要求をしました。その要求が県により否定された時、石原村は吸収合併を避け、対等合併(石原村と熊谷宿との議員同数つまり平等性確保、石原村の慣行尊重つまり独自性保障)のための仲裁の席に着いたのです。だからこそ石原村は、規約書の諸規定を条件としてのみ合併を了解したのです。石原村は村落慣行の延長上に、それを生かす形で熊谷町の中で自らの位置づけを行おうとしたのです。

結局、規約の議員同数条項が法律に抵触すると否定され、県令甲第七号により一括合併が強行され、石原村の構想は完全に否定されました。そのため石原住民は訴訟に踏み切りました。この訴状は、弁駁書とともに鑑定書の延長線上にあり、多分に代言人増島六一郎の認識・権利意識が入っており、訴状の水準をもって石原住民の抵抗の質=自由民権運動の定着と評価するのは、かなり危険であると考えます。規約書・意見書・上申書・答申書が石原住民の思想性を示したものであると考えています。これらの文書群によれば、石原住民が依拠したものは、主として江戸時代以来培ってきた「村落慣行」でした。

(ウ)明治二十二年六月二十二日〜明治三十三年十二月二日—敗訴後の石原住民の抵抗運動—

現実にはすでに熊谷町の一部となり、訴訟と並行して行った町村制実施処分仮差し止めの請願も却下される中、郡役所は四月二十二・二十三日の町会議員選挙実施を通達しました。このため石原住民は激昂し、東京控訴院に向かって再び実施仮差し止め命令を促すため上京したり、物代人を乗り越えて、住民一同が実力行使に踏み切りました。十五日朝から騒ぎ立ち、半鐘を鳴らし、鯨波の声を上げ、蓑笠姿で、得物を持って、まさに百姓一揆的様相をとり、三百余名が郡役所に迫り、「口々に嘆願の次第を呼はったり」して選挙延期を要求したのです。郡書記・熊谷警察署長の説諭に対しても「総代人にて事足るならハ斯く一同にてハ押寄せ申さず是迄総代人に托し置くも何たる働きなきにより已むを得ず今日の次第に及びたるもの慣れハ最早物代人を以てすること叶はずとて中々止まらざる」状況でした。この実力行使の結果か、選挙は判決まで延期され、六月二十六日の実施が公示され、結果は熊谷一二名、上石・下石各六名が議員となりました。

しかし、七月六〜八日の間に、石原の議員は、病気六・営業四・教導職就任一・老衰一などの理由で全員が辞退し、抵抗の姿勢を示しました。明治二十三年四月には岡村新三郎町長が、両区の「平和ヲ謀」り、下石は上石に議員六名を譲り、富田五郎兵衛を有給助役に据えました。明治二十五年七月の議員半数改選問題は、補欠選挙の結果石原・熊谷同数を確保したものの、相互の不和を再燃させることとなり、石原の上石・下石両区はその結束を強めていきました。

◉自己の〈政府〉を持つために

明治二十七年三月二十六日竹越伊三郎外二六名が千家尊福（せんげたかとみ）知事に提出した石原分離独立の請願書は、石原の秋山金四郎が起草したもので、以後の追伸書（四月十四日）・理由書（十月十日）も同様に石原住民が起草したものです。それら示される論理は、先の規約書同様地域住民が展開する個別具体的な問題を出発点とする合併反対・分離独立推進＝自治の論理です。つまり、強制合併後基本財産を新設せず、用水・学校・消防組・神仏祭典などが区々であったため、熊谷町役場は石原住民の〈政府〉として機能せず、そのために石原住民は安定した生活を営むことがほとんど不可能だったのです。それゆえに、石原住民は自己の〈政府〉を持つために、分離独立を要求するに至ったのです。石原の自治を保障・実現することが、日本の自治制度にとってあるべき姿であるとする普遍的な問題意識に到達したと言えると思います。

この分離独立運動が功を奏し、ついに明治二十七年九月十四日千家尊福知事は「熊谷町ノ内大字石原全部ヲ割（さ）キ一町ヲ新置セントス其名称ハ石原町トス」との分離独立案の諮問を行いました。町会は同年十二月二十五日同数議員出席を条件に開かれ、分離独立諮問案が審議されました。再議・再決の結果も可否同数となったので、熊谷派の議長根岸常次郎の裁定により、上石のみ分離することに決定し、その旨答申が行われました。諸般の事情から、分離処置がなく、据え置かれる状態が続きました。

明治三十二年六月八日勅令（ちょくれい）二三四号「郡村宅地ヲ組換上石区ハ市街宅地ニ編入」を契機に、上石は「純然タル農家ニシテ市街地ニ編入相成候」テハ人民ノ難渋実ニ難甚」（「不幸ヲ益々加重」）として、調査の上、郡村宅地へ組換えるよう要求しました。ここに至って、両区の利害は決定的な違いをみせ、上石は明治三十二年八月十八日、上石のみを分離独立する請願書を知事に提出しました。翌明治三十三年五月十五日勅令一七五号で上石区は郡村宅地に組替えられ、上石はその目的を達しました。

同年十二月二日、熊谷区・上石区・下石区の重立・総代・立会人が合同協議し、三件の協定書を作成しました。①上石区にかかる町政を区分し取扱いの便宜を認める。②学校組合第二区校舎改築費負担比率を定める。③将来熊谷町会議員選挙の場合には協議の上、三区より選挙すべき人員を定め選出する、という三つの協議書です。こうして①で熊谷町―上石区、②で上石区―下石区、③で熊谷区―上石区―下石区とそれぞれのレベルで上石区の位置づけを確定して、「十三年ノ星霜ヲ経テ初テ円満ニ終了ス」と当事者秋山藤三郎をして言わしめた明治二十一年の市制町村制に端を発した石原村・熊谷宿合併反対運動は解決・決着をみたのです。

（ウ）明治二十二年六月二十二日～明治三十三年十二月二日―敗訴後の石原住民の抵抗運動―の小括

熊谷町政は議員・町長選挙などを争点として不安定に推移し、町長の任期も短い。山県有朋は町村に中央政局の防波堤機能を期待していましたが、この事例は町村制の制定意図である中央政治の安定的基盤たりえていません。敗訴後も執拗に行われた抵抗・分離独立要求も個別具体的な問題から出発し、先に見た鑑定書などと際立った違いを見せています。結局は対等合併・独自性保障を求めたものであり、それが認められない場合、分離独立を要求したものでした。その抵抗運動は県の分離諮問案を引き出しました。石原住民はその長い抵抗運動を通じて、個別的なものから出発し、自治そのものを考える普遍的な視点を獲得しています。

勅令を契機として、熊谷区・下石区及び熊谷町に対する上石区の位置づけが決定・定着したことは、日清戦争以後の農村再編期に相応しい問題の解決の仕方だと思います。一方、上石が独自性の保障を獲得したことは、石原住民が十三年にも及ぶ抵抗運動を通じて「権利意識」を獲得し、血肉化していった成果の現れとみることができると思います。何よりも長期の抵抗運動そのものがそれを物語っています。

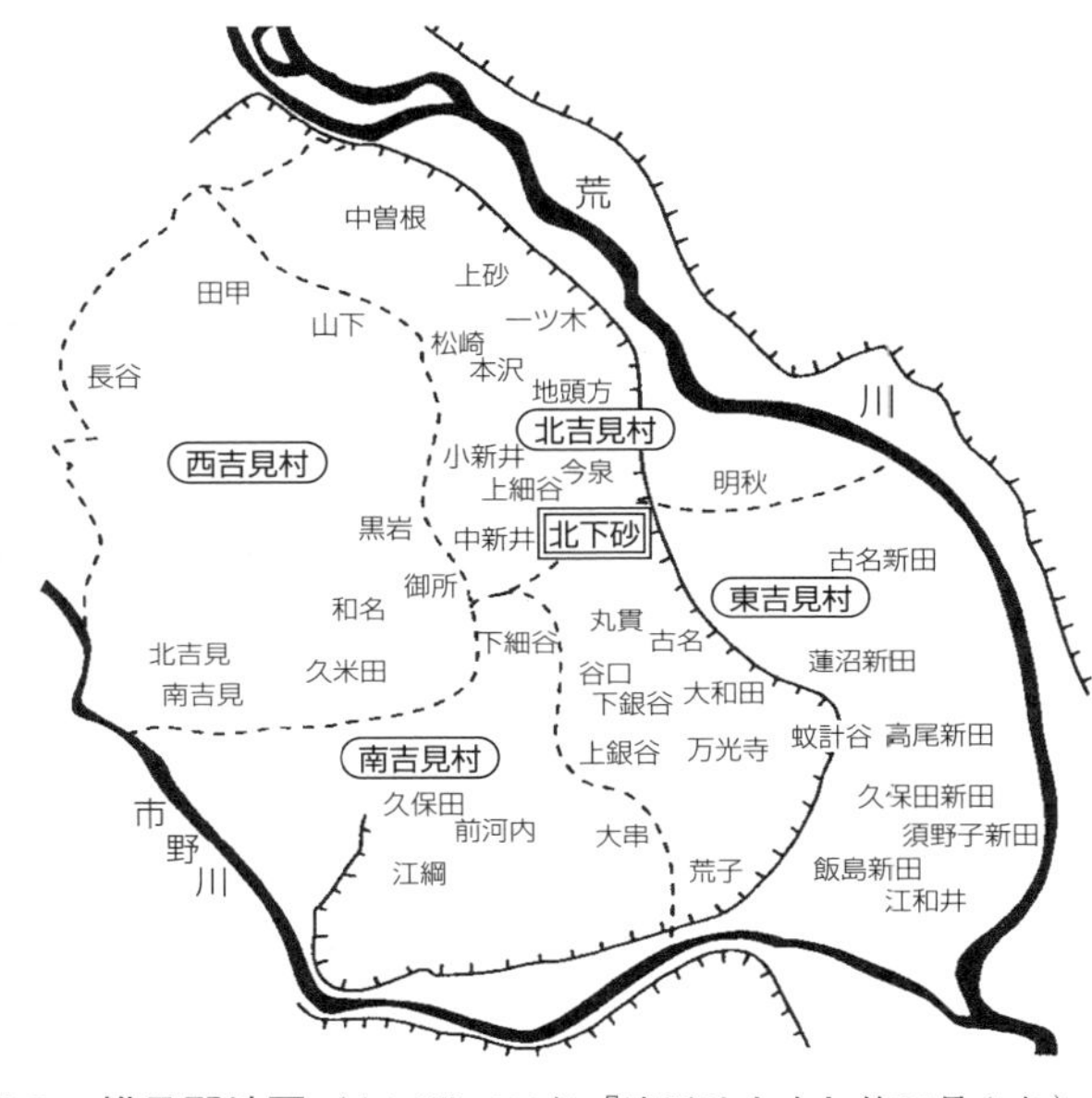

地図2　横見郡地図（内田満1996年『埼玉地方史』第35号より）

2、横見郡北下砂村の合併反対運動

（ア）横見郡の地域的特質

横見郡は、荒川の大改修・大囲堤築造に示される旱水損地帯であり、下吉見領の領域とも一致し、地域的な一体性を強く持ち、明治二十二年には四二カ村に分かれていました。明治初年には、藍・菜種・繭・蚕卵紙・清酒・莚なども生産されていますが、不安定な生産力の下で、米・麦を基本とする低生産力水田畑作地帯でした。

利水では、上吉見領一二カ村と下吉見領二四カ村で構成される万吉堰三六カ村組合（万吉堰用水）と下吉見領内の上郷五カ村と下郷一九カ村で構成される二四カ村組合（横見用水）とがあり、これに依拠して生産がおこなわれていました（貝塚和実一九九〇年。同一九九一年。内田満一九九〇年：第六章第三節）。

北下砂村の中央にある下郷一〇カ村の悪水防衛のための大工町堤を境に、一四カ村組合とはその構成村を異にする上郷一二カ村と下郷一〇カ村とがあり、両者の間には、歴史的に形成された利水・治水慣行、地域秩序が存在していました。上郷に属していた北下砂村は、村高二九〇石余、田三五%・畑六五%、三七戸の小村です。

(イ)明治前期地方制度の実施と抵抗運動

江戸時代に一組合村であった横見郡は、大区小区制によって四分割されました。この分割は、明治十七年(一八八四)の改正戸長役場連合・明治二十一年の市制町村制による新村造成の際に多少変動するものの、横見郡の行政区画の枠組みを決めたものといえます。北下砂村についてみれば、各時期とも、行政=権力は江戸時代以来の地域秩序を否定し、一貫して下郷(第一小区—大和田村連合—東吉見村)への編入を方針とし、北下砂村は終始下郷から上郷(第四小区—地頭方村連合—北吉見村)への編入・組み替えを要求し、県の方針に反対・抵抗しています。

(a)明治五年入間県大区小区制の実施と抵抗運動

大区小区制によって、江戸時代以来上郷の一員として生活・生産を行ってきた北下砂村は下郷(第一小区)、今泉村は上郷(第四小区)へと分断されました。北下砂村は、隣村中新井村(上郷)と並んで郡中一の水難必至難渋村でした。両村は「数百年来小前末々ニ至ル迄日々一同心ヲ合セ」上郷の悪水落し字間堀筋の春の浚立て・夏の藻刈り・大雨ごとの草木取払いなどの人足を負担し、地域の水利・治水慣行(地域社会運営慣行)の一翼を担ってきたのです。しかし、大区小区制による分断で「不弁利ノ義第一御田地相続方ニ差支(中略)往々難渋至極仕候」。つまり水利・治水慣行が充分機能しなくなり、生産に支障をきたす状況になったのです。そこで北下砂村民三〇名は「村」として一体となって、江戸時代に所属していた上郷への組み替えを歎願しましたが、実現しませんでした。

こうして江戸時代以来北下砂村の属する上郷の諸村が、水論や日常的な地域社会運営慣行(水利・治水慣行)をはたしながら、営々として築いてきた地域秩序は、北下砂村を下郷に編入する明治維新政府—県—戸長によって否定されたのです。これに対する抵抗も、慣行・地域秩序を拠り所として、上郷への組み替えを要求し、江戸時代以来の地域秩序を回復し「弁利相成候様」をめざして闘うという運動の在り方を示しています。

（b）明治十七年改正戸長役場連合の実施と抵抗運動

戸長役場連合は単一の行政体ではなく、数個の町村の連合体としての性格をもち、区域は近世村を越えるものに拡大しながら、各村の独立性には十分考慮が払われていて、明治十一年の三新法と町村制の過渡期に位置づけられます。

しかし、北下砂村はこの時も「不幸ニモ」大和田村連合（下郷）に所属させられ、「不便不利列挙スルニ暇アラズ」と大区小区制期と同じ状況が続いていました。北下砂村民は、組み替えの出願を数回協議しましたが、「斯ル制度ハ早晩改正可相成」と考え、訴訟費用の「浪費」を恐れたためと、連合であり、あくまでも暫定的なものであるという受け止め方をしていたため、訴訟にまで至らなかったのです。

明治十七年といえば自由民権運動のいわゆる激化諸事件のピークであり、第二節でみた秩父事件が起こっています。この時期に協議された行政区画組み替え要求において、訴訟費用の「浪費」を理由とする訴訟見送りは、松方デフレ期の農村の経済状況を反映していると思います。しかしながら、反対の論理の中に自由民権思想の片鱗さえも見出せず、明治五年同様、江戸時代以来営々として築いてきた地域秩序を否定されたことから起こる「不便不利」の解消という観点からのみ、この行政区画に不同意を主張していることに注目すべきです。

（ウ）明治二十一年市制町村制期の大合併と抵抗運動

一八八八（明治二十一）年四月二十五日市制・町村制が公布され、翌年四月一日の施行までに大規模な町村合併が強行されました。埼玉県では町村数が一九〇九から四〇九へ（『埼玉県行政史』一）と激減しました。この強制合併過程は、北下砂村では、明治二十一年十月三十一日を境に（a）諮問案（北下砂村一括大和田村連合編入案）期と（b）再諮問案（北下砂村二分割、地頭方村・大和田村連合編入案）期の二期に分かれます。

（a）明治二十一年八月十二日の郡長諮問案（北下砂村一括大和田村連合編入案＝地域秩序否定案）と抵抗運動

諮問案およびそれに対する反対運動は、大区小区制・改正戸長役場連合期と同じ性格のものです。

明治二十一年七月十日埼玉県第三四六号訓令が出されました。八月六日郡長は各戸長へ町村分合区域を諮問し、同十二日に大和田村連合内各村重立者の意見を聞いています。この諮問案に対する答申書（八月十五日）・議定証（八月二十一日）・「合村ノ義ニ付意見副申」（九月一日）・合村願（九月十三日）は、北下砂村会議員と惣代人の七名・北下砂村民三五名・同前・地頭方村ほか上郷一二カ村と提出主体がそれぞれ異なっています。しかしその要求内容はすべて、北下砂村の上郷＝地頭方村連合への組み替えであり、江戸時代以来の地域秩序を前提とした新村形成です。

まず、地形・人情・水利・治水などの理由をあげ、地頭方村連合への組み替えを希望する答申書を鈴木郡長へ提出しました（八月十五日）。次に、三五名の農民は「治水上其他一般ニ於テ弁理ナルヲ以テ同連合諸村ト合併ノ義一同ノ希望ニ就テ」全五カ条からなる議定を結びました（八月二十一日）。第一項「地頭方村連合（上郷）諸村ト合併ノ手続ヲ上申スル事」で、この具体化が九月十三日の合村願です。第二項は、合村できなかった場合町村制第四条から郡参事会・県参事会（郡長・県知事）に要求する。さらに第三項では、第二項の裁定が不十分な場合は同第五条から行政裁判所（内務大臣）の裁定を乞うと、今後の交渉相手とその手順を決めたものです。第四項では費用の負担方法（戸数三分・地価七分）を決め、第五項で違反者に対する村八分・違約賠償規定を定め、最後に「異心無之タメ一同記名捺印」しました（議定証）。

これだけの準備をしたうえで、北下砂村民三五名は「合村ノ義ニ付意見副申」（建議）を鈴木郡長へ提出しました（九月一日）。これは組み替え要求の論理を最も明快かつ詳細に展開したものです。村民は明治十七年改正戸長役場連合の制度を「早晩改正可相成ト存候其改正ヲ待チ居候折柄幸ヒ法律第一号御実施ニ先チ各町村ヲ連合シ自治体ヲ組織スルノ御計画有之」と明治二十一年の合併を組み替えのチャンス到来と受け止め、町村合併を「幸ヒ」と歓迎していました。しかし諮問案は、北下砂村民の意に反するものでした。「今回合村ノ如何ハ本村禍福ノ決スル所ニ候」という文言は、埼玉県の地域秩序を否定した、北下砂村下郷編入の歴史が、北下砂村にとっていかに「不便不利」であったかを如実に示しています。

そこで「今日迄ノ不便不利ノ実例ヲ見（中略）明治五年ヨリ今ニ至ル十有余年間ノ実験ト沿革トニ徴スルモ大和田村連合村々ト合併ス可カラサル以所ナリ」として地頭方村連合村々（上郷）と合併する利点を意見上申するとしています。理由として挙げたものは、村位・水利関係・「民意ノ合同セサルコト及其例証」・沿革の四項目で、みな具体的で固有のものです。以下その内容を詳しく見てみましょう。

まず〈村位〉　村の三方を上郷村々と接し、人家は下郷の今泉村と接し、村界は分けることができません。下郷一〇カ村悪水予防のための大工町堤による被害という面からみると、北下砂村は上郷村々と「苦楽ヲ供ニシ下郷村々ト利害ヲ異ニセル反対ノ村位」です。

次に〈水利上の関係〉　字間堀に関しては、地頭方村連合九カ村と御所村連合一カ村との間で土功組合を結び、毎年浚渫しています。これに対し下郷村々は「種々ノ障碍ヲナシ争論ノ末曲直ヲ裁判ニ訴セタルコト其幾回ナルヲ知ラス」という状況です。また「用水灌漑上ニ於テモ今泉村中新井村ノ二ケ村ト合同一躰引用セサレハ本村反別ノ内拾三町余ハ灌漑ノ道ヲ失フニ至レリ」という状況でもあります。用水堀は大工町堤に接するものしかありません。そのため今泉・中新井村等の用水堀を利用し、灌漑することが「数百年ノ昔ヨリ慣行」となっています。もしこれら下郷村々と紛争となり、用水が利用できなくなれば「其患害」は明白です。

第三に〈民意ノ合同セサルコト及其例証〉　以上二点の結果として、下郷村々の「人民ト意思ノ合同セサルヤ地理ノ然ラシムル処ナリ」。さらに「一夜ノ降雨忽チ大工町堤上ニ湛滞シ作物ノ腐敗ヲ致シ終歳ノ労力モ水泡ニ帰シ一家余リ飢餓ニ陥チイルカ故ニ水防ノ為メニ紛紜ヲ生シ曲直ヲ殺傷ニ訴ヘタリシコト」が、一六八七（貞享四）年から一八八二（明治十五）年までに一六回にも及びました。争論により地域秩序が形成され、またその結果としてそれを巡って争論が起こされたため「下郷村々人民ト累年ノ怨恨」があります。特に一八五五（安政二）年「本村人民ト大和田村外九カ村人夫ト劇烈ナル争論ヲ生シ殺傷ニ訴ヒ為メニ本村人夫二名ハ捕縛セラレタリ実ニ当時ヲ回顧スレバ忿怒スルモ尚余リアリ」。字間堀で悪水を排除しようとすると、下郷村々は「障碍ヲナシ一トシテ彼ノ村々ト反対ナラサルハナシ」という状況です。

最後に〈沿革〉　戦国大名北条氏の分限帳『北条役帳』から説き起こし、大区小区制期・改正戸長役場連合期の事情に触れ、「既ニ明治五年ヨリ今ニ至ル十有余年間ノ実験ト沿革トニ徴スルモ大和田村連合村々ト合併ス可カラザル以所ナリ」と主張しました。

北下砂村民は以上の四つの理由をあげ、組み替えを要望し「万一御採納否相成上ハ独リ本村ノ不幸ノミナラス延テ上郷村々十一カ村全体ノ不幸トナリ法律第一号自治ノ精神ニ反シ容易ナラサル義ニ立至リ可申候」と意見副申を締め括っています。九月十三日の合村願は、上郷村々が江戸時代以来の地域秩序を根拠にして、北下砂村を含めた一二カ村で地頭方村連合＝新村の形成を願ったものです。

（b）明治二十一年十月三十一日の郡長再諮問案（北下砂村二分割、地頭方村・大和田村連合編入案＝村・地域秩序否定案）と抵抗運動

（a）でみたような反対・抵抗に対して、郡長は「反覆実地踏査ノ末」北下砂村を、大工町堤を境に南北に二分割し、北半分を上郷へ、南半分を下郷へ合併する再諮問案を示しました。これにより合併問題は新局面を迎えました。北下砂村は江戸時代以来の生活・生産のための場としての村を否定される事態となったからです。そのため要求内容は、従来の上郷への組み替えから、分割不可・一括上郷編入へと変化しました。分割不可が加わったのです。

この再諮問案に対して、大和田村連合戸長は吉田知事に上申書を提出しました（十一月一日）。戸長は、主として新村四カ村（東・西・南・北吉見村）の資力均衡の立場から、諮問案は「至当」でした。しかし再諮問案は、郡内四新村間に不均衡をもたらし、御所・大和田村両連合にとっては「甚タ永世不幸」の諮問である、と上申しました。また北下砂村の反対運動を「貪欲（どんよく）ノ甚シト云フモ敢テ過言ニハアラサルヘシ」としました。下郷に属する丸貫村外一二カ村が提出した追伸書（十一月九日）もほぼ同様の立場から行われ、大串・中新井村の組み替えを要望しました。

北下砂村はこの再諮問案に対して、答申書（十一月二日・議員八名と惣代人一名）・請願書（十二月十九日・北下砂村民三五名）・御伺書（一月十八日・人民惣代人二名）を知事に、「新村組織ノ義ニ付哀願」（三月四日・北下砂村民三五名）を内務大臣に提出するなどして分割不可・一括上郷編入を願いました。

まず、再諮問案直後の答申書（十一月二日）では分割すべからざる理由として六項目を列挙した上で、「地形人情其他万般ノ事務上一トシテ分割スヘカラザル民意一致団結ノ村落ニ付全村（・は内田）ヲシテ地頭方村外各村々ト合併シ東吉見村ト称シ新村御編成相成度」ことを主張しました。六項目とは、①争論の歴史：一六回に及ぶ大工町堤争論、その他の争論に北下砂村民一同としてかかわってきた事実。②、①から生まれる住民感情：北下砂村の南半分が大和田村に合村しても利益を得ることがなく、反対に「数百年ノ昔ヨリ累積セル怨恨アル村々ト合村セラルルトキハ到底永住ノ快楽ヲ得ル能ハス（中略）他ニ転スルノ不幸」となること。③公民権の喪失：分割により資力を減ずるため、町村制第七条第三項（一〇戸）・第十二条（二〇戸）で規定する公民権を喪失する者が多数出ること。④生活の共同性：分家・五人組の関係から冠婚葬祭火盗難予防一切公私の交際・用具の共有まで一体性を有していること。⑤生産の共同性：苗代（なわしろ）・麦作などの生産における一村共同の慣行があること。⑥県（行政）の恣意性（しいせい）：大工町堤により上下に分かたれているという同じ条件の中新井村は、一括して地頭方村連合へ編入され、県の合併基準・その適用の仕方に不公平があること、以上の六点です。

①・②は、諮問案答申でも触れているので、③以降が再諮問案を意識した項目です。③〜⑤は町村制・上諭に則した理由をあげたもので、江戸時代以来北下砂村の南北両地域が、生活・生産において一体不可分性を有した存在であったこと、「村落慣行」の存在を述べたものです。

次いで出された請願書（十二月十九日）では、再諮問案に対して合併不可の理由をすでに数回具申・建議したが、未だ十分に意を尽くしていない点があるので、再度理由をあげて一括上郷編入を請願する、としています。

最初に、大工町堤を挟む南北両地域が江戸時代以来北下砂村として一体不可分の存在であることを述べています。そして、この北下砂村を村を横切る幅二間余の用悪水堀（大工町堤）で南北に分割した場合、「第一本村人民ハ公民権ヲ失ヒ第二隣保団結ノ旧慣ヲ失フテ離散ノ不幸ヲ来タシ第三産業上ノ不利益ヲ生ジ橋梁治水ノ維持費等ニ苦ムニ至ル」として分割不可の理由を以下詳述しています。まず、公民権の喪失では「権利ヲ享有スルコト能ハサルニ至ル」と述べている点が注目されます。次に、大工町堤をめぐる争論の歴史を強調し、分割される一二戸が「到底此地ニ永住スルノ幸福ヲ全フスルコト能ハザルニシ至ルヤ多弁ヲ要セス」としました。さらに、答申書第四項で触れた社会関係・慣行について「親族姻族ノ関係アリ或ハ本家分家ノ因ミアリ或ハ五人組ノ慣ハシアリ其他農具ノ共通冠婚葬祭火難盗災ノ予防法公私百般ノ交際ハ一家親戚ノ親密モ遠ク之レニ及バザラン」と詳説した上で、南北分割は「是等ノ慣行ヲ継続スルコト能ハザルニ至ル其不幸果シテ如何ゾヤ」と強調しています。

続けて諮問案副申で触れた水利上の関係に再度触れ、分割は「是等ノ利益ヲ失ヒ非常ノ迷惑ヲ感スル」としました。最後に、答申書第五項で触れた産業上の問題として、北半分の「人民ハ其以南ノ良田ヲ以テ苗代地ト為シ全村用水ヲ共同スルヲ以テ常トス」と生産の共同性を指摘しました。さらに生産条件の維持についても述べています。しかし分割はその維持に差支え、便宜を失うだけでなく、「連合会ヲ開クニ非ズンバ」これらの便益を失うことになると。

以上分割不可の理由を述べた後で、分割合併論者の意見を想定し、これに反論を加え、一括編入を主張するという想定問答を二つ挙げています。想定問答の第二で、南半分は丸貫・古名両村と犬牙錯綜の状態である。両村を大和田村連合に編入し、北下砂村を一括地頭方村連合に編入した場合、村界を決定できないし、できたとしても、種々の弊害が出てくるというものです。これに対しては、この意見は実際の地理を知らないからであって、実際は道路や畦畔で「判然タル区画ヲ為ス」のであり「若シ実地ニ就キ点検」すれば、その論議が「虚妄」であることは明らかであるとしました。一歩譲って「容易ニ其村界ヲ立ツ可カラズトスルモ新ニ各村ヲ合シテ一個ノ団結体ヲ組織スルニ当テハ決シテ一画線ヲ曳クカ如キ整然タル区域ヲ設ルカ如キコト能ハサル可ケレハ」分割の理由とはならないと論者の説を否定しています。ここには、歴史的に形成されたものを生かせば、新村は整然とした画一的なものでなくなるはずだとの認識があります。注目しておきたい指摘です。

そして「嗚呼本村人民一同ハ単ニ一村ノ利益ノミニ偏シ全般ノ利益ヲ抹殺セントスル者ニ非サルナリ」。分割合併は「毫モ他ヲ益スルコトナクシテ大ヒニ本村人民ノ不幸ヲ来ス」と記しました。次に、法律第一号の「趣意ヲ按スルニ」として上諭を引用し、また市制町村制理由第一款「市町村及ヒ其区域ヲ按スルニ」を引いて、「市町村ノ区域ハ従来ノ成立ヲ存シテ変更セサルヲ以テ其原則トス」、「各地ノ地形人情及ヒ古来沿革ヲ参酌スルノ自由ヲ得セシメントスルニ在リ」とした。その上で、吉田知事自身が「実地ノ点検」をして、「本村人民ノ与望ヲ採択セラレ」と分割不可・一括地頭方村連合編入を願ったのです。

旧慣尊重と国政委任事務にたえる行政村(「官治のための自治」)は市制・町村制の理念の矛盾です。北下砂村民は、上諭・市制町村制の「旧慣尊重」を自己の主張の法的根拠としていったのです。

明治二十二年一月九日の大和田村連合戸長の上申書によれば、戸長は十二月二十九日までに取り調べ、上申すべきところ「何分不服ヨリ未タ協議不相整」として十五日までの日延べを上申しています。依然として地頭方村外諸村の抵抗が続いている様子がわかります。

一月十八日には北下砂村人民惣代二名が、御伺書を知事に提出して、北下砂村の要望が入れられない場合は、①用水の灌漑、②字間堀筋の悪水排除方、③用悪水堀及び用水堰樋管等の維持費、④公民権喪失、⑤田畑耕耘上の不利益、⑥数百年来の慣行を破り離散の不幸などの差支えを惹起することになる。しばしば上申・建白・請願等をしてきたが、万が一の場合は「村方安危存亡ニ関シ到底躊躇難致（いたしがたき）憂悶悲愁ニ堪へサル処」として、北下砂村意見の採択の可否について知事に伺いを立てています。

鈴木郡長の積極的な説得と斡旋により再諮問案に各村が同意し、二月十五日付で県が内務省に追申し、直ちに許可されたとする『埼玉県市町村合併史』の記述とは矛盾するが、市制町村制施行まで一カ月を切った明治二十二年三月四日、北下砂村民三五名は最後の望みをかけて、内務大臣松方正義に対し、諸轄郡長・県知事に提出した書類九通を添えて「新村組織ノ義ニ付哀願」を行いました。

この「哀願」では、郡長諮問からの経過を述べつつ、再諮問案に対する答申・具陳・建議・請願をしたので、県庁でも一括地頭方村連合編入に変更してくれるだろうと自認していました。ところが「巷説」によれば、一括大和田村連合へ組み入れ「組合村ノ制」とする詮議で内務省へ稟申（りんしん）（上申）したとのことである。もし「巷説」の通りだとすると「単（ひと）リ私共一村ノ有害無益ノミナラス外団結十一ケ村ニ於テモ水利衛生勧業（かんぎょう）学事其他共同事業総テ不利益鮮少（せんしょう）ナラザルニ付敢テ請フ若シヤ仮令組合村ノ制ヲ施サルルモ元ヨリ地勢慣行民意合同団結シタル十二ケ村ヲ合シテ一村ノ御組織相成候様穏当ノ御制定相仰キ度」と哀願しています。

議定証（八月二十一日）の第三項に挙げた裁判には訴えず、内務大臣への哀願に最後の望みをかけたのです。その後、北下砂村がこの合併に抵抗した様子はありません。

第三節2　横見郡北下砂村の合併反対運動の小括

政府・県が推進した市制・町村制の前提をなす合村を、北下砂村民・上郷村々は、「自治体ヲ組織スルノ御計画」、つまり生活・生産に深く関わる恒常的なもの、明治五年以来の「不便不利」が解消されず、固定化されるものと認識しました。そこで江戸時代以来営々として築き上げてきた生活・生産のための村（「民意一致団結ノ村」）・村落慣行・地域秩序（「地勢慣行民意合同団結シタル十二ケ村」）を拠り所に、その延長線上に、新村・「合シテ一村ノ御組織」（地域秩序）を形成しようとしました。つまり、歴史的に形成された地域秩序の承認を求めたのであり、その背景には地域秩序を生かす形での新村形成＝合村こそが「自治ノ精神」に合致するとの認識があったのです。この組み替え要求が否定された場合、「独リ本村ノミノ不幸ノミナラズ延テ上郷村々拾壱ケ村全体ノ不幸」との文言は、地域秩序の存在を何よりも雄弁に物語っており、新村への北下砂村の帰属如何が上郷全体にとっても（切り離し得ない）いかに重大問題であるかということをよく示しています。

この運動の背景には、明治初年以来地域秩序の否定者として立ち現れた明治政府が、「隣保団結ノ旧慣ヲ存重」・「町村ノ権義ヲ保護」など、はじめて町村へ示した町村尊重の姿勢がありました。それゆえ、上諭・町村制・市制町村制理由を読んで、北下砂村民らが「幸ヒ」、すなわち下郷から上郷への組み替えの好機到来ととらえたのもむりからぬ点があったのです。

しかし、埼玉県は、現実には一貫して北下砂村等の要求を否定する編制を行い、農民が築き上げた村・地域秩序を否定するとともに、出入りなどを通じて地域秩序を形成するという江戸時代以来の原則をも否定しました。

北下砂村・上郷村々は、（a）諮問案に対しては、北下砂村の上郷への組み替えを、（b）再諮問案に対しては、北下砂村分割不可・一括上郷編入を要求しました。結果的には、北下砂村を大工町堤を境に二分割して、北半分を上郷へ、南半分を下郷へ合併するという再諮問案で決着しましたが、村・地域秩序を形成していくという原則・原理が完全に否定されました。仮にも部分的合意がなされたと考えることはできません。

北下砂村では地主層と貧農層が一体となり反対運動を闘いました。訴訟にまで至りませんでしたが、この運動の過程で作成され北下砂村等に残る文書群からみると、自由民権思想に基づく権利意識・自治意識を拠り所とする抵抗の比重は小さかったと考えられます。

こうして地域秩序形成の原則・原理が否定され、官治主義・制度の貫徹が図られたという意味で、明治二十年代の強制合併は、地域形成原理を否定し、官制町村を創出しようとした明治四十年代の地方改良運動の前段階に位置づけられると考えます。

第四章 明治二十五年小林清親による「竹槍席旗」図像の製造

第一節　小林清親の落款と画業の枠組み

◉本書で使用する図像史料・「竹槍席旗」図像のあらまし

本章第二節で小林清親作品群の⑱・⑲（本書三二三頁）、第五章第二節1・2で民党系地元政論誌の表紙B・表紙C（本書三五一頁）、第五章第二節3で「竹槍席旗」図像⑧・⑨（本書三七八頁）と表記して、本格的に読み解く二つの作品はともに小林清親の作品です。図像としては同じで、席旗（むしろばた）に書かれた誌名が「埼玉新報」・「埼玉民報」と違うだけです。⑱・表紙B・図像⑧は同じ作品で明治二十五年十一月十五日『埼玉新報』第四号表紙（小室家文書4435―1、埼玉県立文書館蔵）のことです。本書表紙カバーに使用しています。

また⑲・表紙C・図像⑨は明治二十五年十二月二日『埼玉民報』第一号表紙です。これには所蔵館が埼玉県立文書館蔵（小室家文書4435―2）と東京大学大学院法学政治学研究科附属近代日本法政史料センター明治新聞雑誌文庫蔵（以下、明治新聞雑誌文庫と略記）（雑4　2―3）と二つあります。落款と本書中扉（一四四頁）には明治新聞雑誌文庫蔵のものを使用します。二〇〇三年三月十七日の調査で出会ったもので、図像研究の出発点になった作品です。表紙Cには小室家文書・埼玉県立文書館蔵のものを使用します。二〇〇九年八月四日調査で小室家文書表紙A～Dを発見して、表紙B・Cの特異性を読み解くことができた作品群の中の一つです。必要に応じて、その時その場で説明します。

「竹槍席旗」図像①～⑨の中でこの図像⑧・⑨は「竹槍席旗」図像として最も完成度の高い（体系的な・動的な）作品です。それだけにインパクトも大きく、強く印象に残る作品になっています。その「竹槍席旗」図像の右下に「清親」の落款（らっかん）があります。内田満二〇一四年ではこの落款を「清親」・「精親」と迷った挙句、「精親」と読みましたが、次の**清親の落款**での比較・検討で「清親」に訂正したいと思います。

◉清親の落款

明治二十五年（図像⑨）

明治二十八年（22）

まず清親の落款を「竹槍席旗」図像⑧・⑨の落款を含め、比較・検討します。図像⑨以外は全て清水勲編著『小林清親／諷刺漫画』岩崎美術社、一九八二年掲載の作品（作品名・年代・作品番号）です。

図像⑨（明治二十五年『埼玉民報』第一号、明治新聞雑誌文庫蔵）――『社会幻燈 百撰百笑 開化振』（明治二十八年、㉒）――『教育いろは談語 話し半分に聞け』（明治三十年、㉗）――『教育いろは談語 人を見て法を説け』（明治三十年、㉘）――『教育いろは談語両方聞いて下知を為せ』（明治三十年、㉝）です。

この五点の落款を比較すると、明治二十五年「竹槍席旗」図像⑨の落款は、特に㉘落款と、また㉗、さらに㉒とも類似性が高いです。㉝落款とも同様といえると思います。ただし「親」の文字の彫り方が文字を残すか、彫るかの違いがあります。以上から、この明治二十五年図像⑨の落款は小林清親のも

明治三十年（27）

明治三十年（28）

明治三十年（33）

のだと言えると思います。よって明治二十五年「竹槍席旗」図像⑧・⑨の「製造」者は小林清親であるとしたいと思います。

不勉強を恥じることこの上ないのですが、内田満二〇一四年段階で、私は時局風刺画・光線画で著名な小林清親という存在を知りませんでした。

◉清親との出会い

「最後の浮世絵師」と呼ばれた小林清親（一八四七（弘化四）年～一九一五（大正四）年）との出会いは、二〇一五年七月八日（水曜日）朝日新聞夕刊の「美術」欄、「美の履歴書410」「平壌攻撃電気使用之図」「こんな戦場あったのか」（日清戦争の平壌の戦いを描いた多色木版画。明治二十七年作品）でした。

これを見て、気になっていた落款を再度『五體字類』で確認して「清親」で大丈夫だと思いました。他の落款と比較する作業が残っていましたが、もやもやが晴れた気分でした。もし小林清親だとすると、一八四七（弘化四）年ということは、弘化の三閉伊一揆の年生まれ、一八九二（明治二十五）年に「竹槍席旗」図像⑧・⑨を描いたから、四十五歳の作品か、などと考え、早速原宿の太田記念美術館へ「浮世絵の戦争画―国芳・芳年・清親―」を見に行きました。

作品を見てから、『近代漫画をつくりあげた――清親・楽天と10人の諷刺画家展』（一九八四年六月一日～六月二十四日）を購入しました。45『社会

幻燈 百撰百笑 開化振』や47『教育いろは談語 盗人を見て縄を絆う』などに清親の落款を見つけて、「竹槍席旗」図像は小林清親の作品に間違いないと確信しました。それから私の小林清親の勉強が始まりました。くどくどと自分の不勉強さ加減を書くのはこれで止めにして、次へ行きます。

◉明治十四年の政変が作風転換の契機

山梨絵美子氏は、「美術史の分野では清親の画業は『東京名所図』を中心に考察され、明治十四年以降はほとんど顧みられなかった」（山梨絵美子一九九七年：五一頁）とされています。確かに明治十四年以降の清親は「旧い浮世絵に立ち帰って、その画格を低下させた観があった」とか、『武蔵百景』から「日清戦争画となるにつれてその価値は下る一方だった」と手厳しいです。それでも「明治十四年後は、特に『團團珍聞（まるまるちんぶん）』の諷刺画家、滑稽画家として活躍した」とあります（高橋誠一郎一九七六年：八三頁下段・八四頁上段）。山梨絵美子氏は幕臣であった小林清親が、明治十四年の政変を契機として、明治維新政府への失望と批判から作風を転換し、文明開化から江戸回顧へ、『東京名所図』から『武蔵百景』へ転換したことを提起されています。本書では、この枠組みに従って見てゆきます。

◉明治十四年以前の光線画（『東京名所図』）

明治九年一月に二九歳でデビューした小林清親は、八月に「光線画（こうせんが）」と称し、「東京銀座街日報社」「東京新大橋雨中図」「東京橋場渡黄昏景」「東京小梅曳船夜図」「二重橋前乗馬兵」などを出版しました。明治十四年夏まで続く九五点の一連の作品群は『東京名所図』と呼ばれました。「光線画」は文明「開化の進む東京と、そこに残る江戸情緒が新味と郷愁とをただよわせる。画面には昔ながらの景色や着衣の人物といった江戸の名残を示すものと、文明開化によって新たに視覚に入ってきた洋傘、帽子、人力車、電信柱、洋風建築、ガス灯などのものが、両方、描き込まれている」（山梨絵美子一九九七年：四三頁）作品群です。高橋誠一郎氏は、清親の「錦絵は木版技術で表現された西洋画である。それは『光線画』と称された。その名称そのものが大体において日本版画にこれまでなかったものを表現していることを示している」（高橋誠一郎一九七六年：八二頁）。しかし、それは「清親が意図しなかった社会的効果、すなわち政府の方針」である＝文明開化＝西欧化政策を「肯定的に見る視覚を誘う効果を発揮して」いました。「それは新政府方に都合の良いことであったにちがない」（山梨絵美子一九九七年：五〇頁）とされています。

◉明治十四年以後の諷刺画

「浮世絵木版画に西洋画風の表現を行なおうとした彼の試みは（中略）明治九年に始まって同十四年に終わった」（高橋誠一郎一九七六年：八三頁）。つまり、明治十四年の政変以後、清親は光線画を描かなくなったのです。「洋風画排斥となった。この反動の潮に押し流されて、清親の版画はいちじるしく日本画風となった」（高橋誠一郎一九七六年：八三頁）という考え方もありますが、「明治十四年の政変は清親を反政府方の一員にしたのではなかったか。従来の画風では自らの作品が描き手（清親：内田）の望まない役割を果たしていくことになる。それが「光線画」を停止し、『團團珍聞』を中心にポンチ絵、新聞挿し絵などに制作の主軸を移す主因ではなかったろうか」（山梨絵美子一九九七年：五〇頁）。その後の活動、その社会的意味合いなどを考えると山梨絵美子氏が説得的だと思います。

明治十五年六月、読売新聞に漫画欄「博笑戯墨」が創設され、同紙としてはじめての小林永濯・河鍋暁斎・小林清親らが描いた時局風刺画が掲載されました。そこで力量を認められたのか、明治十五年八月、『團團珍聞』の團團社に入社し、本多錦吉郎の後任として『團團珍聞』及び『驥尾団子』に時局風刺画を描くようになりました（清水勲一九九一年：六四頁）。團團社入社には明治十四年説もあります（吉田漱編一九七七年：二〇〇頁「小林清親年譜」。「清親関係年表」『日本の美術』第三六八号、一九九七年、九四頁）。また合版で『日本外史之内』として歴史画シリーズを出し、かつての風景画シリーズ（光線画）は描かなくなりました（「清親関係年表」『日本の美術』）。

◉『東京名所図』から『武蔵百景』へ

そして「維新政府の推進する西欧化に肯定的なイメージを与える役割を果たしたと思われる『東京名所図』の制作

を明治十四年に停止し、新たな方向に歩み始めていた清親が同十七年に広重の『名所江戸百景』を随所で思い出させる作品を発表している」（六一頁）。明治十七年より十八年にかけて発表した「『武蔵百景』は五節句が廃止されてから約十年後に出版された。しかし、ここには雪見、花見、花火などの納涼に取材した作品のほか、重陽と朝陽をかけて『朝日の出』と札をつけた菊の鉢をクローズアップで描き込んだ『谷中団子坂菊』（六〇頁・眞生）など、新政府に否定されながら依然行われていた行事が主題となった作品がある。江戸から続く風俗習慣を取り立てて描く姿勢と、新政府の政策のもとに急速に西欧化していく東京を魅力的に描いた『東京名所図』の制作を明治十四年の政変を契機に絶つ態度との間には一貫性が見いだせる」（山梨絵美子一九九七年：六二頁）。「絵によって魅力的なイメージを与えるという意味で、江戸の面影を残すものを描いた錦絵『武蔵百景』は、『東京名所図』が西洋化に対して果たしたのと同様に、暗に新たな風習（西欧化・文明開化政策）を否定する風潮に加担する働きをしたに違いない」とされています（山梨絵美子一九九七年：六二頁）。

第一節　小林清親の落款と画業の枠組みの小括と本章の目指すところ

まず、落款を比較し、明治二十五年「竹槍席旗」図像⑧・⑨が小林清親の作品であることがわかりました。そこで山梨絵美子氏の提起に学んで、明治十四年の政変（清親の維新政府への失望と批判）を契機とする作風の転換。すなわち文明開化から江戸回顧へ、『東京名所図』（光線画）から『武蔵百景』へと転換した小林清親の明治十四年以降に光を当て、それ以前からも反権力・民衆の立場に立った歴史画・狂画・時局風刺画家としての活動を辿る中で、明治二十五年に「竹槍席旗」図像を「製造」した（描いた）ことを見てゆこうというのが本章の目指すところです。

第二節　小林清親の歴史画・狂画の作品群と明治二十五年の「竹槍席旗」図像

清親は、明治十四年以降作風を転換し、清親ポンチシリーズ・歴史画シリーズを、また明治十五年八月からは、本多錦吉郎の後任として『團團珍聞』に時局風刺画を描き始め、反権力・民衆の立場に立った活動を活発化させることになります（清水勲一九九一年：六四頁。清水勲二〇〇七年：六八・七〇頁）。また合版で『日本外史之内』として歴史画シリーズを出しました（「清親関係年表」『日本の美術』第三六八号、至文堂一九九七年）。

本節では実際の作品を見ながら、史料（作品）紹介的になりますが、清親の軌跡を追ってみようと思います。はじめに、明治十四年以前からも反権力・民衆の立場に立っていて、のちの作品群につながる「眼」・「姿勢」の存在を感じさせる作品から紹介してゆきます。

（1）一八七八（明治十一）年九月、『明治十一年八月近衛砲兵暴発録之画』（方円舎清親画。三枚続き、錦絵。九月二日届。手近なものとして、小西四郎『錦絵　幕末明治の歴史⑨』講談社、一九七七A年：六〜七頁がある）

竹橋事件は、一八七八（明治十一）年八月二十三日夜半に、近衛兵二六〇名余が西南戦争の論功行賞、減俸、徴兵制への不満を天皇へ直訴（強訴）しようとした日本で初めての兵士武装反乱事件です。自由民権思想の浸透によって軍人の統制に危惧を感じていたので、軍人精神育成のために軍人訓戒（西周起草、山県有朋の名で十月十二日公布）・軍人勅諭制定（明治十五年一月四日発布）の方向に動かすことになり、また陸軍軍制がフランス式からプロシア式へ、内乱から外征へ、鎮台制から師団制へ転換する契機となった事件でした。

直前に露見し、火門（銃砲の点火する口）封印などの対策を取るとともに太政官のあった仮皇居（赤坂離宮）に迫った「反乱軍」を、直ちに（勃発から二時間半で）鎮圧しました。そして翌日から陸軍裁判所で糾問を始め、十月十五日には、銃殺刑五十三名（翌年四月十日二名処刑）、準流刑一一八名、徒刑六八名、戒役一七名、杖一名、錮六名、総計二六三名に有罪判決が宣告されるというスピード処理された事件でもありました。

一九八七（昭和六十二）年六月二十八日の朝日新聞に「『竹橋事件』に一級史料」の見出しで、受刑した三六一名全員の判決記録が発見されたことが報道されました。「もとめるこころ」のある処、いつかは史料に到達できるのだと勇気づけられる発見でした。

清親は早速九月、（1）『明治十一年八月　近衛砲兵暴発録之画』を板行（出版）しました。画面中央で、騒ぎを聞き駆け付け、阻止・鎮圧しようと馬上で抜刀する近衛砲兵大隊長宇都宮茂敏少佐と近衛歩兵第二連隊長坂元彪少尉を「反乱軍」が取り囲み、攻撃しています。結果的に宇都宮茂敏少佐と週番士官深澤巳之吉大尉の両名を殺害しました。画題も「近衛砲兵」が西南戦争の論功行賞及び減俸などを不満として、「暴発」したと「反乱軍」側に立っています。

画面構成では、後景右四分の三画面が「反乱軍」で、左から来る鎮圧軍に向かって攻撃しています。左四分の一では馬上の野澤大佐が指揮を執り、両軍の間に硝煙が上がっています。右の建物前で抜刀し高く舞い上がっている週番士官深澤大尉は大隊長宇都宮少佐に続き殺害されました。深澤大尉に一斉に銃口を向けている様子がわかります。以上は絵画表現で実際の進行状況は異なります。竹橋事件については、澤地久枝氏の『火はわが胸中にあり』（角川書店、一九七八年）が大変勉強になります。

前列「反乱軍」の服装は、黒色上着・白ズボン・赤い帽子・黄色の襷・赤白の雑嚢・脚絆・靴が描かれています。「暴徒の出立は、黒チョッキに白ヅボンを穿ちてこれを互に目印とし、足に脚半草鞋を着け、肩に雨衣を背負ひ、腰に各々下士以上の剣及び日本刀を帯びて手に小銃を携へ、其行装更に昨年西南の戦地に在りし時に異ならず」（「竹橋近衛隊の暴動事件」『東京曙新聞』八月二十四日号外（中山泰昌編著一九三四年）」とありますが、小林は草鞋を描いていません。また黄色の襷として描いていますが、白布の襷でした。黒色上着は黒の冬略衣、白ズボンは夏ズボンです（澤地久枝一九七八年：二一五頁）。

後景でも右四分の三は「反乱軍」のスペースに割いて、左四分一以下のスペースを鎮圧軍に宛てています。鎮圧軍では坂元彪少尉と兵卒の二名が死亡しています。画題・画面構成から「反乱軍」に共感・同情の眼で描いていると言えると思います。

明治九年一月に二九歳でデビューした清親は、八月に「光線画」を発表。一躍、画名が高まり、明治十四年夏まで続く九五点の一連の作品群『東京名所図』を発表しました。そんな中で「政府への公然とした挑戦行為をすぐさま錦絵にした頃から、清親には諷刺画家としての性格が感じられる」（清水勲一九八二年：二頁）とされています。確かにこの作品は「諷刺画家としての眼を感じるもの」となっていて、清親が初発段階から抵抗する側に立っていたことを知る（見る）ことができる作品となっています。

澤地久枝氏は、「朱子学者として将軍家定、家茂の侍講をつとめ、明治五年の欧米旅行をへて、『朝野新聞』の社長であった」成島柳北が「近衛暴徒の処分」（『朝野新聞』八月二十九日）で「（前略）わが輩はつまびらかに知る、かの近衛の兵卒は、客年の役においてその功労じつに第一等におりしを。（中略）しかるに今や彼等は一夕兇暴のことをおこないしがために、厳粛の法律に照され、早晩刑につかんとす。西南の乱平ぎしよりここに期年ならんとす。彼等いまだ一紙の感状もってその戦功を賞せられ、その光栄を郷里に報じ父母に告げしを聞かざるなり。しこうして前功はまさに雲烟に帰してむなしく兇賊の醜名を伝えんとす。（中略）ただわが輩は一齣の冷語をもってこの文を結ばんとす。曰く、彼等が刑場に臨むの際、将帥士官の客年戦功により灼爍たる旭日賞牌を胸間に佩ぶる者、彼等の觳觫（死をおそれる顔）たる情態をみて、その中心はたしていかん」と書いたことを記し、「この論説は、巡幸前に極刑をもって事件を終熄させようとしていた政府と陸軍首脳に対する、ひとつの挑戦状であったといえよう。叛乱をおこした兵たちは、思わぬところにその知己をもっていたのである。この文章は、三宅雪嶺の『同時代史』第二巻にある、『連年功臣を殺し、昨年元勲をも殺したれば、兵卒を殺して平然たるべし』（三宅雪嶺一九五〇年：二〇頁：内田）云々の文章とともに、竹橋事件の処断批判の双璧である。成島柳北の場合は、裁きがまさに進行する過程での執筆であって、より重いともいえる」（澤地久枝一九七八年：二六六〜七頁）とされています。小林清親の『明治十一年八月　近衛砲兵暴発録之画』は、成島柳北・三宅雪嶺、そして澤地久枝氏の文章に通底する作品と考えます。

これに対し、静斎芳数（歌川芳邨）『竹橋暴徒鎮定記』（日本近代史研究会編二〇一〇年）は画題『竹橋暴徒鎮定記』から見ても「竹橋事件」を起こした兵士たちを「暴徒」といい、それを「鎮定」すると、鎮圧軍にウエートを置いています。また画面構成も、右側三分の二が鎮圧軍、左三分の一が「反乱軍」です。「反乱側」は黒色上着・白ズボン・白襷・足袋・草鞋を履いて、手前の五六人は刀を指しています。鎮圧軍は上下白の夏服・靴でサーベルです。騎乗の宇都宮少佐・歩兵連隊長坂元少尉の両名が鎮圧軍の先頭に立って指揮している様子が描かれ、鎮圧軍に勢いがある様子を描いています。

◉「竹槍席旗」図像化の原点（ルーツ）

次の二つの作品は、小林清親の作品ではありませんが、一八八一（明治十四）年三月二十六日『莚帆船の動揺』と（参考事例）一八八一（明治十四）年四月二日『地這ふ井の水火急を救ふ』です。この挿絵は本多錦吉郎の作で、現時点では最初（最古）の「竹槍席旗」図像と、それに連続して図像化を試みている作品で、明治二十五年の小林清親の「竹槍席旗」図像に何らかの影響を与えたと考えられる点、また『團團珍聞』が地方政治（群馬県県庁移転問題）や新政反対一揆（中野秣場騒動）にも目配りしていて、明治二十五年の埼玉県の知事・警部長不信任（排斥）運動にも関心があったろうと想定できる点があるので、指摘しておきたいと思います。第五章第二節3（本書三六六頁）で取り上げます。清親の作品に戻ります。

（2）一八八一（明治十四）年、『清親放痴　東京谷中天王地』（日本漫画資料館。太田記念美術館一九八四年：口絵NO18。山梨絵美子一九九七年：四九頁。清水勲編著『漫画の歴史』岩波書店一九九一年：七七頁）

清親は一八八一（明治十四）年から錦絵漫画『清親放痴』シリーズを出版し、ポンチ絵、漫画の制作を始めています（山梨絵美子一九九七年：五二頁）。ポンチとはイギリスの滑稽画入りの週刊雑誌に由来し、幕末・明治期に寓意をこめた滑稽画・漫画をそのように言いました。「この漫画は、明治十三年（四月五日）の集会条例の公布でうっかり夕涼みもできない世相を風刺している。『清親ポンチ』の中でもきわめて風刺が辛辣である」（口絵NO18清水勲解説）。また「谷中墓地で骸骨になった半裸の婦人を取り締まる骸骨の警官。江戸から続く慣習を急激に西洋化しようと

小林清親『清親放痴　東京谷中天王地』
（明治14年、清水勲1991年）

するため起こる厳しい取締を揶揄している。右下にいる犬か猫とおぼしき動物も骸骨になっているところが面白い」（山梨絵美子一九九七年：四九頁）作品です。

この『東京谷中天王地』と並ぶ『清親法夢痴　東京深川洲崎』（日本漫画資料館。山梨絵美子一九九七年：四九頁。清水勲編著一九八二年：作品6）は「釜ゆでにされた蛸が、日の丸の旗を振る男の子を背中に乗せて、かまどの火を吹く母親の勢いに押され、熱さのあまり釜の蓋を持ち上げて逃げようとする図」です。その蛸は、明治十四年の政変の渦中の人〝黒田清隆〟のことで、「黒田清隆はあだ名を『黒蛸』といい、ポンチ絵には蛸として登場することが多い人物です。庶民の批判に黒田もたまらず、ということを暗に示したもの」で、「清親の黒田清隆批判が込められており、清親が民権派の側に立っていたことがうかがえる」（山梨絵美子一九九七年：五〇頁）作品です。旗にじゃれつこうとする猫、手前の猫が貝に手を挟まれているしぐさ・表情も面白い。

日本史の授業で、開拓使官有物払い下げ事件の風刺画で蛸と熊が相撲を取っている作品（「幕内の相撲」）を見たことがあるでしょう（一八八一（明治十四）年十月二十二日『團團珍聞』第二三四号）。開拓使長官黒田清隆（黒ダコ）と参議罷免となった大隈重信（大クマ）の対決を表わしている風刺画でしたね。後方の応援席は犬たちで、前列左の犬は「民」の首輪をしています。民権（犬）家が注視している様子を描いています。また、ＮＨＫ「連続テレビ小説」『あさが来た』（二〇一五年度下半期第九三シリーズ）にも、この北海道開拓使長官だった黒田から同じ薩摩出身の政商五代友厚が開拓使官有物払い下げを受け、官民癒着であるという暴露記事が新聞に載り、五代は世間から「悪徳商人」と呼ばれ大阪商人たちから非難を浴びる事態になる話がありました。

（3）一八八二（明治十五）年十月七日、『自遊の怨説』（明治十五年十月七日『團團珍聞』第二九〇号）

目次の「雑報」に「板垣外遊に党員の怒り」とある「自遊の怨説」と題する絵の詞書は「女「己ハなアなア能も人

小林清親『自遊の怨説』（『團團珍聞』第290号、明治15年10月７日）

をハ出し抜たナ是迄固めた約束も今更寝耳に水の阿波土佐魂ハ斯なものと知らで今日迄連れ添ふたが私や悔く腸も煮えくり返て焚け付く様だ」。男「譯を知らねバ怒るも尤実ハ余儀ない友に誘れてママ其処放せ左う急ぎ込でハ話が分らぬあ板々。い退と云たらい退ワイ」」というものです。

自由党総理板垣退助の外遊における資金出所問題の疑惑が広がったことから、自由党員の馬場辰猪・大石正巳らが外遊反対決議を行った事件（九月十七日：内田）を風刺したものです。党員に詰め寄られて首をしめられ「板いっ！い退っ！」と苦しんでいる板垣が描かれています。自由党勢力を弱めようとする伊藤博文の策略に乗ってしまった党首の情けない姿を、清親は憤りをもって描いた」（清水勲一九九一年：六四頁）。十一月十一日、板垣と後藤象二郎は渡欧しています。

（４）一八八二（明治十五）年十二月三十日、『身地不審の結果』（明治十五年十二月三十日『團團珍聞』第三〇八号）

目次の「珍報」に「福島県の道普請反対暴動鎮圧に帝政

小林清親『身地不審の結果』（『團團珍聞』第308号、明治15年12月30日）

党の協力を風刺」とあります。「土木県令」といわれ、民権運動撲滅をもくろんだ三島通庸は、一八八二（明治十五）年に福島県令、翌年栃木県令を兼任しました。会津三方道路（越後・会津・山形の三街道）開発工事を、一五～六〇歳の会津地方住民男女に二カ年間毎月一日の夫役を課して、服役負担を怠ると一日男子一五銭、女子一〇銭の代夫賃納入を決め、強行しました。この圧政に抵抗する福島県の自由党員・農民を弾圧した福島事件を風刺した「珍報」が「身地不審の結果」です。詞書では、「高野師直（高師直・内田）でハない廣中とかを夜討気取で無三無三と踏込み縛る途端に大勢黒装束で吏剣を携へ野次馬に鞭て助太刀ト出掛た功で臨時巡査を拝命とハ何にしても驚悦驚悦」とあります。馬の腹には「福島」。黒頭巾の二人目は「低声」＝帝政（党）の紙。三人目は「低声　臨時巡査申度」と書いた紙を持っています。清親は、福島事件をこの風刺画で描き、「三島の自由党員検挙に黒装束で力を貸したのは帝政（「低声」）党員だったことを暴いている」（清水勲一九九一年：六五頁）。指導者とされた五七名が内乱陰謀の国事犯（国の政治秩序を侵害する犯罪）として高等法院へ送られ、福島自由党幹部の河野広中・田母野秀顕・平嶋松尾・愛沢寧堅・沢田清之助・花香恭次郎の六名が国事犯＝内乱陰謀罪で軽禁獄に処せられました。

（3）と同様に、絵や詞書の中にヒントが隠されていて、何を風刺したものか類推・想像できます。

（5）一八八三（明治十六）年九月、福島事件被告肖像画『天福六歌撰』

原胤昭は福島事件に対する政府の対応に憤激して「天福」＝顚覆（革命）＝福島事件の中心人物である（4）の六名の肖像画『天福六歌撰』を発行する予定でしたが、田母野秀顕・花香恭次郎・平嶋松尾の三枚を版行したところで発売禁止となり、版元の原は投獄されました。小野忠重『版画』によれば、「九月二十六日付の朝野新聞は、『河野広中以下六名の絵草紙は、不都合のかどありとて一昨二四日その筋より発売を禁ぜられ、絵草紙数百枚、木版六枚を没収せられたり』と報じたが、しかも原は、『発売禁止は無料配布をさまたげない』として、須田町の繁華な街頭で残品全部を道行く人々にあたえ、当時三〇〇軒をかぞえる絵草紙屋組合の幹事である彼を見おくる版元なかまの好意ある人波にもまれながら、入獄した。石川島監獄の生活が縁となって、原が免囚（放免された囚人。刑期を終えて刑務所から出た人）保護運動に立つのは後のことである」（小野忠重一九六一年：九七頁）とあります。

（5―1）「田母野秀顕君之肖像」（小野忠重『版画』岩波書店一九六一年：九六頁）

「河野と同く三春町の平民奈り去冬縛につき福嶋警察署の詢問に艱難を極め三日間食さへ絶ちしと云ふ之れ比しく自由熱心の導く處尓て天より賦与られし人民の自由の権利を伸張するの結果ハ我々が幸福の基なれ者之に依て罪を得六年の永日を獄裏に消光さるるとハ嗚呼　齢三十四年」（小野忠重『版画』一九六一年：九六頁。原胤昭一九三三年：九頁）の詞書が当局の目を引いて、三枚だけで発売禁止となった。田母野秀顕については、第Ⅰ部第二章第二節の**故田母野秀顕に対する義捐金**（本書七九頁）参照。

小林清親『平嶋松尾君之肖像』

（田中日佐夫1985年）

小林清親『田母野秀顕君之肖像』

（小野忠重『版画』1961年）

（5―2）「平嶋松尾君之肖像」（田中日佐夫『日本の戦争画』ペリカン社一九八五年：四四頁）

詞書、平嶋松尾「君ハ福島県岩代国二本町の士族にて民権を伸張せらる自由党の一人なれど今般河野君等と比しく国事犯により軽禁錮六年に刑せられたり　齢二十八年」と記されている程度だが、それでも発禁になった。原胤昭は軽禁錮三カ月、罰金三十円の処罰を受けました。原の心遣いで署名なしであった清親は何の咎めも受けませんでした。原は八丁堀最後の与力、クリスチャン、商館員、十字屋出版店主、女子ミッション学校設立など多方面で活動しました。原は「彼のもつキリスト教の精神の社会観を、出版物によって表現しようとして」福島事件により有罪となった人物の肖像を清親に描かせ、「それぞれの人物の紹介、事件の説明などを書」いて出版しようとしました（田中日佐夫一九八五年：四五頁）。

「花香恭次郎君之肖像」　「花香恭次郎君之肖像」は現段階では見つけることができていません。「芳宗」が描いた「平島松尾君之肖像」・「花香恭次郎君之肖像」は見つけることができました（日本近代史研究会編一九六三年：一五頁）。

小林清親『清親戯墨おどけ名所・隅田川』（明治16年4月：清水勲1997年）

（6）一八八三（明治十六）年四月、『清親戯墨おどけ名所・隅田川』（美術同人社）

明治十六年四月に原胤昭（はらたねあき）から版行した錦絵漫画『清親戯画おばけ名所・隅田川』（二枚続）〔清水勲「明治風刺画史における小林清親」『日本の美術』第三六八号、至文堂、一九九七年、八七～八頁。但し、作品名については『清親戯墨おどけ名所・隅田川』ではないでしょうか。二枚続きの右半分が『清親戯墨おどけ名所・隅田川』（東京都立図書館蔵）と作品名が異なっています。画面右上の作品名と内容からすると「おどけ」が正しいと思われます。清水勲「年表」では「清親戯墨おどけ名所・隅田川」（清水勲二〇〇七年：七一頁）となっています〕。

清水勲「明治風刺画史における小林清親」によれば、「清親の民権運動への共感は、明治十六年四月に原胤昭から出版した二枚続戯画錦絵『清親戯画おばけ名所・隅田川』によく現れている。お花見と船遊びでにぎわう隅田川べり。自遊糖（自由党：内田）という看板を出したアメ屋が、大きな金太郎アメを折ると、金太郎ではなく（民）犬が出て客がおどろいている図。そこらじゅうに民犬（民権：内田）勢力が台頭してきていることを暗示している。さらに川に浮かぶたくさんの船には『自由万歳』『自由撲滅圧制万歳』『自由紅天』などののぼりが見え、自由民権運動をめぐる社会の盛り上がりがうかがえる」。また「隅田川の花見時を描いたものであるが、川には『自由万歳』『自由撲滅圧制万歳』などと書かれた旗をかかげた船が行き来している。川岸では自由糖という菓子を売っている人がいる。これは、自由民権運動に対する清親の支援・支持の姿勢がきわめて明瞭な風刺画である」（前田愛・清水勲編一九八五年：八三頁）と。

絵・詞書を見てみましょう。桜が満開の隅田川の土手で網を持って、「新チャン　文チャン　コリャコリャ」といいながら遊ぶ子供たち。桜の下には「自由糖」という看板を出した飴屋。看板の右サイドにはお多福の絵。看板の前にいる女児が持っているのはお多福飴。六本積んである飴の内三本はお多福。一本が（民）犬。二本は不明。店主が折ってみるとお多福ではなく（民）犬が出て、近くのおばさんが「おたさんでハ　ない　犬がでたア」と予想に反して、「おたさん」＝お多福（高柳茂氏のご教示による）ではなく犬が出た、とびっくりしています。中央の女性が口に手をやり「夫おかし　ヲホホ」と微笑んでいます。たくさんの川船が出て、「在京学生諸君船遊」・「ラッパ　プププププ　プププ　プププ」と書かれ、船にはさまざまな旗がなびく。「S」・「晦瞑」（明かりがとだえて暗闇になる）・「自由紅天」・「＊＊学舎」・「自由撲滅圧制万歳」・「X」・「自由万歳」・「自由紅天」・「LN」その他判読できない旗が翻っています。左下に「小林清親　画工　版元原胤昭　明治十六年四月　御届　價五銭」とあります。

（7）一八八四（明治十七）年二月、『荘吾渡し場之図』（大判錦絵三枚続。神奈川県立歴史博物館蔵）

キャプションには「『佐倉義民伝』として知られる木内宗吾と船頭甚兵衛の別れの場面を描く。佐倉藩領名主宗吾は、重税に苦しむ農民を救うために命がけで将軍へ直訴に向かった。甚兵衛は、禁を破って宗吾を送り届け、その後自害する。清親は甚兵衛を主役とし、その功を賛文でも称える。三枚続の画面にドラマチックに描き出すことに成功

小林清親『荘吾渡し場之図』（神奈川県立歴史博物館蔵）

し、清親の歴史画を代表する作品と位置付けられよう」とあります。

画面左下に奥付部分と賛があります。版元は「明治十七年二月　日御届　松木平吉出版　両国吉川町二番地」。五行書きの賛文は「印印木内荘吾カ傳ハ普ク人之知ル所ナレドモ渡守／甚平悪奸専蔵ヲ屠戮（殺害）シ後荘吾渡／戻シ而テ後自ラ縊（首をくって自殺する）テ水中ニ投シテ死ス嗚呼／甚平嗚呼荘吾義ナル哉誠ナル哉看客／画面ヲ愍察（哀れみ思いやること）有ンコトヲ乞　印印／小林清親　花押落款／芝源助町八番」とあります。清親が自由民権運動・福島事件などへの関心とともに、歴史画の中で佐倉宗五郎の『佐倉義民伝』を通してですが、百姓一揆にも関心があったことがわかり、明治二十五年の「竹槍席旗」図像へのつながる作品だと考えます。

（8）一八八四（明治十七）年十一月十五日『莚の旅籠屋』（『團團珍聞』第四六六号）

『團團珍聞』が秩父事件を取り上げたのは、八ヶ岳山麓で、十一月九日に秩父困民党軍が解体した後のことでした。清親は、十日間の秩父事件の結果を見たうえで、この「莚の旅籠屋」を描きました。目次の「狂画」に「田舎の饗応（煽動者に乗る窮民）」とあります。

詞書でみていくと、煽動者（仲居さん）の「サアサア皆はん一杯お

小林清親『莚の旅籠屋』（『團團珍聞』第466号、明治17年11月15日）

喰ひなさりヤセ」に、農民衆・窮（客）は「ドラひもじい時のまづいものなしで何も旨い事ハなくとも己も一杯喰はふ己も一杯喰はふ喰はふ喰はふ」と乗って、「斯う枯れぬいた不景気で焚付けるト面白いように直き燃え付くがその代りに大きな火傷をする」と蜂起し、鎮台兵に鎮圧されてしまった、と。

清水勲氏は次のように読み込んでいます（清水勲一九九一年：六七頁〜）。鎮台兵により十一月五日までに鎮圧されたことを受けて、小見出し「戦いの空しさ」で「この悲報を知った清親は（中略）『莚の旅籠屋』と題する風刺画を描いた。フケイ木（不景気）で炊きつけられたメシ（蜂起による現状打開）を甘言で食べさせられている農民たちの図である。しかし彼らは「一杯喰おう（一杯喰わされよう）」と言っている。「だまされたとしてもいい。それしか方法がないからだ」と言っているのである。当時の秩父農民の心情をこの絵はよく伝えている、と。

清親は秩父困民党軍解体の事実を知っていて、煽動者に乗る窮民というスタンスでこの狂画を描き発表しました。しかし秩父事件で蜂起した人々に対する評価という点でいうと、次に掲げる投書とは反対の評価をしています。
清水勲氏は「だまされたとしてもいい。それしか方法がないからだ」と言っているのです。「当時の秩父農民の心情をこの絵はよく伝えている」と単純な「煽動者に乗る窮民」ではなかったと評しています。

◉一八八四（明治十七）年十一月十五日、「お埼真暗玉げた騒動」（『團團珍聞』第四六六号）

目次の「珍報」に「お埼真暗玉げた騒動」とあります。「莚の旅籠屋」と同日の十五日の記事です。しかし、内容的にはまだ鎮圧の事実を知らない段階での投書と考えられます。投書の後半に「憲兵や鎮台兵が繰出しになり総進撃となつた日にやア直さま鎮るにハ違ひないのサ「**イヤイヤそんな容易なことでハ治るまい何故なれば敵ハ死物狂ひの上に一人や二人の大将でハなく勇士の寄集つて居る**のサ「トハ何故「**向ふハ名におふ一揆動戦の百しやうだものヲ**」と、十一月四日には皆野の本陣が、そして九日には困民党軍が八ヶ岳山麓で解体しましたが、この事実を踏まえていません（太字：内田）。

そういう段階で、この投書者は秩父困民党軍（蜂起した人々）を「敵」としながらも、「イヤイヤそんな容易なことでハ治るまい何故なれば敵ハ死物狂ひの上に一人や二人の大将でハなく勇士の寄集つて居るのサ」「向ふハ名におふ一揆動戦の百しやうだものヲ」と積極的に、「勇士」・「名におふ一揆動戦の百姓」と高く評価しています。その点が清親と全く異なる点です。

秩父事件直後なので、世評では百姓一揆の暴力性（「竹槍席旗の暴徒」）が前面に出ていますが所詮、西郷や江藤が率いる天下の大乱ではありません、憲兵・鎮台兵繰り出しですぐさま鎮るという世評に対して、この記事の主張は、最後の二行に表されています。死物狂い・勇士の寄集り＝一騎当千の百姓だから、容易に治まるまいという点にあります。

詞書は「サーテ敵の大将秩父の荘司次郎重忠でハない秩父の騒地四方逃立にハ身に暴胴製なる人威の鎧を着飾り

頭に不食形うつたる借金作りの兜を頂き腰に騒太刀を尻長に横へ貧々と骨逞しき嘘皮の泥賞を付けたる不軽騎に乗り其佗将校士卒の面々何れも出立厳しくあるひハ無鉄砲を手に扣へたるあり或ハ乱棒を小腋にかいこみたるあり当違ひ鷹の羽の紋を染なしたる旗を翩翻と翻へし整々堂々押寄る勢ひハ雲霞の如く云々と扇パタパタ説き出したら大変だが實ハ一時騒動ハしたもの詰局小百姓が苦し紛れの謀計より起り立ち博徒や猟師等がうち交りでやらかし出したのだから西郷親爺が謀主だの江藤新平が軍配扇を握るのだなどいふやうな天下の大乱といふでもない。竹槍席旗（フリガナは原文通り。「実力に訴えること」）の暴徒なれバつまり強いことハあるまい其上に憲兵や鎮台兵が繰出しになり総進撃となつた日にやア直さま鎮るにハ違ひないのサ「イヤイヤそんな容易なことでハ治るまい何故なれば敵ハ死物狂ひの上に一人や二人の大将でハなく勇士の寄集つて居るのサ「トハ何故「向ふハ名におふ一揆動戦の百しやうだものヲ読々子」とあります。秩父事件報道の中で「竹槍席旗」文言も沢山使われましたが、この記事もそのひとつです。清親の狂画に戻りましょう。

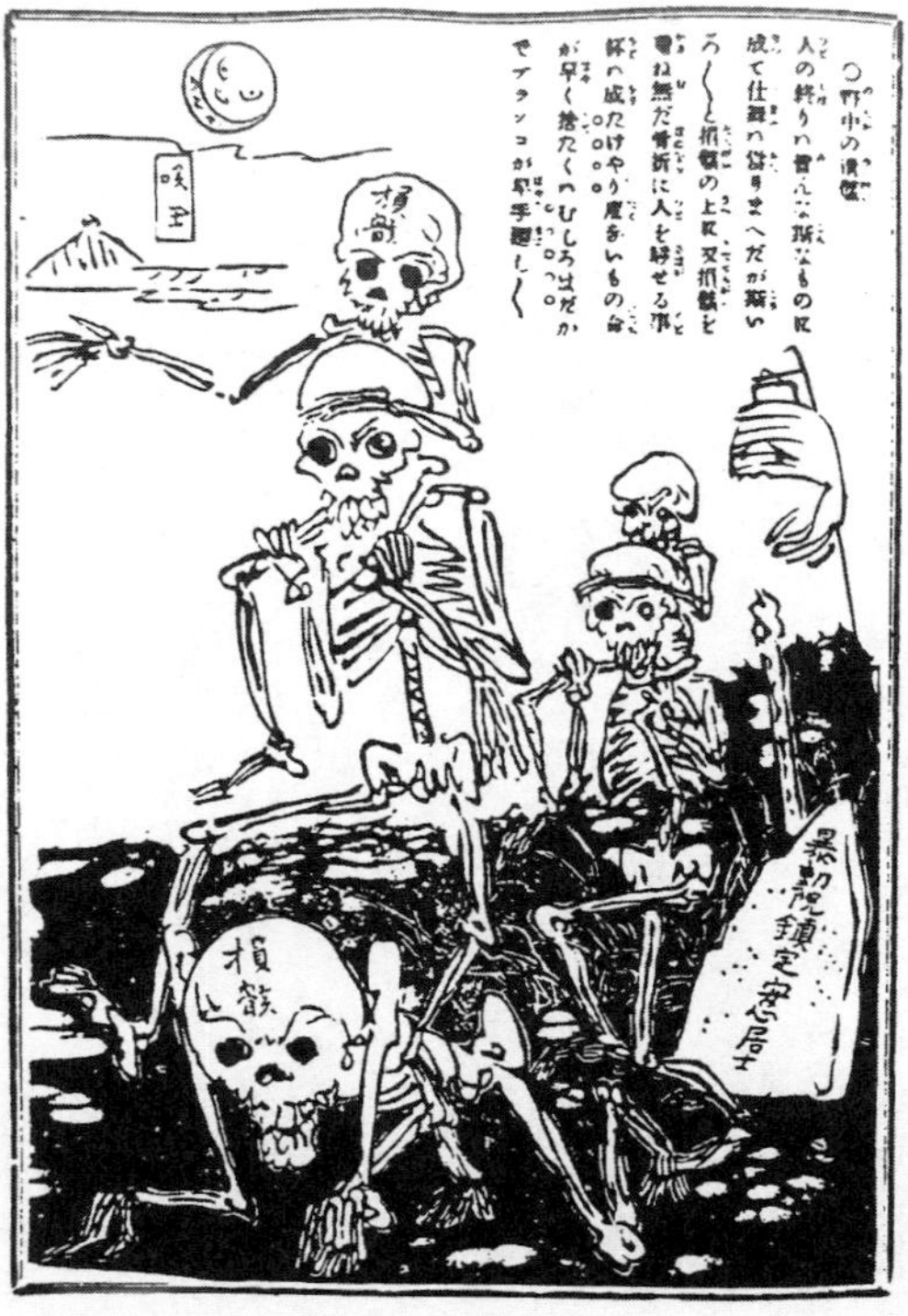

小林清親『野中の遺骸』
（『團團珍聞』第467号、明治17年11月22日）

（9）一八八四（明治十七）年十一月二十二日、『野中の遺骸』（『團團珍聞』第四六七号）

この狂画は、（8）『莚の旅籠屋』が

発表された一週間後の十一月二十二日発行されました。目次「狂画」の項目に「野中の遺骸（埼玉騒動の空しさ）（咲玉＝埼玉、たけやり＝竹槍、むしろばた＝筵旗）」とあるので、秩父事件を指していることがわかります。遺骸は、「なきがら」のことです。

図像は、野原の中に五人の遺骸（骸骨）、手前に四つん這いになっている遺骸（＊）を跨いで、肩車している遺骸、肩車されている遺骸（＊）、この（＊）のついた二人の額に「損骸」と書いてあります。右側に「暴動院鎮定安心居士」と書いてある墓石、塔婆と破れ提灯が立っています。左側上に「かた月」＝「片付」＝鎮定カ？、「咲玉」＝埼玉とあります。その下の絵は不明です。墓石の戒名は、鎮圧側に立っています。

「添え書き」・詞書には、「人の終りは皆んな斯なものに成手仕舞は当りまへだが、斯いろいろと損骸の上に又損骸を重ね、無だ骨折に人を騒せる事などハ成たけやり（圏点・内田。以下同じ）度ないもの、命が早く捨てたくハむしろはだかでブランコが早手廻し早手廻し」とあります。「たけやり」は竹槍、「むしろはだ」は莚旗（暴動・一揆の意）、「ブランコ」は首つり自殺のことであると説明されています。

清水勲氏は、前作（8）で煽動者に乗る窮民を描いた「清親は少し冷静になって、『野中の遺骸』と題する絵で、秩父事件は無謀であったという判断を下し」（清水勲一九九一年：六八頁）、秩父事件（埼玉騒動）の「空しさ」を描いたことを指摘されます。人は死ねば骨になるが、損害を重ねて無駄な骨折りで人騒せな暴動（「竹槍」「席旗」）はやりたくないもの、早死にしたいなら自殺が手っ取り早い、と。清水氏が言われるとおり、清親は「実力に訴えること」を「成たけやり度ないもの」として、蜂起した人々にきわめて冷淡に「命が早く捨てたくハむしろはだかでブランコが早手廻し早手廻し」と書きます。

清水氏は、清親は「竹槍で戦う一揆同然の散発的抵抗は無駄でむなしい、と言っている。明治十年の西南戦争は武力による最大の反政府運動であったが、その失敗が言論による反政府運動である自由民権運動を高揚させることになった。しかし、加波山事件・秩父事件などの暴発事件によって清親は歴史が後戻りしたことを痛感(清水勲氏は明確に代議制の立場に立っていることがわかります：内田)し、このような風刺画を描いたのであろう。慶応四年の鳥羽伏見の戦に幕府の兵士として参戦し、敗残兵となった清親だからこそ、戦いの空しさをこのように描けたのかもしれない」(清水勲一九九一年：六八頁)。「戦いの空しさ」については清水氏の言われる通りかもしれません。

しかし、清親が、言論による自由民権運動と加波山事件・秩父事件などの暴発事件を対置して、代議制度(人民参政権)を目指す立場＝「文明の戎器」＝言論・文章で戦うことから、暴発事件＝「竹槍席旗を陣頭に立る」百姓一揆的実力行使を「不法」「野蛮」であると認識し、文明と野蛮を対置して、実力行使は野蛮だから歴史が後戻りしたという理解をしてこの作品を描いたというならば、その認識は『自由党史』と同じ、自由民権運動家たちのものと言えます。清親は再度文明の立場を考えたのでしょうか。明治十四年の政変で文明の立場に立つ光線画＝『東京名所図』を停止したのではなかったか。しかし清水勲氏が指摘する通り、明治十五～二十六年ころまで『團團珍聞』に発表された清親の風刺画は、常に自由民権運動とかかわりを持っていました(『日本の美術』三六八号：五〇頁)。それゆえ政治的には民権運動＝代議制＝文明＝実力行使忌避だったのでしょうか。

清水氏の言われる如く、「清親は歴史が後戻りしたことを痛感し、このような風刺画を描いたので」しょうか。蜂起した人々の主体性はなかったのでしょうか。「名におふ一揆動戦(とうせん)の百しやうだもの」と高く評価されるものはなかったのでしょうか。今の私には、時局風刺画家小林清親の作品群のなかでこの二つの作品は異質のように思えます。(8)と(9)二つの清親狂画の読み解きは、現段階ではここまでにして、その先は保留しておきます。もう少し勉強が必要のようです。「しゃれこうべ」とススキの取合せは、民権派のテロや反乱の挫折を意味するイメージとして、このころ盛んに使われた」(前田愛・清水勲一九八五年：八九頁)との指摘を、心に留めて次に進みます。

清親は一八八四(明治十七)年十一月～八五年に『武蔵百景』シリーズを出します。山梨絵美子氏は「現在確認さ

小林清親『思想の積荷』(『團團珍聞』第530号、明治19年2月6日)

れるのは昭和六年に渡辺庄三郎が行った清親遺作展に出品された三四点のみである」。明治十七年の制作二五点、明治十八年が三点、不明六点である。百点揃っていないのは不評のために中断したためであろうと推測されています。「明治九年から十四年まで出版された『東京名所図』が、西洋風の遠近法を用いて画面を横に二分する線よりも低い位置に地平線をとり空を広く描いていたのに対し、『武蔵百景』ではクローズ・アップされたモティーフが前景に大きく描かれ、『東京名所図』と比較して画面空間が閉ざされている。(中略)広重の『名所江戸百景』によく似た構図を取っている」(山梨絵美子一九九七年:五三・五五頁)。「眞生 小林清親 眞生」のように署名・落款を「眞生楼」または「眞生」とするようにもなりました。一九一五(大正四)年に六十八歳で亡くなりますが、戒名も「眞正院泰岳清親居士」です。また『教導立志基』シリーズを出版しました。

明治十九年には『東京日日新聞』『報知新聞』など多くの新聞に挿絵を描いています。

(10) 一八八六（明治十九）年二月六日、『思想の積荷』（『團團珍聞』第五三〇号）

明治二十三年の国会開設に向けての各階層の思惑を描いています。前方に「こく會堂」が見え、手前には電信柱に十九年から二十三年までの年号が記されています。三角帽子の下の表情が面白いですね。開設を一番期待しているのは政党（「近く成る程遅くなるやうだ、もちっと速力を早くしたいもんだ」）で、記者（「独こい来たせのソラ来たモ少し是が猪牙船(ちょきぶね)ならば桟ばし（橋）から二、三間といふ処だ」）・議員（「長い間の辛抱だったが堂か滞りなく此侭早く着したいもんだ」）・書生（「〆(しめ)たぞ、〆たぞ、いよいよ是から己れの世の中だぞ」）・百姓（「何もかも出合た事の無いものだからどれがどうだが皆さん宜しく」）・僧侶（「着した上でなければ分らぬが着した上も面白ハなるまい」）・商人（「何事も最う少し景気を見た上の事、夫迄ハまづは念仏トしやう」）・官吏（「サアモ少しで着くゾ、餘り早や過ぎらア」）と続き、華族が「ヲヤヲヤ、モー今ニ着くと云ふ一件か扨(さて)も扨も」と一番開設を憂慮しています。世論調査のない時代に漫画家の直感でまとめた世論の動向です（清水勲編著一九八二年：二〇頁）。記者・議員・百姓・僧侶の思惑部分を補っておきました。それぞれの違いを読み比べてください。

(11) 一八八六（明治十九）年二月二十七日『黒貝(こくかい)の汐(しほ)むき』（『團團珍聞』第五三三号）

右の障子に「黒貝の汐むき／「汐むきとハ這奴(こいつ)ア素的尓(すてきに)有難へ、時節も待てバ来るもんだナア、むきみ屋さんダガ今やうやうむき始めじやア随分蜆貝(しじみがい)で井戸替たね　「ナニばかを仰やるナ」。

伊藤の右上に「ア丶永田町」とあり、貝からは「議事堂」の煙（イメージ）がただよい出ています。また、むき身屋の半纏(はんてん)の襟には「建竹局」と書いてあります。井上馨は明治十二年九月外務卿就任、明治十三年鹿鳴館建設～十六年十一月末に完成。鹿鳴館外交を推進しました。明治十九年二月内閣直属の臨時建築局を発足させ、井上馨自ら総裁を兼務し官庁集中計画を推進しました。

小林清親『黒貝の汐むき』(『團團珍聞』第533号、明治19年２月27日)

明治十四年の政変で明治二十三年国会開設の勅諭が出されたが、なかなか進まず、国会開設の遅れを批判しています。「明治十八年十二月に第一次伊藤内閣が発足し、国会開設への具体的第一歩がようやく踏み出された。黒貝(国会)の汐むきをしている伊藤首相の持つ貝は蜆貝(人を恐れて小さくなっていることのたとえ)だと、人々にひやかされている」(清水勲一九八二年：二一〇頁)様が描かれています。

明治二十年、新聞挿絵で多忙。明治二十一年、新聞のほか、雑誌『百花園』『小国民』、単行本『十日間世界一周』などの挿絵を描く。(10)・(11)と国会開設に向けて着々と準備を進めました。条約改正交渉はうまくいかず、明治二十年九月に井上馨外相は辞任しました。民権派は後藤象二郎らを中心に大同団結運動を起こし、政府はこの運動の切崩しにかかりました。保安条例の公布・実施(明治二十年十二月)。明治二十二年二月に大日本帝国憲法を発布すると、国会開設に向けて、大同団結運動の切崩しのため運動のリーダーである後藤象二郎を黒田内閣の農商務大臣に誘いました。三月二十二日、後藤は逓信大臣に就任しました。その翌日**『極楽落し』**（『團團珍聞』第六九三号附録）（政府に抱き込まれる大同団結派）を発行しました。「新聞紙一頁大という大型多色石版刷附録で、自由民権運動とともに発展してきた『團團珍聞』の心意気を示すものであり、清親が無念の気持ちを込めて描いた抵抗画であった」（清水勲一九九一年：七四〜七六頁）。「この絵は、大臣の椅子というエサの仕掛けられた極楽落し（ネズミ捕り）に後藤ネズミが入り込み、まさにエサを取ろうとしています。後方には伊藤博文・黒田清隆・大隈重信が、後藤の落ちるのを今か今かと見守っている」。前日の三月二十二日後藤は逓信大臣に就任しました。「リーダーを失った大同団結運動の挫折」（清水勲一九九一年：七五頁）を意味しました。

明治二十三年十一月二十五日第一回通常議会が招集され、会期は翌年三月七日まででした。

一八九一（明治二十四）年一月十九日、**『帝国議事堂炎上之図』**（三枚続）。「明治二十三年十一月に竣工した国会仮議事堂は、第一回国会会期中の明治二十四年一月二十日未明に火災を発して灰となった。同年十一月召集の第二回国会にようやく間にあった。この第二次木造仮議事堂も大正十四年（九月十八日：内田）に火災にあい、第三次仮議事堂を三カ月で建築した。現在の国会議事堂が完成したのは昭和十一年（十一月七日落成式：内田）で、それまではずっと木造で仮議事堂といわれていた」（小西四郎一九七七年B：九四〜五頁）。

(12) 一八九一（明治二十四）年十一月三日、『手舞足踏嵩呼萬歳』（『東京日日新聞』第六〇一二号附録）

この作品は、欧化主義の象徴的存在であった鹿鳴館での舞踏会の様子を批判的に描いたものです。「手舞」は手を動かして舞う、「足踏」は足を踏みならす、ともに踊りの動き。それによって気持ちの高揚を表現しています。嵩呼萬歳は、君主の万歳を唱えることです。『鹿鳴館舞踏会』（岩崎爾郎・清水勲共著一九八二年六月：作品番号一一七、解説五三頁）として、「鹿鳴館の最盛期は、首相官邸で開かれた大仮装舞踏会をまねたものを盛んに催した明治二十

小林清親『手舞足踏嵩呼萬歳』
（『東京日日新聞』第6012号附録、明治24年11月３日）

年であった。それがゆきすぎた欧化主義としてこの漫画のように批難されると鹿鳴館への大衆の熱い眼はさめてしまう」。

また、『鹿鳴館舞踏会乱痴気騒ぎの図』（清水勲編著一九八二年九月：作品番号六九、解説二二頁）として「明治外交の舞台として、また文明開化を象徴するものとして鹿鳴館舞踏会は、錦絵には描かれたが漫画にはほとんど描かれていない。わずかにビゴーと清親が描いた程度である。清親はこの上流階級の享楽をきわめて風刺的に描いている。そこに社会の矛盾を強く感じたのである」と評されています。ともに『東京日日新聞』明治二十四年一月一日号を原典としています。

しかし、明治二十四年十一月三日、第六〇一二号附録です。『毎日新聞　旧東京日日新聞マイクロフィルム』でも確認することができます。『鹿鳴館のダンス』（清水勲編著一九七九年：作品番号二〇五、解説一一〇頁）として、「当時の社会とは全く異質の鹿鳴館舞踏会の雰囲気は、錦絵のテーマにはなっても漫画のテーマにはなっていない。わずかにビゴーと小林清親が描いた程度である。清親の批判の眼は非凡な漫画家の眼であることをよく示している」と解説されています。掲載された新聞の上部に「明治二十四年十一月三日　東京日日新聞附録　第六千十二号」と印刷されています。

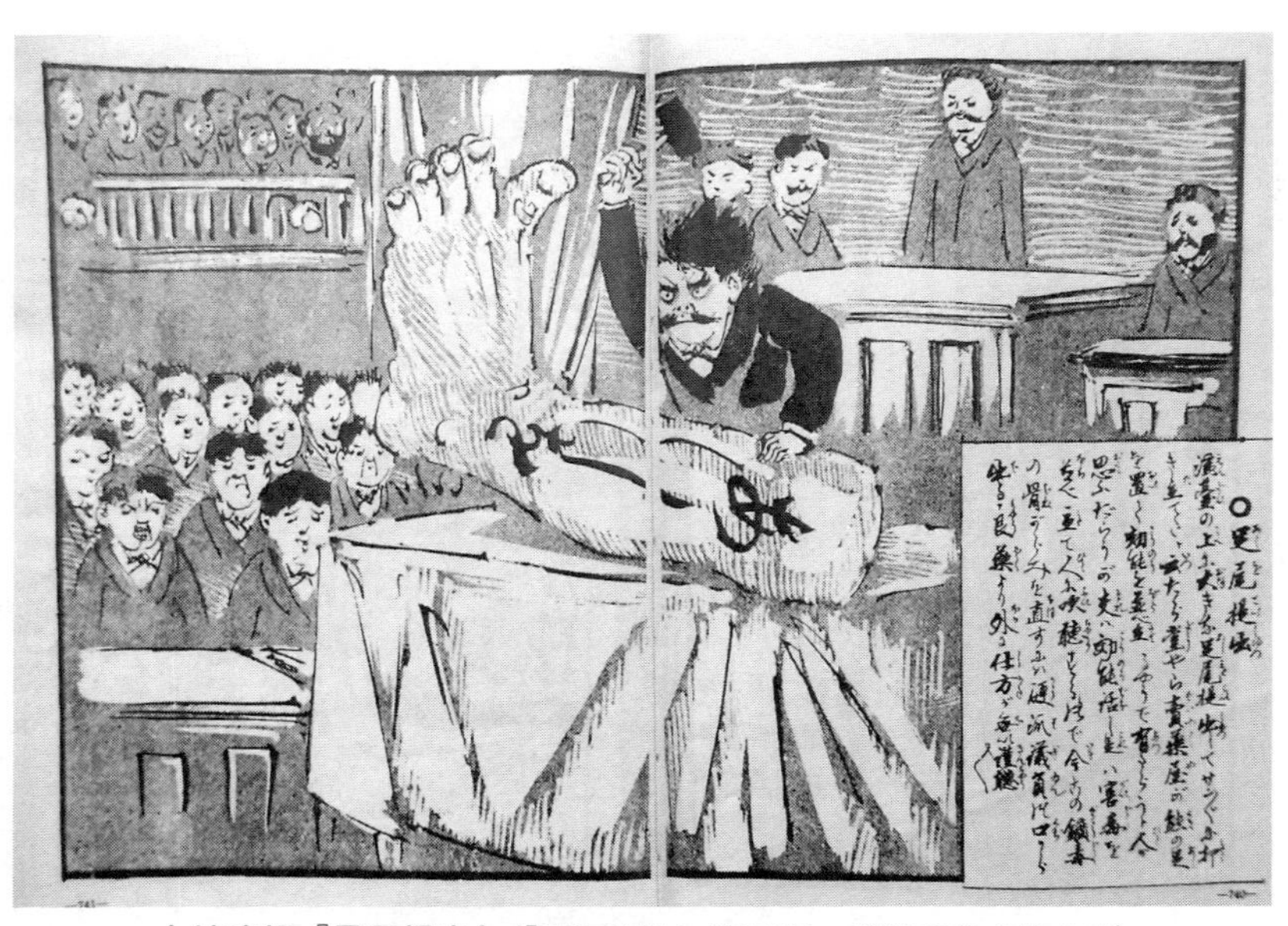

小林清親『足尾提出』（『團團珍聞』第860号、明治25年６月４日）

この他、明治二十四年には、雑誌『寸鉄』、『小国民』に表紙、挿絵を描いています（「清親関係年表」『日本の美術』第三六八号）。

⑬ 一八九二（明治二十五）年六月四日、『足尾提出』
（『團團珍聞』第八六〇号）

足尾鉱毒事件は公害の原点。足尾銅山が廃棄する硫酸銅などの毒物による鉱毒被害は、用材確保のための銅山周辺山林の乱伐採によって渡良瀬川の洪水を引き起こし、さらに拡大しました。田中正造は一八九〇（明治二十三）年七月の第一回総選挙で初当選しました。この年大洪水で鉱毒による稲の立ち枯れ被害が確認されました。翌明治二十四年に鉱毒被害地を視察した田中正造は、第二回帝国議会で、十二月十八日、衆議院へ初めて足尾鉱毒事件に関する質問書を提出しましたが、政府の誠意ある回答は得られませんでした。軍事予算大削減案決議のため衆議院解散となり、翌年に行われた第二回総選挙では選挙大干渉が行われました（第五章参照）。田中正造は明治二十五年五月二日開会の第三議会で再び質問しました。

それを取り上げたのが、この『足尾提出』です。

詞書は、「〇足尾提出／演台の上に大きな足尾提出してサンザン尓押出し立てたト云たら堂やら賣薬屋が熊の足を置て効能を並べ立るやうで有たらうト人が思ふだろうが夫ハ効能話し、是ハ害毒を並べ立て人尓吹聴するので今この鑛毒の骨がらみを直す尓ハ硬派議員の口から出る良薬より外尓仕方が無い謹聴 謹聴」というもので、「この問題を深く理解した清親は、その重大さを訴えるためにこのような痛烈な風刺漫画を描いた」（清水勲一九八二年：二二一〜三頁）のです。迫力ある斬新な図柄とハンマーを振り上げ怒髪天を衝く正造の表情が真に迫る作品になっています。

小林清親『黒貝の重荷』
（『團團珍聞』第863号、明治25年６月25日）

（14）一八九二（明治二十五）年六月二十五日、『黒貝の重荷』（『團團珍聞』第八六三号）

大きく重い黒貝（国会）を背負いながら縁台に腰を下ろしたのは伊藤博文、「立場」とは伊藤博文のおかれた状況のことです。「萩の小淘庵（大磯町にあった山県の別荘）主山県有朋が、その黒幕。これは明治二十五年二月の悪名高い大干渉選挙の責任をめぐって、伊藤枢密院議長の辞任までを描いたもの。明治二十三年の第一回議会以来、新政府の立案（予算案）が民権派の勢力におされて否決され、内閣は二転三転。そのため民党（自由・改進両党）をおさえ込む干渉選挙を実施、流血・殺傷が各地で生じたけれども、結果は政府の敗北。保安条例の発動、そして勅命による伊藤内閣の誕生。難局を切りぬけるために黒幕総ぞろいの入閣であった」（酒井忠康・清水勲編一九八五年・・二四～五頁）。詞書は「卸す人「ヤレヤレ重かった重かった貝といふものア馬鹿に／持ち重りのするもので一ト頻りハ餘っぽど／足元か危なかったまづまづ此処らで一休み／ホット一息つくと仕やうかサテ今度の峠ハ馬に／仕やうか駕籠にしやうか考へもんだ」。下女「入らっしゃい旦那／お萩に仕養うか」というものです。下女の「おはぎにしようか」で、おはぎを黒幕の山県有朋と読んでみました。辛辣です。

小林清親『品川弥二郎の生首演説』
（『團團珍聞』第864号、明治25年７月２日）

(15)　一八九二（明治二十五）年七月二日、『品川弥二郎の生首演説』（『團團珍聞』第八六四号）

詞書は「○首演説　国を思ふの熱心ハ／日向の西瓜よりもあつ／しト人に示さん為め／よや「モシ余にして／余が畑をのみ肥やさんトせしならバ諸君ハ／この西瓜天窓を斬う取て仕舞はれよト掛け／替もない貴重な賭物をして保証の一言ハ流石／に吏党大あたまの御法談南無阿弥南無阿弥」です。絵は

小林清親『車の曳出し』（『團團珍聞』第865号、明治25年7月9日）

分りやすい。

明治二十五年二月十五日の「第二回衆議院議員総選挙は、政府による大選挙干渉が行なわれたことで有名である。その総指揮者は内務大臣の品川弥二郎であった。その問題で品川は辞職（三月十一日：内田）するが、かれは明治二十五年六月、大岡育造らと国民協会という一党を組織した。品川は元海相西郷従道を説得してその幹部（会頭とし、自らは副会頭となった：内田）とし、国民協会の発会式で『西郷伯が我が協会にそむいたら私の生首を差上げる。もし私も協会にそむいたら私の生首を差上げる』という〝生首演説〟をして人々を驚かせた。清親はこの話題を、官吏のよく使う〝政治的計算〟と読みとって諷刺している」（清水勲一九八二年：一三三頁）。品川弥二郎は辞職後の八月十五日から九州・四国・中国を巡遊演説し、十一月五日帰京している。九州の演説会では「充分干渉したり」「飽迄遣つた」と発言しています（本書三一九・三六〇頁）。

（16）一八九二（明治二十五）年七月九日、『車の曳出し』（『團團珍聞』第八六五号）

詞書「○車の曳出し前曳「己ア力の方へ實を入れるに依て聲ハあんまり出さぬヨ後押しシッカリ二人前の欠聲を出したり出したり。／後曳「エンサー・ウーンエンサー獨鯉斯う道が悪く茶ア首ハ扨置き腰が切れぬフ。／立ンボ「ナニ幾ら道が悪くても大勢の手で押せバ譯ハありません「運数運数運数運数。／中ブラリン「とほから待ていたがやうやう大物が遣て来たゾ併しモー己より先に立ちん坊めか押して居やアがるチェッ」（酒井忠康・清水勲編一九八五年：二六～七頁）とあります。

（15）でも触れたように、国民協会の設立は明治二十五年六月。絵は、第三議会（明治二十五年五月二日～六月十四日）当時の第一次松方正義内閣（明治二十四年五月六日～七月三十日）の中央交渉部として、政府擁護にたつ委員たちを描いています。前曳のところに、後姿の「大岡」（大岡育造）・「古」（古荘嘉門）と額に汗してこちらを向いている西郷従道、後曳に「曽」（曽禰荒助）、「渡」（渡辺洪基）とやはり額に汗をかきながら丸太棒を使って押している「品」（品川弥二郎）の姿が見えます。西郷と品川が立ンボで、左の二名が中ブラリンです。名前のあがっているような中央交渉部所属議員を中心に組織されました。明治二十七年一月に院内・院外とも国民協会を名乗り、西郷従道会頭、品川弥二郎副会頭としました。第四議会開催時は六八名で、『中央新聞』を機関紙とし、綱領としては実業の振興・軍備拡充・国権の拡張をかかげる典型的な「吏党」でした。品川弥二郎が政党活動から引退するのを契機として伊藤博文の新政党（立憲政友会）と山県有朋の立場を継承する二グループに分かれ、明治三十二年七月に解党して、後者が中心になって帝国党を組織しました（酒井忠康・清水勲編一九八五年：二七頁解説を参考にしました）。

（17）一八九二（明治二十五）年七月二十三日、『猫の変り目』（『團團珍聞』第八六七号）

詞書は「飛だり跳たり変ッたりハ助六の大目玉是ハムクムク毛の生へた猫の目玉丈に変るワ変るワ一寸見て居る内

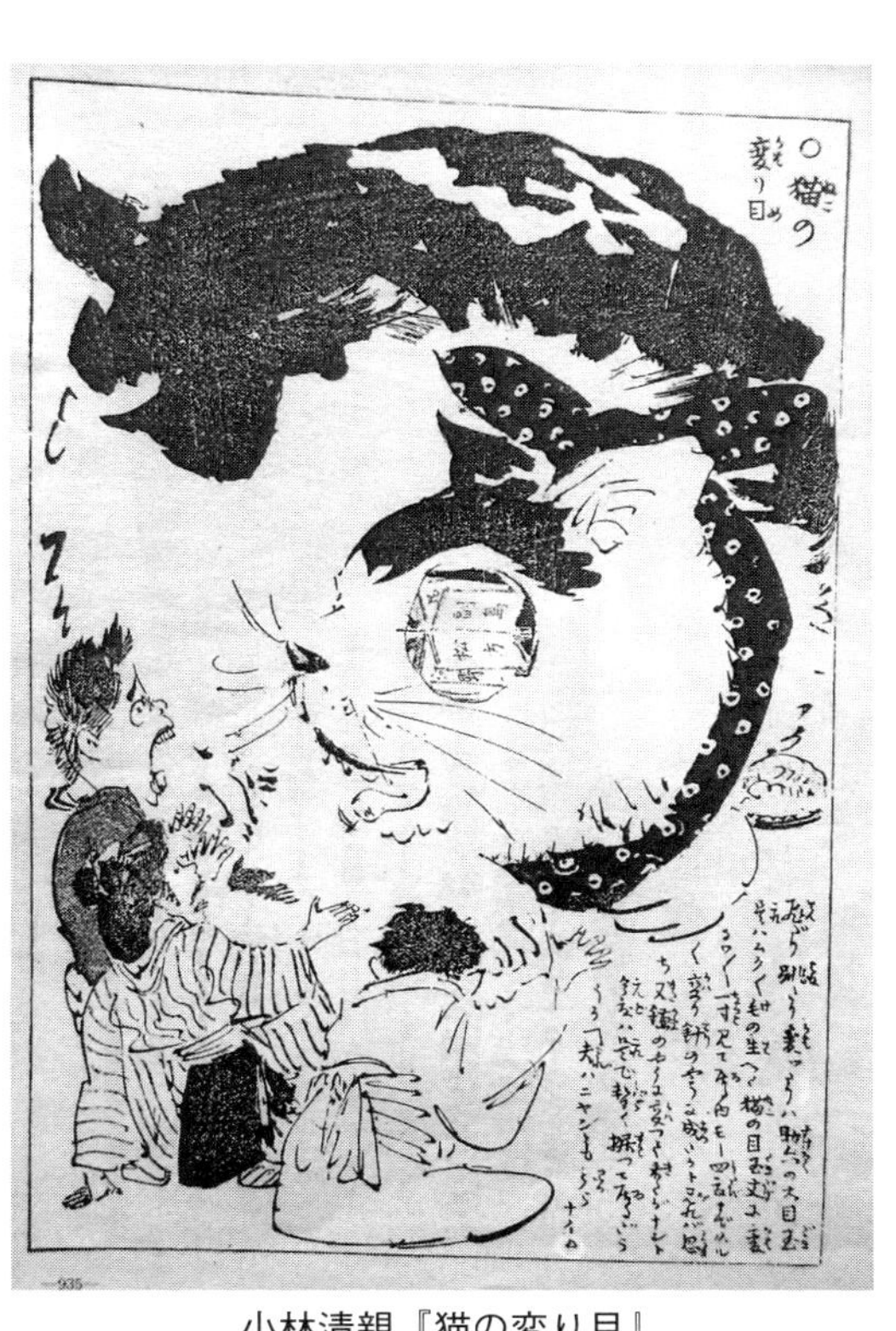

小林清親『猫の変り目』
（『團團珍聞』第867号、明治25年７月23日）

モー四度（したび）までグルグル変り針のやうに成たかと見れバ忽ち又鎌のように変つて来たがナント今度ハ是で暫く据（すわ）って居るだらうか「夫はニヤンとも分らナイ」とあります。

「内閣人事のクルクル変る様子をとらえたもので、その主たる批判の対象は松方正義です。猫の目の中に品川弥二郎・副島種臣（そえじまたねおみ）・松方正義・河野敏鎌（こうのとがま）らの名前が入っているが「是で暫く・・・」とあるように松方内閣の議会停会をからかっています。民党敵視は藩閥政治家の間にさえ非難の声があがり、内相品川を罷免、後任に副島。伊藤と山県のうしろだてで第三臨時議会を切りぬけましたが、後継首班に伊藤をおして総辞職（七月三十日）。何ら抜本的な対策を講じなかった」（酒井忠康・清水勲編一九八五年：二八頁）。

第一節の**清親の落款**で清親の作品であることがわかった**⒅一八九二（明治二十五）年十一月十五日『竹槍席旗』図像**（『埼玉新報』第四号）と**⒆一八九二（明治二十五）年十二月二日『竹槍席旗』図像**（『埼玉民報』第一号本書中扉・一四四頁）が両政論誌の表紙に採用されました（内田満二〇一四年）。表紙B・Cとして第五章第二節1・2（本書三五〇頁）で、『竹槍席旗』図像⑧・⑨として第五章第二節3（本書三七八頁）で検討するので、そちらを参照してください。

明治二十六年、団団珍聞を退社（明治二十六年説は清水勲一九九一年：日本漫画史年表、二七頁）。明治二十七年説は、吉田漱一九七七年、小林清親年譜二〇五頁、『日本の美術』NO三六八、一九九七年、清親関係年表、九五頁など。十月に『二六新聞』入社しています。挿絵を描いています。

明治二十七年七月二十五日の日清戦争開始により『我軍大勝利之図』など多数を版行し、好評を得ました。私が遅ればせながら小林清親と巡り合った『**平壌攻撃電気使用之図**』もこの年に版行（はんこう）（出版）されています。

明治二十八年にも引き続き「冒営口厳寒我軍張露営之図」「第二軍威海衛攻撃氷上之進軍」など、戦争画を多数刊行しました。明治二十九年三月『東京名所真景之内』シリーズ、十一月『日本名所図会』シリーズ、明治三十年『教育いろは』シリーズ出版。十二月創刊の『労働世界』に挿絵を描く。明治三十七年、日露戦争の戦争錦絵を描き始める。明治三十八年、日露戦争の戦争錦絵。『日露百撰百笑』シリーズ出版。明治四十四年年九月、『青鞜』創刊、その編集委員になる。大正二年、『清親絵日記』を描くが中断。一九一五（大正四）年十一月二十八日、自宅で死亡（享年六八歳。戒名は「真生院泰岳清親居士」）。

第二節　小林清親の歴史画・狂画の作品群と明治二十五年の「竹槍席旗」図像の小括

一八七六（明治九）年にデビューして、光線画で一躍画名を高めた清親が、成島柳北（なるしまりゅうほく）同様に竹橋事件の裁判進行中に「反乱軍」側に共感・同情の眼で描いたこと（1）、また（2）で集会条例を辛辣に風刺し、板垣退助の外遊資金出所問題（3）、福島事件（4）、国事犯に問われた六名の肖像画（5—1・2）、ユーモラスに民権勢力の台頭を暗示した『清親戯墨おどけ名所・隅田川』（6）、結論を保留しましたが秩父事件の（8）・（9）などの自由民権運動を支援・支持する姿勢、『佐倉義民伝』を通して百姓一揆にも関心があったこと（7）、さらに国会開設が近づくと

(10)・(11)で各階層の思惑や国会開設の遅れ批判や後藤象二郎批判を行いました。(12)では欧化主義の象徴的存在の鹿鳴館での舞踏会の様子を批判的に描きました。また、足尾鉱毒問題の重要性を訴えるための作品「足尾提出」(13)は、現代に及ぶ公害問題を考えれば、「はっ」とさせられる図柄とともにその先見性には目を見張らせるものがあります。(14)〜(17)では第二回総選挙での選挙大干渉後の政権運営の実態を詞書と的確な図柄で描き批判しています。

当初から、民衆・反権力の側に立って、百姓一揆にも関心を示し、自由民権運動・国会・足尾鉱毒事件・選挙大干渉後の中央政界の動向等々に関して権力批判精神あふれる時局風刺画を描いてきた清親が、明治二十五年の選挙大干渉に端を発する埼玉県知事・警部長不信任（排斥）運動という地方政治にも目配りが効いていることを示したのが(18)・(19)の埼玉の政論誌『埼玉新報』第四号（表紙B）と『埼玉民報』第一号（表紙C）の表紙を飾った『竹槍席旗』図像⑧・⑨でした。『團團珍聞』は第五章第二節3で見るように、群馬県庁移転問題・中野秣場騒動で明治十四年に本多錦吉郎（ほんだきんきちろう）が図像①『莚帆船の動揺』で「竹槍席旗」図像のルーツの位置を占め、明治二十五年に本多の後任小林清親が最も完成度の高い『竹槍席旗』図像⑧・⑨を描いたのです。この二人は「実力に訴えること」という意味で「竹槍席旗」図像を生み出しました。しかし、滿木清繁の「竹槍席旗」文言が継承される中で変容していったように、小林清繁の「竹槍席旗」図像も政論誌を手に取った読者に江戸時代の百姓一揆そのものと誤認され一九八〇年代まで私たちが思い浮かべる百姓一揆のイメージ、すなわち野蛮な、実力行使・暴力というマイナスイメージの付与・受容を助長した可能性がある図像でした。でも明治二十五年段階としては、定着しているマイナスイメージではなく、それが「製造」された時のように、集団による実力行使が要求を実現させる力になるという積極的なプラスの意味を込めて使われたのです。明治二十五年段階ではまだこういうプラスの意味を込めて使うことがあったのです。ぜひ本書の第Ⅱ部第二章も参照してください。

第五章　明治二十五年第二回総選挙における選挙干渉と知事・警部長不信任（排斥）運動の展開

第一節　第二回総選挙における選挙干渉の実態と不信任（排斥）運動の展開（カウンター・デモクラシー）

1　内務大臣品川弥二郎による選挙干渉―三重県知事と高知県警部長などを例として―

一八九二（明治二十五）年の第二回総選挙では、第一次松方正義（まつかたまさよし）内閣の品川弥二郎（しながわやじろう）内相の指令に基づき実力行使を含む選挙干渉が系統的かつ組織的に行われました。これが通説となっています。

まず、地方で選挙干渉する側・取り締まる側のトップの三重県知事・高知県警部長（選挙干渉の結果、全国最多数の死者一〇名を出した県警察トップ）などを具体例として、民党認識と取り締まり姿勢、その選挙干渉の手法などを見てゆきます。

◉三重県知事の認識

明治二十五年一月八日付三重県知事成川尚義（なりかわなおよし）の松方正義首相宛書翰（しょかん）で、地方で選挙干渉する側・取り締まる側のトップの成川は、すでに破壊主義の人物は一人も当選させない目的で計画を立てていました。しかし第二回総選挙に臨み「独自の判断」でやり方を変更し、「厳粛果断（げんしゅくかだん）の処置を以て囂々（ごうごう）たる人心を鎮圧するの覚悟」で「各警察署長へ厳達し、取締向は少しも緩怠なき様取扱はせ」（佐々木隆一九九二年：二〇三頁）たと書いています。つまり佐々木氏の言う「民党系候補への直接的打撃等に傾いていた」のです。そして「破壊主義の人物」の一人である尾崎行雄に関しても、東京での演説は侮辱罪または「朝憲を紊乱」（国法を乱す）で求刑できる。「東京警察の如く姑息柔弱の腐敗習気に感染すへからすと昨夜厳に内達せし故、明日よりは非常の紛雑相生し候」と述べ、さらに「最早今日は本省の指揮抔経伺せぬ心得に付」と言い放っています（佐々木隆一九九二年：二〇四頁）。

以上から、成川の思想傾向と、各警察署長へ厳達し厳しく取り締まらせたことがわかります。

図示すれば、

〈「取締向は少しも緩怠なき様」〉

三重県知事（成川） →（警部長）→ 警察署長へ厳達 →（取締）→ 候補者

〈「破壊主義の人物は一人も当選」させない方針〉
〈「独自の判断」＝「本省の指揮抔経伺せぬ心得」〉

ということになるでしょう。

◉高知県警部長の認識

次に、成川のいう「破壊主義の人物」あるいは「朝憲を紊乱」について、『亜細亜』第三四号（「高知県参事会員と同県警部長との問答」『亜細亜』第三四号、明治二十五年二月十五日。この日は第二回総選挙当日である）によると、高知県警察トップ古垣警部長は、民党＝「破壊党」＝「政府のなす所は悉く之を打破し憲法を遵守せず所謂朝憲を紊乱する者」＝「破壊主義」と認識していました。そして「自由党が議員に上り議会を組織するときは、我国は安からさることに立至る」から、「我一個人の資格にて民党の如き者の議員とならさるを望む」という思想の持ち主でした。民党候補を当選させない、させたくないということは三重県知事・高知県警部長・北陸某県の警部長（後述）に共通しています。

これを受けて警部長と会談した高知県参事会員または県会議員は、警部長の「民党の破壊党なり朝憲を紊乱する者なり語を更て言へば朝敵なり故に民党議員を上んとする党派則ち自由主義者は警察職務の上より保護せざるの見込みなりや」と問うています。

この問いに対し、古垣警部長は否定しましたが、「民党は破壊主義なり政府を倒すを目的とするものなり取て代らんとする者なり」との認識を述べ、それを自分自身のこととして「我一個人の資格にて民党の如き者の議員とならさるを望む」としました。さらに「各地駐在の巡査が撰挙人に就き遊説するに若国民派を投票せざるときは暴漢来て暴行するが如きなきを保し難し云々の語を以て強迫する等」も「警部巡査の如きも其情熱の多少に由り遊説するに種々の言を述る者もあらん然れとも之を命令したるには非らず」として「一個人の資格なれは差閊なし」との認識を示しました。

図示すれば、

高知県知事 ——[古垣警部長]——▶ 警部・巡査 ——（強迫・「種々の言」）——▶ 候補者

〈破壊党＝「民党の如き者の議員とならさるを望む」〉

〈取り締まりも「命令したるには非らず」「一個人の資格なれは差閊なし」〉

ということになるでしょう。

◉共通の民党認識・思想傾向

高知県の例は、知事・警部長からの命令がなくとも、警部・巡査など取り締まり現場にいるものの「其情熱の多少に由り」どのような選挙干渉をおこなっても「一個人の資格」（自己の思想信条にもとづいた独自の判断で、自主的なもの）なら許されるという認識を警察トップが持っていることを示しています。佐々木説の「中央からの系統的指示によるものではなく、極度の政治的緊張の下、知事の出自・立場・信条や地域的政況が複合的に作用した結果暴発的に発生した可能性が高い」（佐々木隆一九九二年：二一一五頁）に通じる構造（メカニズム）を中央の訓令・内諭・訓諭を地方で受け取る側で持っていたことを確認できます。

このような三重県知事や高知県・北陸某県警部長（後述）の民党認識・思想傾向、そこから派生してくる選挙活動取り締まり姿勢は、民党との接点で選挙干渉をする側の代表的・標準的見解と考えてよいでしょう。全国で行なわれた選挙干渉の背後にはこのような下地・意識があったと考えられます。だから、十二月二十五日の品川内相の府県知事への訓令や十二月二十七日の松方首相・品川内相がそれぞれ地方長官に宛てた内諭・訓諭は、先の性向をもつ地方長官にはゴーサインと受け取られ、激しい選挙干渉が行われることになったと考えます。

当事者の品川内相は、明治二十五年三月十一日辞職しましたが、八月十五日から選挙干渉の事由を明白にするため巡遊演説に出発し、九州・四国・中国を巡り十一月五日帰京しました。この九州の演説会で「充分干渉したり」「飽迄遣つた」（「県治論」（『埼玉新報』第一号、明治二十五年十月十六日）と発言したというから、佐々木隆氏が言うようにあからさまな干渉指示（命令）ではなかったとしても、民党＝「破壊党」＝「朝憲を紊乱する者」（「朝敵」）＝「破壊主義」と認識する知事・警部長の選挙干渉、選挙活動取り締まりにお墨付きを与えたことになります。結果的には選挙干渉を誘導し、それに弾みをつけることになったと考えます。

◉北陸某県の警部長の認識

高知県警部長のところで触れた北陸某県の警部長の「朝敵」認識については、「警察政治の極弊」（『埼玉平民雑誌』第二〇号、明治二十五年五月二十日）が参考になります。

北陸某県の警部長が、同県の警察部長三四人を東京に呼び寄せ「昼夜の別なく代議士の寓を敲き説かしめて云ふ民党と呼号する者は我か政府に禍せんと欲する朝敵なり（中略）朝敵議員が我が縣より出てたりと云はしむれは我々の職分に関し傍観して止むへきに非す」と言い、既に県下の壮士六四名が「郷を発したり私かに君等の為めに危まさるを得ずと且つ嚇(おど)し且つ説」いている。この警部長はそれ以前にも「同県撰出の代議士を強迫して其の節を変せしめんと」していました。このような認識と取り締まり姿勢が警部長や警察部長に共有されていたと考えます。

図示すれば、

北陸某県知事 ── 警部長 → 警察部長 ──（強迫）──→ 代議士

〈わが県から朝敵議員を出すことは傍観できない〉

ということになるでしょう。

1　内務大臣品川弥二郎による選挙干渉の小括

第二回衆議院議員総選挙の際、内務大臣品川弥二郎(しながわやじろう)と内務次官白根専一(しらねせんいち)が選挙干渉を行いました。内務大臣品川による選挙干渉を各地方で指揮・実施する知事・警部長たちは、民党を「破壊党」、「朝憲を紊乱する者」、「朝敵」、「破壊主義」と認識し、民党が議会を組織すると国家が不安定になる（「安からさることに立至る」）から、民党の者は一人も当選させない、させたくないと考えていました。そしてどのような選挙干渉をおこなっても、命令したのではないから、「一個人の資格なれは差問(さしつかえ)なし」という認識・意識・思想傾向・下地を持っていました。だから、内務大臣品川弥二郎の内訓があからさまな干渉指示（命令）ではなかったとしても、知事・警部長の選挙干渉、選挙活動取締まりにお墨付きを与えたことになり、結果的には選挙干渉を誘導し、それに弾みをつけることになったのです。

2　埼玉県知事久保田貫一と警部長有田義質による選挙干渉の実態

◉秩父郡小鹿野警察分署五巡査の辞職と「巡査勇退の旨趣」の投書

この選挙中、埼玉県でもっとも干渉の激しかったのは五区（秩父・児玉・賀美(かみ)・那珂(なか)郡）と三区（南埼玉・北葛飾・中葛飾郡）でした。五巡査官吏侮辱(ぶじょく)被告事件が起こった五区に絞って『埼玉平民雑誌』第一九号の記事「総撰挙餘聞」（明治二十五年三月二十日）でみると、「御用候補者の顕はれたる故にや警察の干渉も亦尤も甚だしかりし」、定員一名の第五区の候補者は、持田直（自由党）、山中隣之助（改進党）、松本正八（無所属）、原善三郎〔（生糸売込問屋亀屋。横浜蚕糸売込業組合頭取・横浜商法会議所会頭・横浜市会議長いずれも初代（石井寛治一九九〇年）。横浜実業界の雄。吏党・「御用候補者」（佐々木隆一九九二年：二〇五頁）〕の四名でした。そして「其筋にては原氏の為めに非常に心配して、山中派の運動者、及び持田派の奔走人の重立ちたるものを引致して、つまり候補者の手足を断ち切りたるより、両派の人々は、非常に妨害を蒙り遂に失敗し」、吏権党の原善三郎が当選しました。

選挙干渉が最も激しかった第五区の秩父郡小鹿野警察分署在勤の巡査五名（分署員一一名中の柏木博、浅野専之助、出浦源吾、富山卯之助、岩田恵作の五名）が「上官の命令とかにて撰挙に干渉せしめらるるの不本意さに辞職」（一石嵩小鹿野署長警部の内訓を非として辞職）し、その際「巡査勇退の趣意なる一編の文章を作り、各新聞社へ投書し」、これを明治二十五年二月十五日、雑誌『亜細亜』第三四号が掲載しました（「巡査勇退の旨趣」）。

◉一石嵩小鹿野分署長警部の告発

これに対し、一石嵩小鹿野分署長警部は、その文章が小鹿野分署長警部である自分を侮辱したとして、また巡査にしたという「訓示は捏造」であるとして告発しました。五巡査は官吏侮辱罪で熊谷監獄署へ引致され、雑誌『亜細亜』発行人兼編輯人畑山芳三とともに、四月二十七日熊谷裁判支庁で三ケ月・罰金一〇円に処せられました（「社説 撰挙干渉と県の治安」（『埼玉平民雑誌』第二〇号、明治二十五年五月二十日）。六名は直ちに控訴し、六月十三日に東京控訴院で巡査全員無罪、発行人兼編輯人畑山芳三の重禁錮が確定した（「五巡査の無罪に就て」・「官吏侮辱控訴公判傍聴要概」（『埼玉平民雑誌』第二三号、六月二十一日）という選挙干渉にかかわる事件・裁判でした。

◉五人巡査官吏侮辱被告事件公判

「巡査勇退の旨趣」（『亜細亜』）と「五人巡査官吏侮辱被告事件公判」（『埼玉平民雑誌』第二〇号）、「五巡査の無罪

に就て」・「官吏侮辱控訴公判傍聴要概」（『埼玉平民雑誌』第二三号、六月二十一日）によって、有田義質警部長をはじめとする警察による選挙干渉の指揮命令系統・手法などが実際にどのようなものであり、どのように行われたかその具体相をみてゆきましょう。

この裁判は、「近傍及び遠ふき三四里を距りたる処より態々傍聴に出態したる者」一五〇名が傍聴するなかで、明治二十五年四月二十七日、地方裁判所熊谷支部で開廷しました。弁護人は衆議院議長星亨をはじめとして、日置佐三郎、廣田實（大島、高橋、立川、丸山の各弁護人は事故欠席）及び『亜細亜』の弁護人元田肇代理大岩雄三郎でした。

まず検察官の事件要領陳述。『亜細亜』の文章は「当今政治社会の現状を述べた」もので、その中の「侮辱となるべき文字を指摘」（『埼玉平民雑誌』第二〇号）しました。その①警部長の訓示。小鹿野分署長警部一石嵩が警部長の訓示として巡査に訓示した「選民党より出る者は成る可く干渉を厳にし実業家即ち原善三郎に係る者は努めて寛なる可し民党に於ける候補者より若し手土産を以てするも猶予なく引致す可し留置は法に依らず永く之を留む是れ実業候補者の便益を謀ればなり宜しく実業候補者を扶助して民党の選に当る者は妨害策を取るに務めよ」。その②巡査の信条。「依估偏頗の源泉を探りて之を撲滅するの必要を感銘せざらんや吾人は茲に断然意を決し妻子眷属を棄て巡査の職を辞し死を以て正義公道を保護せんとす苟も正義公道を紊乱するの徒は官にまれ民にまれ討撃撲滅するを以て職とする者」（『埼玉平民雑誌』第二〇号）。その③内訓捏造と侮辱。「臨時総選挙に際して現に自己の奉職中一石警部が訓示によりて干渉の結果を実地に目撃したりと云ふの主眼にして即ち官吏の職務に対し虚妄の事を捏造して侮辱したる者なり」と訓示を捏造し侮辱した、ということでした。

◉五巡査の被告人陳述

被告人陳述のトップは、柏木博部長でした。柏木によれば、訓示内容は「内閣の御趣委（意）」は、実業家（原善三郎）選出であり、有田義質警部長訓示（＝警察）もそれに従う方針、つまり原候補を扶助し、民党候補には妨害策を取る。「法に依らず十日にても二十日でもよろしい」とする留置については「既に警部長より検事に照会の次第もある事故構はない」というものでした。一石警部の言うとおりであれば確かに「此の事は秘密に属する」ことであり、だからこそ「死を以て正義公道を保護せんとす苟も正義公道を紊乱するの徒は官にまれ民にまれ討撃撲滅するを以て職とする」柏木がこの訓示を不快に感じたことは当然であり、「一死以て不正の徒を剿絶（根絶やしにする）の決心にて辞職」しました。

次に、警部長有田義質訓示により派出所に視察員を置いたが、その視察員浅野専之助によれば、「原善三郎より賄賂を受けし者あるを探知し直ちに上申の手続きに及びしに」、一石警部は「原善三郎の事はソー注意シナクテモヨロシ他の者即ち山中隣之助、持田直其の他の民党に向かつて視察せよ」と命じたと言います。これに対し浅野は「念を推せり左様に一方に厚く、一方に薄くすると云ふそれにて可なるやと然るに一石警部は夫れは予も快からず然れども奉職中は上官の命を遵奉せざる可らず故に暫く忍んで」と答えたと証言しています。「奉職中は上官の命を遵奉せざる可らず」と長いものには巻かれろ的発想で警部長有田訓示の方針が実行されていることがわかります。

三人目の出浦源吾は、「彼の一見事実不当なる訓示を多数の警部も集まりしならんに何故斯る訓示を受けたる乎自分は斯る不当なる上官の下に服事するを屑とせず而して自分は辞職するにあらず免職を願」いました。辞職理由がないのは困るとする一石警部に対して、出浦は「斯る不当の訓示を受け甘んじて其の職に居るは苟も人民の絞血の一分を吸ふ我々の忍びざる否耻ぢ入る次第故別に理由を付するの要なしと抗弁」しました。出浦の「アナタも不当と思召すなら何故お止めなさらない」に対して、一石警部は「今止る時でない何となれは茲で吏党が勝を占むれば世が乱れる其の時飛び出して働く方が宜ひ自分の名を顕はすにも其の方が」と功名心があからさまです。出浦が「自分は斯る不忠義なる人があるから斯様な訓示も出るのである若も吏党が勝を占て世が乱れると思ふなら何故今日事を未然に防がんのですと重ねて問」うと、一石警部は「妻子もあるから今俄かに止める訳に行かない」と言い、その後、一石警部は「諸君は新聞に何か投書さなるソーダが警察の秘密丈は是非明がさないて貰ひたい」と口止め工作を行いました。

四人目の富山卯之助は自己の信条を吐露し、「固り吾々は斯の如き腐敗したる警察に職を奉ずる能はず…立憲治下の警察は公平に職務を執行せざる可らざる筈なるに何ぞや斯る不当なる訓示を報し以て我々に服務せしめんとする尤も我々の服する能はざる処なれば辞職でなく免職にして貰ひたしと」請求すると、解職なら尾行巡査を付けるというので、遂に二月三日に辞表を提出した。

五人目の被告岩田恵作は、自分の辞職理由を一石警部も「承知の上事実を捏造して家制上の云々により是非家に帰るべしとの兄の書面を岡田嘉治郎なる者に擬書」させ、「表面辞表の理由とせり」。岡田は警察の代書をしている者で一石警部も充分承知していると証言しました。

最後に、畑山芳三（『亜細亜』発行人兼編輯人）は、「元来『亜細亜』に斯の文章を記載せしは立憲当初に於ては果たして如何の有様でありしかを後世の歴史家の参考に資せしめ（畑山さん使わせていただいてますよ：内田）且つ干渉の材料を蒐集して学理を研究する」ためだとし、「唯々一意干渉の学理を研究するの他余念あらざるなり若しも不幸にして此れを以て官吏侮辱なりとせは近来斯の如きことは日本中に多々益々在るが故に日本国を一の裁判所となして以て日本中の人間を被告とせざる可らず」と現状を皮肉りました。

以上で事実の訊問が終り、裁判長は「一々証拠書類」を示し「且つ小鹿野警察分署の訓示録に拠れば被告等の云ふ如き訓示はなき様なるが如何と」問い質しました。訓示捏造を疑われた被告たちの答弁は同一で「高等警察に関することは昨年（明治二十四年：内田）三月の頃より其筋の内訓に拠りて訓示録に掲げず仮令掲ぐることあるも実を以てせざるなり故に訓示簿と訓示とは相違せり何となれば秘密の事項は悉く之を省く」方針となったからで「亜細亜否国会外数新聞に投書したる事実の如きも訓示録にあるのは其の幾分に過ぎず」と答弁しました。

その後、検察官の論告・弁護人の弁論が行われ、傍聴人一五〇名が「裁判の結果如何にあらんと片唾を飲んで待ち構へ居たるに」被告人は重禁錮三ヶ月罰金十円に処せられました。被告人一同は直に控訴し、「官吏侮辱控訴公判傍聴概要」（『埼玉平民雑誌』第二三号、明治二十五年六月二十一日）によれば、控訴審は、六月十日東京控訴院で開かれました。六月十三日、『亜細亜』の記者畑山芳三のみ重禁錮三ヶ月罰金十円を、五巡査は一同無罪を宣告されました。

最終的に東京控訴院で五巡査が無罪を勝ち取ったことは、一石警部の告発は事実無根であること、被告五巡査の主張が事実であり、警察による選挙干渉は有田義質警部長の訓示の形で指示され、実行されたこと、官吏侮辱罪には当たらないと認定されたことの証です。畑山芳三の重禁錮三ヶ月罰金十円の判決は言論弾圧の観点から考える必要があるでしょう。

裁判の過程で明らかとなったことを図示すると、

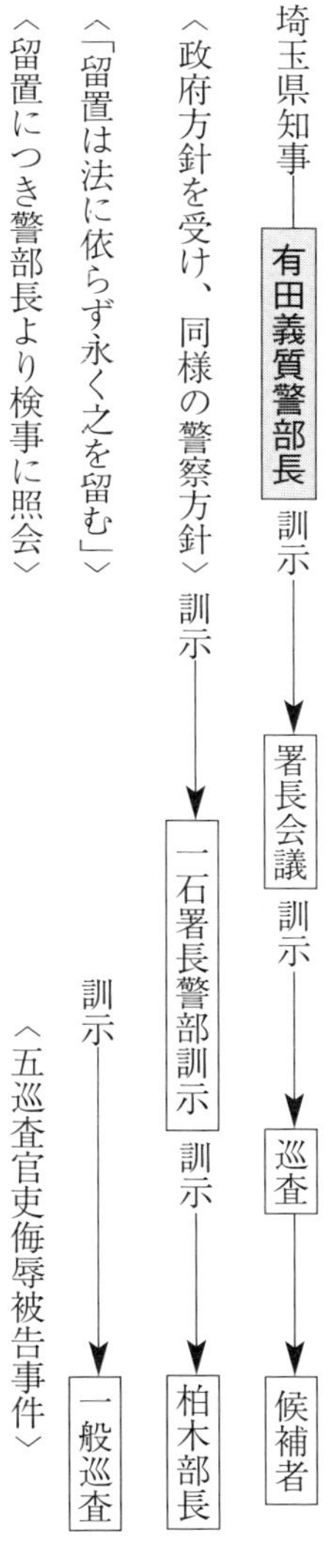

埼玉県知事――有田義質警部長　訓示→署長会議　訓示→巡査→候補者

〈政府方針を受け、同様の警察方針〉　訓示→一石署長警部訓示　訓示→柏木部長

〈「留置は法に依らず永く之を留む」〉　訓示→一般巡査

〈留置につき警部長より検事に照会〉　〈五巡査官吏侮辱被告事件〉

ということになるでしょう。

2　埼玉県知事久保田貫一と警部長有田義質による選挙干渉の実態の小括

埼玉県の方針は、有田義質警部長が署長会議で訓示したように、内閣の意向を受けて警察も吏党候補を当選させることでした。「留置の如きは法に依らず十日にても二十日でもよろしい。警部長より検事に照会の次第もある事故構はない」というものです。一石小鹿野署長警部はそれを受けて「此の事は秘密に属する」と断りつつ署員に訓示し、選挙干渉を行いました。その内容は「原善三郎より賄賂を受けし者あるを探知し直ちに上申の手続き」をすると「原善三郎の事はソー注意シナクテモヨロシ他の者即ち山中隣之助 并 持田直其の他の民党に向かつて視察せよ」とか「我県下に於ても手拭一筋を以て年始の禮に出掛くるも撰挙規則の違犯なりとて拘引せられたる者有」りというようなものでした。このような実態は、不当な内訓にしたがって選挙干渉をすることを許せなかった五巡査が退職し、その際「巡査勇退の旨趣」を投書し、官吏侮辱罪で訴えられ、最終的に東京控訴院での裁判で無罪を勝ち取る中で明らかになったことです。

3　埼玉県知事・警部長不信任（排斥）運動の展開――カウンター・デモクラシー――

埼玉県知事・警部長不信任（排斥）運動は、明治二十四年四月九日の久保田貫一知事就任時からあった⑥陳情拒否という県民に対する不親切な対応が、⑤師範学校騒動、②土木不正入札黙許と続く中で、①総選挙での選挙干渉が直接のきっかけとなり、その後も④中学校創設問題、③土木公入札問題、⑦宇都宮大演習関係の不手際が重なったため、知事弾劾に至ったのです〔①～⑥は「陳情書」（埼玉県編一九八一年：六〇五頁）の書上げ順番〕。

◉選挙干渉の責任追及　運動の開始

選挙干渉に対して、立憲自由党・立憲改進党は、責任追及に関する国民的運動を展開することを決定しました。これに呼応した県議会民党による久保田貫一知事と有田義質警部長に対する責任追及の運動は、一八九二（明治二十五）

年四月十七日に上野桜雲台で開かれた第八回埼玉県人懇親会から始まります。選挙干渉問題の討議の中で大嶋寛爾(おおしまかんじ)は、知事・警部長が「撰挙ニ干渉シ県民ノ権利ヲ侵害」したとして、その「矯正ノ道ヲ謀ルヘキ」ことを発言し、持田直は大島に賛助し「此干渉ニ付テハ第五区ニ於テ充分ナル証拠アル」と述べています。選挙干渉の運動につき満場の賛成を得たので各郡委員を選任し、運動推進の体制を決めたのです（林家文書NO7758。埼玉県編一九八八年：六三三頁）。以後、この問題が県下の世論として登場してきます。

五月八日には、先の埼玉県人懇親会で決まった県内各郡選出の選挙干渉問題委員会を下谷和泉屋で開催し、今後の運動の進め方を協議しました。この決定にもとづき、五月二十一日、警官数十名が警戒する中、県下民党代議士慰労会を大宮公園で開き、民党六代議士と有志者二〇〇余名（埼玉県編一九八八年：六三三頁は七〇〇余名と記すが、『埼玉平民雑誌』の記事では「歓迎する者二百余名」とある）が参加しました。埼玉平民社の川上参三郎が発議し、選挙干渉問題につき貴衆両院へ指出した請願の主旨にもとづき、久保田知事と有田警部長の処分を内務大臣に要求する件を議決しました。川上参三郎は、明治二十三年六月以前に埼玉平民会創立の代表的人物で、同年十月十二日立憲自由党評議員（埼玉県編一九八八年：六一一・六二三頁）、明治二十三年十二月二日発行の『埼玉平民雑誌』第一号から発行兼編輯人を務めました。さらに委員若干名を選挙し、且つ本県選出の吏党議員に対し辞職勧告する件も満場一致で可決し、「民党万歳喝采声裡」に解散しています（埼玉県編一九八一年：六〇一頁。『埼玉平民雑誌』第二一号、明治二十五年五月三十日）。

◉埼玉平民雑誌社・埼玉平民社の概要

川上参三郎の埼玉平民雑誌社（『埼玉平民雑誌』第十一号（明治二十四年十月十五日）の「社告」で埼玉平民社と改称）は、一八九〇（明治二十三）年十二月、『埼玉平民雑誌』創刊号の「発刊の辞」と社説「本県撰出の代議士に望む」で平民主義とともに選挙人と代議士の連帯、代議士を院外から支援・注視・拘束していくことを主張しました。

大井憲太郎は自ら創刊した『あづま新聞』第二号や明治二十四年五月の論説「関東会に望む所あり」で院外活動を主張し、呼びかけています（平野義太郎一九八八年：二七三〜二七六頁）。以後、埼玉平民社は、三度の言論弾圧にもかかわらず、この主張を引き継ぎ、堅持することになります。先述した五月二十一日、県下民党代議士慰労会という選挙干渉責任追及が本格化する重要な局面で川上が発議し、今後の運動の方向性を示していることに注目しておきましょう。県知事と警部長不信任（排斥）運動において県会民党による責任追及と埼玉平民社の言論活動は車の両輪でした。『埼玉平民雑誌』の編集者川上は大井憲太郎派に共感していたのです。

七月四〜五日、第二次臨時県会が開かれ（埼玉県議会史編さん委員会編一九五八年）、七月七日には、埼玉県の自由党は関東会と絶交し、自由党と連携し運動を進めるため、埼玉中央倶楽部を設立しました。そして県下の諸団体と連絡を密にし、常議員体制、評議員体制を確立し、選挙及び政治運動の体制を整え、翌月になると知事・警部長の責任追及と排斥運動を急展開させました（埼玉県編一九八八年：六三四〜六三五頁）。

まず、八月十四日に、各郡有志者百余名が大宮公園に集まり「知事の更任（こうにん）問題」を決議し、各郡より三〜五名の委員を選出しました。県会元議長大島寛爾・元衆議院議員高橋安爾・県会議長星野平兵衛ら埼玉の自由党・改進党首脳が代理として、知事と警部長宛に辞職勧告書を提出しました（『毎日新聞』明治二十五年八月十六日。埼玉県編一九八八年：六三五頁）。

◉各大臣への嘆願運動の展開

また、埼玉県有志者は知事・警部長の排斥を達成するために、各郡委員を中心に各大臣を訪問し嘆願運動を展開しました。八月十五日、有志総代加藤政之助・野口褧（けい）ら十数名は、井上内務大臣・仁礼海軍大臣・渡邊大蔵大臣を訪問し、具に陳述し（『毎日新聞』明治二十五年八月十七日）、久保田知事を弾劾する「陳情書」（埼玉県編一九八三年：六〇五頁）を提出しました。それは先の勧告書の内容を詳細に、具体的に書き上げたものです。

それによれば「近年更任多キ我県ニシテ未タ曾テ現任知事ノ如ク失政数次、民望ニ背キ民心ヲ失シタルモノ之アラス…現任知事ノ退職ヲ請フノ止ム可ラサルニ至レリ…彼カ失政背行は一々枚挙ニ遑アラス」として、

①選挙干渉ノ事。選挙干渉から醸成された弊害は、官民の軋轢、衝突を重ね、暌離反目（そむきはなれる）は止むところをしらない。「当時現任知事及警部長ハ不法ノ内訓ヲ管内各警察署ニ伝ヘ、警察権ヲ濫用シテ威嚇誘惑ヲ試ミ、甚シキニ至リテハ拘致繋留無謂人身ノ自由ヲ束縛シ、飽迄一種ノ候補者ニ応援ヲ勉メ大ニ撰挙ノ権利ヲ侵害シタルヨリ、多年精勤ノ巡査ニシテ尚且ツ不法ノ内訓ヲ奉行スルヲ屑トセス、断然其職ヲ辞退スルモノ数人ノ多キニ及ヒタレハ、左ナキタニ彼等平生ノ措置ニ不満ナル県民ハ忽チ反動ノ勢ヲ成シ、已往ノ失政ヲモ追想シ来リテ更ニ一層ノ憤怨ヲ加ヒ、竟ニ前掲ノ弊害ヲ見ルニ至リシハ、是皆知事警部長カ非政ノ然ラシムル所ナリ」と。平生の措置・対応に不満であった県民が、選挙干渉が引き金になって「一層ノ憤怨ヲ加ヒ」たのである。②不正入札ヲ黙許シタル事（明治十四年十月、埼玉土木会社の不正落札に対する県会全会一致の決議を無視、さらに本年別工事の入札に便宜を図った）。③土木公入札ノ事（明治二十五年四月、物品購入の公入札に関して公正を欠いた実施）。④中学校創立案ノ事（明治二十五年二月二十五日、地方税負担に苦しむ中、県会全員一致で否決した中学校創設案を明治二十五年七月四〜五日再提案）。⑤師範学校騒動ノ事（明治二十四年九月、知事が師範学校生徒一五四名退校を命じ、その収拾の仕方も恣意的であった）。⑥県民ニ不深切ナル事（埼玉県編一九八三年：六〇八頁）。これが辞職勧告書になかった項目です。

これに関連して⑦「久保田県知事の不親切」なる記事が『埼玉新報』第四号（明治二十五年十一月十五日）に掲載されています。「客月廿六日宇都宮舊城址に於て御催しに相成りたる大演習後の御宴会の案内」が他県のものと比べ非常に不親切だった。⑥・⑦は久保田貫一の官僚的体質を示しています（角田広高一九九七年：二六頁。青木平八一九三一年：八七〜九三頁・九五〜一〇二頁。埼玉県編一九八八年：六三三〜六三八頁）。知事は「民情ヲ聞クヲ厭フ

ノ癖アルカ如シ」。明治二十四年四月九日の赴任直後管下巡回時、河流沿岸人民の「歓迎以テ事情を具陳」しようとしたが、「巡回ノ目的ハ他ニ在リテ存スレハ聴許シ難シトテ何レモ皆斥セラレ、爾後時々ノ出張巡回皆然ラサルハナシ」という県民に不親切な対応をとりました。

以上の六点を挙げ、「以上ハ唯其二三ヲ挙クルニ過キス、若夫レ爾余ハ親シク尊容接シテ具陳ス可シ」としています。つまり、久保田貫一知事就任時からあった⑥陳情拒否という県民に対する不親切な対応が、⑤師範学校騒動、②土木不正入札黙許と知事の不適切な対応が続く中で、①総選挙の選挙干渉が直接のきっかけになり、その後も④中学校創設問題、③土木公入札問題、⑦宇都宮大演習関係の不手際が重なったため、知事弾劾に至ったのです。

このころ埼玉平民社は第一回目の言論弾圧を受けている。『埼玉平民雑誌』八月二十三日、号外四号（現段階で原本未確認なので内容が検討できない）は「治安に妨害ある者と認められ」、八月二十五日発行停止処分となりました。

◉排斥演説活動の開始

一方、県下では県会議員と町村長のほとんどが辞職覚悟で、排斥演説活動を開始しました。八月末から九月にかけて、県東部では相次いで県治問題政談演説会が開かれました。その一例を挙げると、九月一日に北埼玉郡多ケ谷村で、齋藤珪次・加藤政之助・永田荘作・高橋安爾・大島寛爾・野口本之助・新井鬼司ら七名の弁士による政談演説会を実施しました。そこでは「聴衆無慮五百余名入場し警官は尤も厳戒を加へ巡査拾七八名場の内外を取囲み四方より集り来る聴衆は尚ほ続々として引きも切らず」状態の中、齋藤が登壇し、演題「地方官の要」がまだ本論に入る前に「早や既に臨監警部より論旨治安に妨害ありとて中止を命じ次で全会の解散を告げら」れたので、止むなく予定した懇親会に移行しました。参会者は二五〇余名で「巡査の警衛演説会の如し野口、加藤、高橋の諸氏順次挨拶あり最後に大島氏の歴史談（平家物語）に至り是又治安に妨害ありと認められ再度の全会解散に逢ひ（中略）此日巡査は部長の指揮により配置の部署を固守し螺の如き拳を握りて警戒せし有様は実に目覚しかりし」（「北埼玉通信」『埼玉新報』第一号、明治二十五年十月十六日）」というように警察が、政談演説会などに対して、過剰警備ともいえる対応をしている様子がわかります。

次いで、十月五日、埼玉県選出民党代議士六名、県会議員三七名及び有志者が発起して、大宮町氷川公園において知事・警部長排斥の政談演説会と有志大懇親会を開催しました〔埼玉県編 一九八三年：六〇三頁〕。「知事、警部長排斥 政談演説と懇親会」（『埼玉新報』第一号、明治二十五年十月十六日）」。演説会場（西角井）入口には「民心激昂」・「鼠輩奔竄（取るに足りない者を罵る言葉）」と大書した大旗が交叉し、懇親会場（藤の戸）入口には「日月照臨」（名君が民の上に立って治める）・「妖魔韜晦」（人を害する怪しい魔物が行方をくらます）と特筆した大旗が翻えっていました。

午前十時より聴衆及び会員が続々来集し、正午には聴衆は二千余名に達し、「殆んど立針の地なきに至れり」、また会員も一千余名になり、謝絶するほどでした。高橋安爾の開会主旨に続き、「第一席野口褧氏（地方官論）は久保田知事、有田警部長の失政を攻撃して余温なし、第二席齋藤珪次氏（治民の術）は地方の牧民官たる者は須らく民心を得るの必要なるを説き、次に永田荘作氏登壇して氏が県会議員中より陳情委員に撰まれ出京して要路の大臣を訪問したる顛末を報告し、第三席新井啓一郎氏（県民と県知事）は端なく中止の災厄に逢ひ、第四席綾部惣兵衛氏（県官と県民の関係）は痛絶又快絶、第五席大嶋寛爾氏（立憲国の官吏）は漸く佳境に入らんとする際大嶋中止を命ぜらる」。この日の演説は「概して非常の大喝采を博し満場為めに震動せり」という状況でした。

ここで全会を解散し、懇親会に移りました。「演説及び懇親会の盛況は本県に於ては実に空前の事」で、会散後委員は今後の運動方針について熟議し「飽迄も奔走して遅くも本年の通常県会迄には其の目的を達し新任の知事及び警部長を迎へて和気靄然（和やかな気分が満ちている様子）たるの間に目出度廿五年の末期を経過せんと多望の中に」解散しています。

◉埼玉平民社の活動

十月十六日、先述したように埼玉平民社は、八月二十五日に最初の言論弾圧である発行停止処分を受けましたが、誌名を『埼玉新報』に変更し、この日発行しました（明治二十五年十月十六日）。社説「県治論」で「正々堂々言論に、文章に、則ち文明の戎器(じゅうき)を利用して以て戦へり」とあくまで言論・文章＝文明の戎器で抵抗する旨を主張しています。

続く『埼玉新報』第二号（明治二十五年十月二十六日）で埼玉県の政局（今後の見通し）と選挙対策の記事を掲載しました。まず「県会議員の決心」では、本県県会議員は十月五日の大宮公園の大会で、本年の通常県会は解散を覚悟して絶対的に反対し、久保田貫一の在職中は、埼玉県は「到底擾乱止むことなきを中央政府に知らしむ」ことを決議しました。その詳細は、知事より下付せられたる議案は全て返却するか、否決し、更に知事に辞職を勧告し、内務大臣に情願する手筈という。県会（民党）が知事に対し全面対決の姿勢で臨むこと（民党対知事の構図）が明確になったと報じました。

次に、「各郡撰挙人の決心」（『埼玉新報』第二号）では、各郡選挙人は十月五日の排斥政談演説会・懇親会に惣代を出席させ、「県会議員の決心を聞くや、大に感奮し、解散の後は前議員を撰出するは勿論、万一裏切候補者あらば、全県の一大協議を以て手別けして之を征伐すべく、又議場に於て裏切するものあらは勿論再撰相成らざる様是又各郡の聯合を以て攻撃すべき手筈にて、最早重立ちたる者は知己の人々へ其打合せを為し居ると」。選挙人は予想される知事の県会解散、県会議員選挙への万全の対策を立て、知事・警部長不信任（排斥）賛成議員支援＝再選運動をスタートさせたのです。

続けて「一大勢力（旧稿）案山子(かかし)」では「今や松方内閣は其自ら為したる選挙干渉の為めに亦其身を滅したり、之れに代るに伊藤内閣は干渉の善後策に着手し、数警部長を入れ更へ、数知事に非職を命じたり、之れ実に悦ぶべき出来事にして、官民を調和せしめ、立憲代議制度の完行を企画するとせんか、果して然らば数知事、数警部長に止めずして干渉知事、失政知事は飽迄之れが処分を為すにあらざれば、必ず地方行政の円満を期し難し、況んや立憲政体の本義に背くをや、今の時に当て早く処分せざれば、之れを処するの弊に勝るの弊あり、宜しく断々乎として此れが処分を決行すべし」としています。

続く『埼玉新報』第三号（明治二十五年十一月六日）の「警察の不信用」で政府の保護者たる警察官吏は、彼の「二月の総撰挙に於て尤も其得意の暴力を用ゐて良民を畏懾（恐れおじける）せしめたりしが、其反動は茲に一大颶風を捲き起し来たりて、遂に当時の内閣をして其地位を保つ能はざらしめたり」と松方内閣の辞職から説き始め、「明治政府が種々の経営によりて、漸く博し得たる幾分の信用も、自己の手足たる彼れ警察官の為めに元の木阿弥に帰したるを痛み、今にして大ひに戒心する処なくんば、将来益々不信任の地位に陥り、又奈何ともする能はざるに至らんと」。

それなのに「近時全国各府県に於ける警察が、良民より如何に不信用視」されるか想像できないところがあります。その原因は「総撰挙に於ける暴行」が、主要理由に間違いないが「近来警察の綱紀彌々弛み、人民をして警察なる者は恰も無害無益、寧ろ却て有害無益なる一大装飾物にはあらざるかの如く思はしめたり」とし、「吾人は遠からず眞個（まこと）に立憲政下の警察として耻るなき保護の下に立つことを得るの期に達せんことを信ずるなり」そのためにも「聊か卑見（自分の意見）を開陳して敢て当局者の三省を煩はさん」と締めくくっています。

十一月十五日に第三次臨時県会が召集され、排斥運動が具体的に動き出します。同日に発行された『埼玉新報』第四号（明治二十五年十一月十五日）は長文の「上久保田県知事書」を掲載しました。それは「謹んで久保田県知事閣下に白ふす、曩きに我埼玉平民雑誌が閣下に向つて其職を退かんことを勧告せし所以のものは、啻に我県民の不幸を悲み以て茲に出でしにはあらざるなり、誠に私かに閣下の困厄日々加ふるものあるを思へばなり」で始め「茲に至れば、吾人は閣下の為めに其失政を数へざるを得ざるなり、閣下請ふ若の敵意を去つて吾人の言を聞け、閣下は曾て無職の小吏を使嗾（そそのかす）して以て我良民を苦しめたることなき耶、人の子を養ふて方向に迷はしめたることなき耶、県会議員を蔑如（あなどり軽んじること）し其議決を軽侮したることなき耶、抑も人の集会言論を妨碍したることなき耶、凡そ此数者は吾人をして閣下を攻撃するの止むことを得ざるに至らしめし所以なり」として「今や我県民は閣下と倶に此地に住することを好まず、閣下の在職一日なれば県民の激昂一日より甚し、閣下請ふ速に去れ」、と全面対決の宣戦布告書の様相を帯びています。

その上で、『埼玉新報』第四号では県会の予想されるシナリオと対策が書かれています。十一月十五日臨時県会開会。議事は十六日から。議案は土木費と緊急問題尋常中学校費の二つ。中学校は熊谷町にという別に緊急問題でもない議案を臨時会に下付したるは「全く知事の政略」で、熊谷地方の議員と他地方の議員が両党相別れ、互に攻撃すれば、即ち**知事の政略、図に當り**　中学校黨、非中学黨、即ち知事派、非知事派に別るべしと云ふ見込なりと」、そこで「我議員たるもの願くは其政略に籠絡せられざらんことを希望す」、「兼ての目的知事放逐一件に付ては、共同一致飽く迄も県民の望を遂げしめられんことを願ふ」としています（「臨時県会」『埼玉新報』第四号）。

その後、通常県会。「通常会は先づ第一日に知事に向つて辞職を勧告すへしと云ふ噂さ隠れなき事実」で、「知事は又政略として土木問題」を提案し、各議員が「撰挙区に事業を起さん為め遂に県会の無事に治まらんことを期」し、「辞職勧告など云ふことは議決せざる可し」との政略です。「本年の県会は、知事が最期の決戦なれば、知事は一生懸命の秘術を尽して、**離間策を運らし**　相互に攻撃論難するの間に於て、自己の身方を、得」んとしている（「通常県会」『埼玉新報』第四号）。「我県会議員諸君は兼て数々打合せ等を為して充分決心する所あれば、先づ第一に臨時会は無事に議了し通常会には劈頭第一に知事に向つて辞職勧告の議決を為し、一切の議案は全然否決せらるる由」（「県会議員の決心」『埼玉新報』第四号）。「若しも全然否決したる暁には、知事は内務大臣に向つて県会の解散を稟請するならん」（「全然否決の結果」『埼玉新報』第四号）。
また有田義質が、「近頃巡査をして左の流言」を流している。すなはち、各郡急用の土木工事が「若し解散に相成らば某村某地の如きは、来年其工事に取り掛ることを得ず」と頻りに良民を煽動しようとしている。我県民はこのような「流言に惑はされざれども念の為に県会規則中解散に付ての条項を付記す」として府県会規則第三十五条の「内務卿ヨリ解散ヲ命シタルトキハ其解散ヲ命シタル日ヨリ九十日以内ニ更ニ議員ヲ改撰ス可シ」を引用し、本月廿日に解散があっても「来年二月の廿日以前に於て改撰せらるべければ、来年度の事業に向つては充分県会の議決を経て以て着手せらる可し」「県会の解散は少しも来年度の事業に妨害を与へざるなり」（「警察吏の流言」『埼玉新報』第四号）と流言を正しています。

次に「解散後如何」では「解散せられたる暁には如何、我県民は茲に全議員諸君の労を謝し、且つ尚ほ　**議員同様の敬礼**　を以て諸君に対す可し、而して県民は全議員諸君を擁して、直ちに内務大臣を訪問し、県下に実情を具状し、且つ貫一をして速に我県を去らしむ可きことを情願す可し」と、書いています。

◉県民への働きかけ

さらに「総撰挙会」では「県会解散せらるれば茲に総撰挙会開かるべし、此秋こそ我県民の侠骨（おとこぎ）を示す可きの時なり、今般知事運動に尽力賛成したる／**前議員を洩れなく再撰す可し**／若し約に背くものあらば、各郡総代数名を撰んで、其競争を中止せしむ可し、而して尚は聴かざるものあらば、各郡共相応の運動費を義捐し」と知事不信任賛成議員擁護の論陣を張っています。

このような準備（見通し）の上で、県会に対する対応を県民に呼びかけました。「**大ひに浦和に集会すべし**」（『埼玉新報』第四号）です。「本日を以て臨時県会は開会せられ明後日あたりは通常県会の議に移るべし、臨時会は緊急の事なれば先づ穏便に之を議了し、通常会の劈頭に於て知事に向つて辞職勧告の議決を為すべき手順なる由は別項に掲ぐる如くなれば我県民は斯る重大なる問題を単に議員諸君にのみ一任すべからず応さに大ひに庁下に集り以て之れか応援を為すべしその宿所の如きは別に旅店に限らざるへし吾人の謀る所によれば玉蔵院に本陣を設け各村一名づつの総代は常詰員として茲に宿泊屯集すべし而して会議の開らくる時刻を期し鐘を打鳴らして以て傍聴の為め一斉に議場に進むべし　**但し　槍　鉄砲　等は法律に憚りあれば必ず之を携ふべからず**／併しながら今日の警察官は彼の二月の総撰挙に於ては暴力を以て褒賞せられたる（現に昇等したる巡査あり）人多ければ今回の如きも随分得意の暴行を我良民に加ふる哉も計られず故に／**護身の為め仕込杖短銃**　等は可成用意せらるへし、彼れ若し無法にも暴行を加ふるあらば天賦の正当防衛権を以て**＊＊＊＊＊＊**すべし（＊原文通り：内田）／又は奔走者を派遣し／**全県の力を合せて**／違約者を失敗せしむ可し」と県民へ百姓一揆的結集を呼びかけました（『埼玉新報』第四号と『埼玉民報』第一号は「竹槍席旗」図像⑧・⑨表紙でした）。

●臨時県会の進行状況・不信任決議案を可決

県会の実際の経過は、次の通りです（「臨時埼玉県会傍聴筆記」『埼玉民報』第一号）。臨時県会は明治二十五年十一月十五日に開会式。同十八日より議事に入る。出席議員は石川議員が欠席で三九名。傍聴者一〇〇余人。議案は以下の五件でした。

①小島村地内土木問題は継続審議。〇時二〇分より暫時休憩。四時三五分開会、②教育費中尋常中学校問題は最多数で本案否決。③此外土木費は原案可決し、町村土木補助費原案修正。④地方税収入追加予算は原案修正。⑤寄付物件受け入れは否決、以上議事・予算審議終了後、選挙干渉などを理由に本県県会初の知事・警部長不信任案が上程されました。すなはち、⑥「六番野口本之助氏は当議場に建議を為さんとて先以て建議按を朗読」し、「当議会は現任県知事久保田貫一警部長有田義質が県治上に於ける信任極めて欠乏せる事を認め茲に之を決議す」と。さらに続けて「本員が此建議を為すの余義なきことは既に昨年十二月以来数度の通常会若くは臨時会の歴史に徴して明かなり」

とし、「諸員は申す迄もなく県下一百余万の公衆も知了せるならん」として決議したいとした。十八番星野平兵衛は六番の「発議は決議するが至当と」速やかな決議に賛成した。ところが三十番福島哲次郎は「不法の建議なり違法の建議は議すべからず」と反対した。これに対して福島と同じ北埼玉郡選出の八番岡戸勝三郎は「斯の如き不親切にして不徳義なる議員が而かも本員と同郡より撰出され居るは実に一般へ対し肝顔の至りに堪へず」として「六番の建議に大賛成なり速に裁決を乞ふと論駁し」た。議長永田荘作は採決し「最大多数を以て可決」した〔「採決の結果三十六名の多数で不信任決議案を可決」（青木平八一九三一年：一〇八頁）〕。「此時傍聴者は思はず県民万歳を号呼」した〔「折柄戸外に溢るる満員の傍聴席は歓声をあげ雪崩を打つて退出したが、久保田知事は直ちに」議会中止を命じた（青木平八一九三一年：一〇八頁）〕。以上です。

◉不信任決議案可決後の県政の推移

以下県政の推移をあげれば、十一月二十四日、井上馨内務大臣は府県会規則三四条により県会解散を命じた〔埼玉県行政史編さん室編一九八九年：六〇〇頁。県会解散指令書（『埼玉県議会史編さん委員会編一九八〇年：四二頁）〕。十一月二十五日、知事は井上馨内相に県会解散を命じられたことを達した（埼玉県議会史編さん委員会編一九五八年：一二三頁。埼玉県行政史編さん室編一九八九年：六〇〇頁）。この解散をみて久保田知事は「如何に議員たりとも、人民の分際で知事の不信任を決議するが如きは以ての外である。県会の解散を命ぜられて後悔していることであろう」（青木平八一九三一年：一〇九頁）と豪語していたという。十二月三日正午、発起人五〇名の呼びかけで、大宮公園西角井で会同し、「将来ノ県治上ニ関シ種々御協議仕度候」と選挙運動を開始する。十二月三日付、知事久保田貫一（かんいち）非職となり、後任に東京府書記官銀林綱男（ぎんばやしつなお）が埼玉県知事として就任した。

なお『埼玉民報』第一号の「社告」によれば、「埼玉新報は其第四号に於て又々発行停止せられ候に付余儀無く埼玉民報と改題本日第一号を発刊仕候」とあり、二度目の言論弾圧を受けたことがわかります。

十二月二十三日、久保田貫一免官となる（埼玉県行政史編さん室編一九八九年：六〇〇頁）。時期不明ですが、警部長有田義質は、品川弥二郎の後任の副島種臣と同郷の関係上馘首（免職）を免れて、警視として東京府に転任を命じられました。

十二月二十七日発行の『新埼玉』第一号は三度目の言論弾圧を受けたことを「社告」で「埼玉民報又々発行停止せられ候に付ては無余儀改題此第壱号を発刊の辞を掲載不仕候得共異名同物と思召不相替御購読奉願上候」と記した。続く「社説　銀林新任知事を歓迎す」では、「閣下が来つて我県に知事たるは、大に一県の名誉なることを感謝す、今や我百万の同胞は歓んで其禍福を閣下に一任せり」と『新埼玉』は新知事を歓迎の姿勢を示しつつも、「吾人は閣下の東京府に得たる名誉と信任とをして、我県に於ても亦継続せられんことを願ふに切なるを以て、新見参の土産として聊か申す処あらんとす」としてもろもろを述べ最後に「親切以て民に望み、公明以て自ら持せば、吾人は亦我県民と共に其徳に答へん」と新知事の姿勢次第だぞと釘を刺している。埼玉平民社の面目躍如である。

翌明治二十六年一月十五日に選挙が行われ、一月二十四日に当選者が告示された（埼玉県議会史編さん委員会編一九五八年：一二五頁）。選挙結果を見ると、不信任決議案賛成者の再選率は八八・九％で、吏党の強い北埼玉郡を除き、県民・総撰挙会・埼玉平民社が目指した「民党」全議員の再選はほぼ果たされたといえます。

銀林鋼男新知事は、当選者が決定した明治二十六年一月二十四日に臨時県会を招集し、一月二十八日臨時県会が開催された（埼玉県議会史編さん委員会編一九五八年：一二八頁）。

3　埼玉県知事・警部長不信任（排斥）運動の展開—カウンター・デモクラシー—の小括

久保田貫一知事就任時からあった⑥陳情拒否という県民に対する不親切な対応が、⑤師範学校騒動、②土木不正入札黙許と更に続く中で、①総選挙の選挙干渉が直接のきっかけとなり、その後も④中学校創設問題、③土木公入札問題、⑦宇都宮大演習関係の不手際が重なったため、知事弾劾に至ったのです。

県会民党と埼玉平民社が車の両輪のような関係で知事・警部長の不信任（排斥）運動を推進しました。最終段階で『埼玉新報』第四号が、表紙に「竹槍席旗」図像⑧を採用し、記事「大ひに浦和に集合すべし」で県民に「我県民は斯る重大なる問題を単に議員諸君にのみ一任すべからず応さに大ひに庁下に集り以て之れか応援を為すべし」との百姓一揆的結集（「実力に訴えること」）を呼びかけ、県民がこれに応えました。続く『埼玉民報』第一号も表紙に「竹槍席旗」図像⑨を掲げ、『埼玉平民雑誌』第一号の「社説」「本県撰出の代議士に望む」を一歩進め、自社も加え、県レベルで県会議員—同胞諸君（埼玉県民）—『埼玉民報』の三者を「同心一体」とし、県会議員と県民と『埼玉民報』の連帯を標榜し、それを拠り所にして「諸君は誰れと共に其の竹槍を揮り其席旗を翻さんと欲するか」と投げかけ、さらに県会議員の総選挙で「我撰挙有権者は直に前きの民党議員を再撰」し、彼らの功労、苦心を忘れず、姓名を記臆せよと呼びかけました。

県会民党議員も埼玉県議会初の知事不信任案を三九名中三六名の賛成で可決し、久保田貫一知事を非職・免官に追い込み、有田義質警部長を東京府警視に転任させることに成功しました。そして県会解散後の選挙で不信任決議賛成議員の再選はほぼ達成されました。

カウンター・デモクラシーとは「選挙による代表民主制に対し、様々な方法で民意を表明する『もう一つ』の民主制を指します」。市民主権の両輪として、「選挙と選挙の間に国民投票やデモなどを通じて政治を監視したり、批判したりして民意を反映させ、代表民主主義を補完するという構図です」（辻村みよ子）（「カウンターデモクラシーとは」二〇一五年九月二十八日、朝日新聞）。また「選挙での投票は、期待通りに行動してくれそうな人へ『信頼』を表明すること。カウンター・デモクラシーは『不信』感を通して、制度に一種の試験をすること。民主主義は二本の足で立つ。一つは『信頼』、もうひとつは『不信』。前者を代表制が、後者をカウンター・デモクラシーが引き受けるのです」（ピエール・ロザンヴァロン「インタビュー　政治に思いを届けるには」（二〇一五年四月一日、朝日新聞）。同氏には『連帯の新たなる哲学　福祉国家再考』勁草書房、二〇〇六年・『カウンター・デモクラシー』岩波書店、二〇一七年があります）。

このような定義を前にすると、議員（代議士・県議会議員）と同胞諸君（県民）と『埼玉民報』の連帯（「同心一体」）をもとに、明治二十五年四月～十一月の七カ月間にわたり各地で集会が開かれ盛り上がりを見せ、最終段階で百姓一揆的な結集を見せた埼玉県における知事・警部長不信任（排斥）運動は、県会解散に伴う県議会議員選挙で不信任決議案賛成者の八八・九％の再選を果たした明治二十六年一月までの九カ月のスパンで考えると、埼玉県における帝国憲法体制下でのカウンター・デモクラシー運動の一つだったと言えるのではないでしょうか。

第二節　明治二十五年『埼玉新報』第四号と『埼玉民報』第一号の「竹槍席旗」図像について

本節では、明治二十五年に実施された第二回総選挙の際、選挙干渉を指示（訓示）した埼玉県知事久保田貫一と警部長有田義質（ありたとしただ）に対する不信任決議を行う県議会民党への支援を県民に呼びかけた『埼玉新報』第四号（表紙B）と、それに続く『埼玉民報』第一号（表紙C）が表紙に「竹槍席旗」図像⑧・⑨を採用したことの意味を考察します。

埼玉平民社は、発行する民党系地元政論誌が三度の言論弾圧により発行停止に追い込まれたので、誌名を『埼玉平民雑誌』（第一～二四号）から『埼玉新報』（第一～四号）、『埼玉民報』（第一号）、『新埼玉』（第一号～）と改題しながら発行し続けました。掲げた表紙A―Dは連続するものです（すべて小室家文書、埼玉県立文書館）。その中で、『埼玉新報』第四号（表紙B・文書番号4435―1。以下同じ）とそれに続く『埼玉民報』第一号（表紙C・44

政論誌表紙の変遷：埼玉新報３号（Ａ）―埼玉新報４号（Ｂ）―埼玉民報１号（Ｃ）
―新埼玉１号（Ｄ）※四枚共に、小室家文書、埼玉県立文書館蔵

（毎月三回六の日發兌）

埼玉新報

第三號

埼玉新報……三
漫録……七
文林……八
寄書……九
雜報……一三
廣告數件……二七

明治廿五年十一月六日發行
埼玉平民社

『埼玉新報』第３号表紙
（明治25年11月６日、小室家文書4434）

第四號
明治廿五年十一月十五日發行
（毎月三回五の日發兌）
埼玉新報
埼玉平民社

『埼玉新報』第４号表紙・小林清親図像⑧（明治25年11月15日、小室家文書4435－１）

第壹號
明治廿五年十二月二日發行
（毎月三回二の日發兌）
埼玉民報
埼玉平民社

『埼玉民報』第１号表紙・小林清親図像⑨（明治25年12月２日、小室家文書4435－２）

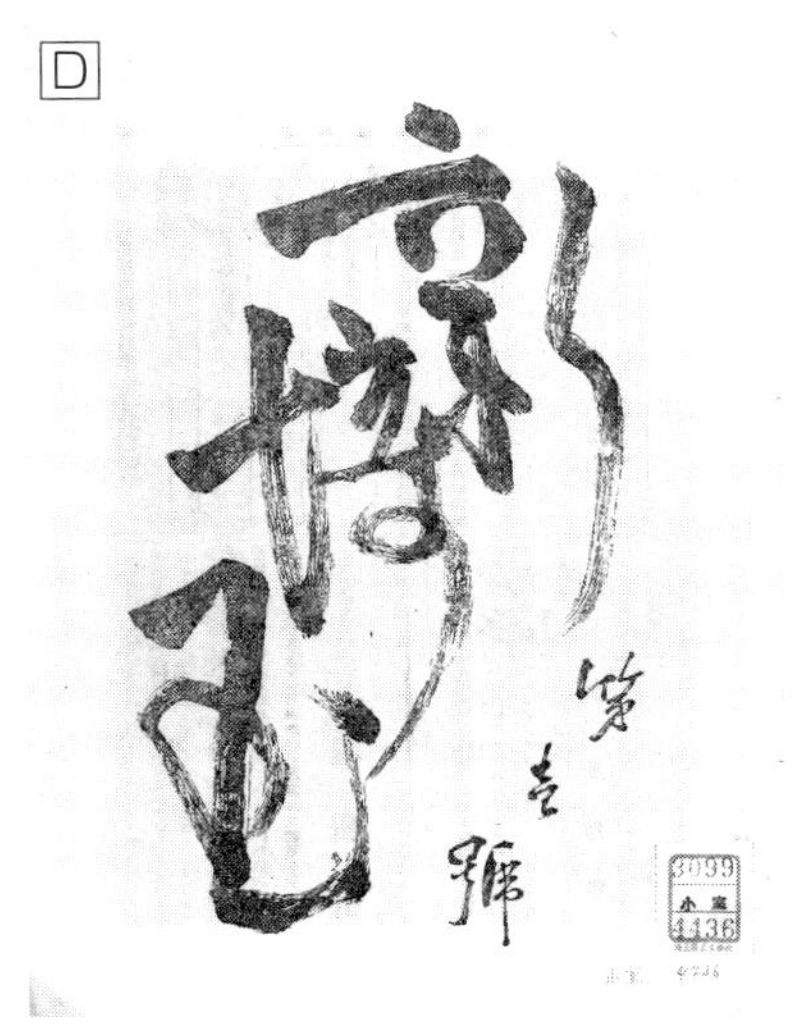

『新埼玉』第１号表紙（明治25年12月27日、小室家文書4436）

35―2）だけが、その前後の『埼玉新報』第三号（表紙A・4434）や『新埼玉』第一号（表紙D・4436）などと違って、文字表紙ではなく「竹槍席旗」図像を表紙に採用していて、その特異性が際立っています。埼玉平民社は、なぜ両号で「竹槍席旗」図像を表紙として採用したのでしょうか。その理由・意図はどのようなものだったのでしょうか。

以上のような問題関心から、第四章で触れた明治二十五年『埼玉新報』第四号と『埼玉民報』第一号の「竹槍席旗」図像を読み解いてゆきます。1では、埼玉平民雑誌社が発行する政論誌の系譜とその一貫した主張・姿勢を見てゆき、2、『埼玉新報』の論調変化と『埼玉民報』では、カウンター・デモクラシーの中で「竹槍席旗」文言・図像がセットとして取り上げられた意味を考え、3では、明治二十五年『埼玉新報』第四号（図像⑧）と『埼玉民報』第一号（図像⑨）を「竹槍席旗」図像の歴史の中に位置付けたいと思います。

1　埼玉平民雑誌社発行の政論誌の系譜とその一貫した主張・姿勢

◉埼玉平民雑誌社と政論誌の概要

第二回総選挙の際、埼玉県では内閣の意向に従い、知事久保田貫一（くぼたかんいち）、有田義質（ありたとしただ）警部長が選挙干渉を行いました。五巡査官吏侮辱被告事件公判からは選挙干渉の実態を具（つぶさ）に知ることができます。

埼玉平民社は、先行する埼玉平民雑誌社の『埼玉平民雑誌』創刊以来、相次ぐ（三回の）言論弾圧にもかかわらず『埼玉新報』・『埼玉民報』・『新埼玉』と誌名を変えながら、一貫した主張を堅持していました。その主張とは埼玉県民の幸福と安寧（あんねい）の増進、禍害と苦難の救済を目標とする平民主義と議員（代議士・県議会議員）と同胞諸君（県民）と『埼玉民報』の連帯（「同心一体」）、院外からの支援・注視・拘束でした。実際に院外から民党県議会議員を支援し、「県民運動」として行われた知事・警部長不信任（排斥）運動は、県民の幸福と安寧の増進、禍害と苦難からの救済を実現するためのものでした。以下具体的に見てゆきましょう。

◉埼玉平民雑誌社の立場・姿勢

埼玉平民雑誌社は、一八九〇（明治二十三）年十二月二日に発行した『埼玉平民雑誌』第一号の「発刊の辞」で、世間の新聞雑誌は言行不一致だと批判し、「苟くも独立不羈の一新聞、若くは一雑誌として自ら任し、其所説を公衆に表示せんと欲するものにありては、焉ぞ斯くの如き顰に倣ふへけんや」として、六点を上げて自社の立場・姿勢を明言していました。

主張を同じくする大井憲太郎が発行する『あづま新聞』の創刊は十二月十三日だから、十二月二日発行の『埼玉平民雑誌』が、いち早く平民主義や代議士専制に対する平民（県民）の院外活動の推進を公表・主張したことになります。

埼玉平民雑誌社の立場・姿勢とは、①政党の機関誌ではなく、如何なる組織の代弁でもない。②平民主義を確乎不抜の標準（埼玉平民雑誌社・『埼玉平民雑誌』・埼玉平民社といずれも「平民」文言を名称の中に入れていて平民主義を重視していた結果だと考えられる）として、③埼玉県民の幸福と安寧の増進、禍害と苦難の救済を目標とし、「独立不羈の一新聞、若くは一雑誌」をめざす。そのために④是々非々の姿勢で、⑤異論・異説（「真理を闡開するの一方法にして、輿論の製造なるもの亦此に存す」）を友とし、⑥諸説所論の当否を採択し、是非を論断する時は「能く視―能く聴き―又能く言はん」姿勢で書くので、その当否は紙面に質して欲しい、弁解はしないとしたのです。

続く、「社説」の「本県撰出の代議士に望む」では、一八九〇（明治二十三）年七月二十五日に制定・施行された「集会及政社法」第二九条を念頭におき、意識して書いています。政府が第二九条で「議員と議会外の民衆との連帯をたち切るために、政社は、議員にたいして議会における発言または表決について議会外において責任を負わせる規約」作成を禁止（井上清一九六六年：一〇〜一一頁）したからです。

すなわち、立憲政体は「準備の時代」が終わり「実行の時代」が来たとして、本県選出の代議士に五点を要望します。まず、①日本全国の代表者、我埼玉県下百万有衆の代議士として公義輿論を唱道すること。②帝国議会は「決して埼玉一県の利害を討議すべき所」ではないから「埼玉県下の利益を計れ、埼玉県民の幸福を進めとは望ま」ないが、選挙の際の選挙人との公約は固く守って、議会で実行することに務めること。③代議士と選挙人とは本人と代理人との関係に均しいから、選挙人の意志に従って自己の意見を述べることが「至当の順序」である。④政府が提出議案を通過させるためにさまざまな籠絡手段を謀るのは立憲政体に伴う通弊だから、それに陥らないようにせよ。陥ればその害は政党・政派に利用される比ではない（この項目は第一議会での政府による買収等を念頭においていると考えられる）。最後に、⑤諸君を信任しているから、その信任に背かないことを望む。埼玉県民百万は議事や傍聴筆記で注視し、代議士の態度如何によっては後援し、「栄誉ある代議士たるの称号を贈」り、強い味方にもなるが、敵にもなる（落選させる）ぞ、と締め括っています。

以上、『埼玉平民雑誌』第一号は、埼玉県民の幸福と安寧の増進、禍害と苦難の救済を目標とする平民主義とともに選挙人（県民）が県選出の代議士と連帯し、代議士の活動を院外から支援・注視・拘束していくことを主張しました。②・③・⑤は「命令委任」（強制委任）的発想です（杉原泰雄一九七一年：第二編第四章）。国民主権の下では「命令委任」は禁止され、自由委任となります。代表者は有権者の命令に拘束されずに、自己の良心のみに従い、有権者から自由に独立して行動することになります（松沢裕作二〇一三年：一二〇～一頁も参考になります）。以後、埼玉平民社は、三度の言論弾圧にもかかわらず、この主張を引き継ぎ、堅持することになります。

（1）第一回言論弾圧（民党側が選挙干渉の責任追及態勢を整え、運動が本格化した直後の『埼玉平民雑誌』号外への弾圧）

明治二十五年十月十六日発行の『埼玉新報』第一号「社告」によれば、明治二十三年十二月二日に発行された『埼玉平民雑誌』は、以来二四号と臨時緊急時事を報道する号外四号を発行しました。ところが明治二十五年八月二十三日発行号外（内田は未発見で、内容を確認できていません。どなたか所在をご存知なら教えてください）の記事が「治安に妨害ある者」と認定され、翌日突然内務大臣より発行停止を厳命され、未配布分は発売・頒布も禁止されました。そこで約二ヵ月後の十月十六日に改題して『埼玉新報』を創刊しました。

「社告」は、「諤論讜議」を掲げる『新報』の「主義精神」は、『埼玉平民雑誌』を引き継いでいると主張します。また、川上参三郎も「序言」で「彼の平民的精神に至りては固より不動磐石」とその主張の継続を宣言し、最後に、埼玉県内で他の政事雑誌新聞が発行されていない現状では「当新報は即ち我埼玉県の公用民報」であると自負しています。確かに民聲社が『埼玉民聲』を発刊するのは明治二十六年三月二十三日です。

（2）第二回言論弾圧（明治二十五年十一月十五日の県会開会日に合わせて発行した『埼玉新報』第四号への弾圧）

明治二十五年十二月二日発行『埼玉民報』第一号（表紙C）「社告」は、『埼玉新報』第四号が発行停止処分を受けたので、『埼玉民報』と改題して本日第一号を発刊したと記しています。

また、「雑報」の「平民社又訴へらる」によれば、『埼玉新報』編輯人西房穰・発行兼印刷人眞島福太郎は「官吏侮辱及ひ新聞紙條例違犯の廉を以て訴へられ」、十二月二十七日に官吏侮辱罪で眞島福太郎は重禁錮一月一〇日・罰金七円、西房澄園は重禁錮一月・罰金五円との判決が下されました。

『埼玉民報』は「発刊之辞」で、「新報の継続者たる我が民報」と後継者であることを自任しています。また、現行の新聞紙条例の下で、「先人の意志を継続する以上は亦其厄難をも継続するの止む事を得ず」と覚悟の程を記しています。

そして、すでにみた『埼玉平民雑誌』第一号の「社説」「本県撰出の代議士に望む」を一歩進め、自社も加え、県レベルで県会議員―同胞諸君（埼玉県民）―『埼玉民報』の三者を「同心一体」とし、県会議員と県民と『埼玉民報』

の連帯を標榜しました。そこから埼玉平民社の「三代相怨の讐敵」である久保田貫一知事が未だ在職（久保田非職は十二月三日、免官処分は同月二十三日なので、『埼玉民報』発行の十二月二日にはまだ在職していた）していて、「本社を睨視し且つ我が同胞諸君の面目を蹂躙」していると現状を述べました。そして「諸君は如何に彼れを処分せんと欲するか（中略）諸君は誰れと共に其の竹槍を揮り其席旗を翻さんと欲するか」と投げかけ、県会議員と『埼玉新報』はともに同胞諸君（県民）のために議会を解散され、発行停止処分を受けたのだから、埼玉県民は県会議員を再生させ、『埼玉民報』を保護する義務があるとしました。

この連帯の姿勢は、「発刊之辞」に続く「社説」「県会の解散」でも主張されます。すなわち、埼玉県会は「法律上内務大臣に解散させられたが、実は久保田貫一に解散させられたとします。知事が県会を解散するということは「実は県民を解散」することで、県民撫育の職にある久保田知事の口実は、「県会は県民の意志を代表せず」です。この知事の態度は甚だ遺憾であり、残念だが、「同心一体」の県会議員と県民と『埼玉民報』にとって「幸なり」です。なぜなら「議員の総撰挙は試金石として近々」実施されるから、有権者は前民党議員を再選し、彼らの功労、苦心を忘れず、姓名を記憶せよと（再選することは信頼していることの証である）。

さらに、天下の視線は埼玉県選挙人に注がれ、知事を放逐せよとの議論は全国県会に起ります。埼玉県会はその先陣であり、第一に打死しました。選挙で民党敗北なら、全国の県会に影響し、各県の県会を苦しませることになる。今や埼玉の選挙人の成り行きは全国民吏両党の勝敗に関係するから、選挙人諸氏はここに十分注意して「天下の模範」となれと要望したのです。

（３）第三回言論弾圧（明治二十五年十一月二十四日県会解散直後の十二月二日発行の『埼玉民報』第一号への弾圧）

明治二十五年十二月二十七日発行の『新埼玉』第一号（表紙Ｄ）「社告」は、『埼玉民報』が「又々発行停止」され、『新埼玉』を発刊したが、これは『埼玉民報』と「異名同物」であると記しました。

それに続く「社説」「銀林新任知事を歓迎す」で、『新埼玉』は新知事歓迎の姿勢を示しつつ、釘を刺していて、「社告」の「異名同物と思召」の面目躍如たるものがあります。「今や我百万の同胞は歓んで其禍福を閣下に一任」した。埼玉でも東京同様に「名誉と信任」を得られるような政治の継続を願っているので、「新見参の土産」だとして、次のように続けます。

選挙干渉の結果、知事と府県会との衝突は珍しいことでもないが、埼玉県会の運動は活発で、一際目立ち、「県会の解散と知事の非職も最も速に片付た」ので、県状は世間の注目を集めました。銀林知事と県民との関係は中央政府を始め天下公衆の一層注目するところだから、「我県民が果して乱を好む歟、将た平素忠順なるも治者其当を得ざるが為め事の遂に彼れに及びたるかを証明する」ためとして、過去の行き掛りを開陳し、知事が誤った原因を三点列挙します。

まず、①知事の県民への向き合い方・姿勢に問題がある。前知事は「我県民の性情を洞見する」力がなかった。前知事は、引責「退職すべきの要素を充分具備し」ていたが、埼玉県民が問題にしないのを良いことに、内務大臣の代理と心得て県民に接し続けたので、ついに県民も「激奮」（知事不信任・排斥）するに至った。次に、②埼玉県民が、奮激した最大要素は警察権の濫用である。前知事が辞めざるを得ない「原因の九分九厘」は警察の方針と「警察官其人を得」ない点にある。県民の意志は「二月の撰挙に於て弥二郎が命を強行せしものは盡く之を放逐」することである。だから県会が知事不信任の決議に警部長も加えたと。最後に、③埼玉平民社（『新埼玉』）は、次のように釘をさしました。「要之秘密は輿論政治の敵なり、県治上の事悉く之を公明にせよ、猜忌は親密の賊なり」、「必ず我県民及有志家を疑ふ勿れ（中略）、親切以て民に望み、公明以て自ら持せば、吾人は亦我県民と共に其徳に答へん」。くれぐれも「磊々落々たる」埼玉県民の思いを誤認するなかれ、と忠告しています。

2 『埼玉新報』の論調変化と『埼玉民報』―「竹槍席旗」文言・図像の関係―

◉『埼玉新報』の論調の変化と『埼玉民報』

明治二十五年十月十六日発行の『埼玉新報』第一号「県治論」では、再発行にあたり、以下の五点を掲げました。まず、①埼玉平民社の主張継承。「先人の遺志を継ぎ以て此難局に当り、不撓猛進して其目的を遂げ」たいと。次に、知事の失政（選挙干渉・不親切。埼玉平民社の言論による批判に対して知事は職権（腕力）を振りかざして、発行停止処分＝言論弾圧で応えたことを指摘）に対しても、②文明の戎器（言論・文章）で戦う県民と職権を振りかざす知事。代議制度（人民参政権）である以上、「乱りに竹槍席旗を陣頭に立る」百姓一揆的実力行使を「不法」であると認識し、そのような行為は行わず、それに代わって「文明の戎器」（コラム）である言論・文章で戦うことが「正々堂々」戦うことであり、県民はそのように戦っていると主張します。

コラム

「社友寄書」井上源賢稿「利器の変遷」

（『埼玉平民雑誌』第一号・明治二十三年十二月二日）

埼玉平民社の意見・主張ではありませんが、「社友寄書」井上源賢「利器の変遷」も同じ論調です。井上は、社会ダーヴィニズムの立場から、利害の場裏では生存競争・優勝劣敗で、野蛮未開の時代では、「競争は総て腕力により、勝敗は総て腕力の強弱に決」した。**日本では神武から「維新の明治に至る**

まで、国民に政治上言論の自由なきを以て、勝敗を決するには腕力に據にあらずんば他に道なきなり」。フランス革命・ナポレオン・米国独立戦争なども同様である（太字は内田）。しかし「**立憲代議時代に進みては、勝敗を決するの利器は常に言論にして**国民は政治上に於て言論自由の実権を有し、其包懐する処の思想を政治上に発表し。其言論の優劣を試み、其勝敗を決せさる可からず（中略）人事百般の利害に関するものは、皆な言論の優勝劣敗の作用に制せられさるものなし」と、**時代は腕力から言論へ転換した。すべては「言論の力」による。**「立憲代議制度は、言論の時代、辨雄の旅路（中略）言論の時代に処し、辨雄の旅路に優勝の道を求むるには、健全の腕力に依り、**鋭利なる言論の術を講し、以て強敵に向はさる可からす**（中略）**言論の戦場**に於ては、音声の高低、体度の調子は感情を動かし、言論の正格鋭利（規則に正しく当てはまっていること。才気が鋭いこと）は、理想を支配するものなり、言論の優劣は道理の勝敗を決す、豈に斯の道を講せすして可ならんや」としています。自由民権運動の拠り所となった考え方でした。

ところが「知事は職権の上（中略）頻りに警官をして其演説を中止せしめ、其集会を解散せしめ、果ては其文章の発行を停止し、且つ発売頒布をも禁」じました。今や知事に敵する者は百万県民の九割以上、代議士六名・県会議員三七名が先鋒で「撰挙民は手を挙げ声を揚げて之を援助」していると、代議士を選挙民（県民）が支援し、両者が連帯していることを指摘しています。そして県民を諭すことが出来ず、このような紛擾の状況から判断して「知事たる者実に其器にあらざるなり」と久保田は知事の器ではないことを指摘します。

そして、③知事の責任と県民の責任。県民が訴えることは数多くありますが、「彼の撰挙の干渉こそ実に重きを占」

めています。品川前内務大臣は九州の演説で、「充分干渉した」と言っているのだから、知事が命令を受けたのは明らかです。選挙干渉は非法、憲法を蹂躙するものとした上で、選挙干渉（松方）・非干渉（伊藤）両内閣の下での知事続行の矛盾を指摘しました。

一方、県民の立場から不信任運動を評価するとともに、県民が「進んで県治を革新」しようと運動を起こし、長期継続していて、県民は「其責に任」じているとしました。他方「知事将た何を以て其責を塞がんと欲する耶」と知事の責任の取り方を問いました。

さらに、④郡村惣代の決議＝郡村の惣代二千名は「其責に任する」ため大宮公園に会し、「本年の通常県会は予じめ解散の覚悟を以て飽迄も其運動に従事すること。県会解散の場合に於ては前議員（不同意者三名を除く）を再撰せしむるに尽力すべきこと」の二つの決議を行いました（十月五日の知事・警部長排斥政談演説会と有志大懇親会）。

これらを受けて「県治論」の最後で、⑤知事への忠言。知事が進退を決めないと本年の通常県会は一大騒擾となる。これは「一県の不幸」の極みである。雑誌の停止・演説の解散は、紛擾を増すに過ぎない。「知事として他に施すべきの策なき耶、知事其れ少しく省る所あれ」と忠告しています。

『埼玉新報』は一ヶ月前に、第一号（同年十月十六日）の「県治論」で「吾人は敢て叨りに罪を知事一人に帰するを好まず、代議政の民たる以上は県民も亦幾分の責めを免る可からさるを知る、然りと雖も彼等（県民）は乱りに竹槍席旗を陣頭に立るの不法を行はず、正々堂々言論に、文章に、則ち文明の戎器を利用して以て戦へり」と実力行使である竹槍席旗を「不法」と断じ、言論・文章＝文明の戎器で戦うとしていました。しかし一ヶ月後の第四号ではこの方針を一八〇度転換しました。県議会による知事不信任決議という前代未聞の対決姿勢を前にして、このような重大問題を議員に一任するなとして、県民に百姓一揆（「竹槍席旗」）的結集を呼びかけたのです。『埼玉新報』第四号の記事には「竹槍席旗」文言は使用されていませんが、百姓一揆（「実力に訴えること」）的結集を呼びかけたのであり、その主張（内容）とそれに相応しいものとして最も体系的な「竹槍席旗」図像を表紙に採用した（表紙B・図像⑧）のです。続く『埼玉民報』第一号でも「諸君は誰れと共に其の竹槍を揮り其席旗を翻さんと欲するか」とする記事とともに表紙に「竹槍席旗」図像を採用しました（表紙C・図像⑨）。

埼玉平民社（埼玉平民雑誌社を改称）は、政論誌『埼玉新報』第四号と『埼玉民報』第一号紙上で、この「竹槍席旗」文言と「竹槍席旗」図像を絡ませセットで、一体のものとして提示しました。

●言論から腕力へ一八〇度方針転換

②に関して、明治二十五年十一月十五日、県会開会日に合わせ発行日を一日早めて発行された『埼玉新報』第四号になると、十八日の辞職勧告決議を目前にして結集を呼びかけ、連帯・院外支援を行うなど、記事の論調が大転換します。すなわち、県知事不信任案（辞職勧告決議）の上程にあわせ、このような重大問題を議員に一任するなとして、百姓一揆（「竹槍席旗」）的結集を呼びかけたのです。『埼玉新報』第四号は巻頭の「上久保田県知事書」に続く「雑報」で「**大ひに浦和に集会すべし**」と題して次のような文章を掲げました。

「我県民は斯る重大なる問題を単に議員諸君にのみ一任すべからず応さに大ひに庁下に集り以て之れか応援を為すべしその宿所の如きは（中略）玉蔵院に本陣を設け各村一名づつの総代は常詰員として茲に宿泊屯集すべし而して会議の開らくる時刻を期し鐘を打鳴らして以て傍聴の為め一斉に議場に進むべし　**但し　槍　鉄砲　等は法律に憚りあれば必ず之を携ふべからず**（「集会及政社法」第一〇条「凡ソ集会ニハ戎器又ハ兇器ヲ携帯シテ会同スルコトヲ得ス」を意識した但書きです：内田）併しながら今日の警察官は彼の二月の総撰挙に於ては暴力を以て褒賞せられたる（現に昇等したる巡査あり）人多ければ今回の如きも随分得意の暴行を我良民に加ふる哉も計られず故に　**護身の為め仕込杖短銃**　等は可成用意せらるへし、彼れ若し無法にも暴行を加ふるあらば天賦の正当防衛権を以て**＊＊＊＊＊＊＊**すべし　又は奔走者を派遣し　**全県の力を合せて**　違約者を失敗せしむ可し」（＊は伏字部分）と県民へ百姓一揆的結集を呼びかけ、県民はそれに応えました。

このように『埼玉新報』第四号の記事には「竹槍席旗」文言は使用されていませんが、「大ひに庁下に集り以て之れか応援を為すべし」と県民へ百姓一揆（「竹槍席旗」）的結集を呼びかけたのであり、その主張（内容）と表紙の「竹槍席旗」図像Bの表現するところは一致します。記事内容が県民の力を結集して、実力行使によって知事の辞職勧告（不信任）議決を応援・支援し、要求実現をはかろうとするものでした。言論（文明の利器）による責任追及から一八〇度転換し、衆の力を結集して、要求を実現しようとしたとき、今からやろうとしていること（「実力に訴えること」）は江戸時代の百姓一揆、現在普及・定着している「竹槍席旗」と同じことだから、『埼玉新報』第一～三号までの『埼玉新報』という活字の表紙に代えて、「竹槍席旗」を明示するような図像を掲げたのです。記事内容に相応しいものとして、「実力に訴えること」の意味で「竹槍席旗」図像Bを表紙に採用したのです。

すでに第二節1（2）（本書三五五頁）で考察したように、『埼玉新報』第四号（表紙B・図像⑧）が言論弾圧され、明治二十五年十二月二日に『埼玉民報』と改題し第一号（表紙C・図像⑨）が発行された。「社告」・「発刊之辞」・「社説・県会の解散」と続きますが、「発刊之辞」では県会議員―同胞諸君―埼玉民報と同心一体と県会議員と選挙民の連帯を標榜し、それを拠り所として同胞諸君に「誰れと共に其の竹槍を揮り其席旗を翻さんと欲するか」と投げかけたのです。ここでは「竹槍席旗」文言使用も含め、記事内容と竹槍席旗図像C採用の意図は一致しています。第三回目の言論弾圧のあと『新埼玉』第一号が発行されます。

こうして第四章第二節（本書三二三頁）の（18）十一月十五日『竹槍席旗』図像（『埼玉新報』第四号。表紙B。第四章第一節の図像⑧）と（19）十二月二日『竹槍席旗』図像（『埼玉民報』第一号。表紙C。同じく図像⑨）が両政論誌の表紙に採用されたのです（内田満二〇一四年）。

3　明治二十五年『埼玉新報』第四号と『埼玉民報』第一号の「竹槍席旗」図像について（「竹槍席旗」図像の歴史）

本書で「竹槍席旗」図像とは、第二章で述べたように近代になって「実力に訴えること」の意味で「製造」された「竹槍席旗」文言を図像化したものとします。「竹槍席旗」文言の普及・拡大の過程でその意味内容は変化し、最終的には「百姓一揆」に定着し、そのようなものとして図像が描かれる場合が多くなります。

管見によれば、**表9「竹槍席旗」図像一覧**に掲げたとおり、近代に描かれた「竹槍席旗」図像は、明治二十五年までに九例を数えます。すでに第Ⅰ部で見たように、一九八〇年代以降の現代近世史研究の近世百姓一揆に関する得物論・作法論の成果である出立・得物・鳴物・旗物などの観点から、これらの「竹槍席旗」図像を読み解き、その概要について記すと、次のように言えると思います（内田満二〇一四年）。

◉図像①『莚帆船の動揺』〔一八八一（明治十四）年三月二十六日「團團珍聞」第二〇四号。本書では北根豊監修・山口順子解説・山崎英祐編『團團珍聞　全二十四巻』本邦書籍株式会社一九八一年〜を使用します〕。

『莚帆船（むしろほふね）の動揺』は、目次「雑報」欄に「莚帆船の動揺（群馬騒擾）」とある楫取県政（県庁移転問題・中野秣場騒動）に関わる一頁分の風刺画と詞書の記事です。

県庁移転問題とは、一八七六（明治九）年八月二十一日の「第二次群馬県」成立後に起った高崎・前橋間の県庁移転問題のことです（山田武麿一九七四年・一九三頁。前橋市史編さん委員会編一九七八年・九〜三九頁。同『同第七巻』、一九八五年・四一一〜五一頁。群馬県史編さん委員会一九八七年・一三五〜五一頁。高崎市市史編さん委員会編一九九五年・二八八〜三一九頁。同二〇〇四年・七〜一三頁）。当初県庁は高崎に置かれましたが、すでに明治五年一月に旧高崎城が兵部省管轄となり、県庁各部署が分散せざるを得ず、業務不便から前橋への県庁移転が浮上しま

表9 「竹槍席旗」図像一覧

NO	年代	「竹槍席旗」図像	出典	関連事項	備考
①	1881(明治14)年3月26日	「莚帆船の動揺」	『團團珍聞』第204号	群馬県県庁移転問題 群馬県中野秣場騒動	「地這ふ井の水火急を救ふ」同第205号も参照
②	1881(明治14)年4月午の日	『榛名山朝朗箕輪村夕霞蓆籏群馬嘶』表紙三枚続	『榛名山朝朗箕輪村夕霞蓆籏群馬嘶』第1編上中下表紙	群馬県中野秣場騒動	国会図書館デジタルコレクション特42—901。小西四郎一九七七年・五四頁、最上段の図
③	1881(明治14)年4月午の日	『榛名山朝朗箕輪村夕霞蓆籏群馬嘶』	『榛名山朝朗箕輪村夕霞蓆籏群馬嘶』初編	群馬県中野秣場騒動	国会図書館デジタルコレクション特42—901
④	1886(明治19)年10月中旬	『蓆旗群馬嘶全』表紙	『蓆旗群馬嘶全』	群馬県中野秣場騒動	国会図書館デジタルコレクション特10—722
⑤	1886(明治19)年10月中旬	『蓆旗群馬嘶全』巡査と戦う伊勢松	『蓆旗群馬嘶全』78・79頁	群馬県中野秣場騒動	国会図書館デジタルコレクション特10—722
⑥	1883(明治16)年6月3日	『高峯廼夜嵐』第14回挿絵	『土陽新聞』第225号	土佐「脂取り一揆」(血税反対一揆)	明治新聞雑誌文庫蔵(高知県立図書館)
⑦	1891(明治24)年1月3日	「埼玉群馬の一揆」	『雷新聞』第172号付録「国会壽語録」	群馬事件・秩父事件	明治新聞雑誌文庫蔵
⑧	1892(明治25)年11月15日	『埼玉新報』表紙	『埼玉新報』第4号	知事・警部長不信任(排斥)運動	小林清親。埼玉県立文書館蔵(本書図⑧)
⑨	1892(明治25)年12月2日	『埼玉民報』表紙	『埼玉民報』第1号	知事・警部長不信任(排斥)運動	小林清親。埼玉県立文書館・明治新聞雑誌文庫蔵(本書図⑨)

した。前橋の生糸商人らが県庁誘致運動を起こし、「第二次群馬県」の初代県令である楫取素彦がこれに応じ、明治九年九月に仮庁舎を前橋に置きました。

これに対し高崎町民は猛反発し、九月二十九日に嘆願書を提出しましたが、即日却下されました。楫取県令は高崎まで出向き、地租改正事業が終了した段階で、高崎に県庁を新築すると約束し、在任中は破約はないとした上で郊外の赤坂村に県庁を新築することを決めました。しかし、一八八〇(明治十三)年十一月十一日に楫取県令は改めて前橋を県庁とする伺書を内務卿松方正義に提出し、明治十四年二月十六日の太政官布告によって正式に前橋に決定しました。

高崎町民は憤激し、「約束が違う」と抗議し、説明を求めました。県の対応は、約束したわけではない、県庁位置決定は政府の仕事であり県の裁量は及ばないというもので、こうした県の態度は、高崎町民の怒りに油を注ぎ県庁移転反対運動が起こりました。

おりしも次の図像②で見るように、明治十三年十一月に一旦和解が成立した榛名山中野秣場騒動が明治十四年三月に再燃し、県の処置に正面から抵抗し竹法螺を吹き、寺の鐘を撞き千人単位の農民が集合し、県の処置の取り消しを訴え、いつ県庁へ押し掛けるかもわからない情勢でした(前橋市史編さん委員会編一九七八年:一二六〜七頁)。県庁移転反対運動と時期的に重なったのです。

さらに、県庁移転反対運動は民権運動と連動して展開されました。明治十二年四月に結成された有信社は高崎藩士族を中心に宮部襄を盟主として、民権運動の高まりの中で、明治十三年四月結成の国会期成同盟に呼応し、国会開設請願運動のために県下有志に呼びかけ「上毛有志会」の名で国会開設の願望書を決議、政府に提出しました。群馬県における具体的な行動の最初でした。上毛有志会本局は高崎通町の大信寺に置かれました。この有信社員の伊賀我何人・深井卓爾ら多くが県庁移転反対運動の惣代になり、大信寺は県庁移転反対運動の仮本局にもなりました。

こうした状況の中で、三月二十六日『團團珍聞』第二〇四号は、『莚帆船の動揺』を掲載しました。

その後、運動は七月から盛んに県への働きかけを行いました。七月二十二日惣代は県庁に出向き、七カ条の「口上書」を提出し（前橋市史編さん委員会編一九七八年：二八～三〇頁）、楫取県令に面接を求めましたが、楫取は病気を理由に面会を拒否しました。八月に入り質問書・懇願書・嘆願書など高崎町民からの働きかけがすべて却下されると、高崎町民は方法を変え、八月十・十一日に住民パワーを結集して県庁に押しかける作戦（「実力に訴えること」）に出ました。事前になされた二種類の「申合」のうち全五カ条の「申合約定」を見ると、過激粗暴な行動は厳禁。進退は伍長委員の指揮に従う。大声・私語禁止。哀願徹底するまで粘り強く運動し、前橋を退かない。禁酒、「右ノ条件銘々確守スベキ事」という内容で、実際に整然と行動したといいます（前橋市史編さん委員会編一九七八年：三一頁）。「大概一戸一人位前橋ニ出テ」と動員がかけられたのです。江戸時代の百姓一揆なら十五歳以上六十歳までの男子一戸一名の参加強制だったはずです。『柴田日記』によると、八月「十日午後二時位ゟ高崎人民四千人ほど前橋県庁へ出願の筋有之、無拠出頭いたし候（中略）当家ゟ代人として谷口末作ヲ遣使」（高崎市立中央図書館 市史担当編、二〇一六年：二〇九頁）ています。皆わらじを履き腰に弁当をぶら下げ、前橋に着くと町中を多勢で歩き回り、示威行動を行いました。指導者は有信社の伊賀我何人です。その夜は前橋の七つの寺院に分宿しました。翌十一日朝、約千人の高崎町民が県庁に集まりました。楫取（かとり）県令はこの日も会わず、県職員が面会しました。県は、総代がいるにもかかわらず、大勢で押し出して来るのでは総代の資格がない。これからは惣代として認めないので、交渉はできないと拒否しました。こうして県は、県庁移転問題を、惣代として認めるか否かの問題にすり替えてしまいました。

しかし、この押出しは県に相当な危機感を与えました。内務省への報告はもちろん、警保局・熊谷裁判所前橋支庁・前橋電信局へ報告しています。なかでも陸軍省の高崎衛所司令官に「目下頻リニ県庁ニ迫リ候趣ニテ、自然暴挙ニ及警察官ノ力ヲ以テ鎮圧難相成節ハ、出兵相成度段該県令ヨリ高崎営所へ照会越候」（群馬県史編さん委員会編一

本多錦吉郎『莚帆船の動揺』（「團團珍聞」第204号、明治14年３月26日）

九八七年：二四八頁）と、県と高崎町民との間は軍隊の力を借りなければならないほど険悪な状態になっていたのです。

総代問題は、裁判闘争になり東京控訴裁判所で審理され、翌明治十五年三月七日高崎住民は敗訴し、県庁は前橋に確定しました（高崎市市史編さん委員会編二〇〇四年：二二～三頁）。県庁移転問題は、その後大正五年・大正十四年の二度高崎への誘致運動が展開されましたが実現しませんでした（石田和男二〇一二年：二二〇頁）。

以上の経過を念頭に置いて、明治十四年二月十六日の太政官布告後の、三月二十六日『團團珍聞』二〇四号に掲載された「莚帆船の動揺」を見てゆきましょう。まず、図像では、荒れた海に蓑笠姿で竹槍・莚旗を持った五名と山高帽と洋服姿の一名が乗った莚帆船が一艘、波に翻弄されています。莚帆には黒馬が描かれ、この船（「郡馬」）が群馬県であることを示しています。洋服姿で「説諭」と書いてある楫を持って転倒しているのは県令楫取です。蓑笠姿の五人は高崎町民・入会村民たちだと考えます。絵師は署名がありませんが、『團團珍聞』に時局風刺画を描いたのは、明治十三年三月から明治十五年八月までは本多錦吉郎が、明治十五年八月から明治二十六年七月までは小林清親が担当した（清水勲一九九一年：五六・六四頁。清水勲二〇〇七年：六八・七〇頁）ので、本多錦吉郎と考えます。

次に、詞書を見てゆきましょう。詞書（添書き）には「楫の取り様が気に食ぬから船頭の令に構ハず莚旗ドツコイ帆を揚げ竹槍の様な船棹で押おせ押せオット外楫を取りそくなッたか郡馬を廻すのなら一人の男だと言れて居たに」とあります。「楫の取り様が気に食ぬから船頭の令に構ハず」は、楫取県令が約束を守らず、太政官布告で県庁を高崎から前橋に移動が決定してしまったから、気に食わないので県令の命令に従わず、筵旗の帆を揚げて竹槍の様な船棹で押せ押せと「莚旗ドツコイ帆を揚げ竹槍の様な船棹で押おせ」と高崎町民が示威行動・実力行使（「実力に訴える」）に訴えました。すると、楫取県令は「オット外楫を取りそくなッたか郡馬を廻すのなら一人の男だと言れて居たに」と、群馬を切り回す（治める）第一人者と言われていたのに、楫を取り損なってひっくり返えっている様子が描かれています。約五カ月後には高崎町民の示威行動・実力行使は現実となりました。『團團珍聞』は地方政治にも目配りし、事態の推移にもなかなかの先見性を持っていることがわかります。

「第二次群馬県」初代県令は楫取素彦で、一八七六（明治九）年八月二十一日から明治十七年まで在任し、元老院議官に転任しました。楫取は長州出身で、妻の美和はNHK大河ドラマ『花燃ゆ』（二〇一五年）の主人公杉文（実兄・吉田松陰）でした。「難治県」といわれた草創期の群馬県政、とくに産業、教育面などに力を注ぎ、群馬県の基礎を作り「名県令」といわれました。高崎町民にとって、その楫取県令が県庁問題では舵取りを違えたということで「竹槍」・「莚旗」が持ち出され「実力に訴える」形で県庁移転反対運動が行われる様子の記事です。八月になってこれは現実化しましたが、事前の「申合せ」を読むと「竹槍」・「莚旗」は持参しなかったと考えられます。

後述するように、中野秣場騒動では開発中止要求を拒否された入会村民三万余が、竹槍等を携え入会権の奪回を目指し実力行使に及んだのですから、図像①が描かれるきっかけとしては、こちらの可能性が高いといえるでしょう。

この詞書の作者はわかりませんが、挿絵は本多錦吉郎と考えます。『團團珍聞』が地方政治（群馬県県庁移転問題）・新政府反対一揆（中野秣場騒動）にも目配りし、その上先見性があることがわかります。また次に取り上げる参考事例（次号）でも図像化の試みを行っています。それを継承したのが小林清親だと考えます。明治十四年の『團團珍聞』の地方への関心の高さは、明治二十五年の埼玉県議会の知事・警部長不信任（排斥）運動にも関心・目配りがあった可能性を想定することができると思います。

（参考事例）一八八一（明治十四）年四月二日『地這ふ井の水火急を救ふ』

（一八八一（明治十四）年四月二日『團團珍聞』第二〇五号）

参考事例として取り上げます。目次「雑報」で「地這ふ井（地方税）の水、火急を救ふ（地方税で財政窮乏を補う）―絵」と説明を付した一枚の絵と詞書の一頁記事です。この記事も詞書の作者は不明ですが、絵は図像①同様に本多錦吉郎と考えます。詞書は「一ばん澤山わき出す水の手ハ此處だから火の附て来たとこが有なら何處でも彼處でも此處から汲出して掛ろ掛ろ。「しかし餘り汲出したら底の方から莚旗の沈んだのや竹槍の先が出て来てハしまいかなア」とあります。

図像では、土蔵が火事になって、山高帽をかぶった洋服姿の七名が描かれ、うち二人名は山高帽が脱げてしまったのか被っていません。彼らは官員（官吏・役人）でしょう。三名は井戸から水を汲み上げて、木桶に移し、四名は火に向けてその水を掛けて消火に当たっています。大慌てです。山高帽が脱げるわけです。

目次と詞書を見てゆきましょう。目次がとても重要なヒントになりました。明治十四年には、「地這ふ井（地方税）の水、火急を救ふ（地方税で財政窮乏を補う）」、つまり火事の時は井戸の水が役立つように、財政窮乏の時は地方税で補う（役立つ）。例えば、明治十三年十一月（太政官布告第四八号）の土木補助（国庫補助）を明治十四年度から廃止することによって、国費負担を地方に転嫁すれば済みますが、地方財政は苦しくなっていきます。そこで、下段の詞書が活きてきます。「一ばん澤山わき出す水の手ハ此處だから」と何でも地方税に転嫁していけば、「しかし餘り汲出したら底の方から莚旗の沈んだのや竹槍の先が出て来てハしまいかなア」と地方税に頼り切って、住民への負担が増加すれば、井戸の底に沈んでいたこと（ちょっと鎮静化している「実力に訴えること」）が実行に移されて、かつての百姓一揆や新政反対一揆のような農民の「実力に訴えること」が起こらないかなア、と警告しているのです。さらに松方財政・松方デフレ政策がのしかかってくるわけですから、困民党（負債農民騒擾）運動や激化事件が起るわけです。

これは図像①が掲載された『團團珍聞』第二〇四号に続き、一週間後の第二〇五号に掲載されたものです。「莚旗」や「竹槍」文言が使われていますが、まだ図像の中では「莚旗」も、「竹槍」も描かれていませんが、この二つの「雑報」記事を見ると、『團團珍聞』やこの風刺画家本多錦吉郎が「実力に訴えること」＝「竹槍席旗」を図像化する試みを行なっている様子がわかります。

◉『榛名山朝朗箕輪村夕霞蓆籏群馬嘶』（一八八〇、八一（明治十三、四）年の榛名山中野秣場騒動を素材とした合巻タイプの三編各上中下全九冊本）

中野秣場騒動とは、群馬県で明治九年の地租改正の際に起こった、林野の官民有区分に関連した秣場の入会権をめぐる騒動です。秣場の利権をめぐる関係町村間の利害対立だけではなく、より根本的なものとして明治政府の富国強兵・殖産興業政策の一環として建築・造船用の木材確保、すなわち官林の保護・拡大と植林奨励は、明治六年荒蕪地不毛地並官林払下停止の太政官布告以降一貫した政府の方針であり、これを忠実に実行した県当局の林野行政と近世以来続く入会慣行（利用権）継続を求める入会村々の対立から起こった騒動でした（清水吉二一九八四年：三六八頁）。

江戸時代より榛名山中野秣場の広大な原野では、山麓八二カ村組合〔土屋喬雄・小野道雄編一九三一年：四四頁では八二カ村。山田武麿一九七四年：二〇一頁では八一カ村。清水吉二一九八四年：三六九頁では八三カ村、村数は時期によって変動がある。注（3）参照〕の入会地として、肥料（夏草・落葉など）を主として、薪・木の実・茸などの山の幸を共同で利用する慣行が行われてきました。地租改正ですべて官有地になった時に、組合内の小グループの権利の差は一応解消し、村々は秣税金を払って引き続き「公有地」として認識し共同利用していました。

明治十一年に部分木条例（植林した樹木＝「部分木」の収益を県と分収する）が公布され、松之澤村が楢・柏の植林のために、組合内に反対があるにもかかわらず拝借願を提出し、明治十二年一月に四八町歩余の貸下げが許可され、これに植林し、他村の出入りを禁止したことがその発端でした。明治十三年十月六日・十三日の二度にわたって、関係村民が部分木地に入り、秣刈取り・雑木伐採したところ松之澤村民に発見され、「無情なる処置を受けたので」、同月十五日早朝、五千人が集まり、「我等の行動に、反対ケ間敷言動をなす者あらば、捕へて惨殺せん、撃ちて殺さんと口々に罵り、鯨波を挙げて、松之澤の部分木地に闖入し、手当たり次第に林木を伐採した」。この時は、十一月五日に和解が成立しました。

明治十四年一月、県は改めて、中野秣場を官有とするので秣税金上納は不要であること、植林・開拓・秣の三種を条件に土地を貸し下げることを通知しました。このため「該原野は入会村々秣不足のため必要不可欠なもので今更開拓の企ては」止めるように要求したが、拒絶されました（土屋喬雄・小野道雄編一九三一年：四五頁）。

この結果、明治十四年三月五日を決起（「私伐断行」）の日とし、滿行社（榛名山神社のこと。滿神社：『蓆旗群馬嘶』四四頁）に農民一千余人が集まり、「竹槍を作り竹法螺を吹き大に気勢を挙げ」、さらに「各村々十五歳以上の者は、何れも鎌、鍬、鉈、竹槍等を携へ、集まるもの無慮三萬人」が、既得権（利用権）の奪回を目指して決起しました。この秣場（入会山）騒動を題材とした『蓆旗群馬嘶』には二つの類書が確認できます。

梅堂國政『榛名山朝朗箕輪村夕霞蓆籏群馬嘶』の三枚続き絵
（明治14年：早稲田大学図書館蔵）

◉図像②『榛名山朝朗箕輪村夕霞蓆籏群馬嘶』の三枚続き絵
（早稲田大学図書館蔵。手近なものとして、小西四郎『錦絵　幕末明治の歴史⑨』講談社、一九七七年A：五四頁、三枚続き最上段の図。明治文化研究会編一九六七年がある）

これは後述の図像③が掲載された「国立国会図書館デジタルコレクション特42―901」と同じ作品です。文章は同じですが、挿絵は大半が省略されています。初編は明治十四年四月午の日、第二編は同年四月下旬、第三編は同年仲秋刊です。著者は彩霞園柳香、画は梅堂國政〔歌川国貞（三代目）・一寿斎国政（四代目歌川国政）〕で、金松堂が出版しました。第一～三篇からなり、各編上中下の三冊に分かれています。この三冊の表紙を右から順に上中下と横に並べると、三枚続きの一場面が出来上がるように構成されています。

第一編の場面（小西四郎一九七七年A：五四頁、最上段の図）は、右（巻上）に、両刀をさし、床机（折りたたみ椅子）に座り指図している人物、その背後に丘を隔てて、竹棒（竹槍？）に縄で縛った蓆旗が一枚、その右に蓆籏が一枚、竹槍が九本、蓑笠姿の五人が描かれている一揆勢が見えます。左（巻の下）には、蓑姿で鉢巻きを締め、刀を指し、右手に笠、左手に竹槍を持ち、服は野良着ではない（侍風の）人物が描かれています。その背後には一揆勢に向かい馬に乗った指揮官と思しき人物と徒歩で警棒らしき物を担いだ列（警官・鎮圧勢）が描かれています。中央（巻の中）には、床机に座る人物の前で、鉢巻を締めて、刀を指し、左手に一枚の紙を持った野良着姿でない人物が膝をついて指示を受けている感じです。この三名は一揆の指導者と思われます。

明治十四年四月の作品ですが、初編「巻の上」では出だしから「近くは越後の月岡帯刀（たてわき）のごとき其他紀州の兒玉、三重、茨城、福岡抔の農民暴動に至りては何れも政府に抗じて不軌（ふき）を企謀（くわたつる）の奸悪（かんあく）なり」と地租改正反対一揆（新政反対一揆）は、すでにマイナスイメージで書かれています。

第初編巻の下に「竹槍蓆旗」文言が一カ所使用されています（明治文化研究会編一九六七年：二九頁）。

梅堂國政『榛名山朝朗箕輪村夕霞蓆旗群馬嘶』
（国立国会図書館デジタルコレクション特42－901）

◉図像③『榛名山朝朗　箕輪村夕霞　蓆旗群馬嘶』（国立国会図書館デジタルコレクション特42－901）

明治十四年四月刊行の彩霞園柳香著・梅堂國政画・金松堂刊行の『榛名山朝朗　箕輪村夕霞　蓆旗群馬嘶』は、初編の表紙（図像②でみた三枚続きの右床机に座った人物が描かれている）をめくると、竹槍に書名『蓆旗群馬嘶第一編　上之巻』を書き付けた蓆旗（旗物）を差したもので、蓆旗の下に人は法螺貝（鳴物）を配しています。

物は描かれていません。八～九丁に一揆勢の挿絵がありますが、あまり緊迫感は感じられません。蓑笠・鉢巻・野良着姿（保坂智氏の「常態の出立」・「常日頃の服装」）の百姓が鋤・くるり棒などの農具や竹槍を持っています。二本の丸太で橋が架けられ、対岸に描かれているのは樹木でしょうか。九丁に馬に乗る指揮官と思しき人物を中心に警官（「警部巡査」）勢が描かれています。「弐編上の巻」の表紙は凧揚げの凧に「蓆旗群馬嘶」の字が書かれ、「弐編巻の中」の前頁には座繰りが描かれています。また「弐編巻の下」の前頁に囲炉裏に薬缶（やかん）がかかり、薪が燃えています。その傍にあるのは莚？何だかわかりません。「巻の下」五丁の女性の足元のところに「竹鎗蓆旗」文言があります。

◉図像④『蓆旗群馬嘶　全』（国立国会図書館デジタルコレクション特10－722）

『蓆旗群馬嘶 全』（明治19年：国立国会図書館デジタルコレクション特10－722）

図像④は、明治十九年十月中旬に出版されたもので、彩霞園柳香著・発売元は金松堂ですが、絵師は明記されていません。全八十八頁「西洋綴全一冊定価七十銭」でした。表紙中央には竹棒（竹槍）に「蓆旗」がしっかり括り付けられ、中央に書名『蓆旗群馬嘶全』が書かれています（「蓆」の両脇に小さく右に「榛名山朝朗」、左に「箕輪村夕霞」と書いてあります。本文七頁の表題には『蓆籏群馬嘶』とあります）。旗の後ろ下に蓑・鋤・笠、

『巡査と戦う伊勢松の図像』
（明治19年・国立国会図書館デジタルコレクション特10－722）

その左後方に煙が立ち上る焚き火が描かれています。この図柄は図像⑧・⑨の原型・ヒントになった可能性を考えたくなるような作品ですが、確証はありません。人物が描かれず、動きを感じさせるものは煙だけで、全体的に静態的な印象を受けます。十二～三頁には蓑笠・鉢巻姿や「常日頃の服装」で鋤や竹槍を持つ一揆勢が、川には平らな板橋が架けられ、対岸には図像③の九丁同様に馬に乗る指揮官と思しき人物（八〇頁に「石川警部ハ馬上にて」とある石川警部か）を中心に警官（鎮圧）勢が描かれています。

◉図像⑤ 巡査と戦う伊勢松の図像

国立国会図書館デジタルコレクション特10－722『蓆旗群馬� 全』の七十八～九頁には、巡査と戦う伊勢松の図像が掲載されています。図像右上には「金剛寺の境内に伊勢松大に暴をふるう」とあり、右画面（七八頁）に、鉢巻・襷姿で刀を差し、巡査を竹槍で突いている伊勢松と、その竹槍をサーベルで受けている巡査が左画面（七九頁）に描かれています。伊勢松る巡査が左画面（七九頁）に描かれています。伊勢松右足もとに転がった鋤が描かれ、巡査は右足で表紙に

『高峯廼夜嵐』(『土陽新聞』第225号、明治16年６月３日：明治新聞雑誌文庫蔵)

あったような竹槍に結ばれた「蓆旗」を踏みつけています。(日本近代史研究会編一九六三年：二七頁に同じ表紙が掲載され、二六頁には「警官とたたかう農民伊勢松」のキャプションのついた図像が掲載されている)。本文中に「竹鎗席旗」文言が一カ所使用されています(二七頁)。

以上、図像①～⑤までの「竹槍席旗」図像の五点が、〝明治十四年〟〝群馬県〟の中野秣場騒動にかかわって描かれていることは注目に値します(『團團珍聞』本多錦吉郎・『蓆旗群馬嘶』梅堂國政画)。

◉図像⑥『高峯廼夜嵐』

図像⑥は、発端・第五〇回上・下の全五七回にわたって連載されていた『高峯廼夜嵐』の第一四回(明治十六年六月三日『土陽新聞』第二二五号。明治新聞雑誌文庫蔵)に掲載されたものです。高知県立図書館蔵のコピーでこの作品の存在を知りました。一八七一(明治四)年十二月二十四日に高知県西北山間部で起こった徴兵令反対一揆(血税反対一揆)で、「異人が膏を取る」という噂が発端になったところから、土佐「脂取り一揆」と呼ばれています。作者は原水子・森郷某氏・記者柏陰がかかわり（第二〇二号の「発端」と第三二八号「第四八回」の前文）、挿絵は「信一」（「信一」は多数・「藤部信一」第一八・一九回、「藤部」は第四三回）が書いたようです。『高峯廼夜嵐』はこの一揆を書いた読み物です。

本文には「牙営を定め柵を結ひ幔幕（まんまく）（周囲に張りめぐらす幕）を張り営前には木製の大砲数門を据え（是は長十郎が俄かに造らせしものなりとぞ）営内には猟銃和銃数千挺及竹鎗鋤鍬の類林の如く列ね立中央には白木綿にて惣大将平兵部之輔といへる大文字に記せし大幟を建左右には赤幟席旗数十流を黒森嵐に飜へし夜は四方に大篝（かがり）を焼立ければ其形勢中々すさましくこそ見へにける」とあります。その挿絵では、幕内の様子が描かれ、中央奥には焚火（大篝火）。その右に参加者に指図をしている侍姿の平兵部之輔が描かれ、その背後に布製の「（惣）大将平兵部之輔」と書かれた旗。その手前に刀を差し鉢巻をした人物、竹槍・鎌を先に括り付けた棒をもった鉢巻を締めた人物。その背後に竹棒（竹槍か？）に括り付けられた蓆旗が翻（ひるがえ）っています。右の三名の内手前の人物は「かけや」（掛矢）を持ち、左の三名はみな竹槍を持っていますが、本文にある「猟銃和銃」は描かれていません。このような新政反対一揆集団として描かれています。挿絵の中の、画面に占める竹棒（竹槍？）・蓆旗のウエートは小さいです。

◉図像⑦「埼玉群馬の一揆」

一八九一（明治二十四）年一月三日『雷新聞』第一七二号の付録「国会壽語録」（明治新聞雑誌文庫蔵）。双六の全体は手近なものとして、『朝日百科・日本の歴史10 近代1』朝日新聞社、一九八九年、一六・一七頁がある。双六の一コマで歌川国英の描く「埼玉群馬の一揆」です。図中に「埼玉群馬の一揆」と明記されていて、明らかに秩父事件や群馬事件を念頭においた一コマです。席旗と竹槍を持ち襷と鉢巻をした一揆（蜂起）集団が峠を越える図です。秩父事件の新聞報道で「竹槍席旗」文言で秩父事件を表現していました。

「埼玉群馬の一揆」
（『雷新聞』第172号付録「国会壽語録」、明治24年1月3日：明治新聞雑誌文庫蔵）

◉図像⑧・⑨「竹槍席旗」図像

図像は本書三五一頁参照（『埼玉新報』第四号・『埼玉民報』第一号は小室家文書埼玉県立県立文書館蔵。中扉の『埼玉民報』一号と落款は明治新聞雑誌文庫蔵）。この図像⑧・⑨が、「竹槍席旗」図像（題名がないため仮称）です。明治二十五年までに描かれた図像①〜⑨のうち最も完成度の高い（体系的な）「竹槍席旗」図像が、この小林清親が描いた「竹槍席旗」図像です。この図像は実力行使（「実力に訴えること」）こそが成果を獲得（目的を達成）できるとの意味を込めて「製造」した満木清繁の精神・姿勢を引き継いだもの、あるいはそれに通底するものといえると思います。この明治二十五年「竹槍席旗」図像は、当時すでに定着しているマイナスイメージではなく、それが「製造」されたときのように、集団による実力行使（「実力に訴えること」）

が要求を実現させる力になるという積極的なプラスの意味を込めて使われたのです。明治二十五年段階ではまだこういう意味を込めて使うことがあったのです。

図像⑧明治二十五年十一月十五日『埼玉新報』第四号表紙と図像⑨明治二十五年十二月二日『埼玉民報』第一号表紙の「竹槍席旗」図像は図柄としては同一のもので、席旗に記された誌名が「埼玉新報」・「埼玉民報」と異なるだけです。右下に「清親」の落款があります。内田満二〇一四年では「精親」と読みましたが、第四章第一節で検討し、「清親」に訂正しました。以下の読み解きでは、本書一四四頁の中扉の図像⑨を参照して下さい。

図像⑧・⑨をみて、まず目に飛び込むのは画面中央の大きな席旗（むしろばた）であり、そこに大書された「埼玉新報」・「埼玉民報」という誌名です。百姓一揆・新政反対一揆なら「村名」が書かれているはずです。そして左隅にはこの政論誌の発行元の「埼玉平民社」とその所在地「埼玉縣北足立郡浦和町百二十一番地」が書かれています。席旗は縄で竹槍に結び付けられています。この構図は図像④に似ています。④は人が描かれず、「静」の印象ですが、対照的に⑧・⑨は「動」を感じます。竹槍は後景の四名も手に持っています。この竹槍は近世の百姓一揆でも得物として携行されていました。しかし旗物の素材としては、ムシロは例外的に東北地方では存在しますが、木綿・紙が一般的です。保坂智氏は例外的にムシロ旗の使用が確認できる一揆は七件、内一件が甲斐国で、他の六例はみな東北地方の一揆であることを報告されています。また藪田貫氏は、「むしろ旗も一揆の真実を正しく伝えたものとはいえず、現実に一揆集団を彩った標識としてはあまりにも貧相なもので」、現実の指物は「素材にくわえて色彩の豊富なこと」、「豊富な色に形象の多様さをくわえれば、むしろ旗にイメージされる通俗的一揆観は一変するであろう」と指摘されています。筆者もムシロ旗で百姓一揆をシンボル化するのは誤りであると考える一人です。すでに第二章にでみてきたように、「竹槍席旗」は「実力に訴えること」の意味で、満木清繁が新しく「製造」した新文字・文言・シンボルでした。

前景の五名に着目すると、服装（出立）は全員蓑をつけ、三名は笠を、一名は鉢巻を、残る一名は頬かむりをしています。後景の竹槍を持った四名のうち三名は蓑をつけ、二名が笠を、二名は鉢巻をしています。そして一名は野良着らしい身支度に鉢巻を締めています。このように描かれた人物九名の大半が蓑笠をつけ、「百姓」身分を前面に出した出立ちで一揆に参加している様子は近世の一揆そのものです（髣髴〔ほうふつ〕とさせます）。

さらに、得物をみると前景では一番左の人物が鋤を、一番右にいる人物は鍬を、その左の人物は鎌を持ち参加しています。得物として農具を持ち、出立ち同様に、これまた「百姓」身分を前面に出して参加しています。手前中央の人物は竹槍に結び付けられたムシロ旗を持ち、一番奥の鉢巻を締めた人物が持っているのは一枚の紙のようです。一揆の要求が書かれた願書を念頭において描かれたのでしょうか。席旗左上の空には鳥が飛んでいます。席旗右下脇の黒い部分は何を描いたか不明です。どなたかわかる方がいらっしゃったら教えてください。

この図像の中で、近世百姓一揆と最も異なる点は、前景の「竹槍席旗」の向こう側に俵〔（これも「百姓」身分を表わしています。「荷俵に『御百姓の方の魂』という象徴的な意味が持たせせられるばあいがあったこと」が指摘されている（斎藤洋一一九八三年三月：四三頁）〕を台座とした木砲が据えられている点です。これは鉄砲が鳴物として合図のために使われたように、物を攻撃の対象としていたので、殺傷用の武器を携行しなかった近世百姓一揆では存在しなかったものです。一揆集団は、近代になって人を攻撃の対象とするようになりました。木砲に関していえば、新政反対一揆を題材とする『高峯廼夜嵐』でも「木製の大砲数門を据え」とありました。また秩父事件で花火筒に竹輪を入れるために奔走し、木製の烟（煙）火筒を借受け、要所に備え、花火筒を荷車に載せ運搬するなどの記述から使用・利用状況がわかります。木砲写真は、十一月九日付『改進党新聞』（『秩父事件史料集成』第六巻：六四四頁）と篠原孝一九七六年：一三九頁に掲載されています（本書二三八頁）。

図像⑧・⑨は、大方近世の百姓一揆の作法に則った絵画表現が行われていますが、竹槍に縄でしっかりと縛り付けられた「席旗」が画面中央に大書されている点と、殺傷用の武器である木砲が大きく描かれている点が一般的な近世百姓一揆の実態と大きく異なった点で、さらに鉢巻を締めて参加する点が違っています。「竹槍席旗」文言が「製造」・普及・定着し、一般化（変容）するとともに、その絵画表現として「竹槍席旗」図像が描かれるようになりました。

しかし「実力に訴えること」の意味内容は、具体的な歴史事象に使用されるようになるとともに変質し「竹槍席旗」文言が百姓一揆の意味に変化・定着すると、新政反対一揆や秩父事件件から暴力性を纏った「竹槍席旗」文言から自力救済＝実力行使＝暴力ということに力点を置いた百姓一揆イメージに拍車をかけることになりました。確かにこの「竹槍席旗」図像は力強い一揆集団を想起させ、この雑誌を手に取る読者に一揆集団のもつ衆の力、迫力、エネルギー（「実力に訴えること」）を感じさせます。このようなイメージは自由民権（代議制・文明）を主張する勢力からは忌避されるようになります。

最後に、滿木の「竹槍席旗」文言「製造」時の意味内容と同じ、「実力に訴えること」を絵画化・図像化したものが、明治二十五年小林清親が製造した「竹槍席旗」図像でした。なぜなら清親の狂画は、この明治二十五年「竹槍席旗」図像以外は、すべて個別的なテーマが描かれていて、図像・詞書・目次などからそのテーマに遡ることができました。しかし、明治二十五年「竹槍席旗」図像の場合は図像だけです。この図像からはテーマである知事不信任運動を想起することはできませんし、そこに遡ることはできません。小林の作品の中では唯一テーマに遡れない作品であること、具体的事象を風刺したものではないということが特徴です。また、記事を読んでも百姓一揆が扱われているわけでもありません。また百姓一揆はテーマでもありません。

その背景を知らないで、説明なしで、この図像を見る人は、百姓一揆を描いたものだと見て、江戸時代の百姓一揆ってこうだったんだ、と受け入れたでしょう。しかし、なぜ百姓一揆の表紙？と疑問に思った読者や、記事を読んだ賢明な読者が、今県政で話題になっている知事・警部長不信任（排斥）運動にかかわることかと知れば、不信任決議を「実力に訴えること」で勝ち取るぞ！という実力行使のもつ〝力〟を感じ取ることができると思います。そうすると、その百姓一揆理解は誤ったものであり、江戸時代の百姓一揆の実態とは異なることになります。でも「実力に訴えること」という意味の「竹槍席旗」文言と「実力に訴えること」を象徴的に描いた図像を絡ませてセットで提示したことの意味は大きく、百姓一揆＝「竹槍席旗」＝暴力的だが力強い＝代議制の時代に「竹槍席旗」は時代遅れの民衆運動だという印象を読者に与えることになったのではないかと考えます。

明治二十五年図像は、その背景（知事排斥運動への百姓一揆的結集による支援）を知らなければ、この表紙からは当時すでに定着していた近世の「百姓一揆」しか出てきません。詞書もなく、表紙図像からはその背景を知ることはできません。小林清親の作品の中ではこの作品だけが滿木清繁が「製造」した時のように「実力に訴えること」を「竹槍席旗」で描いています。しかし、この図像が知事不信任運動と切り離されて独り歩きするようになると、「実力に訴えること」という当初この図像が持っていた意味、表現していた意味を失い、「竹槍席旗」文言が辿ったと同じように、表面的な百姓一揆そのものを表現するだけの図像となってしまいます。そこから、近世百姓一揆が図像イメージから遡って想定され、竹槍・席旗を持ち暴力的に戦われたような誤認も生まれてくるようになります。そのイメージは強く、革命理論にも影響されて、史料から事実を積み上げて近世百姓一揆の実態に迫る、百姓一揆そのものの分析を回避させてしまったようにも思います。

第二節3　「竹槍席旗」図像の歴史の小括

以上九件の「竹槍席旗」図像は、時間軸で明治十四年三件、明治十六年一件、明治十九年二件、明治二十四年一件、明治二十五年二件という分布です。内容でみると、地方政治・地域間抗争三件、新政反対一揆六件、激化事件二件（図像①「莚帆船の動揺」は地方政治・地域間抗争と新政府反対一揆の二件、図像⑦「群馬埼玉の一揆」は群馬・秩父事件の二件でカウント）です。また県別では群馬六件、高知一件、埼玉三件（図像⑦「群馬埼玉の一揆」は群馬・埼玉の二県でカウント）です。メディアでみると、新聞五件、合巻（ごうかん）（絵草紙＝青本・黒本・黄表紙など、毎丁、絵のある木版刷りの小冊子類。江戸時代の通俗的な読み物）四件です。

明治十四年という時点、群馬という地域で起こった楫取県政批判を素材として『團團珍聞』本多錦吉郎が図像化し、（参考事例）のように連続して図像化の試みを行っていました。現時点で『莚帆船の動揺』が「竹槍席旗」図像のルーツと考えます。

『團團珍聞』の明治十年〜十四年までの合計売捌所数は、群馬県は静岡県と並んで一二カ所で全国五位タイでした。群馬県には『團團珍聞』読者が多く、それゆえに『團團珍聞』も群馬県の問題に関心が高かったと考えます。全国合計では三二三カ所です（清水勲一九九一年：五四〜五五頁）。当時の読者の反応はどのようなものだったでしょうか。

このような「竹槍席旗」図像が、なぜ明治二十五年の『埼玉新報』第四号・『埼玉民報』第一号に採用されたかについては直近の**言論から腕力へ一八〇度方針転換**（本書三六一頁）で触れました。

若干遅れて読み物による図像化が行われ、金松堂が出版し巷間（こうかん）に広く伝えられました。

本節の最後に「製造」のルートとして次の二つの可能性を考えます。

まず、小林清親（『團團社』社員）が埼玉平民社に持ち込み、それを採用したルート。清親は初発から（（1）竹橋騒動）一貫して抵抗する側・民衆の側・民権運動の側に立つ姿勢を持っていました。選挙干渉後、松方正義内閣の（中央政界）動向には強い関心がありました（狂画の連作を描いていて批判的な目を持ち続けています）。埼玉県議会の動きにも関心があり注目していました。アンテナを高くしていたのではないかと考えています。『團團珍聞』には「竹槍」・「席旗」文言を使用して詞書を書き、席旗帆・「竹槍」・「席旗」などを描く前史がありました。また、宗吾の図を通して百姓一揆への関心もありました。そこから清親が「竹槍席旗」図像を「製造」して埼玉平民社に持ち込み、採用されるルート（これは推測で、現段階では確証はありません）。清親の狂画はこの作品以外は図像からテーマに遡れます。唯一この「竹槍席旗」図像からはテーマである知事・警部長排斥運動には遡れません。

この図像を「実力に訴えること」の意味内容だとしたときに、三位一体の排斥運動の最終局面で県民に支援・結集を呼び掛けた雑誌の表紙だとしたときに、ぴったりはまる、腑に落ちると感じます。

もう一つが、埼玉平民社が、著名な時局風刺画家である清親に依頼したルート。排斥運動、運動の持つエネルギーを実感。三度の言論弾圧にも屈しない精神。『埼玉新報』第一号で「竹槍席旗」文言（但しマイナスイメージ）では戦わず、文明の利器（言論・文章）で戦うと主張していましたが、一カ月後の『埼玉新報』第四号ではこの方針を一八〇度転換させて、県民の百姓一揆的結集を呼び掛け、県民もこれに応えて結集しました。ならばこれを当代随一の時局風刺画家清親に依頼し、表現して貰おうとしたのではないでしょうか。

両者を比べると、現段階では後者の方が可能性が高いと考えています。埼玉平民社は運動の渦中にいるし、『埼玉新報』第一号から第四号までの間に発想の劇的な転換があるからです。

不信任案可決まで七カ月間、投票日まで九カ月間にわたり県内各地で集会が開かれ、最終段階で、埼玉平民社は県会民党議員を支援するために、県民へ百姓一揆的結集を呼びかけ、県民は傍聴のため議場に結集し、不信任決議案賛成者の再選率は八八・九％で、県民・総選挙会・埼玉平民社が目指した「民党」全議員の再選はほぼ果たされました。県民は呼びかけに応えたのです。

一八九二（明治二十五）年十一月十五日に開会された第三次臨時県会での予算審議終了直後の不信任決議を前にして、「我県民は斯る重大なる問題を単に議員諸君にのみ一任すべからず応さに大ひに庁下に集り以て之れか応援を為すべし（中略）玉蔵院に本陣を設け各村一名づつの総代は常詰員として茲に宿泊屯集すべし而して会議の開らくる時刻を期し鐘を打鳴らして以て傍聴の為め一斉に議場に進むべし」と県民の百姓一揆的結集を呼びかけた『埼玉新報』

第四号（同年十一月十五日）は表紙に「竹槍席旗」図像を採用しました（第五章第一・二節。本書三四五・三五一頁）。

これは歴史的には誤った百姓一揆イメージですが、実力行使を呼びかける記事内容に合わせて、それに相応しいものとして集団による実力行使（「実力に訴えること」）が要求を実現させる力になるという文言として滿木清繁が積極的なプラスの意味を込めて「製造」し、当時百姓一揆を意味する文言として定着していた「竹槍席旗」文言を図像化し、掲げたのです。作者はポンチ絵・時局風刺画家として著名な小林清親でした。その図像の表す意味は「実力に訴えること」で、決して百姓一揆を表わしたものではありませんでした。

〔引用参考文献目録〕（著者名の五十音順）

青木虹二編、一九六八『日本庶民生活史料集成　第六巻　一揆』三一書房。

――、一九七〇『日本庶民生活史料集成　第一三巻　騒擾』三一書房。

――、一九七九〜一九八二『編年百姓一揆史料集成』三一書房、第一〜九巻。

青木虹二編・保坂智補編、一九八二〜一九九七『編年百姓一揆史料集成』三一書房、第一〇〜一九巻。

青木平八、一九三一『埼玉縣政と政黨史』埼玉縣政と政黨史出版後援会（埼玉県立図書館復刻叢書（九）一九八六年）。

青山薫編輯、一八七七『肥長電信録　三編　上』共和書屋（国立国会図書館デジタルライブラリー特40―128）。

昭島市史編さん委員会編、一九七八『昭島市史　附編』四八〇頁〜。

秋山藤三郎編、一九〇九『石原村誌』。

朝日新聞、一九八七「『竹橋事件』に一級史料」（六月二十八日付）。

――、一九九一「あすは　言葉はこう作られた」（一月三十日付夕刊）。

――、二〇一五「インタビュー　政治に思いを届けるには　ピエール・ロザンヴァロン」（四月一日付）。

――、二〇一五「「美術」欄、「美の履歴書410」「平壌攻撃電気使用之図」小林清親「こんな戦場あったのか」（七月八日付夕刊）。

――、二〇一五「カウンターデモクラシーとは」（九月二十八日付）。

新井勉、二〇一三・三「明治前期の叛逆について―大逆罪・内乱罪研究の前提として―」『政経研究』第四九巻第四号、日本大学法学会。

石井寛治、一九九〇「原善三郎」『国史大辞典』第十一巻、吉川弘文館。

石井良助校訂、一九六一「棠蔭秘鑑（とういんひかん）」『徳川禁令考　別巻』創文社、七一頁。

石井良助・服藤弘司編、一九九三『幕末御触書集成　第三巻』岩波書店。一二三四九、一一一〇頁。

石田和男、二〇一二「楫取素彦と群馬県政」楫取素彦顕彰会編『男爵楫取素彦の生涯』公益財団法人毛利報公会。

板垣退助監修、遠山茂樹・佐藤誠朗校訂、一九五八『自由党史 中』岩波文庫。

伊藤整・亀井勝一郎・中村光夫・平野謙・山本健吉編、一九六九『日本現代文學全集1 明治初期文學集』講談社。本書では、増補改訂版、一九八〇年を使用、二二一頁上段。

伊藤仁太郎、一九二九『伊藤痴遊全集 第十巻』平凡社。

井上清、一九六六『日本の歴史 下』岩波新書。

井上幸治、一九八〇・九「困民党の政治的構想力」『秩父事件の神話（二）』（『月刊百科』第二一六号）。

井上幸治・色川大吉・山田昭次編、一九八四・一九八九『秩父事件史料集成 第一巻・第六巻』二玄社（全六冊本）。

今井昭彦、二〇一三『反政府軍戦没者の慰霊』御茶の水書房。

今西一、一九九八『近代日本の差別と性文化――文明開化と民衆世界』雄山閣出版株式会社。

入間市史編さん室編、一九九四『入間市史 通史編』。

色川大吉、一九八一『自由民権』岩波新書。

岩崎爾郎・清水勲共著、一九八二『読める年表 明治大正風刺漫画と世相風俗年表』自由国民社。

岩槻市史編さん室編、一九八五『岩槻市史 通史編』。

ローレンス・オリファント、ウィリアム・ウィリス、中須賀哲朗訳、一九七四『英国公使館員の維新戦争見聞記』校倉書房。

「上野村の古文書」執筆者編著・上野村教育委員会編、二〇〇五『上野村誌（IX）上野村の古文書』二四五文書。

臼井吉見・小田切秀雄・瀬沼茂樹・水上勉・和田傳編、一九七六『土とふるさとの文学全集 七 記録の目と心』家の光協会、九頁上段。

歌川国英、一八九一「埼玉群馬の一揆」『雷新聞』第一七二号の付録「国会壽語録」（明治新聞雑誌文庫蔵）。

内田満、一九八六「幕末・維新期の農民闘争―武州榛沢郡人見村を素材として―」『桶川高等学校研究紀要』第二号。

――、一九八八「天保期の村方騒動と百姓一揆」『大里村史調査報告書 近世における村と普請』。

――、一九八九・二「旗本神谷勝十郎殺害一揆―得物から竹槍へ―」『埼玉県立桶川高等学校研究紀要』第四号。

――、一九九〇「動揺する村々」第二節『大里村史　通史編第六章　幕藩制下の村と生活』。

――、一九九二「下大谷村と旗本神谷勝十郎殺害一揆―飯野家文書を中心に―」『埼玉県立桶川高校研究紀要』第七号。

――、一九九三「埼玉県における町村合併反対運動―大里郡石原村を素材として―」『地方史研究』第二四三号。

――、一九九六「埼玉県における町村合併反対運動（二）―横見郡北下砂村を素材として―」『埼玉地方史』第三五号。

――、一九九七「秩父困民党と武器（得物）〔一〕」『立正大学地域研究センター年報』第二〇号。

――、一九九八「秩父困民党と武器（得物）〔二〕」『立正大学地域研究センター年報』第二一号。

――、二〇〇〇「得物から竹槍へ」保坂智編『民衆運動史　第1巻　一揆と周縁』青木書店。

――、二〇〇一「武州世直し情勢と旗本神谷勝十郎事件」山田忠雄編『街道の日本史　一七　中山道武州・西上州・東信州』吉川弘文館。

――、二〇〇三「旗本神谷勝十郎殺害一揆―竹槍、得物から武器へ―」埼玉大学大学院教育学研究科教科教育専攻社会科教育専修歴史分野（修士論文）。

――、二〇〇五「幕末政治情報の受容と上武両国の一揆動向」『埼玉地方史』第五三号。

――、二〇〇六「記録された旗本殺害一揆」『歴史評論』第六七〇号。

――、二〇〇七「秩父困民党と武器（得物）」『森田武教授退官記念論文集　近世・近代日本社会の展開と社会諸科学の現在』新泉社。

――、二〇〇八「一揆・騒動の場におけるセーフティーネットの形成」『埼玉地方史』第五九号。

――、二〇〇九「百姓一揆の意識と行動」森田武監修・坂井俊樹・浪川健治編著『歴史教育と歴史学の協働をめざして―ゆれる境界・国家・地域にどう向きあうか―』梨の木舎。

――、二〇一二A「百姓一揆の『作法』とその変容」埼玉県高等学校社会科教育研究会歴史部会編『日本史授業で使いたい教材資料』清水書院。

――、二〇一二B「松方財政の影響―秩父事件―」木村茂光・樋口州男編『新編　史料でたどる日本史事典』東京堂出版。

――、二〇一三「第二回総選挙における選挙干渉の実態と不信任（排斥）運動の展開―埼玉県を事例として―」『埼玉地方史』第六七号。

――、二〇一四「明治二五年『埼玉新報』四号・『埼玉民報』一号の「竹槍席旗」図像について」『埼玉地方史』第六九号。

――、二〇一六A「安井息軒が記録した旗本殺害一揆」『埼玉地方史』第七二号。

――、二〇一六B「蒲木清繁による『竹槍席旗』文言の製造」新稿。

――、二〇一六C「小林清親による『竹槍席旗』図像の製造」新稿。

浦和市総務部市史編さん室編、一九八八『浦和市史 通史編Ⅱ』。同、一九九〇『浦和市史 通史編Ⅲ』。

江村栄一、一九七六「自由民権運動とその思想」『岩波講座 日本歴史15 近代2』岩波書店。

大分県立先哲史料館編、一九九九～二〇〇〇『大分県先哲叢書 大蔵永常 資料集 第一～四巻』大分県教育委員会、さまざまな莚の図像。

大井町史編さん委員会編、一九八八A『大井町史通 史編 上巻』。

――、一九八八B『大井町史 資料編Ⅱ 近世』。

太田記念美術館、一九八四『近代漫画をつくりあげた――清親・楽天と10人の諷刺画家展』（一九八四年六月一日～六月二十四日）、大宮市立漫画会館協力、清水勲解説。

大久保利謙、一九六七「改題」『明治文学全集三 明治啓蒙思想集』筑摩書房。

大里村史編纂委員会編、一九九〇『大里村史（通史編）』。

大滝村誌資料調査委員会編、一九八〇『大滝村誌 資料編七』六二七頁。

大嶽浩良、一九九五「栃木県におけるコレラ騒動」地方史研究協議会編、『宗教・民衆・伝統―社会の歴史的構造と変容―』雄山閣出版株式会社。

大田南畝、一九〇八「一話一言補遺」『蜀山人全集』巻五、吉川弘文館、五六六～七頁。

大槻文彦、一九〇七『箕作麟祥君傳』丸善株式会社。『明治後期産業発達史資料第七三二巻 社会改良家列伝・箕作麟祥君伝』龍溪書舎、二〇〇四年にも所収。

大宮市史編さん委員会編、一九八二『大宮市史 第四巻 近代編』。

大森鐘一・一木喜徳郎編、一九〇七『市町村制史稿 全』元元堂書房（国立国会図書館デジタルコレクション）。

小川恭一編、一九八九『江戸幕府旗本人名事典』第一巻、原書房。

――、一九九七『寛政以降 旗本家百科事典〈第二巻〉』東洋書林。

小川町教育委員会社会教育課町史編さん係編、二〇〇一『小川町の歴史 資料編五 近世Ⅱ』七二八～三〇頁。

奥田晴樹、一九九三『地租改正と地方制度』山川出版社、第一篇第一章・第二編第五章。

奥村正二、一九七〇『火縄銃から黒船まで―江戸時代技術史―』岩波新書。

尾佐竹猛、一九二八「『萬國叢話』解題」（明治文化研究会編『明治文化全集 第五巻 雑誌篇』一五頁）。

――、一九三七「思案橋事件」『法窓秘聞』育生社。

落合延孝、二〇〇一「上州世直しの史料紹介―森村新蔵『享和以来新聞記』より―」『群馬大学社会情報学部研究論集』第八巻、九三～一一六頁。

――、二〇〇六『幕末民衆の情報世界 風説留が語るもの』有志舎、四八～五三頁。

落合弘樹、二〇〇五『幕末維新の個性 四 西郷隆盛と士族』吉川弘文館。

小野武夫編、一九二七「遠野唐丹寝物語」『徳川時代百姓一揆叢談（上冊）』刀江書院、三九七頁。

――、一九六五『増訂維新農民蜂起譚』刀江書院。

小野忠重、一九六二『版画』岩波新書。

小野文雄・江袋文男監修、一九七一『秩父事件史料 第一巻』埼玉新聞社出版局（全六冊本）。

貝塚和実、一九九〇「近世水利秩序の構造と展開―武蔵国横見郡を対象として―」『埼玉県史研究』第二五号。

――、一九九一「近世地域社会の構造と変容」『歴史学研究 増刊号』第六二六号。

柏市史編さん委員会編、一九七九『柏市史資料編八 諸家文書・下』。

――、一九九五『柏市史近世編』。

春日部市教育委員会市史編さん室編、一九八七『春日部市史 近世史料編Ⅳ』。

加須市総務部総務課編、一九八六『加須市史 続資料編』。

假名垣魯文編輯、一八七七『西南鎮静録　続編下之巻』（国立国会図書館デジタルライブラリー）。

金子勝、一九九九『セーフティーネットの政治経済学』ちくま新書、五七・六七頁。

鹿野政直、一九六七『福沢諭吉』清水書院。

鎌田冲太、一九〇六『虎疫騒擾私記』井上幸治氏藏。

上里町史編集専門委員会編、一九九二『上里町史』資料編、八七〇頁。

川口市史編さん室編、一九八三『川口市史　近世資料編Ⅲ』九八五頁。

――、一九八八『川口市史　通史編　上巻』。

川島一郎、一九七二『中山道板鼻宿』（非売品）、六六四頁。

川本町編、一九八九『川本町史　通史編』。

菊池勇夫、二〇〇〇『飢饉』集英社新書、八四頁。

騎西町史編さん室編、一九八九『騎西町史　近世資料編』二九七頁。

騎西町社会教育課郷土資料係編、二〇〇〇『騎西町史　補遺編』。

北沢文武、一九七三『明和の大一揆』鳩の森書房。

北根豊監修・山口順子解説・山崎英祐編、一九八一～『團團珍聞　全二十四巻』本邦書籍株式会社。

木村礎、一九八〇『近世の村』教育社、二四頁。

近世村落史研究会編、一九七一・一九七四『武州世直し一揆史料』（一）・（二）、慶友社。

久喜市史編さん室編、一九九二『久喜市史　通史編　上巻』。

熊井保編集、一九九七『改訂新版　江戸幕臣人名事典　全一巻』新人物往来社。

黒板勝美国史大系編修会編輯、一九七六『徳川実紀　第一篇』吉川弘文館。

群馬県史編さん委員会編、一九八七『群馬県史　資料編二一　近現代五』。

小泉輝三朗・礫川全次校訂、二〇〇〇『明治黎明期の犯罪と刑罰』批評社。

江南町史編さん委員会編、二〇〇一『江南町史　資料編三　近世』。

国立歴史民俗博物館編、二〇〇〇『地鳴り山鳴り―民衆のたたかい三〇〇年―』。

小西四郎、一九七七Ａ『錦絵　幕末明治の歴史⑨鹿鳴館時代』講談社。

小西四郎、一九七七Ｂ『錦絵　幕末明治の歴史⑩憲法発布』講談社。

小林清親、一八八四「荘吾渡し場之図」『別冊太陽　日本のこころ　二三九　小林清親〝光線画〟で描かれた郷愁の東京』二〇一五年六月二十二日、平凡社。

小林文雄、一九九一「近世後期における『蔵書の家』の社会的機能について」『歴史』第七六号。

小室信介編、一八八四『東洋民権百家伝』。同編・林基校訂、一九五七年、岩波文庫。

彩霞園柳香・画梅堂國政、一八八一『榛名山朝朗箕輪村夕霞蓆籏群馬嘶』金松堂。国立国会図書館デジタルコレクション特42―901。国立国会図書館デジタルコレクション特10―722。

埼玉県編、一九八一『新編埼玉県史　資料編一一　近世二　騒擾』。

――、一九八二『新編埼玉県史　資料編一二　近世三　文化』。

――、一九八三『新編埼玉県史　資料編一九　近代・現代一　政治・行政一』。

――、一九八五『新編埼玉県史　資料編一七　近世八　領主』。

――、一九八八『新編埼玉県史　通史編五　近代一』。

――、一九八九『新編埼玉県史　通史編四　近世二』。

――、一九九一『新編埼玉県史　別編四　年表・系図』。

埼玉県議会史編さん委員会編、一九五八『埼玉県議会史　第二巻』埼玉県議会。

――、一九八〇『埼玉県議会百年史』埼玉県議会。

埼玉県行政史編さん室編、一九八九『埼玉県行政史　第一巻』埼玉県（埼玉県県政情報資料室）。

埼玉県県民部県史編さん室編、一九八六『旧旗下相知行調』。

埼玉県児玉郡美里町教育委員会編、一九九一『武蔵国児玉郡関村兵内供養塔補修工事報告書』。

斎藤真、一九五七「独立宣言」高木八尺・末延三次・宮沢俊義編『人権宣言集』岩波文庫。

斎藤洋一、一九八三・三「武州世直し一揆のいでたちと得物」『学習院大学史料館紀要』創刊号。

酒井忠康・清水勲編、一九八五『日清戦争期の漫画〔G＝ビゴー・田口米作〕近代漫画Ⅲ』筑摩書房。

坂戸市教育委員会編、一九八七『坂戸市史 近世史料編Ⅰ』。

佐々木隆、一九九二『藩閥政府と立憲政治』吉川弘文館。

幸手市生涯学習課市史編さん室編、一九九八『幸手市史 近世資料編Ⅱ』。

――――、二〇〇二『幸手市史 通史編Ⅰ』。

佐原眞、一九九二「武器と戦争の始まり」日本放送協会編『ＮＨＫ人間大学 日本文化を掘る』。

澤大洋、一九九八『都市民権派の形成』吉川弘文館。

澤地久枝、一九七八『火はわが胸中にあり』角川書店。のち角川文庫・文春文庫・岩波現代文庫。

志木市史編さん室編、一九八八『志木市史 近世資料編Ⅱ』。

史籍研究会、一九八二『内閣文庫所蔵史籍叢刊 第一六巻 諸向地面取調書（三）』汲古書院。

信濃史料刊行会編、一九七七「赤蓑談」『新編信濃史料叢書』第一九巻。

篠原孝、一九七六『さいたまの世相史』さきたま出版会。

信夫清三郎監修、一九七二『復刻 自由新聞』三一書房（明治一五年六月五日第一号～）。

柴崎谷蔵、一八六七～一九〇一『木公堂日記』（秩父市立図書館蔵）。

清水勲編著、一九七九『明治漫画館』講談社。

――――編著、一九八二『小林清親／諷刺漫画』岩崎美術社。

――――、一九九一『漫画の歴史』岩波書店。

――――、一九九七「明治風刺画史における小林清親」『日本の美術』第三六八号、至文堂、八八頁。

――――、二〇〇七『年表日本漫画史』臨川書店。

清水吉二、一九八四「中野秣場騒動をめぐる二、三の問題」『群馬自由民権運動の研究』あさお社。

下総町史編さん委員会編、一九八五『下総町史近世編史料集Ⅰ』四四〇～一二頁。

庄司吉之助・林基・安丸良夫校注、一九七〇「秩父領飢渇一揆」・「奥州信夫郡伊達郡之御百姓衆一揆之次第」・「狐塚千本鎗」『日本思想大系58 民衆運動の思想』岩波書店。

白川部達夫、一九九四『日本近世の村と百姓的世界』校倉書房、七〇頁。

――、一九九五「近世の百姓結合と社会意識―頼み証文の世界像―」『日本史研究』第三九二号。

――、一九九九『近世の百姓世界』吉川弘文館、七六頁。

――、二〇〇二「元禄期の村と頼み証文」『史料が語る日本の近世』吉川弘文館、一二二頁。

――、二〇一〇『日本近世の自立と連帯』東京大学出版会。

白土三平、一九八二～三『カムイ伝Ⅰ～Ⅳ』小学館（原作の『ガロ』を含め、さまざまな判型のものがある）。

杉田玄白、一七六四『後見草（のちみぐさ） 中』『日本庶民生活史料集成 第七巻 飢饉・悪疫』三一書房、一九七〇年、六四頁。

――、一七八八「鷧齋日録（いさいにちろく）」一『杉田玄白全集』第一巻、生活社、一九四四年、四八頁、天明八年二月五日。

杉原泰雄、一九七一『国民主権の研究』岩波書店、第二編第四章。

――、一九七七『国民代表の政治責任』岩波新書。

須田努、二〇〇二『「悪党」の一九世紀』青木書店、二四二頁。

――、二〇一〇『幕末の世直し 万人の戦争状態』吉川弘文館。

須藤由蔵、一八六八『近世庶民生活史料 藤岡屋日記』第一五巻、三一書房、一九九五年、四八六頁。

関山直太郎、一九五八『近世日本の人口構成―徳川時代の人口調査と人口状態に関する研究―』吉川弘文館。

祖田修、二〇一六『鳥獣害 動物たちと、どう向きあうか』岩波新書。

高柳光寿・岡山泰四・斎木一馬編集顧問、一九六五『寛政重修諸家譜』（第一六、巻第千四十七、二三五～七頁）続群書類従完成会。

高崎市市史編さん委員会編、一九六八「上野高崎大河内輝声家記」『高崎市史 資料編』七二三頁。

――、一九九五『新編 高崎市史 資料編九 近代現代一』。

――、二〇〇四『新編 高崎市史 通史編四 近代現代』。

高崎市立中央図書館 市史担当編、二〇一六『高崎市指定重要文化財 柴田日記―高崎の商人が書き留めた激動の幕末明治―』高崎市。

高島千代、二〇〇〇「秩父事件裁判考―明治一〇年代の刑事裁判における『政治』―」（関西学院大学法政学会『法と政治』五一巻一号）。

高嶋雅明、二〇〇四「地租改正と『粉河騒動』」『県史 和歌山県の歴史』山川出版社。

高橋貞喜、一九九六「幕末期農村における情報収集活動とその社会的背景」『地方史研究』二六二号。

高橋敏、一九九〇『近世村落生活文化史序説―上野国原之郷村の研究』未来社。

高橋正一郎、一九八九・三「出立から見た土平治騒動」『神奈川県立相模原工業技術高等学校研究紀要』創刊号。

高橋誠一郎、一九七六「総説・明治版画」座右宝刊行会後藤茂樹編『〈愛蔵普及版〉浮世絵大系12 清親』集英社。

高橋哲夫、一九八〇『明治の士族 福島県における士族の動向』歴史春秋社。

高橋実、一九九一・三「牛久助郷一揆のいでたちと作法」『牛久市史研究』創刊号。のち二〇〇三『助郷一揆の研究―近世農民運動史論―』岩田書院。

――、一九九五『幕末維新期の政治社会構造』岩田書院。

田尻高樹、二〇一〇『幕末の騒乱』（非売品）。

高柳眞三・石井良助編、一九三六『御触書天明集成』三〇五〇。

滝本誠一、一九六九「関東在々取締方被仰附候に付取計方伺書」「地方落穂集追加巻之五」『日本経済大典二四』明治文献。

田代脩・塩野博・重田正夫・森田武、一九九九『埼玉県の歴史』山川出版社、二三六～九頁。

田中長嶺、一九一一『明治辛未殉教繪史』精華堂。国会図書館デジタルコレクション070546―000―4、67―326。

田中日佐夫、一九八五『日本の戦争画 その系譜と特質』ぺリカン社。

田中優子、二〇〇八「一揆の歴史と伝統」『カムイ伝講義』小学館。

田無市史編さん委員会編、一九九一『田無市 第一巻 中世・近世史料編』八六八頁。

玉川村教育委員会編、一九九一『玉川村史 通史編』。

玉村町誌刊行委員会編、二〇〇〇『玉村町誌 別巻Ⅷ 三右衛門日記（五）』。

千嶋寿、一九八三『困民党蜂起 秩父農民戦争と田代栄助論』田畑書店。

秩父市大滝村誌編さん委員会編、二〇一一『大滝村誌 上巻』。

秩父事件研究顕彰協議会編、二〇〇四『秩父事件—圧制ヲ変ジテ自由ノ世界ヲ』新日本出版社。

塚本学、一九八三『生類をめぐる政治』平凡社、七〜八一頁。

――、一九九六「江戸時代の村の武力について」『国立歴史民俗博物館研究報告』第六六号。

角田広高、一九九七「初期議会期における埼玉県の政治状況—民党連合の形成と展開—」『埼玉地方史』第三八号。

土屋喬雄・小野道雄編、一九三一『明治初年農民騒擾録』南北書院。本書では勁草書房、一九五三年の再版本を使用。

東京曙新聞、一八七八「竹橋近衛隊の暴動事件」（八月二十四日号外）中山泰昌編著『新聞集成 明治編年史 第三巻』財政経済学会、一九三四、一九七五再版）。

東京大学史料編纂所（内外書籍）複製、一九七五『復古記』一一、三五一〜二頁。東京大出版会。

所沢市史編さん委員会編、一九七九『所沢市史 近世史料Ⅰ』。

――、一九九一『所沢市史 上』。

利根川靖幸、一九八七『—たかさきの夜明け前—高崎五万石騒動』あさお社。

中島明、一九九三『幕藩制解体期の民衆運動』校倉書房。

中野三義、一九七七「明治十二年新潟コレラ騒動」『地方史研究』第一四九号。

中山泰昌編著、一九三四『新聞集成 明治編年史 第三巻』財政経済学会、一九七五再版。

長濱稔、一九九一「慶応四年・武蔵国黒田村農民騒擾事件小考」『近代日本史の新研究Ⅸ』北樹出版。「武州榛沢郡大谷村百姓武井幸次郎外十六人同郡黒田村田沼浅衛外拾人仮口書」。

流山市立博物館編、一九八八『流山市史近世資料編Ⅱ』四七五〜六頁。

成田市史編さん委員会編、一九七三『成田市史近世編史料集上 村政Ⅰ』二五六〜七頁。

――、一九八六『成田市史中世・近世編』八八四～五頁。

成島柳北、一八九二『ごく内ばなし』成島復三郎編『寸珍百種　第六編柳北遺稿下』博文館。『朝野新聞』一八七六年六月十四日第八三七号～六月二十四日第八四六号の全一〇回連載。

――、一八七八「近衛暴徒ノ処分」（『朝野新聞』一八七八年八月二十九日）。

新座市教育委員会市史編さん室編、一九八五『新座市史　第二巻　近世資料編』。

日本近代史研究会編、一九六三『図説　国民の歴史　第六巻　明治憲法の制定』国文社。

――、二〇一〇『写真記録　自由民権運動の時代』日本ブックエース（日本近代史研究会編著『近代日本史三　自由民権運動』国文社、一九六六年の復刻）。

日本随筆大成編輯部編、一九七九『日本随筆大成　別巻六　大田南畝　一話一言　六』吉川弘文館。

日本大辞典刊行会編、一九八一『日本国語大辞典〔縮刷版〕』第七巻、小学館。

日本地圖選集刊行委員会・人文社編集部編、一九六六、一八五七「安政四年東都小石川絵図」（『嘉永慶応　江戸切繪圖全』人文社、十三。

根岸友憲監修・根岸友山・武香顕彰会編、二〇〇六『根岸友山・武香の軌跡』さきたま出版会。

根岸友山、一八六八・五『吐血論（とけつろん）』『新編埼玉県史資料編一二　近世三　文化』一九八二年、三〇〇～一〇頁。

根崎光男、二〇〇八『江戸幕府放鷹制度の研究』吉川弘文館。

花園村史編纂委員会編、一九七〇『花園村史』（一九七八年再発行）。

花園村写真集編集委員会編、一九七九『花園村の今昔』五八頁。

林巨樹・池上秋彦編、一九七九『国語史事典』東京堂出版。

原剛、二〇〇二『明治期国土防衛史』錦正社。

原胤昭、一九三三『前科者は、ナゼ、又、行るか。』非売品（国会図書館デジタルコレクション特265―408）。

東松山市史編さん課編、一九八三『東松山市史　資料編第三巻　近世編』。

――、一九八五『東松山市の歴史　中巻』、二五二頁。

東村山市史編さん委員会編、一九九九『東村山市史　八　資料編　近世二』八五六～七頁。

日高市史編纂委員会・日高市教育委員会編、二〇〇〇『日高市史　通史編』、五〇四～七頁。

平井辰雄編、一九八七『近世羽生郷土史　続編』。

平野義太郎、一九八八『人物叢書　新装版・大井憲太郎』吉川弘文館。

深谷克己、一九八三『南部百姓命助の生涯』朝日新聞社。

――――、一九八六『増補改訂版・百姓一揆の歴史的構造』校倉書房。

――――、二〇〇〇A『日本の歴史六　江戸時代』岩波ジュニア新書。

――――、二〇〇〇B「移行期の民衆運動」国立歴史民俗博物館『地鳴り山鳴り―民衆のたたかい三〇〇年―』国立歴史民族博物館。のち、二〇一〇『深谷克己近世史論集・第四巻　民衆運動と為政』校倉書房。

――――、監修、齋藤純・保坂智編集、二〇〇四『百姓一揆事典』民衆社。

――――、二〇〇七「書評　保坂智著『百姓一揆と義民の研究』」『日本史研究』第五三八号。

――――、二〇一〇『深谷克己近世史論集・第四巻　民衆運動と為政』校倉書房、四〇四頁。

福澤諭吉、一八七四『学問のすゝめ第七編』岩波文庫。本書では一九四二年版を使用。

――――、一八九七『福澤全集緒言　全』時事新報社（『福澤諭吉全集　第一巻』岩波書店、一九五八年十二月、一九六九年十月再版、九～一〇頁。『西洋事情』、三三～六頁。

藤木久志、一九八七「『豊臣の平和』によせて―民衆はいつも被害者か―」歴史教育者協議会編『歴史地理教育』第四一三号。

――――、二〇〇五『刀狩り―武器を封印した民衆―』岩波新書、一二六～一八三頁。

藤沢村誌編さん委員会（塚越艶松）編、一九六一『藤沢村誌』（藤沢公民館発行・非売品）。

藤田覚、一九八五「三方所替」『国史大辞典』第六巻、吉川弘文館。

保坂智、一九八七・一二「百姓一揆―徒党の形成と一揆の有様―」『歴史と地理』第三八八号。

――――、一九九三「和歌山県那賀郡騒擾」『国史大辞典』第一四巻、吉川弘文館。

――――編、二〇〇〇『民衆運動史　第一巻　一揆と周縁』青木書店。

――、二〇〇二『百姓一揆とその作法』吉川弘文館。

――、二〇〇六『百姓一揆と義民の研究』吉川弘文館。

毎日新聞、一八七二『旧東京日日新聞 マイクロフィルム』（埼玉県立熊谷図書館蔵）。

前田愛・清水勲編、一九八五『自由民権期の漫画〔本多錦吉郎・小林清親〕近代漫画Ⅱ』筑摩書房。

前橋市史編さん委員会編、一九七三『前橋市史 第二巻』。

――、一九七八『前橋市史 第四巻』

――、一九八五『前橋市史 第七巻 資料編2』。

松好貞夫、一九六二『天保の義民』岩波新書。

三上一夫、一九八七『明治初年真宗門徒大決起の研究』思文閣出版。

松沢裕作、二〇一三『町村合併から生まれた日本近代 明治の経験』講談社。

マルクス、一八六七『資本論』（向坂逸郎訳、岩波文庫（三）一九六九年。一九七四年版を使用。三四一頁）。

箕作麟祥訳述、一八七三『泰西勧善訓蒙 後編』中外堂藏版（国立国会図書館デジタルライブラリー）。

――、一八七五「國政轉變ノ論」『萬國叢話』第二号（明治文化研究会編輯『明治文化全集 第五巻 雑誌篇』日本評論社、一九二八年。一九六八年第三版、三五〇～二頁。本書では明治新聞雑誌文庫藏を使用）。

皆野町誌編集員会編、一九八八『皆野町誌 通史編』。

三宅雪嶺、一九五〇『同時代史 第二巻』岩波書店。

宮武外骨、一九八五『改訂増補 筆禍史』『宮武外骨著作集 第四巻』河出書房新社。

武蔵村山市史編さん委員会編、二〇〇〇『武蔵村山市史 資料編 近世』。

明治文化研究会、一九六七『明治文化全集二一―時事小説編―』日本評論社、二九頁～。

茂木陽一発行人、二〇〇五『三重短期大学地域問題総合調査研究室通信』第七九号、三月三十一日。

森安彦、一九八一『幕藩制国家の基礎構造』吉川弘文館。

森田武、一九八一「川越藩農兵取立て反対一揆論」『埼玉県史研究』第八号。

――、一九八二・一「埼玉県のコレラ予防反対一揆について」『大村喜吉教授退官記念論文集』吾妻書房。

――、一九八二・九「文政・天保期における川越藩の公儀拝借金と知行替要求について」『埼玉大学紀要 教育学部（人文・社会科学）』第三一巻、二七～四〇頁。

――、一九九〇「コレラ予防反対の一揆」浦和市総務部市史編さん室編『浦和市史 通史編Ⅲ』三三五～七頁。

――、一九九二「武州における文久三年の草莽の活動と思想―覚書―」『埼玉大学紀要教育学部（人文・社会科学Ⅱ）』第四一巻第一号、六三～六八頁。

森村新蔵、一八六八『享和以来新聞記』『群馬大学社会情報学部研究論集』第八巻、二〇〇一年。

八潮市史編さん委員会編、一九八四『八潮市史 史料編 近世Ⅰ』。

――、一九八九A『八潮市史 通史編Ⅰ』。

――、一九八九B『八潮市史 通史編Ⅱ』。

安井息軒、一八六八『北潜日抄』（川口市史編さん室編『川口市史 近世資料編Ⅲ』一九八三年、九八五頁）。

安丸良夫、一九七四『日本の近代化と民衆思想』青木書店。

――、一九九四「一八五〇―七〇年代の日本―維新変革―」『岩波講座日本通史 第一六巻』岩波書店、五一頁。

――、二〇〇二「表象の意味するもの」『現代歴史学の成果と課題 一九八〇―二〇〇〇年 Ⅰ 歴史学における方法論的転回』青木書店。

藪田貫、一九八三・七「得物・鳴物・打物」『橘女子大学研究紀要』第一〇号。のち、一九九二『国訴と百姓一揆の研究』校倉書房。

――、一九八五「国訴の構造」『日本史研究』第二七六号、二〇頁。のち、一九九二『国訴と百姓一揆の研究』校倉書房。

――、一九九二『国訴と百姓一揆の研究』校倉書房。

――、二〇一六『新版 国訴と百姓一揆の研究』清文堂出版株式会社。

山県有朋、一九一九「徴兵制度及自治制度確立の沿革」大山梓編『山縣有朋意見書』原書房、一九六六年。

山田武麿、一九七四『群馬県の歴史』山川出版社。

山田忠雄、一九八四『一揆打毀しの運動構造』校倉書房。

――――、一九八五「むさしのくにけいおうさんねんいっき」『普及新版　日本歴史大辞典』第九巻、河出書房新社。

山梨絵美子、一九九七「清親作品と時代背景」『日本の美術三六八　清親と明治の浮世絵』至文堂。

吉田漱、一九七七「小林清親年譜」吉田漱編『最後の浮世絵師　小林清親』蝸牛社。

吉田町教育委員会編、一九八二『吉田町史』。

吉田稔、一九八三「武州における戊辰戦争下の農民闘争」『埼玉県史研究』第一一号。

吉見町町史編さん委員会編、一九七九『吉見町史　下巻』四七三～六、四八四～六頁。

R・リーキー、R・レーウイン、岩本光雄訳、一九八〇『オリジン』平凡社、二一七頁～。

歴史教育者協議会編・齋藤純監修、一九九九『図説　日本の百姓一揆』民衆社。

鷲宮町史編纂室、一九八一『鷲宮町史　史料二　近世』。

和田雅実、二〇〇六『瓦全　息軒小伝』鉱脈社。

蕨市史編纂委員会編、一九六七『蕨市の歴史　二巻』吉川弘文館。

あとがき

本書のきっかけは、二〇一五年一月二十九日に東京学芸大学教授の坂井俊樹氏（現 開智国際大学教授）から「論文を本としてまとめられたらいかがですか」と声がけして頂いたことでした。その日は二人にとって共通の師である森田武先生のお通夜の日でした。翌三十日の告別式には、庄内生まれの先生の最期を名残惜しむように雪が舞いました。

坂井さんとは埼玉大学時代、日本史の自主ゼミに森田先生に参加して頂いて勉強した仲でした。森田先生が亡くなられるという緊急事態の中で思うところがあったようです。私は漠然と一年一論文を目標として、道楽（？）のように論文数を増やしていければよいと考えていて、単著のことは考えてもいないことでした。

その年九月・十月と続けて二人の母を亡くし、翌二〇一六年三月末に介護・教育・研究を目標にしていた再任用期間五年を含め四十二年間務めた教職をリタイアし、全くの素浪人になりました。研究だけが残ったことになります。

この間、坂井さんから「一般向けの　わかりやすい　埼玉の　民衆の歴史という視点で再構成する」という注文とともに強い働きかけを頂き、ようやく重い腰をあげました。私は一度に、複数のことに力を注げない性格らしく（要するに力不足）、やっと坂井さんの提案を実行に移す気持ちになったのです。坂井さんには埼玉新聞社への仲介の労を取って頂きました。それから半年、二〇一七年一月にようやく原稿を書き終えることができました。正直ホッとしました。
坂井さんに背中を押して貰い、考え始めると注文の実現は、なかなか難しく、結局私の力不足から本書のようになりました。とはいうものの少しでも読みやすいものになったとしたら、坂井さんの助言のお蔭です。感謝に堪えません。また、桶川高校時代からの畏友高柳茂氏には原稿を読んで頂き、アドヴァイスを貰いました。本書巻末の〔引用参考文献目録〕については、今井昭彦氏の第二書を参考にさせて頂きました（今井昭彦二〇一三年）。

森田武先生には学部三・四年生の二年間と、就職後は研究・勉強環境が良いとは言えない状況だったので、長期研修一年・大学院二年と大学に通い先生のご指導を受け、またミニ研究会は二〇一四年八月まで続きました。一年一論文の目標もその時々までの私を育んでくださった先生の学恩に応えようとする姿勢の現れだったように思います。学生時代から「分析視角がすぐれていること、研究史の整理が正確であること、実証性が十分であること、何らかの提言があること」が大切だと言ってご指導いただいた森田武先生の墓前に本著を供したい。

「先生、どれか一つでも形になっているでしょうか」。

「六十の手習というが五十を過ぎてから大学院に通い始めた。親子ほどの年齢差がある二十代の若い院生と肩を並べての勉強は楽しい▼近世民衆史研究は大学卒業から三十年続いている。古文書との付き合いはそれ以上だ。長期休業は勉強の掻入れ時。土蔵で埃や鼠の糞等に塗れた未読の古文書に出会ったときの喜びは言葉では言い表せない。目録作成・解読・叙述の苦しさと楽しさは研究の醍醐味である。歴史を学び研究する楽しさを伝えていきたい▼（中略）▼冥利を求めず、原点を忘れず、不器用でも、何時までも歴史の話をしていたい。まだどちらを優先させるか決まっていないが、稍気張った言い方をすれば『授業をやりながら、古文書を読みながら』。願うことは叶うというから」。

五十代前半で書いた、気負いのある文章ですが、母校でもあり、勤務校でもあった熊谷高校のＰＴＡ新聞「櫟林（くぬぎはやし）」（二〇〇三年三月五日）に書いた小文です。

読み返してみると、気恥ずかしいですが、お陰様で「授業」は楽しく、そして無事に三十七年で定年を迎え、再任用の五年も倒れることなく教員生活四十二年を終えることができました。生徒の皆さんに感謝です。再び教壇に立つこともないと思うので、もう一つの願いが残っている。「古文書を読みながら」である。家族のいる生活人としては我儘なことだが、「昨日まで元気だったのに」という願いを叶えた父親がそうだったように、勉強をしながら、（あっという間に）逝きたいものである。それまでは、気力の続く限り、今まで通り一年一論文を目標に生活（精進）したいものである。このペースが家族に余り迷惑をかけず、また自分に合っているように思う。さらに、ボケ防止にも良いのではと思っているこの頃です。

本書のもとになった既出論文も、一九八六年から二〇一六年Ｂ・Ｃに及び、遅々とした歩みですが、実に三十年の幅があるので、ほとんど書き改めました。本書は二〇一六年段階での一つの作品（新作）と考えています。

また、一九七五年の第一論文から起算すると四十一年になります。共同体・村落慣行・村方騒動・百姓一揆・民衆運動・竹槍席旗（ちくそうせきき）とテーマを広げてきました。次は何にするか未定です。一九八五年の桶川高校『研究紀要』第一号からは一年一論文を目標にしてきました。旗本殺害一揆は、姉かほるの嫁ぎ先で『藤沢村誌』と出会った時からの縁で、一九八九年二月『桶川高校研究紀要』第四号の「旗本神谷勝十郎殺害一揆―得物から竹槍へ―」から現在に及んでいる。藪田貫・保坂智両先生からのお声がけで二〇〇〇年の『民衆運動史』から「竹槍席旗」文言との付き合いが始まりました。『埼玉民報』第一号（明治二十五年十二月二日）表紙「竹槍席旗」図像との出会いは二〇〇三年三月十七日の明治新聞雑誌文庫での「竹槍席旗」文言調査の時だった。完成度の高い「竹槍席旗」図像との出会いに感激した

（中扉・本書一四四頁）。多くの方々に出会い、助けられ、また史料との出会いに感激しました。研究・勉強は人や史料との出会いだということをその時々に実感しました。一つ一つ明記しませんが、調査に協力していただいた多くの方々・家々、埼玉県立熊谷図書館はじめ、一つ一つの諸機関に大変お世話になりました。お礼申上げます。

学恩ある森田武先生、拙文にもいつも丁寧なコメントを下さった山田忠雄先生、安丸良夫先生に本書を読んで頂きたかったです。実に残念です。ご冥福をお祈りいたします。

一年一論文を目標にしてやってきました。今後も続けようと思います。次は論文集を考えています。今までは個々の論文を書く時には本にする、本になるなどとは考えもしませんでしたが、生み出してみれば「這えば立て立てば歩めの親心」である。能力の関係もあるので、余り欲張らずに、今まで通り着実に一年一論文をペースに勉強してゆきたい。二〇一六年七月二十八日に閑谷学校で求めた「楷の紅葉」絵柄の「学徳成就」絵馬を見ながら精進したい。

本書が、多くの方々に手に取って貰い、読んで頂けるなら、そして民衆運動・百姓一揆・現代近世史研究の深化・拡大に少しでも関われるなら、やってきて良かったと思います。望外の喜びです。

私事にわたり恐縮ですが、私を育んでくれ、論文の完成をその都度喜んでくれた父長一郎・母佐久良と姉かほるに感謝し、今は亡き三人に本書を捧げたい。また、金儲けとは縁遠く、生活のスペースを史料・書籍が侵食する勉強を、「田んぼが二反」（結婚したころは、検地帳の集計とかしていたので私の勉強の代名詞になりました。最近では「竹槍」・「清親」とかになりました）と言いながら支えてくれた妻和子に感謝し、本書の刊行を家族とともに喜びたい。

本書を執筆中、鬚髭（しゅし）（あごひげと口ひげ）を半年当（あた）りませんでした。結構長く伸び、すっかりサンタさんになりました。私なりの「験担(げんかつ)ぎ」でした。・・・五月七日、初校を終えて、本書の成立に関わって頂いた全ての方々に重ねて心より感謝致します。有り難うございました。

最後になりましたが、本書の刊行にあたっては、出版事情が極めて厳しく困難な中にもかかわらず、出版を引き受けていただき、編集等に携わっていただいた埼玉新聞社コミュニケーション事業本部長高山展保氏、同出版担当青柳英昭氏、編集局報道部記者保坂直人氏には大変お世話になりました。衷心からの謝意を表したい。感謝！深謝！

あとがきを書き終えて

二〇一七年五月七日

内田　満

〈著者略歴〉

内田　満（うちだ　みつる）

1950年	埼玉県生まれ
1974～2016年	埼玉県公立学校教員（社会科）
2003年	埼玉大学大学院教育学研究科修了
現　在	フリー

論文など

「関東における近世村落の形成」（『埼玉民衆史研究』創刊号、1975年）

「関東における近世村の確立と村方騒動」（『埼玉民衆史研究』第６号、1980年）

「関東における近世村と中期豪農の特質」（『地方史研究』第187号、1984年）

「寛保期における村落慣行と村方騒動」（埼玉県立桶川高校『研究紀要』第１号、1985年）

「煉瓦と足袋」・「物不足と買出し」（山田忠雄編『街道の日本史17　中山道』吉川弘文館、2001年）

自治体史

『坂戸市史』・『新編埼玉県史』・『大里村史』・『羽曳野市史』・『日高市史』・『門真市史』

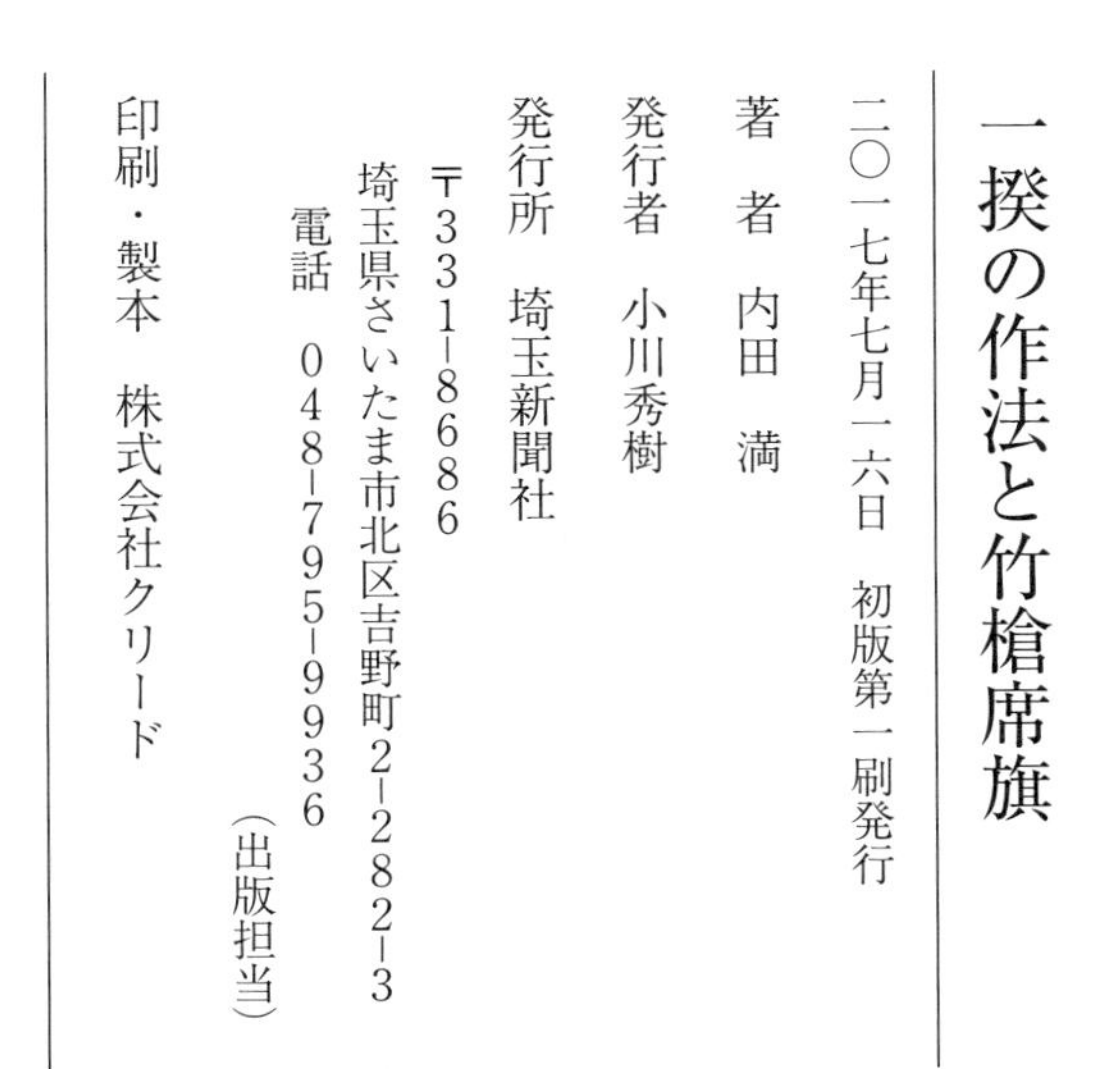
一揆の作法と竹槍席旗

二〇一七年七月一六日　初版第一刷発行

著　者　内田　満

発行者　小川秀樹

発行所　埼玉新聞社

〒331-8686

埼玉県さいたま市北区吉野町2-282-3

電話　048-795-9936（出版担当）

印刷・製本　株式会社クリード

ISBN 978-4-87889-473-2